语言生活蓝皮书

中国语言政策研究报告
（2017）

国家语言文字工作委员会 组编

商务印书馆
The Commercial Press

2018年·北京

《中国语言政策研究报告(2017)》

组　委　会

主　　任　杜占元
执行主任　田立新
委　　员　张东刚　姚喜双　续　梅　张　力　曹德明　李宇明　彭　龙
　　　　　　王　刚　于殿利　仲伟合

编　委　会

审　　订　陈章太　周庆生　潘文国　张浩明
名誉主编　李宇明

主　　编　张日培
委　　员（按姓氏音序排列）
　　　　　　陈　敏　戴曼纯　郭　熙　李　强　潘文国　苏新春　王建勤
　　　　　　王　敏　王　奇　王意如　文秋芳　杨尔弘　易　军　张日培
　　　　　　张卫国　张治国　赵蓉晖　赵世举　周洪波　周庆生
栏目主持（按姓氏音序排列）
　　　　　　蒋冰冰　李　艳　刘思静　潘　佳　钱小飞　俞玮奇　袁　丹
　　　　　　邹一戈
主编助理　潘　佳
编　　者（按姓氏音序排列）
　　　　　　陈少鹏　姜彩霞　蒋冰冰　李　艳　刘思静　马诗雯　潘　佳
　　　　　　钱小飞　田非儿　邢　云　许佳莹　于东兴　俞玮奇　袁　丹
　　　　　　张日培　钟文悦　周文霞　朱珂瑶　朱明川　邹一戈

策　　划　教育部语言文字信息管理司
执　　编　上海市教育科学研究院国家语言文字政策研究中心
学术指导　中国语言学会语言政策与规划研究会

编写说明

《中国语言政策研究报告》（蓝皮书）是汇总梳理国内语言政策研究状况、介绍相关研究热点及其成果的年度报告，由国家语言文字工作委员会组编并发布，教育部语言文字信息管理司策划、上海市教育科学研究院国家语言文字政策研究中心执编。

本报告的主要功能是汇聚语言学术、服务语言决策、支撑语言事业、引导语言意识。本报告关注的语言政策研究是指关于国家语言文字事业的价值、目标、任务、方略等的研究。围绕国家语言文字事业发展的需求，本报告从语言政策理论和国家语言战略、国家通用语普及、语言规范、语言保护、语言教育、语言传播、语言服务、世界语言政策参考八个方面，汇总、介绍上一年度语言政策研究状况。

《中国语言政策研究报告（2017）》是国家语委继2015年之后，连续第三年发布的蓝皮书，共遴选、介绍了2016年度出版或发表的著作4部，期刊论文、论文集论文、报纸文章等共527篇。

《中国语言政策研究报告》（蓝皮书）与《中国语言文字事业发展报告》（白皮书）、《中国语言生活状况报告》（绿皮书）、《世界语言生活状况报告》（黄皮书）一起，构成国家语委组编发布的语言生活皮书系列。

国家语言文字工作委员会

目　　录

前言:2016 年中国语言政策研究热点 …………………………………… 1

第一章　语言政策理论和国家语言战略 …………………………………… 1

第一节　语言政策理论 ……………………………………………… 1
第二节　国家语言战略 ……………………………………………… 10
第三节　"一带一路"语言问题研究 ………………………………… 33

第二章　国家通用语普及 …………………………………………………… 52

第一节　推广普通话 ………………………………………………… 52
第二节　推行规范汉字 ……………………………………………… 61
第三节　推行《汉语拼音方案》……………………………………… 66
第四节　港澳台地区语言政策和语言生活 ………………………… 71

第三章　语言规范 …………………………………………………………… 75

第一节　语言规范理论与方略 ……………………………………… 75
第二节　普通话语音规范 …………………………………………… 83
第三节　汉字规范 …………………………………………………… 88
第四节　汉语词汇规范 ……………………………………………… 97
第五节　网络语言治理 ……………………………………………… 104
第六节　少数民族语言文字规范 …………………………………… 111
第七节　外文译写规范 ……………………………………………… 114
第八节　海峡两岸和香港、澳门汉语汉字规范 …………………… 121

第四章　语言保护 ·············· 127

第一节　语言保护理论与方略 ·············· 127
第二节　语言保护政策框架 ·············· 142
第三节　中国语言资源保护工程 ·············· 146
第四节　语言保护个案研究 ·············· 155

第五章　语言教育 ·············· 165

第一节　语言教育规划与国民语言能力 ·············· 165
第二节　国家通用语教育（语文教育） ·············· 174
第三节　少数民族双语/三语教育 ·············· 183
第四节　外语教育 ·············· 197

第六章　语言传播 ·············· 210

第一节　汉语国际传播理论与方略 ·············· 210
第二节　孔子学院研究 ·············· 219
第三节　汉语国际教育 ·············· 228
第四节　海外华文教育 ·············· 239
第五节　海外华语研究与华语生活 ·············· 245

第七章　语言服务 ·············· 259

第一节　语言服务理论 ·············· 259
第二节　语言服务产业 ·············· 263
第三节　特殊语言服务 ·············· 269
第四节　语言技术服务 ·············· 273
第五节　社会语言服务 ·············· 279

第八章　世界语言政策参考 ·············· 282

第一节　亚洲国家 ·············· 282

第二节 欧洲美洲大洋洲国家	294
第三节 非洲国家	308
第四节 其他	311

参考文献 ·········· 319

摘编文献索引 ·········· 320

前言:2016年中国语言政策研究热点

语言文字事业是国家综合实力的支撑力量,在国家发展战略中具有重要地位和作用①。2016年,围绕国家语言文字事业的发展需求,我国语言政策研究在语言战略、国家通用语普及、语言规范、语言保护、语言教育、语言传播、语言服务、语言政策理论与国别研究等各领域都取得了新的进展。综合考察相关研究的政策需求、论文(论著)数量、参与学者、理论建树、思想成果,主要有以下热点。

一、"一带一路"语言问题研究

"一带一路"语言问题研究是语言学界主动关注国家重大战略需求形成的学术热点。2014年开始有零星研究,2015年大量出现,2016年进一步升温。

总体上看,2015年及之前的研究基本已涉及"一带一路"建设可能遇到的各种语言问题,并就解决相关问题的对策措施进行了思考与探讨。相关研究指出:推进"一带一路"建设,需要语言铺路搭桥;应当统筹国内和国际语言生活两个大局,加强顶层设计,做好服务"一带一路"的语言规划;应当针对"一带一路"建设中的语言文化融通需求、语言人才需求、语言产品需求和语言应用服务需求,构建相应的语言服务体系,加强语言资源建设和语言能力建设,组织实施"一带一路"的语言资源库工程、语言文化博物馆工程和"语言通"工程;应当加强和改进我国的外语教育,推动外语教育战略转型,培养储备"一带一路"建设急需的多语种语言人才,尤应重视"语言+专业"的复合型人才培养;应当高度重视"一带一路"话语构建,改进相关外宣话语"基调居高临下、令人误解"、"关键词语火药味浓、令人生畏"等问题,规范相关术语翻译,消除误解,打消顾虑,争取认同,推动民心相通;此外,还应做好约40种跨境语言的调查研究与科学保护工作,应注意

---

① 刘延东.在纪念《国家通用语言文字法》实施15周年暨国务院发布《关于推广普通话的指示》60周年座谈会上的讲话[N].中国教育报,2016/9/29.

维护语言安全,建设语言智库,改善国内语言环境。在此基础上,2016年的相关研究取得了新的进展。

第一,"一带一路"语言问题研究要建立国际眼光。"一带一路"倡议是我国走向世界的全球战略,"一带一路"语言问题研究应致力于解决中国走向世界遇到的语言生活问题。李宇明(a)[①]指出,在"一带一路"背景下,要明确中国走向世界需要哪些语言装备,要研究世界上有哪些语言事情、中国能为之做点什么,要汲取世界处理语言生活的经验与教训,解决好中国语言生活问题;同时,要尝试回答好"世界语言生活的治理,中国有何高见"的问题。

第二,"一带一路"沿线语言情况复杂,实现语言互通任务艰巨。"一带一路"沿线有65[②]个国家53[③]种官方语言,其中阿拉伯语、英语、俄语至关重要(王辉a)。在中国周边,印地语或乌尔都语、马来语或印尼语十分重要(张治治c)。要改变"只关心自己,不关心别人"的状况,加强对沿线国家及其语言的研究(胡建华)。国家各科研基金应从科研指南、立项导向和扶持力度上做出明确的、方向性的倾斜和引导,促进语言学术为"一带一路"服务(苏新春a)。

第三,外语人才培养既要覆盖多语种,更要重视跨文化能力培养。应培养能够熟练运用国外语言、深刻了解国外社会文化、风土人情、能顺畅进行跨文化交际的"双通"人才(周庆生b);应大力加强以就业为导向、以复合型专业语言人才为导向、以核心区优势为导向、以跨文化人际沟通能力为导向的人才培养(邢欣,梁云)。鉴于阿拉伯语、俄语的重要性,应加强相关人才培养,同时也不要盲目培养,以免造成资源浪费、人才过剩,影响就业,最终导致该语言生态系统的失衡(胡家英,汪亚云)。

第四,"一带一路"沿线汉语国际传播既要"助力",也要"借力"。要通过贸易与产业合作拉动语言传播(王建勤);要认真思考如何满足被投资国学习汉语的需求(文秋芳c);既要加强高层次汉语国际化人才培养,也要开展以就业为导向的普及型汉语国际化人才培养(邢欣,李琰,郭安)。

第五,"一带一路"话语建设是一种宏观语言博弈。"一带一路"是当前政治、经济叙事的重要语境,政治经济叙事的重要方式之一即为建立在平等对话基础

[①] 本部分未标注年份的均为2016年度发表的文献,本报告正文部分均有摘录。文献详细信息可在"摘编文献索引"中查询。
[②] 《"一带一路"沿线国家语言国情手册》(杨亦鸣等主编)列64个,未列塞浦路斯。
[③] 胡建华认为有54种,杨亦鸣认为有56种。

之上的宏观语言博弈。张春泉认为,这一宏观语言博弈的基本策略可简单概括为:适用历史符号,积极适应和建构语境;充分激活语义张力,综合平衡各方接受心理;有效开展对话沟通,在对话中说服。

相较以往,2016年的相关研究出现了更宏观的国际视角,对沿线国家语言状况的了解更为准确,在语言人才培养、汉语国际传播、话语体系建设等方面的思考更为深入。同时,也有相当数量的研究结论与以往大同小异,还有不少研究与"一带一路"的联系显得比较牵强。

二、语言能力研究

语言能力是近年来我国语言政策研究持续关注的学术热点。以往研究大致可以从两个层面来看。一是个人语言能力。在学界未能就语言能力的内涵达成一致的情况下,近年来国内学界就语言能力的外延总体认为:语言能力可以分析为听说读写等维度,包含文化和跨文化能力(有学者将其分析为"译"的能力),应当关注包括母语、国家通用语和外语等的语种能力,还应关注语言信息技术应用能力。二是国家语言能力。2011年以来的相关研究总体认为,国家语言能力是指政府处理海内外各种事务所需的语言能力,同时,不同学者从不同视角对其内涵外延进行了理论分析。2016年,商务印书馆和北京外国语大学国家语言能力发展研究中心分别举办围绕语言能力的学术会议,产出了一批研究成果。相较以往,2016年的相关研究取得的新进展大致有以下方面:

第一,对国家语言能力内涵的理论分析进一步深入。文秋芳(a)认为,从建构国家语言能力评价指标的角度看,应包括国家对涉及国家战略利益语言事务的管理能力、对语言人才资源的掌控能力、对语言人才资源的创造能力、对语言处理技术的开发能力、对中文国际影响的拓展能力五个方面。而在北京外国语大学国家语言能力发展研究中心的"国家语言能力内涵高层论坛"上,文秋芳进一步提出,从行为主体、行为范围、处理事务的性质等方面看,国家语言能力可分为内在能力和外化能力:内在能力指国家语言能力的定义、评价指标等;外化能力指国家语言应用能力,如国家话语体系的构建与应用等[①]。周庆生(a)认为,

---

① 文秋芳.对国家语言能力的再认识[R].国家语言能力发展研究中心"国家语言能力内涵"高层论坛,2016/4/21.

按照乔姆斯基对英语中的个人语言能力的层次划分,国家语言能力宜首先分析为"语言创新能力"和"语言运用能力"。陆俭明(d)指出,衡量国家语言能力的强弱,要看整个国家的语言意识,看社会整体的语言能力(包括母语能力和多语能力),看国家对语言资源、语言信息资源的获取、掌控、利用情况,以及对语言人才的储备、掌控和使用情况等。

第二,对个人语言能力的研究要关注信息化的时代背景。张延成提出了公民语言技术应用能力的具体构成,认为大体包括语言技术交际能力、语言技术通识能力、信息采集与管理能力三个方面。汪磊(a)认为公民语言能力具体伴生性、时代性、差异性、层级性特点,应合理发掘每个人的语言潜能,有效培养适应网络时代的语言能力,以满足当下及未来对语言能力的层次需求。徐欣路(b)认为网络使人的语言能力面临巨大考验,碎片化、图像化的阅读趋势考验人们阅读的心理耐受力,轻便化、世俗化的表达趋势考验人们的语言审美能力和精制语码应用能力,网络的修辞限制及传播特征考验人们的表达能力,网络自媒体的兴起考验人们的批判性阅读能力以及写作示信能力。

第三,学生母语能力的各要素之间存在预测关系。邢红兵认为,学生的语言能力可以概括为语言认知能力、语言思维能力和语言运用能力三个方面。学生的语言能力是逐步发展的,但是发展的步伐并不完全相同。语言能力各个要素之间存在预测关系,比如学生基本认识能力的发展状况,可以预测学生的阅读理解能力和书面语表达能力,这为儿童语言能力的发展及评测研究打下了很好的基础。

第四,个人语言能力与经济发展和个人收入具有正相关关系。刘国辉、张卫国的相关实证研究分别指出,国民英语能力与我国对外服务贸易流量呈显著正相关关系,外语能力(特别是精通外语能力)在我国有着较高的经济回报。而潘昆峰对大学毕业生工资情况的调查显示,汉语能力更强的学生具有明显的工资优势,英语能力同样具备工资溢价效应,但影响系数较汉语能力小,语文成绩代表的学生汉语能力能有效预测其未来就业起薪点。

第五,应关注机器语言能力。杨亦鸣、余光武等均指出,为解决语言能力提升面临的诸多问题,语言能力研究的视野需要积极开拓,关注语言能力的脑机制和机器的智能化,即人脑语言能力和机器语言能力。

相较以往,2016年的相关研究对国家语言能力的内涵构成、结构层次有新的阐发,对个人语言能力的分析具有信息时代特征,经济学视角下的对个人语言能力与经济发展和个人收入的关系研究更加注重实证,同时首次将机器语言能力引入研究视野,取得了多方面进展。

三、普通话审音研究

普通话审音研究是国家语委立项开展新世纪普通话审音工作带动形成的学术热点。相关研究的焦点问题也是审音工作的难点问题,即对异读字词的正音,应当从学理还是从俗众。有的研究在宏观上从理念、原则层面进行思辨,有的研究从具体特定异读词(字)的个案角度进行考察。2016年的以下研究值得关注。

第一,对于清入归调的规范,要充分重视历史考察和方言地域的结果。王洪君(b)认为,北京话"清入归去"的文读是不大靠得住的,从地域考察看,恐怕还要乱一个阶段,浮现新结构的时机尚未成熟。

第二,正音应关注语言事实,加强实证调查。钟英华指出,在信息化网络化的今天,要使审音结果服众,应给每个新审定的读音提供应有的理据;而所谓理据,既可以是历时的,也可以是共时的。孟蓬生认为,普通话审音要遵循多重原则,但审音工作不是简单地套用某种规则,而是在语言事实调查的基础上运用各种审音原则进行综合考量的结果。通过对异读字词读音情况的大规模实证调查,冉启斌建议,读音正确率在80%以上的可以不再列入待审范围,正确率低于80%的需要进行审音,其中正确率低于20%的,表明原来的审音结果几乎没有得到社会的认可,可能需要对原来的读音进行修改。

具体到不同的异读字词个案,从学理还是从俗众,仍需进行大量的复杂考量,相关争论也还会继续。背后更为宏观的问题是树立什么样的语言规范观。李宇明[①]主张树立语言规范的"语言生活观",指出语言规范既要反映语言生活现实,又能引导语言生活向前发展。梁永红则认为,20世纪90年代以后,语言的动态观成为人们对语言本质的主导认识,在动态观的指导下,学者们对于如何做好语言规范化工作有了诸多新的认识:有的提倡对新的语言成分多一点宽容,语言规范化工作要根据语言文字的发展规律进行;有的基于语言的潜显理论,提出语言规范化的预测观;有的提出在语言规范化过程中实行语言控制;有的强调语言规范工作要从应用中来,到应用中去;有的则认为语言规范化应该遵循整体性

---

① 李宇明.语言规范试说[J].当代修辞学,2015(4).

原则。

四、网络语言文明研究

网络语言文明问题是2016年语言舆情的重要热点[①],政府高度重视、社会重大关切。汪磊(b)认为,过去十年的网络语言研究大致包括这样几个方面:积极关注网络语言现象的发生、发展过程,对其进行细致入微的描写;密切注意网络语言作为一种传播现象、文化现象所带来的各层面社会影响;努力运用当代语言学、传播学等相关理论,对网络语言现象的构成、衍生和功能做出科学的阐述。此外,以往研究也有对网络语言文明、网络语言治理方略的关注,总体认为应以柔性疏导为主,以硬性管制为辅,重点规范媒体和公文中的网络语言使用;但相关策略思考总体上比较空泛。就网络语言文明而言,2016年的相关研究聚焦网络低俗语言问题,探讨其社会心理原因、表现形式、传播机制和治理方略等问题,以下方面值得关注:

第一,网络低俗语言的产生有其复杂的社会心理原因。张世平认为,网络社区的虚拟性、网上发言可隐身的特点,一定程度上降低了一些人的羞耻感,使其表达趋于放纵、粗鄙,以发泄戾气,或获得某种违禁的快感。

第二,应重视"非詈化"詈俗词语的使用问题。人们将生活中的詈俗词语搬上网络时,以各种各样的"独特"形式改头换面,以逃避网络监管,也使其易于被媒体传播,形形色色的"非詈化"詈俗词语不仅数量多,而且出现频次高,分布面广,污染了网络环境(余桂林)。应当重视詈俗词语的"非詈化"特征,有针对性地加强引导和治理。

第三,网络语言的产生与流行体现出新的时代特点。网络语言的产生与流行都与当前的社会观念多元化、亚文化频出等现象有着直接的关系。李未柠指出,近年来,互联网技术的革新、网民群体构成的变化,尤其是随青少年网民群体的壮大而影响力日盛的"二次元"文化,都在影响网络流行语;弹幕、直播等允许网民即时评论,实时互动促流行语"狂欢",鬼畜视频非线性剪辑突出搞笑语句,为流行语传播扩散提供了新语境;"读图时代"背景下,流行语借助于图、文、声、

---

① 赵世举.2016年中国语情述要[R].国家语言文字政策研究中心"第二届中国语言政策研究热点与趋势学术研讨会",2017/7/10.

像等多媒体手段呈现,颜文字、表情符号等图像手段已成流行语重要形式;分析2015年以来流行语扩散传播过程,"二次元"网民首发、段子手助推、权威媒体扩散等趋势较为明显。

而在网络低俗语言的治理方面,2016年的研究结论与以往仍大同小异。

五、语言保护理论与方略研究

语言保护研究从2011年党的十七届六中全会提出"科学保护各民族语言文字"后逐步兴起,2015年起国家语委在中国语言资源有声数据库基础上全面实施"中国语言资源保护工程",推动语言保护研究成为学术热点。以往研究基本确认了语言保护的必要性和紧迫性,探讨解读了"科学保护"的内涵要求,初步提出了语言保护的原则方法,明确了语保工程的目标理念和任务体系,也有一批探讨特定少数民族语言或汉语方言的活力和保护方略的个案研究。未见成型的理论框架,同时个案研究不论从数量上还是从质量上都还需提升。2016年的相关研究在理论建设和规划方略方面取得了重要进展。

第一,语言保护理论框架包括概念内涵、主体对象、原则方法和类型分析。周庆生(c)的研究指出:语言保护是指为了减少和避免国家或地区因语言濒危、语言资源流失、语言文化遗产失传、语言使用空间萎缩、语言生态失衡、语言健康恶化带来的冲击,政府、语言群体和专家采取的一系列保护性措施;语言保护的对象包括濒危语言、语言资源、语言文化遗产、语言权利、语言生态和语言健康;语言保护的主体包括政府、语言群体和专家,措施包括受保护语言的认定、记录、建档、研究、保存、保护、保障、维护、建区、宣传、传承、传播、展示;语言保护从语言形态上分为静态语言保护和动态语言保护,从保护方式上分为科学保护和依法保护,从语言生命状态上分为语言生态保护和语言健康保护。

第二,应建立对语言保护的理性认识。李宇明(g)认为,如果不注意增强语言的交际职能,语言保护的目标是否能够达到存在疑问;苏剑、黄少安等人的研究也指出,根据经济学方法的实证结果预测,世界语种收敛为当前语种的90%只需要约80年,这是语言演变的客观规律。因此语言保护几乎是超出人类能力之事(李宇明g)。姚春林指出,语言保护问题相当复杂,理想情况下,语言保护应增强语言活力,同时加强语言使用者的认同,但实证研究表明,语言活力与语言认同之间不存在密切的正相关关系;周庆生也认为,语言生态保护比生物生态保护要复杂得多,困难要大得多。因此,保护少数民族语言要在积极、有意识保护与不抗拒语言演变规律之间寻求平衡(黄少安)。也因此,应采用非市场化的优惠政策,保障和保护少数民族语言权利(黄行c),保护语言的最有效的方法是将语言的文化传承价值转化为有利于经济社会发展的开发利用价值(李小萍)。

  第三,要坚持在文化视角下开展语言保护。鉴于语言保护的复杂性,只有在文化视角下开展语言保护,与文化保护与传承结合起来,才能增强其必要性和合理性、扩大社会认同、提升社会意识,这也应是语保工程在语言资源有声数据库建设基础上拓展出"口传文化调查采录"任务的重要原因。李宇明(e)指出,近些年来,关注文化的语言保护工作逐渐兴盛起来,这表明,文化视角下的语言保护,是一种值得进行的充满魅力的有益尝试,应该得到社会更多的关注和更大的支持。曹志耘认为,要全面树立语言保护社会化理念,推动大众参与,坚持服务社会,可以通过影视等方式做到内容生动(也就是"内容文化化")。不过,也有研究提出不同意见,戴曼纯(a)指出,虽然语言保护涉及文化,并延伸至认同和权利,但是历史经验表明,语言问题决不可政治化,语言保护应当始于语言,止于语言。

  从整体上看,以语言保护理论框架的成型为标志,随着对语言保护复杂性探讨的深入,2016年将成为语言保护研究发展中具有重要意义的年份。与此同时,数量比往年有明显增长的来自田野调查的个案研究,质量仍有待提升。语言使用现状的调查研究,不同于语言本体结构的研究,有其特定的一套研究方法,我国应进一步加大对"科学保护"专门研究人员的培训;针对不同民族、不同地区语言实际情况的"科学保护"对策探讨存在简单化、"一刀切"现象,应努力探讨符合不同民族、不同地区特点的"科学保护"措施(彭茹)。

六、语文核心素养研究

  语文教育全民关注,是2016年语言舆情的重要热点[①]。近年来学界关注的热点问题包括语文核心素养、语文教材编写、语文教育与中华优秀文化传承、真

---

 ① 赵世举.2016年中国语情述要[R].国家语言文字政策研究中心"第二届中国语言政策研究热点与趋势学术研讨会",2017/7/10.

语文讨论、高考语文改革等。其中,随着教育部新一轮语文课程标准修订的不断推进,关于语文核心素养的讨论愈发热烈。如何描述语文核心素养,背后所纠结的主要问题还是语文课程的工具性和人文性关系问题,表征为语文课要不要教、怎么教(显性还是隐性)语言结构知识的争议与讨论。这与关于语言能力的理论研究有内在的必然联系,语言学界有理由更加积极、主动地将语言能力理论成果引入相关讨论。2016年的研究展现了对相关问题的最新思考。

第一,语文核心素养首先表征为语言的建构。王宁指出,语文核心素养是学生在积极主动的语言实践活动中构建起来、并在真实的语言运用情境中表现出来的个体言语经验和言语品质,是学生在语文学习中获得的语言知识与语言能力、思维方法和思维品质,是基于正确的情感、态度和价值观的审美情趣和文化感受能力的综合体现,由语言的建构、文化的理解、思维的发展和审美的鉴赏四方面组成。

第二,语文素养界定中说的"语言"指的是母语。王宁进一步指出,语文课程中的"语言",不仅仅是社会的理性语言,更是语境中的言语和优质的母语语感;语文课的主要任务是通过母语的运用,有原则、有选择地继承传统文化;母语的建构与应用是语文课独特的课程素养,也是其他要素的基础;只有这一项是唯一或主要属于语文的。

第三,语言的建构是隐性的。徐林祥认为,语文核心素养的首要和基础任务是语言的建构与运用,作为一个统一体,其培养实际上是在语言知识无序出现的阅读与鉴赏、表达与交流、梳理与探究等真实的语文活动中进行的。王云峰认为,语文素养当然离不开语文知识和语文能力,没有相应的语文知识和语文能力,就谈不上语文素养;但素养不是知识和能力的简单相加。发展学生的语文素养,其自身的言语实践活动是关键,因此必须设计好学生的语文学习情境,并引导学生在积极的语文实践活动中提升其语文素养。

从2016年的研究情况看,语文核心素养的官方描述呼之欲出,而语文教学中如何处理语言结构知识,讨论还将继续。

七、跨文化交际能力培养研究

跨文化交际能力培养历来是外语教育的研究热点,除了解构跨文化交际能力,多年来主要关注如何培养学生的目的语文化能力,而对"外语教育中如何保持母语文化"鲜有讨论①。2016年的相关研究则对两方面都有关注,显示学界对跨文化能力的观察与思考进一步深入。以下研究值得关注:

第一,跨文化能力的核心内涵包括六个方面。孙有中认为,跨文化能力的核心内涵可以描述为:1.尊重世界文化多样性,具有跨文化同理心和批判性文化意识;2.掌握基本的跨文化研究理论知识和分析方法;3.熟悉所学语言对象国的历史与现状,理解中外文化的基本特点和异同;4.能对不同文化现象、文本和制品进行阐释和评价;5.能得体和有效地进行跨文化沟通;6.能帮助不同语言文化背景的人士进行有效的跨文化沟通。

第二,跨文化教学有五项基本原则。跨文化教学的基本原则包括思辨、反省、探究、共情和体验。孙有中具体指出,跨文化教学应该训练学生运用认知技能解决跨文化问题,应该鼓励学生通过跨文化反省培养批判性文化自觉,应该成为一个开放的跨文化探究过程,应该基于共情伦理并促进共情人格的发展,应该创造跨文化体验的机会以促成跨文化能力的内化。

第三,对不同维度上的语言文化应采用不同的教学方法。语言文化从产出"过程"出发,可分为主题、语篇、情境和语言本体四个维度。文秋芳(d)建议:对语言本体维度上的语言文化,最好通过认知比较分析的方法进行显性教学;在教授情境维度和语篇维度上的语言文化时,宜采用案例教学法;对于主题维度上的语言文化知识,鼓励英语通用语者学习多元文化。

第四,当前我国外语教育存在"中国文化失语"现象。李淑梅认为,以下问题应引起高度重视:一是外语教育的价值取向重工具性、轻人文性;二是外语教育的文化核心价值观受到挑战;三是青少年的文化"自我殖民"倾向严重;四是外语教育中文化帝国主义对我国青少年的文化渗透;五是外语教育中的西方文化沙文主义。

第五,当前我国外语教育应树立文化自觉和文化自信。我国外语教育应该从文化安全视角出发,引导青少年对本民族文化进行深刻的了解,帮助青少年树立正确的文化意识与价值观念,提升青少年的民族文化认同感,批判地吸收外域文化。李淑梅指出,我国外语教育的文化安全的立足之本是文化自觉与文化自信,文化安全之保障是文化认同与文化分享,文化安全之关键是文化批判与文化平等,文化安全之升华是文化传承与文化创新;只有在外语教育中坚守本民族特

---

① 搜索可见1999和2005年各有零星研究。

色文化,才有可能在国际交流过程中赢得真正平等的、被尊重的地位,才能切实维护好国家的文化安全。

第六,应开展"中国英语"教育。赵海燕认为,中国英语教育的产生和发展,本质上是英语及英美新教文化向中华文化传播的历程,同时造就了中华文化反向传播的条件和途径;中国英语教育约二百年的发展历程,折射出中华民族近代以来追求精神之完全独立自由的文化变迁进程,在此期间,中国人英语学习中的"自文化意识"也逐渐得到发展和强化;加强"自文化本位观"研究和开展"中国英语"教育,应成为体现外语教育性质的新常态。

八、中华文化"走出去"研究

中华文化"走出去"研究是伴随着孔子学院、汉语国际传播事业的蓬勃发展而形成的学术热点,也是"一带一路"建设等国家重大战略和"增强文化自信"的必然要求。而"自信"并不意味着盲目甚至颠预,中华文化"走出去"面临的困难和阻力,推动"反思求变"成为2016年相关研究的突出特点。作为中华文化的精髓,以及真正的"自信"应当具备的格局,也恰是中华文化的精髓,换位思考、推己及人、考虑对象国的感受和需求,在学界形成共识。

第一,当前我国语言文化国际传播还面临一些困难和阻力。孔子学院除了数量上的不断增长,在教学质量、本土化进程、建立互惠性理解、实现人心交融互通等方面的突破并不多(刘学蔚,郭熙煌),甚至遭政治排斥和舆论曲解(赵世举f)。本土教育机构质疑孔子学院作为中国国家机构的一个部门,通过语言推广的形式对当地民众输入意识形态与价值观、干预并试图操控本土大学的教师招聘流程、干涉本土大学的学术自由和言论自由等(刘学蔚,郭熙煌)。

第二,我们自身存在问题。造成上述困难的原因,一方面是意识形态差异的不可调和性(刘学蔚,郭熙煌),另一方面我们自身也存在不少问题,如:只想着向别人推广什么,较少想别人需要什么;重语言传播、轻文化传播;而即使意识到了文化传播的重要性,也不得要领,厚古薄今,造成误导(赵世举f)。

第三,文化传播应尊重对象国的主体性。李韵认为,文化传播不是单向的,说者和听者的角色总是在不断地转换;文化输出如果主要以本国作为传播主体,从本国文化的偏好、利益和追求为主要出发点,容易表现出"单向传播"和"大范围传播"的趋势;这种"主体性"的趋势往往会招致其他文化的警惕和敌意。因此,应坚持"文化对话",使其他文化在传播中也居于主体地位,推动传播双方的互惠理解。赵世举也指出,要转变理念、调适话语、凸显服务理念,避免单向思维和功利色彩,促进平等对话和深层次交流,并构建具有广泛接受性的传播话语体系,以增进互尊与互信,化解误读及抵触(赵世举 f)。

第四,谨慎选择文化内容。在传播中华文化时,不应以自己的好恶进行简单取舍,而是应该在更尊重对方主体性的基础上进行谨慎的抉择。朱瑞平认为,汉语国际教育背景下的文化传播内容选择应以代表性、现代性、普遍性、供需结合为原则;尤其是,如果我们的海外文化传播还对当代大众消费文化情有独钟,使现阶段或近期内全世界对中华文化的了解都呈低级化、表面化趋势,一旦某种定势形成,即使我们再想向世界传播高雅文化、精英文化,也很不容易改变世界对中国人和中华文化的看法。

第五,孔子学院应改变策略。孔子学院要尽可能淡化政府背景,完善内部管理机制,充分引导商业机构、民间智库和社团在对外文化传播中发挥积极作用(刘学蔚,郭熙煌);要入境随俗、积极融入,协调好各种关系,争取广泛支持,营造良好的生存环境,落地生根;要创新方式、多管齐下,搭车前行、多讲故事、善用载体、借重科技;要改进教学、提升水平(赵世举 f)。

其　　他

除了上述热点,2016 年语言服务研究、语言政策理论和国别研究也取得了新的进展。语言服务研究就语言服务的理论框架、构成类型(特别是区分专业语言服务和伴随式行业语言服务)、语言服务产业对经济的贡献度等问题进行了深入探讨,但总体而言尚显不足,尤其是关于语言服务、语言产业的政策制度、标准规范等的研究暂时空白。语言政策理论研究逐渐深入至语言政策与规划研究路径和方法等基本理论问题,涉及语言生活、语言竞争、语言意识、语言管理理论、微观语言规划、家庭语言规划、语言景观等多个研究话题,并提出了"语言规划的研究对象是语言生活"(李宇明 i)、"全球化及文化多元化的大趋势,要求语言规划必须自觉由单语主义转向多语主义转变"(李宇明 f)等新论断;不过总体而言,议题比较分散。语言政策国别研究涉及 83 个国家,美国仍是第一热点,亚洲国家最多,非洲国家仍不多见,"一带一路"沿线国家逐渐走热,其中语言教育政策、语言传播政策受关注最多,其余研究话题也比较分散。

小　　结

关于语言政策研究,近来有两种趋势被反复提及。一是向上,立足国家利益、基于宏观视角、关注语言功能、跳出语言看语言;一是向下,立足个体权利、基于微观视角、关注语言结构、深入语言意识。前者随着语言与国家、语言与政治经济文化发展、"一带一路"语言问题等研究的深入而被大量实践,后者随着家庭语言规划、语言景观、语言保护、语言规范等研究的深入而逐年增多。这两个有时被解读为中国学术和西方学术显著性差别的学术方向,实际上存在着互相建构、互相驱动的关系。宏观研究需要以微观研究为支撑,思辨推演需要以实证结论为依据;反之,微观研究可以建构宏观研究的学术话题、推进宏观研究的理论深度。近年来中国学者对国外语言政策与规划理论发展趋势的述介,展示出在二者之间建立良好的互动关系的学术意愿。但从2016年的研究情况看,总体而言,相较"向上"的研究,"向下"的研究、社会语言生活中的现实问题驱动的研究还很欠缺,家庭社区等微观层面的语言规划、领域语言规划、语言景观、语言保护等的实证研究、案例研究,不仅数量不多,而且需要确立科学的理论范式,采用科学的研究方法。特别是在语言政策国别研究方面,目前数量不少,而基于文献的重复研究也不少,因此需要深入对象国做"向下"的研究,了解对象国真实的语言生活和语言意识,这对推进"一带一路"建设尤为重要。

就语言的功能而言,在工具、政治、经济、文化、科技等诸多功能中,当前最受关注的是文化功能。语言助力"一带一路"的最高层次是文化层面的人心相通,国家语言能力建设的根本目标是提升国家文化软实力,语言保护要从文化的视角推进,语文核心素养必然要从语言、思维的层面发展到文化、审美的层面,外语教育既要注重跨文化能力培养、更要保持母语文化能力,汉语国际传播面临的困难和可见的出路本质上都是文化问题……2016年不同方向、不同维度上的相关研究在集体无意识中展现了共同的文化自觉,反映了国家战略、事业发展对语言政策研究的迫切需求,是由国家综合实力提升、国际文化软实力竞争加剧的宏观态势导向的学术自觉,是由多元文化接触加深带来文化选择迷惘等一系列社会问题驱动的学术思考,是由语言和语言政策学界的文化良知驱使的学术情怀。同时,有必要注意到,文化自觉中的文化思考可能模糊了本体意义上语言的独特性、学科意义上语言学的独立性、事业意义上语言文字工作的不可替代性。此外,鉴于文化与政治的密切关系,赵世举(f)、戴曼纯(a)、朱庆之、石定栩等多位学者指出,让语言回归语言,切不可让语言问题政治化,值得关注并深入思考。

当前,语言政策研究还必须直面一系列语言文字决策困境。不论是在国家的语言需求和个人的语言权利之间、还是在语言的工具本质和文化属性之间,不论是在语言保护和语言演变的自然规律之间、还是在民族认同与国家认同之间,不论是在《通用规范汉字表》表外汉字要否类推简化的问题上、还是在异读词审音理据选择的问题上,不论是关于字母词和网络语言等的"堵"与"疏"、还是关于媒体语言的规范与创新,不论是语文课要不要教语言知识、还是汉语国际教育要不要教文化,2016年的相关研究全面观察利弊、充分权衡得失,坚持统筹兼顾、坚持客观辩证,"执两用中",理性思辨。同时,也有必要注意到,政策选择是一切政策研究的核心价值,操作层面对政策实践需要把握好的那个"度"到底在哪里,需求迫切并充满期待。

张日培

2017 年 8 月 8 日

第一章 语言政策理论和国家语言战略

本章介绍2016年学科理论范畴和国家战略视野中的语言政策研究情况。与本报告第二至第七章的内容相比,本章所介绍的相关研究,视角更为宏观,内容具有综合性特点,在国家通用语普及、语言规范、语言保护、语言教育、语言传播和语言服务构成的语言政策体系中,往往同时涉及多个维度及不同维度之间的关系协调与价值思辨。这些研究分为两类,一是"语言政策与规划"学科理论研究,二是国家利益视角下关于语言使用、建设与发展的宏观性、战略性研究,后者是前者在国家战略层面的延伸,国内学界称之为"语言战略"。本章第一节介绍"语言政策理论"研究情况,收文19篇;第二节介绍"国家语言战略"研究情况,收文44篇。此外,属于语言战略范畴的"一带一路"语言问题研究,是年度语言政策研究第一大热点,意义重要,价值突出,数量众多,议题广泛,特设一节予以介绍,收文42篇。本章共收文105篇。

第一节 语言政策理论

语言政策与规划(Language Policy and Planning,缩写为LPP)是以语言政策为研究对象的学科理论。本节从三个方面介绍2016年我国LPP理论研究进展情况。一是"研究现状与学科发展",研究内容涉及语言政策与规划研究在我国的发展情况和主要特点。二是"研究热点与理论趋势",研究内容涉及语言生活、语言意识、语言竞争、语言管理理论、微观语言规划、家庭语言规划、语言景观等LPP领域当前的各研究话题。三是"研究路径与研究方法",讨论了政治学与语言学相结合的研究路径、民族志研究方法、国外LPP研究的路径与方法等。本节共收文19篇。

一、研究现状与学科发展

- **中国的语言规划学呼之欲出**

李宇明在2005年出版了《中国语言规划论》,2010年出版了《中国语言规划续论》,2015年出版了《中国语言规划三论》(简称《三论》),每五年一个台阶,逐渐形成了语言规划学的学科思想。

《三论》关于语言规划学是语言功能之学的论断,准确把握了语言规划学的本质。推动语言规划学发展,应注重应用研究,关注语言功能,让相关研究直接服务于国家的语言文字行政工作;语言规划学也要做好基础研究,解决国别语言规划研究和中国语言规划史研究两大问题。《三论》提出要完善由宪法、语言文字法律法规、国家规定的教学语言系统、相关新闻传媒示范规范系统、规范化的字典词典、术语规范标准、相关学术团体和学术报刊等构成的语言维护系统,非常值得重视。《三论》指出要重视语文知识,这恰恰是当今社会的软肋,教育界乃至整个社会都急需加强对语文知识的学习。

语言规划本身就是一门学问,发展成为一门独立的学科实属正常。在《三论》的过渡下,《语言规划学》第1辑2015年年底由北京语言大学出版社正式出版,学术观点渐趋成熟,学术团队日益壮大,语言规划学业已形成。

——薄守生,赖慧玲.呼之欲出的中国语言规划学——读《中国语言规划三论》[J].语文建设,2016(13).

- **建立语言规划学的条件日臻成熟**

我国的语言规划研究一直是应用语言学或社会语言学的一个研究方向,起步较晚。国内系统研究语言规划是从编辑出版论文集开始的,在几代语言学者的努力下,我国语言规划研究从无到有,从少到多,呈现出较好的发展态势。进入21世纪后,国内语言规划与语言政策研究呈现"井喷"之势。从2006年开始,在发表论文和出版专著、编著的数量和质量方面,以及跨学科研究范围的拓展,都表明语言规划和语言政策研究进入快速发展阶段。回顾我国语言规划十年来研究的新进展,可以说成绩斐然,建立语言规划学的条件日臻成熟。

但国内语言规划研究也存在一些问题,如跨学科视角不足、理论构建缺憾较多以及研究方法不够完备等,且语言规划研究一直是从属于二级学科"外国语言学与应用语言学"下的研究方向之一"社会语言学",严重制约和阻碍了语言规划学的正常发展。建立独立的语言规划学,科学布局语言规划人才培养,实现语言和谐进而达到社会和谐,依然任重道远。

——洪爱英,张绪忠.近10年来国内语言规划研究述评[J].社会科学战线,2016(9).

• 国内语言政策研究现状

对中国知网(CNKI)1996—2015年发表的540篇语言政策研究论文的统计分析显示:近20年来,特别是2010年以来,国内学者关于语言政策研究的发文数量逐年递增,语言政策成为学术界研究的热点,研究渐成规模;研究成果日益增多,研究主题日趋多元,主要可分为介绍性研究、思辨性研究和借鉴性研究;研究者的专业背景涉及语言学、文学、教育学、政治学等学科门类,包括汉语言文字学等几十个专业,呈现出跨学科性和多学科的研究视角。

国内的语言政策研究在理论方法、学术视野上呈现出以下特点:成果数量颇丰,理论基础偏于薄弱;主题研究多样,定量实证方法欠缺;视角学科多元,微观分析不足。今后应从三个方面进一步加强研究:在宏观层面,从国家语言战略的高度,凸显语言的功能性;在中观层面,关注语言问题,商讨解决对策;在微观层面,渗透社会群体,观察语言生活。

——刘叶红.国内语言政策研究综述:现状与发展趋势[J].外语与翻译,2016(3).

• 中国语言规划研究的主要特点

《语言规划概论》一书集中反映了语言规划研究中国学派的一些典型特征:其一,对"语言规划"的理解有自己的特点,并且特别强调语言规划是有益于国家和社会发展的活动;其二,突显家国情怀,强调中国立场;其三,强调语言和谐理论,突出解决问题的导向;其四,从语言学角度理解语言规划研究的学科属性,认为它是语言学及应用语言学的一门分支学科,需要运用社会语言学的相关理论来解决社会中出现的语言问题。同时,语言规划学的中国学派目前尚存在跨学科视角不足、理论构建缺憾较多、研究方法不够完备等不足,需要吸收借鉴国际学术界的理论,不断改进研究方法,以取得更加丰硕的成果。

——赵蓉晖.论语言规划研究的中国学派——评《语言规划概论》[J].
语言战略研究,2016(1).

• 面向语言文字智库建设的语言政策研究

语言文字智库是以语言政策和语言战略为主要研究对象、以服务党和政府语言文字科学民主依法决策为宗旨的非营利性研究咨询机构。面向语言文字智库建设的语言政策研究,应当符合智库研究的共性特征,比如以维护、发展国家利益为价值取向,以问题导向下的决策咨询研究为核心任务,采用跨学科、多学科乃至超学科的研究方法,注重实证研究,建立大数据思维,关注对策建议的可操作性,等等。同时,应当建立自身特有的研究任务体系。该体系至少应包括六个方面:一是解释语言政策的复杂性,二是推动语言政策理论创新,三是设计并传播国家语言形象及语言政策形象,四是探索关于语言文字问题的理性决策模式,五是探讨走出语言文字决策困境的策略,六是影响社会语言生活、助力政策实施。

——张日培.面向语言文字智库建设的语言政策研究[J].语言政策与语言教育,2016(2).

- **中国语境中的语言政策与规划研究**

中国语境中的语言政策与语言规划研究延续中国语言学研究的务实传统,着重解决社会现实问题,具有一定的工具性和实用性。同时,主要集中于宏观领域,多涉及从上至下的官方政策,也可以说是刚性政策,国别研究居多,尚未深入中观或微观领域。这种研究态势在一定程度上影响中国语言政策作为一个学科研究在更宏大范围的纵深发展。和西方语言政策和规划相关研究一样,中国语境中其他一些相关术语也开始频繁出现,比如语言舆情、语言生活、语言管理、语言治理、语言问题和语言资源等。这些概念各有侧重,包含不同的研究重点及趋向。随着研究的深入,相关概念的内涵与外延会更加清楚、明确。中国语境中的语言政策与规划在今后发展上应该突破汉语本来的思维,扩大研究范围,借鉴、融合西方较为成熟的研究理论及研究范式,提升理论自觉性,方法论上要更多元、更宏大,研究对象更细微,从而促进具有中国本土特征的语言政策与规划研究的纵深发展。

——李英姿.中国语境中"语言政策与规划"概念的演变及意义[J].外语学刊,2016(3).

二、研究热点与理论趋势

- **语言生活:作为语言政策与规划的研究对象**

语言政策与语言规划的研究,本来就是研究语言生活的,只是没有明确提出语言生活的概念,或者是没有明确意识到自己的研究对象。"语言生活"可以定义为"运用、学习和研究语言文字、语言知识和语言技术的各种活动",包括语言的运用、学习和研究三个维度,而"语言"又包括语言文字、语言知识和语言技术三个方面,因此三维度与三方面纵横构成了语言生活的九个范畴:语言运用、语言知识的运用、语言技术的运用、语言学习、语言知识的学习、语言技术的学习、语言研究、语言知识的研究、语言技术的研究。我国的语言生活研究主要包括分领域观察语言生活、利用媒体语言和语料库技术统计语言生活、语言舆情分析研判、语言国情的调查研究,并建立了与语言生活相关的学术研究体系。在语言生活的研究过程中,形成了"就语言生活为语言生活而研究语言和语言生活"的学术群体——语言生活派,语言生活派的学术实践将语言研究转向语言生活的研究,研究聚焦于语言的社会功能,使语言研究和语言规划研究发生了重要转向。

——李宇明.语言生活与语言生活研究[J].语言战略研究,2016(3).

- **语言生活:基于少数民族研究的新范式**

《语言生活与语言政策:中国少数民族研究》一书体现了对语言生活研究范式的创新探索。该书通过对语言生活观的阐释,以及对语言生活宏观、中观、微观三个层面的透视,彰显了语言生活派的学术话语,探索了语言生活派的研究理路,建构了语言生活派的学理框架。该书提出并论证的我国"主体多样"语言政策以及长期系统的双语教育政策,是探索解决中国语言问题的有效途径。中国的语言生活派需要对语言生活基本理论、学理体系、范式方法等基础性问题进一步加强研究,完善理论方法体系。

——张军.语言生活研究范式的新探索——读《语言生活与语言政策:中国少数民族研究》[J].语言战略研究,2016(3).

- **语言意识:由单语主义走向多语主义**

在当前的全球化背景下,社会交流和人口移动愈发频繁,信息传播速度加快,信息数量不断增长,文化呈现多元化发展趋势,单语主义显然无法适应全球化和文化多元化的发展要求。全球化及文化多元化的大趋势,要求语言规划必须自觉由单语主义转向多语主义。多语主义的基本精神应当是:在个人层面,为个人提供多语教育,形成包括母语、国家通用语、外语的多语能力;在国家层面,国家要处理好通用语言与其他本土语言(包括方言)的关系,处理好本国语言与外语的关系,关注外来人口的语言问题,向社会提供多语服务,指导人们做好家庭语言规划;在国际层面,国际组织(包括各种跨国组织)要处理好官方语言、工作语言与各成员国语言权力的关系,指导国际社会建立多语主义的语言秩序。

——李宇明.由单语主义走向多语主义[J].语言学研究,2016(1).

- **语言意识:语言意识形态下的语言战略选择**

语言意识形态支配着一个国家语言政策的制定,语言意识形态具有三大社会功能:指导和决定功能、标志功能和语言秩序的确定功能。在当前全球化的背景下,多语主义意识形态成为一大趋势,我国在语言战略选择上应坚持多语主义,大力发展国民多语能力,科学划分、正确对待国内的非通用语言及其国外区域性主导语言,通过合理方式积极维护、稳定国内的语言秩序;同时在国际舞台上应该积极寻找机会抗衡当前的"不合理"的国际语言秩序,为汉语在国际语言秩序中赢得优势地位,提升中华文化的传播力和影响力。我们可以采取三方面措施:加强汉语凝聚力,大力推广普通话;调查研究少数民族语言,建立弱势语言资源库,保存丰富多彩的地方文化;注重"中国英语"的文化传播作用。

——董晓波.语言意识形态下的中国语言战略选择研究[J].外语教学,2016(5).

- **语言竞争**

在语言结构空间,语言竞争现象社会较易感知,常常引发争论的是借词方式、文字形体(包括字母表)以及注音符号形体。在功能空间,当前中国语言竞争的热点在教育,教育是语言矛盾最为突出的领域,其次是大众传媒,再次是家庭。在年龄空间,语言竞争主要发生在 40 岁以下,40 岁之后语言使用已基本稳定,且伴随年龄增长,语言能力将逐渐退化,语言竞争已不剧烈。在地理空间,近百年来,特别是第二次世界大战以来,第一语言(包括第一言)版图基本稳定,第二语言(包括第二言)版图变化剧烈,语言竞争的焦点在第二语言层面。

结构空间、功能空间、年龄空间、地理空间不是孤立的,而是相互关联的,各空间也不是封闭的。对同一问题可以从不同的空间进行观测,也可以多空间结合观测。

——李宇明.语言竞争试说[J].外语教学与研究,2016(2).

- **语言管理理论**

自 20 世纪 80 年代以来,语言管理理论已经建立了相对完善的理论框架,明确并深化了相关概念内涵,丰富了其理论内容,在各种语言管理活动中得到了应用。语言管理理论提倡通过"简单管理"与"有序管理",对语言的宏观规划路径和微观规划路径进行调和,这是其对语言规划研究领域的突出贡献。语言管理理论的进一步发展仍需解决三大问题:一是明确其理论定位,将注意力转向国家层面的语言规划;二是确认其研究重点,进一步探索简单管理和有序管理之间的相互影响机制,建立运行模式;三是思考其价值导向,在强调社会主体参与管理的同时,充分承认政府在语言规划中的作用。

——何山华,戴曼纯.语言管理理论:源流与发展[J].语言规划学研究,2016(1).

- **微观语言规划**

语言规划是对语言使用现状的一种限制和调整,从宏观上指导着一个国家的社会语言活动。但宏观的语言规划显然不能应对目前社会发展对语言规划的细致要求:其一,对于一种语言采取的规划行为不只涉及这种语言本身,而且也会影响到其他语言;其二,当语言规划发展到语言政策阶段,其执行是一个历时过程,需要估测其影响效果并结合实际情况及时调整;其三,语言规划是针对整个社会群体的规划,注重全局性,不一定兼顾到每一个社区或每一个个人;其四,语言规划是理想状态下的一种规划,并不能涵盖所有语境情形。

因此,我国应当关注微观语言规划。第一,不同地域应考虑地方因素而做微观规划调整;第二,由于社会职能的差异,不同机构的语言规划应各有侧重;第三,由于工作对象和群体特征差异,不同行业的语言规划也应该有所不同;第四,由于团队组成、党派章程等的不同,组织机构内部对语言的要求不一样,语言规划结果也应有所不同;第五,由于社区和个人主观随意性更强,其语言使用更加灵活多变。从具体情境入手,进行微观规划,语言规划能更加符合社会发展实际,起到协调社会发展的作用。

——李福莉,杨满仁.微观语言规划研究初探[J].语文学刊(外语教育教学),2016(10).

- **家庭语言规划**

很多父母认识到家庭语言环境对孩子语言使用的影响,已具有一定的家庭语言规划意识。父母通过各种途径构建自己的语言意识和态度,父母的语言意识决定其家庭语言规划和家庭语言实践,并会直接影响孩子对某一语码的掌握和使用。父母语言意识对儿童语言使用状况的影响在儿童社会化程度逐渐增高的过程中逐步削弱,儿童自身的语言意识会逐渐增强,并促使他们调整自己在特定语境中使用某种语码(比如方言)的比率,而且正是由于儿童自身语言意识的形成与发展,才保证了除普通话之外,其他语码的代际传承。

——王玲.语言意识与家庭语言规划[J].语言研究,2016(1).

- **语言景观:多语研究的新路径**

语言景观具有信息功能和隐蔽的象征功能,语言景观的分析单元和归类具有复杂性,考察语言景观的指标包括语种数量、语码选择、文字呈现方式等。多语语言景观语种转换的准确性有复制型、重叠型和互补型三种。语言景观与社会语言环境是双向互动的关系,语言景观反映社会语言环境,社会语言环境重新塑造新的语言景观。作为多语景观的不同呈现方式,语言景观帮助了解语言使用的特征,反映语言的权利和地位,揭示语言选择背后所蕴藏的深层次的政策取向,进一步反映当地语言景观实践与语言政策的契合度。

语言景观是研究多语现象可及的新型手段。语言景观研究法能为多语现象研究提供政策制定的依据,保持多语生态的平衡,表达语言选择的意图,反映语言竞争的动态。从语言景观的视角研究多语现象可以丰富多语习得理论,增加多语应用的新形式,促进多语研究的新发展。语言景观研究也要结合其他理论进行综合应用,通过跨学科的实践进一步发展。

——段袁冰.全球化背景下的语言景观研究——多语研究的新路径[J].湖南社会科学,2016(2).

- **语言景观:优势与不足**

在理论层面,语言景观研究弥补了社会语言学中城市调查只侧重城市中口语使用研究的不足,将城市中的书面语使用也涵盖进来,可以纳入城市语言调查的理论范畴;从而进一步完善了城市语言调查的研究对象,更能够与传统的城市语言调查方法相互补充、相互印证,增强调查的科学性、准确性,推动城市语言调查的深化和发展。在研究方法上,语言景观研究还存在研究对象界定不清,研究区域选择理由不充分、样本确定标准不明确、研究方法单一等问题。语言景观研究的界限应限定于标识上的书面语言,研究区域可根据研究目的进行划分,在研究方法上可以进行定量研究和定性研究。

——张媛媛.语言景观研究的几个理论和方法问题——以澳门官也街为例[J].中国语言战略,2016(1).

三、研究路径与研究方法

• 政治学与语言学相融合的跨学科研究方法

《语言政策与政治理论》一书向读者展示了政治学和语言学的跨学科研究对推进语言政策研究的理论意义，探索了两个学科之间的接口以及跨学科研究可能面临的困难，尝试提出了融合"政治学思维"与"语言学思维"的现实路径，为我国的语言政策研究提供了参考。语言政策研究要重视跨学科视角的理论建构，将价值判断与实证研究相结合。我国的语言政策研究要在深刻把握国情的基础上，在国家政治体制与总体发展战略框架下，寻求具备实际可操作性和政治合法性的语言问题解决方案，不仅要充分认识语言规律，更要深刻领会我国的政治制度、政治思想和政府运行的机制，尝试探索具有中国特色、符合中国国情、解决中国问题的规范性语言政策研究。

——杜宜阳,赵蓉晖.构建融合政治学与语言学的语言政策理论——评《语言政策与政治理论》[J].外语研究,2016(5).

• 民族志方法

民族志方法在双语政策、双语教育、语言复兴、儿童语言社会化策略、多语言教育、新媒体与语言认同、少数族裔双语保持和使用、移民的双语学习及保持等研究领域取得了相当的成果，其最重要的方式是参与式观察。民族志方法擅长发现非官方的、实际存在的或者影响更持久和有效的隐性语言政策，能够将宏观语言政策与微观语言政策联系起来，相互对照和印证，了解宏观语言政策在具体环境下的实施情况。民族志方法对我国的语言生活研究有很大启发，它不仅适用于少数民族语言研究以及语言资源的开发利用，还有助于了解各个层级语言生活内在的或者隐藏的，支配语言行为与实践的语言意识、语言信仰、语言动机，能够为我国的语言政策研究开拓新的研究路径，同时有效解决我国语言生活中存在的问题。

——李英姿.语言政策研究中的民族志方法及启示[J].民族教育研究,2016(5).

• 国外语言政策与规划研究的路径方法

国外语言政策与规划研究有五大路径和两大方法。五大研究路径指早期依赖实证观察和历史研究方法的研究路径，历史-语篇研究路径，政治理论研究路径,法律和媒体语篇研究路径,学科复兴时期的世界体系论、语言生态观和治理观的研究路径。两大研究方法指民族志研究方法和话语分析研究方法(特别是批评话语分析研究方法)。语言政策与规划研究受社会、政治、经济和文化等因素的影响,学科内涵不断扩大,研究领域不断拓展,研究路径和方法呈多元发展态势,显现出由交叉学科向超学科过渡的发展路向。

——张天伟.语言政策与规划研究:路径与方法[J].外语电化教学,2016(2).

第二节 国家语言战略

语言战略是语言规划中从国家利益出发,从全局考量的战略思想、布局与策划[①]。本节所列专题,不同年度因研究热点的轮换而有不同,但有些热点延续数年。2016年主要有四个热点。其一,"国家语言能力与软实力提升"[②]是近两年学界始终关注的热点,所收各文在已有研究基础上,继续深入探讨国家语言能力的内涵、要素、结构、层次,以及提升国家语言能力和文化软实力的方略。其二,"语言与国家安全"研究内容涉及跨境语言与国家安全、母语安全、文化安全视角下的区域性语言战略。其三,"语言认同与国家认同"是语言政策研究应当关注的重大问题,由于语言认同的层次性和复杂性,往往使语言政策选择面临两难困境。所收各文有的对国内外"语言与认同"的情况进行了综述,更多从不同角度指出了语言认同的复杂性。其四,"中华思想与文化外译"是"中华思想文化术语传播工程"等国家语言文字事业的相关重点工作驱动的研究热点,内容主要涉及中华思想文化术语和时政话语的外译与传播。本节共收文44篇[③]。

一、国家语言能力与软实力提升

• 国家语言能力衡量标准

就整个国家来说,语言能力可以分两大层面,那就是个人的语言能力与国家

---

① 参见:王晓梅.语言战略研究的产生与发展[J].中国社会语言学,2014(1).
② "语言能力"是2016年的研究热点之一。本报告区分"国家语言能力"和"国民(个体)语言能力"在不同章节予以介绍。"国家语言能力"是一个宏观战略视角的涉及多项政策维度的综合性概念,在第一章介绍;"国民(个体)语言能力"主要指向"语言教育"的政策维度,在第五章介绍。
③ 其中包括从《语言战略研究》2016年第1期所载"'语言与认同'多人谈"中析出的13篇,因各篇观点鲜明而角度各异,故分别单独介绍。后在"一带一路"语言问题、语言保护、语言能力、汉民族共同语等专题下涉"多人谈"的,均做相同处理。

的语言能力。国家语言能力涵盖国民语言能力,国民语言能力包括国民个人的语言能力和全民的语言能力。国民个人的语言能力是整个国家语言能力的基础,应包括母语能力和多语能力。

  国家语言能力的强弱,可以从以下七个方面来衡量:1.国家上上下下,特别是高层领导的语言意识和国家语言意识如何;2.社会整体的语言能力如何,包括社会整体的母语能力和多语能力;3.国家对语言资源的掌控、规划与实施的能力如何,包括国家通用语言文字的推广程度;4.国家获取、储备、利用和保护语言信息资源的能力如何;5.国家处理海内外各种事务所需要的语言能力,以及掌握利用语言资源、提供语言服务、处理语言问题等的能力如何;6.国家开展语言教育,储备、掌控和使用语言人才的能力如何;7.国家的国防语言能力如何,包括军队所需的"通用语种"和"复合语种"掌握程度,维护国家安全利益所需的"特需语种"掌握程度,应对反恐、缉毒、维和、救灾等紧急情况所需的"应急语种"掌握程度。

——陆俭明."语言能力"内涵之吾见[J].语言政策与规划,2016(2).

- **国家语言能力的内涵和评价指标**

  国家语言能力是指政府处理海内外涉及国家战略利益的事务所需的语言能力,包括五个分项能力:一是国家对涉及国家战略利益语言事务的管理能力,二是国家对语言人才资源的掌控能力,三是国家对语言人才资源的创造能力,四是国家对语言处理技术的开发能力,五是国家对中文国际影响的拓展能力。

  管理能力包括组织力、规划力、执行力、应急力四个评价指标。掌控能力包括通晓力、支配力两个评价指标。创造能力包括实践力、科学力两个评价指标。开发能力包括信息挖掘力、机器翻译力两个评价指标。拓展能力包括影响力和传播力两个评价指标。

  明确国家语言能力的概念及其评价指标,有利于政府部门更有针对性地开展工作,提高发展国家语言能力的效率,更加快速、有效、全面地服务于国家战略利益,有重要的实践价值;也有利于厘清国家语言能力与国民语言能力的区别,界定其研究对象和范围,促进语言规划学发展,具有学术价值。

——文秋芳.国家语言能力的内涵及其评价指标[J].云南师范大学学报,2016(2).

- **国家语言能力构成要素和语言人才资源库建设**

　　国家语言能力的构成要素包括一个国家拥有语言人才资源的语种类别和每类语种人才资源的质量，存在形式包括潜在语言能力、现实语言能力和未来语言能力。国家语言能力的转换机制指的是三种语言能力之间相互转换的决定因素，将潜在语言能力转化为现实语言能力的机制是国家对语言人才资源现状的了解和调用能力，将现实能力转换为未来语言能力的机制是国家对语言资源的规划及其对规划的实施能力。

　　建设语言人才资源库是政府掌控和调用语言人才资源最有效的措施。有鉴于此，中国政府分别于2012年和2013年资助北京外国语大学建设国家外语人才资源动态数据库和国家语言志愿者人才库。国家外语人才资源动态数据库包括高校人才库、现职人才库和人才供需信息库三大子库。国家语言志愿者人才库旨在为政府和社会提供应急服务和紧急援助机制，解决国家语言人力资源不足问题。两大语言人才库一旦运行，能够有效提高国家掌握和调用语言人才资源的能力。

——文秋芳.建设语言人才资源库，提升国家语言能力[A].
中法语言政策研究（第二辑）[C].北京：商务印书馆，2016.

- **国家语言能力的结构层次问题**

　　乔姆斯基将英语中的个人语言能力分为 competence 和 performance 两个层次。借鉴这个框架来分析国家语言能力的结构层次，可以引申出"语言创新"和"语言应用"两个概念。

　　第一，competence 宜引申出"语言创新"的概念。譬如中国要想成为一个文化强国，必须在知识界持续发表具有国际影响力的学术成果，这就要求国家语言具有创新能力；另外，国家应该具有处理国内外重大语言事务的机制，能够根据不同的情况，采取不同的应对措施，该机制应该具有自我更新的功能。

　　第二，performance 宜引申出"语言运用"的概念，这比"语言行为"或"语言表达"似更妥当，因为"语言行为"不如"语言运用"更接地气，"语言表达"不如"语言运用"涵盖面更广。

　　因此，国家语言能力似宜首先切分为两大块，一块是"语言创新"能力，另一块是"语言运用"能力。

——周庆生.国家语言能力的结构层次问题[J].语言政策与规划研究，2016(1).

- **人脑语言能力和机器语言能力**

随着全球化时代的到来,语言能力的内涵与外延发生了巨大的变化,对社会发展与人类进步产生了重大的影响,语言能力提升也随之面临以下几个新的问题:第一,母语能力亟待提高,多语能力及职业语言能力需得到普及与提升,对人脑如何掌握语言还不甚了解,导致语言教育效率低下;第二,语言障碍人群的语言能力未得到充分关注,由于缺乏语言障碍脑机制研究的支持,如何科学地帮助与指导语言障碍人群实现语言康复与社会共融,是全世界都需面临的一个重大问题;第三,国与国之间、人与人之间在新的语言信息形式的使用能力上有较大差距,存在数字鸿沟,严重影响了很多国家、个人的发展,机器成本过高,人机界面不够友好,影响了新的语言信息载体的推广与使用;第四,机器的智能化程度还远远不够,如由于信息处理能力不足而导致"信息爆炸"与"信息匮乏"的现象并存,给全球化、数字化背景下的国家治理和公共安全带来重大问题。

为解决这些问题,语言能力的视野需要积极开拓,关注语言能力的脑机制和机器的智能化,即人脑语言能力和机器语言能力。人脑语言能力和机器语言能力研究成为当今世界最具挑战性的科学难题。世界各国政府、企业、高等院校、科研机构应打破壁垒,实现通力合作,才能攻克这两大难题,实现语言能力研究的突破,为世界各国人民带来福祉。

——杨亦鸣.语言能力新视野与社会发展[J].语言科学,2016(4).

- **语言能力的多维研究视角**

语言能力研究内容包括基础理论、人脑语言能力、机器语言能力乃至国家语言能力等诸多层面。从研究目的来说,可分为知识探究、水平测试、应用开发和服务咨询;从研究方法来看,可以分为理论探讨、实验实证及调查统计分析三类。语言能力是一个相对开放的概念,所以对它的研究也是多角度、多学科的。现在已成为脑科学、心理学、神经科学、物理学、计算机科学以及社会学、教育学、艺术学等多个学科领域共同关注的对象。

——余光武.多角度研究语言能力[J]."语言能力"多人谈,语言战略研究,2016(5).

- **语言能力的本质探讨与社会发展的重大需求**

为应对时代的要求,学界应开展多学科协同攻关,以科学的整合视角深入挖掘"语言能力"的本质及其提升规律;主动投身国家语言服务体系宏大工程构建,率先开展语言能力提升的相关实践,推动国家、社会和个人语言能力提升;积极为国家制定语言能力发展方略,推动与语言能力提升有关的国家重大计划的出台和实施,满足当前及未来国家在世界政治经济发展过程中对语言能力提出的新的要求。

——张强,杨亦鸣.语言能力:从理论探讨到重大需求[J].语言战略研究,2016(6).

- **语言能力与国家综合实力提升**

国家语言能力,指社会整体的母语素养与水平以及外语能力与水平,同时包括国家处理海内外各种事务所需要的语言能力,以及掌握和利用语言资源、提供语言服务、处理语言问题等的能力。国家语言能力不仅关涉软实力提升,而且关涉硬实力提升,关涉国家安全。提升个人与国家的语言能力,需要国家和社会各方面协同努力。要增强全民包括相关领导干部与普通民众的语言意识,特别是语言能力意识、语言规划意识、语言安全意识、语言维护意识、语言科学传播意识等,也需要国家和社会共同营造提升语言能力的良好氛围。

——陆俭明.语言能力事关国家综合实力提升[J].海外华文教育动态,2016(1).

- **语言能力与国家现代化**

国家语言能力的不足必然会制约国家现代化进程。为适应在世界范围内进行外交、经贸、文化活动的需要,加快推进我国现代化建设,更好应对全球化、信息化带来的挑战,我国必须采取针对性措施全面提升国家语言能力。语言能力对国家现代化建设、民族地区和区域协调发展以及实现人的现代化,都发挥着基础性关键作用。国家语言能力的提升取决于个人语言能力的提高,因此必须高度重视通过对国民个人语言能力的培养来实现国家语言能力的全面提升。我国应立足国情和语言教育的实际,适应国家现代化建设的需要,抓紧研究制定国家语言发展战略,科学规划外语教育,持之以恒地推行国家通用语言文字,全面提高各民族人民的语言素质,为我国社会主义现代化建设夯实基础。

——黄德宽.语言能力与国家现代化建设刍议[J].语言科学,2016(4).

- **发展国家语言能力的战略重点与措施**

语言在文化软实力建设中具有无可替代的作用。由于各种语言需求日益旺盛,诸多语言问题亟待解决,加之国际语言竞争压力倍增,发展国家语言能力具有现实紧迫性。发展国家语言能力的战略重点包括：提升国民语言能力，培养急需的语言人才，加快语言资源建设及开发利用，发展语言应用新兴领域，构建语言服务体系，扩大汉语国际影响力，增强语言管理能力。发展国家语言能力，需要切实保障和有效举措。因此，我国应当制定国家语言能力发展战略及实施计划，改革语言教育，调适语言文字事业管理体制，完善语言法制，加强语言应用研究，加大对语言文字事业的支持力度。

——赵世举.切实推进国家语言能力发展战略[N].光明日报，2016/5/11.

- **国际语言能力建设与中华文化"走出去"**

国际语言能力是推动中华文化"走出去"的战略支撑。在日趋激烈的全球竞争时代，语言能力越来越成为国家文化软实力的重要组成部分。当前，对外传播领域"西强我弱"的国际舆论格局并没有得到根本性改变，中国"有理说不出、说了传不开"的被动局面也没有得到根本扭转。中国在国际社会规则制定、议程设置、舆论宣传、统筹协调等方面的主导性话语权依然不足。这与中国国际语言能力建设不足密切相关。

应当从国家战略的高度认识国际语言能力建设的重要性和迫切性。一方面，中国走向世界的过程中，必须掌握了解和读懂全球的国际语言能力，能够详细解读和深刻分析世界各国复杂多变的政治经济、社会文化以及民众心态，准确把握世界对中国的认知程度和接受程度，科学研判和及时规避各种冲突风险；另一方面，要从新安全观出发，通过提高国际语言能力，维护国家语言文化安全。

提升我国国际语言能力的路径有三：其一，加大非通用语种人才培养与战略储备，不仅要让学生具备扎实的语言基础，更要注重通识教育和跨文化教育，采取"外语＋专业"的模式，培养具有中国特色社会主义特色的复合型高层次外语人才；其二，加强"互联网＋"中的语言能力建设，语言科技是当代信息科技中的重要基础和关键领域，是国际语言能力建设和对外文化传播的核心竞争力的体现；其三，努力提升中文在世界语言格局中的地位。

——冯刚，王晨娜.提升国际语言能力　推动中华文化"走出去"[J].对外传播，2016(12).

- **国家软实力建设亟待研究和应对的重要语言问题**

语言不仅是软实力的重要组成部分，也是软实力建设的基础条件和重要工具，在国家软实力建设中具有无可替代的作用。在全球竞争日趋激烈和更加复杂的形势下,提升国家软实力,在语言问题上可以从八个方面努力。一是在语言文化资源的发掘利用方面,揭示语言文字蕴含的文化精神及价值,梳理古代语言学资料中的文化阐释。二是在语言关系的调适及国家语言文化认同方面,强化"多样一体"的国家语言文化认同。三是在国民语文教育和多样化语言人才培养方面,推进适应新时代的语文教育,强化以母语教育为基础的多语能力培养和现代语言技术运用能力培养,培养新型专业语言人才和复合型人才。四是在网络空间语言生活的规划与治理方面,提升网络空间的话语权,治理网络语言生活乱象,加强网络语言资源建设。五是在语言文化挑战的应对方面,保障国家语言文化安全,既要重视防范他国语言文化渗透和侵害,更要力促我国语言文化建设和发展,不断增强中国语言文化的活力和竞争力。六是在港澳台语言文字协调方面,需要各方共同思考、相向努力,排除政治因素的干扰,使语言文字问题回归本位,协调发展。七是在中国语言文化的国际传播方面,虽然近年来成绩瞩目,但还面临诸多问题与挑战,迫切需要深入研究,在方略、途径、模式和方式手段等方面进行调整、优化和创新,推动中国语言文化国际传播事业的顺利发展和水平提升,更好地服务世界汉语需求。八是在海外华语的传承与发展方面,华语教育与传播、全球华语协调、华语研究都需要予以足够重视。做好这八个方面的工作,是加强国家语言能力建设、提升国家软实力的重要途径和现实急需。

——赵世举.国家软实力建设亟待研究和应对的重要语言问题[J].文化软实力研究,2016(2).

• 文化强国视角的国家语言战略

语言资源是负载非物质形态社会资源的资源,是一种最基础的,有价值、可利用、出效益、多变化、能发展的特殊的社会资源。语言资源的构成分为语言本体(知识)资源、语言应用资源、语言学习资源和人力资源四大类。语言资源具有社会性、继承性、多样性、价值差异性、稀缺性、共享性、可开发性等主要特性。语言资源有市场和政府两种配置方式,市场在语言资源配置中起决定性作用,政府在配置和管理语言资源中发挥着重要作用。政府配置和管理语言资源的活动即为语言资源管理,我国语言资源管理的核心任务是了解资源、使用资源、开发资源。

国家语言实力是指通过一定的方法和策略,使语言和语言文化资源成为影响他国(也包括机构、群体和个人)行为,并达到本国目的的能力,这是语言资源

(包括语言文化资源)运用、组合的结果,是一种影响力。我国国家语言实力包括语言吸引力、语言传播力两个方面,语言吸引力主要包括中文吸引力和语言文化吸引力,语言传播力主要包括中文传播力、精英人物语言魅力、机构话语能力和语言文化产品传播能力。

文化强国有四个基本特征:一是国民整体素质较高;二是有比较强大的文化创造力和生产力;三是对内表现为强大的文化凝聚力;四是对外表现为强大的文化影响力。文化强国视角的国家语言战略要进行系统谋划,使语言资源最大限度地为文化强国建设服务,可以概括为"夯实国家语言能力基础,增强国家语言实力",落实这一战略,需要进行系统谋划,按照战略管理理论进行战略设计、战略实施和战略评估。

——魏晖.文化强国视角的国家语言战略探讨[J].文化软实力研究,2016(3).

二、语言与国家安全

- **跨境语言的和谐与冲突**

中缅景颇族及其语言有四个跨境特点:人口内少外多,地理紧密相连;民族来源和称谓相同;语言文字相同;景颇语地位在不同国家都处于弱势。中缅景颇语有着长期和谐的主流,主要体现三个方面:其一,中缅景颇族长期以来使用相同的语言和文字,是两国景颇族发展的有利资源;其二,相同的语言,加上本族的文化习俗、婚姻制度、民族心理、服饰爱好等也基本相同,奠定了两地景颇人的互相认同;其三,境内外景颇语都从对方吸收自己需要的成分来丰富自己。

中缅景颇语也存在矛盾、冲突的支流。第一,中缅两国不同的意识形态、社会制度和民族政策、语文政策影响了两国景颇语的使用和规范。比较明显的是,由于所属国的主体民族不同,两侧景颇语新词术语有明显差异。新词术语的差异,特别是借词的差异,给两地景颇族的交际造成一些阻碍。第二,在两地边民的语言文字接触中,还会由于意识形态的差异而出现不同形式的碰撞和冲突,对我国产生一些负面影响,也会因语言相通而传入一些不符合我国倡导的思想原则的和违背我国方针政策的言论。第三,跨境民族语言规范向谁靠拢,是处理跨境语言问题必须认识清楚的一个重要理论问题。"求同存异"还存在一个"度"的问题,不能偏激。"度"调整合适了,就符合语言的客观规律,顺应民心;而超过客观的"度",揠苗助长,就会出现反弹。

从跨境景颇语的具体特点和近百年跨境关系历程出发，以下四个问题值得思考。第一，怎样科学地认识跨境语言的和谐与冲突，研究跨境语言，不能只看到表面特点，必须挖掘其深层次的内容；第二，跨境语言的所在国应当怎样根据具体语言事实制定适合本国特点的语文方针政策，既要服从主权国家的总利益，又要有利于跨境语言的和谐、互补；第三，怎样认识跨境语言是跨境语言国家的一种资源，跨境语言国家应当发掘跨境语言的资源，通过语言相通更好地发展双边的经济、文化，加强两国的团结；第四，怎样认识跨境语言关系中的"国家兴则语言兴，国家衰则语言衰"。

跨境语言研究，在语言学中是个后起的领域，在我国起步很晚。目前，语言学家都把注意力放在记录描写上，这符合跨境语言研究的学科建设规律。但是，跨境语言研究理论建设势在必行。预计今后的跨境语言研究，必定会在记录描写的同时加强理论研究。

——戴庆厦.论跨境语言的和谐与冲突——以中缅景颇语个案为例[J].语言战略研究，2016(2).

- **生态与安全视角下的跨境语言**

目前跨境语言的生存现状是既和谐又有冲突，和谐与冲突是针对跨境语言与有关国家的国家通用语言或者国语、官方语言以及其他民族语言之间的关系而言的。跨境语言的存在与发展，既有利于该语言所在国家与地区的人文交流与发展，同时也会因该语言所在国家与地区内其他社会、文化、政治、经济、教育、科技、宗教等诸多因素之间的歧异而产生一系列问题。这些问题需要在研究过程中认真对待，需要加紧从生态与安全角度来研究跨境语言。

语言生态，指语言在自然与社会环境下的生存与发展状态及其相互关系。生态系统中的语言具有八方面特征：多样化、多元化；分层次、有层级；互相影响、互相制约；动态发展；处于激烈的竞争之中；受制于人的主观因素，语言关系是平等与和谐的。从安全角度看，跨境语言所涉及的安全因素，目前还只是非传统安全的威胁，但是，也不排除因语言之间的冲突加剧而上升到传统安全威胁，需要用军事手段来解决的地步。

针对跨境语言中所存在的种种问题，为避免因跨境语言而威胁到国家的安全、民族的团结、文化与经济的健康发展等，建议采取三方面对策：第一，增强危机意识，加大支持跨境语言研究力度；第二，加大投入，培养专业人才队伍，利用跨境语言研究成果，进一步提升跨境语言研究服务国家大局的能力；第三，科学规划国内跨境语言，并与相关国家与地区展开密切合作，提升当前跨境语言的生存、发展与研究的质量与水平，为构建和谐语言生活服务。

——郭龙生.从生态与安全角度研究中国的跨境语言[J].语言政策与规划研究,2016(2).

- **母语意识与母语安全**

母语意识是指对母语本质的理解以及对母语在人类生活中的文化职能、身份认同、情感依存等作用的敏感和主动察觉。母语意识主要包括元母语意识、母语认同意识和母语权利意识。狭义的母语安全指母语的本体形式在使用过程中受到其他语言的"污染"或母语因社会地位降低，失去活力，逐渐被弃用而处于不安全状态。广义的母语安全指母语与安全的关系，即母语在国家安全，包括各类传统与非传统安全，如政治安全、军事安全、文化安全、社会安全、经济安全、信息安全等中的地位与作用。

在当前英语全球化和国际语言竞争加剧的背景下，英语在中国传播的强势和国民母语意识的相对薄弱，带来了我国母语本体、母语习得、母语认同和母语传播方面的安全隐患。应对当前的母语安全问题，可以采取四方面策略：第一，进行科学的母语本体规划，以保持母语的活力，提高母语声望，保证母语在各领域的使用效果；第二，加强母语的习得规划，为母语习得提供更好的软件和硬件环境；第三，加强母语认同意识的培养，破除对西方语言文化的盲目崇拜；第四，制定符合时代潮流的母语传播战略，利用各种渠道，全方位推动汉语国际化进程。在实践层面，应该尽早成立一个国家层面的政策机构，统管或协调我国的语言教育、语言传播政策，制定关乎国家安全、社会稳定与众多外语学习者个体长远发展的外语教育规划和政策，管理各类语言政策与语言规划智库，提出国家语言安全战略的科学预案和行动路线图。

——方小兵.母语意识视域下的母语安全研究[J].江汉学术,2016(1).

- **文化安全视角下的新疆区域性语言战略**

新疆区域性语言战略规划由国内和国际两部分组成，国内部分主要是解决新疆各民族语言沟通问题，国际部分分为外语教育和汉语国际教育两部分。新疆区域性语言战略的目标是全面加强国家语言能力建设。

文化安全视角下的新疆区域性语言战略的任务包括五个方面：一是坚定不

移地在新疆广泛、长期和持续推广国家通用语言,完善双语教育;二是加强公民语言能力建设,促进疆内各民族语言互通,实现一体多元文化认同,进而实现国家认同和个人政治身份认同,让跨民族、跨文化交际服务于国家统一和民族团结;三是坚持反对"双泛",在文化领域去极端化,通过语言文字安全维护新疆文化安全;四是建立更为合理的外语教育;五是在睦邻、安邻、富邻周边国家的过程中,更有效地发挥汉语言文化的作用。相关措施包括充分认识和利用新疆丰富的语言资源、推进双语教育、加强汉语国际教育等。

——周殿生,江敏.文化安全视角下的新疆区域性语言战略构拟[J].
中国语言战略,2016(1).

- **新疆少数民族语言文化的安全价值**

语言文化是民族认同的基本依据,与国家认同关系密切。新疆少数民族语言文化在国家认同、抵御外来影响方面具有重要作用,是新疆文化"走出去"战略、汉语和中华文化在中亚地区传播的重要资源。发展少数民族语言文化,对处理好民族认同和国家认同的关系至关重要,事关多民族国家的稳定、民族地区的社会和谐。

我们在少数民族语言文化发展、双语教学模式选择等方面走过一段弯路。境外敌对势力和别有用心的人,常以少数民族母语保护和语文教育问题为借口,攻击我国的人权状况。一些歪曲事实的报道和宣传,在一定程度上影响了新疆的稳定。从各国经验教训看,反恐、反分裂与"传统安全"有很大区别,依靠全民动员手段所能取得的效果往往事倍功半,且易导致民众恐慌和区域整体环境的恶化。因此,在"非传统安全"领域,更需要政治智慧,采用"非传统"手段,丰富斗争策略。只有这样,才能取得反恐、反分裂斗争的主动权。

中华文化是我国各民族共同创造的,少数民族语言文化始终是中华文化的重要组成部分,也是中国多元文化的有机组成部分。少数民族文化事业是新疆"软实力"建设的重要组成部分,也是新疆与中亚国家文化交流的"通行证"。近年来,中央政府投入大量人力、物力和财力,加快了少数民族文化事业的发展。然而,受各种因素制约,比如少数民族语文原创作品、高层次翻译、新媒体、互联网等专业人才不足,导致文化产品的制作和产出与国家的投入不相匹配,也不能全面满足少数民族受众的需求,还没有达到中央政府在疆文化投入的预期目标。

为此建议:增加少数民族文化产品,丰富少数民族精神文化生活;更好地实施文化"走出去"战略;进一步发挥"上合组织"作用,有效抵御"三股势力"影响;加大少数民族语文专业和对外交流人才的培养力度;为各类出入境人员提供更好的服务,包括更好地发挥各类留学平台的作用,发挥新疆赴中亚留学、经商及"回归"返疆人员的作用和更好地培育知华和友华使者。

——王远新.新疆少数民族语言文化的价值[J].中央民族大学学报,2016(2).

三、语言认同与国家认同

• 语言与认同国内研究综述

国内关于"语言与认同"的研究已有二十多年的历史,已经成为我国社会语言学、社会心理学、人类(或民族)语言学、语用学、跨文化交际、语言习得、语言教学、语言传播、话语研究等领域的前沿或热点论题。

国内对"语言与认同"的研究主要涉及六个方面:一是语言认同的内涵,包括方言认同、共同语认同、民族语言认同、国家语言认同等术语的内涵;二是社会语言(方言)与认同,包括语言变体与身份建构、语言变异与身份认同、方言使用与认同、社交网络语言与认同等;三是教育语言与认同,包括英语教学与身份认同、英语教学与认同建构、英语水平与英汉文化身份认同等;四是农民工(移民)语言与认同,包括农民工语言认同定义和语言认同观、农民工语言使用与认同、农民工子女语言再社会化与认同、语言意识形态与身份建构、城市移民语言认同等;五是少数民族语言与认同,包括语言与民族认同、母语使用与民族身份识别、语言认同与民族认同、语言差异与文化认同边界等;六是海外华人语言与认同,包括华语认同、华语使用与全球华语社区划分,华文学习者的语言认同、文化认同、族群认同和价值观认同,华语保持与中华文化认同、华人身份认同、华人母语教育与认同,华人家庭用语选择与认同代际差异,以及"语言认同过程"论等。

今后,这些领域仍将是语言与认同研究的热点,但将引入新方法、新范式、新路径,特别是民族志等方法,很适合"心路"的分析。同时,也有必要借鉴引进国外的新思路、新方法,研究中国的语言与认同问题。此外,有必要加强对社交网络语言与认同的研究,相关研究目前尚是空白。

——周庆生.语言与认同国内研究综述[J].语言战略研究,2016(1).

- **语言与民族认同国外研究综述**

通过梳理2010—2015年间国外关于语言与民族认同的相关文献,并从时间、期刊、作者、机构、研究方法、研究对象和关键词等方面进行数据分析,得出以下结论。第一,从2010年到2014年这五年的发文数量比例看,关注语言与民族认同的文章总体呈现下降的趋势。第二,从文章来源的期刊级别看,核心期刊比例略低于非核心期刊,但语言与民族认同研究近年来在国外广受关注。第三,国外研究较重视作者和机构合作,过半数研究是通过跨机构合作完成的;近五年发文量的前十位机构和作者中,美国机构和作者占了近一半的比例。第四,在研究方法上,国外的研究具有研究方法多样、历时与共时持续关注的特点。第五,在调查对象方面,美国在调查国家中占据榜首,英国、加拿大、澳大利亚位列其次;区域性群体研究有亚洲、南亚、欧洲、北非和拉美,单一群体包括跨国同一族群和单一国家的单一群体;就被试的样本结构来看,样本量在100人以上、500人以下的研究最多;研究阶层中,对中小学生的研究较少。第六,相关文章关键词具有概念认知逻辑严密、现实导向突出、研究方法多样、注重跨学科研究等特点。第七,在内容上,相关研究的主要内容不仅包括语言与民族认同、语言与心理认同、语言与多重认同,更有语言风格与多元认同的创新。这些结论归因于民族认同的要素与发生、认同与行为的匹配与表达、多重认同的嵌套与转化,以及后现代语言多元价值观的形成。

语言在民族认同的建构、形成及其向其他认同的转化过程中起着非常重要的作用。语言是构成民族认同最稳定的要素,语言揭示了民族共同心理与民族实践的非共变关系,语言意识能够反哺国家认同、地域认同和文化认同,了解当代语言意识和语言实践特征,有助于民族认同的维持和强化。

——尹小荣.语言与民族认同国外研究综述[J].语言战略研究,2016(1).

- **中国民族语言认同的定位与措施**

语言认同在范畴上属于族群认同的一种属性。语言不同的社会功能会形成不同维度的语言角色认同:国家通用语言承担更多的交际工具认同,汉语方言和少数民族语言承担更多的文化载体和社会权利的认同。在语言认同层次上,不同语言所处的状态可能会对语言群体的认同态度产生不同的影响。

我国民族语言大致分为强势语言和弱势语言、主体民族语言和非主体民族语言、复杂语言环境语言和简单语言环境语言等,其对语言认同的相关性一般表现为：弱势语言、非主体民族语言、复杂语言环境语言群体的认同意识要强于强势语言、主体民族语言、简单语言环境的语言群体。

在民族语言认同和国家语言认同定位方面，国家通用语言的基本职能是社会交际与信息传播工具，与民族语言的文化和人权功能为互补关系。在处理民族语言认同和国家语言认同的关系方面，民族语言认同应以国家语言认同为前提，而民族语言处于弱势，所以尊重民族语言认同是解决国家语言认同的必要措施。在实现"民族语言-国家语言"认同和谐的策略上，可以通过市场机制提升国家语言的交际功能，通过市场化的政策帮助少数民族掌握国家语言的能力来认同国家语言；民族语言的认同应侧重其文化功能和母语权利的认同，用非市场化的优惠政策充分保障区域自治民族语言的权利和母语文化载体的权利。

——黄行.论中国民族语言认同[J].语言战略研究,2016(1).

• **城市新移民的语言身份认同特征**

农民工语言身份认同调查和城市新兴中产阶层移民语言身份认同调查有三点结论。第一，身份认同不是一个与生俱来、一成不变的概念。身份认同是通过人们的社会实践，尤其是通过语言的使用不断构建的。第二，身份认同具有多重性。人们同时拥有多重身份，并通过语码转换和语言风格的转换，在不同身份间切换，同时展现和构建多种身份。第三，身份认同构建的过程是话语发出者与接收者之间的协商过程。话语发出者需要自我宣称某一身份，同时也需要话语接收者对这一身份加以他人认定。这也印证了语言身份认同的构建包括三个基本特征，即动态性、多重性以及协商确立。

——董洁."城市新移民"的语言身份认同[J].语言战略研究,2016(1).

• **语言及其命名影响心理认同**

世界上有很多国家和民族都是通过语言维系。阿拉伯23个国家能在分歧下保持团结，就是靠阿拉伯语和宗教。语言问题处理不好，会导致国家分裂，如南苏丹和苏丹。比利时的法语和弗莱芒语两个语区也存在类似问题，法语区认同法国文化，弗莱芒语语区认同荷兰文化。土耳其对突厥语族各语言很认同，我国境内的维吾尔语属于突厥语族。普通话是汉语国际教育的工作语言，世界各地的孔子学院教授汉语实际上就是教授"普通话"；但在命名问题上仍面临一些问题，"汉语""中文""华语""国语"是不同的命名，不同的命名会有不同的心理认同问题。命名问题值得好好探讨。

——崔希亮.语言及其命名影响心理认同[J].
"语言与认同"多人谈,语言战略研究,2016(1).

- **语言观念决定语言政策的走向**

语言政策对构建和谐语言生活意义重大,而语言观念则决定了语言政策的走向。面对复杂的社会状况和矛盾,把握方向,判断是非,需要注意以下十大关系:1.作为综合系统的语言政策科学与具体行政指标的关系(科学与行政);2.语言身份认同与特定社会集团中个人定位的关系(归属意识);3.语言歧视与社会地位不平等的关系(社会制度);4.语言威信与语言意识的关系(外在与内化);5.语言生活与经济生活的关系(利益诱导和政策倾斜);6.少数及弱势群体语言生存状况与集团认同的关系(心理认同与生存环境);7.口头语言导向与书面语言(文字)规划的关系(语言生活与文明制度);8.政策制定者与受众及政策执行人员的关系(强制与自觉);9.学术研究与实际政策决定之间的关系(学术与政治);10.语言政策研究与其中蕴含的人文与社科双重性格的关系(学科属性)。

——石刚.语言观念决定语言政策的走向[J].
"语言与认同"多人谈,语言战略研究,2016(1).

- **要从学理上分清"语言认同"的不同层次**

在谈语言与认同这个问题时要分清是指什么层次的认同,是文化认同、国家认同、社会地位认同,还是价值观认同。社会集团是有层次的,有的是因为社会地位不同形成的小团体,有的则是从民族、国家层面划分出来的大团体,所以这个认同要分清不同层次。同时,判断一项语言政策成功与否,是在学术层面还是作为一种活的语言在家庭、社团、国家当中的使用程度来判断,也需要在学理上首先搞清楚。

——张洪明.要从学理上分清"语言认同"的不同层次[J].
"语言与认同"多人谈,语言战略研究,2016(1).

- **语言认同是可以构建的**

语言规划就是语言的规范和认同。规范是向心运动,把差异规范到一统;认同本身是辩证统一的,认同强调的是统一,但是也强调差异,既向心也离心。规范常常联系的是地域和阶层,认同常常联系的是民族和国家。从认识论上来说,或者从语言的意识形态上来说,可以有多元的认同和一元的认同。多元认同反对一元的中心主义。对于国家建设来说,低层次的认同可以强调差异,但是高层次的认同就要强调国家的统一,目的是构建国家政治文化的标识。以新加坡为例,语言作为构建族群认同的标识,它的规划与其他方面社会政策的规划就处于矛盾之中。

——赵守辉.语言认同是可以构建的[J]."语言与认同"多人谈,语言战略研究,2016(1).

- **语言标准的包容性与全球华语认同**

为了让各地华人认同我们的共同语,语言的标准应该适度多元化,具有包容性。应该借鉴英语的成功经验,对普通话的标准从宽掌握,适度多元。在维护相对稳定的共同核心语言要素和高质量相互理解度的前提下,允许和尊重汉语普通话大家庭中各区域成员拥有一定的特色,给予境内外客观存在的普通话区域变体以平等的地位和充分的尊严。既要维持大同,又要尊重客观存在而又合情合理的小异,让不同地区和不同背景的汉语普通话使用者平等分享对我们民族共同语的所有权、监护权和解释权,从而强化普通话自身的凝聚力、亲和力以及不同类型的使用者对她的认同度和归属感。

——徐杰.语言标准应适度多元,具有包容性[J].
"语言与认同"多人谈,语言战略研究,2016(1).

- **"语言与认同"是双刃剑**

"语言与认同"的问题值得重视,如积极开展国际汉语教育和华文教学,无疑将有助于全世界华侨华裔对中华民族、中华文化的认同;而积极开展海峡两岸语言文字方面的全面的交流和合作,无疑将有助于日后海峡两岸的统一。"语言与认同"的问题又不要看得太重,是否能达到认同的目的,最终的决定因素还在政治与实力。

"语言与认同"可能也会成为双刃剑。对于"语言与认同"不要只想到好的方面。一个好的口号往往会引出不同的理解,甚至引出"负能量"的理解。在一个多民族、多语种的国家里,有可能发生某个民族甚至某些民族,举着"语言与认同"的旗帜,强调自己的特殊性,甚至闹独立的事件。这个问题必须处理好,如果处理不好会引发尖锐的冲突,甚至出大事儿。这在国际上并不少见。

——陆俭明."语言与认同"可能也会成为双刃剑[J].
"语言与认同"多人谈,语言战略研究,2016(1).

- **语言使用将影响国家或祖国认同**

人们并不一定会自然或自觉地把语言与国家认同这二者联系起来,一般人只会存在深浅程度不同的无意识联系。以语言与乡土认同关系,可以推知语言与国家认同的关系。这一代在日本的中国人现在还顽强地保留汉语,因为不想丧失祖国认同,到第三代可能大部分已经没有以汉语为母语的意识。我们需要在国外对旅侨做一次"语言与认同"的补课,需要加强对侨民后代的汉语教育。

——史有为.语言使用将影响国家或祖国认同[J].
"语言与认同"多人谈,语言战略研究,2016(1).

- **认同感是一种主观的、政治因素很强的概念**

在做少数民族地区语言调查的时候发现,认同是一个主观意识的政治问题。"汉族"是各种不同民族融合起来的大家庭,所以政治因素在认同感里比其他任何因素都重要。认同感是一种主观的、政治因素很强的概念。

——徐丹.认同感是一种主观的、政治因素很强的概念[J].
"语言与认同"多人谈,语言战略研究,2016(1).

- **语言实践、语言习得决定人的语言认同**

语言学对社会科学的认同研究,有三个切入维度:个体和群体,群体可以是民族、国家;主动和被动,有的时候被认同,你自己不认同,但是人家认同你;主观与客观,这个是最重要的维度,即主观和客观的一致。语言实践、语言习得决定人的语言认同,而且也改变人的语言认同。语言是实践的产物。语言学界研究语言认同应从语言习得和语言实践的客观性、时间性方面入手。

——徐大明.语言实践、语言习得决定人的语言认同[J].
"语言与认同"多人谈,语言战略研究,2016(1).

- **要重视语言与国家认同的复杂性**

认同,尤其是国家认同,是一个高度政治化的议题,处理不好,会适得其反。香港社会对普通话出现了两种不同的态度。普通市民,尤其是商家,对说普通话的态度是正面的、积极的,这当中不一定是国家认同的因素在起作用,更多的是出于"做生意方便"的实用主义哲学。但在有些地方,比如大学中,情况变得越来越复杂。学习和使用普通话的政治意味越来越被放大,甚至成为表达政治倾向的一种手段。总的来说,大学生对于学习和使用普通话的抵触情绪有逐渐增加的趋势。

政府不应刻意"推动"普通话的使用,不把普通话的学习与使用跟"认同"挂钩,在香港,学不学普通话,应该是老百姓自己的事,而不应是政府的事。政府更不必用公帑来干预普通话的学习和使用。

以前海峡两岸甚至整个华人圈都用"汉语"和"中国话"这两个词,后来海外开始用"华语"这个词,这是避免国家认同的表现。我们相信,在现阶段,其中还保留了民族认同的成分,但是不是这一认同一直会保持不变呢?建议学术界从实际出发,深入研究语言与认同的关系,为政府的决策提供可行的依据。

——朱庆之.要重视语言与国家认同的复杂性[J].
"语言与认同"多人谈,语言战略研究,2016(1).

- **应该把香港中小学用普通话教中文的逻辑说清楚**

当初有人说粤语是一种语言,现在有人把简化字、普通话视为洪水猛兽,这都是把本来跟政治无关的问题上升到政治高度去讨论。先贴标签,再批判,就把问题歪曲了。不要把学术问题引到政治上去,应把逻辑说清楚,把事物的科学依据说清楚。

——石定栩.应该把香港中小学用普通话教中文的逻辑说清楚[J].
"语言与认同"多人谈,语言战略研究,2016(1).

- **语言认同应分层次区别对待**

殖民者为什么到一个国家以后要强制推行自己的语言,作为弱势民族或国家为什么提出要保护自己的语言。这两个问题都证明了语言确实跟认同有关系。中国的认同有层次差异,既有国家认同、民族认同,还有地域认同等;网民在使用语言的时候也想通过语言表明或强调自己的身份。中国在民族问题上,不同地区、不同民族情况不一样,不应该套用一个模子。应该分清不同的层面,不能一概而论地用一个政策、一个方法、一个手段处理民族问题。

——郭熙.语言认同有层次差异,应分别对待[J].
"语言与认同"多人谈,语言战略研究,2016(1).

- **语言认同应立足于国家统一、社会和谐、权利保障**

语言不是认同的唯一因素,有时候也不是认同的决定性因素,因国家、因民族、因地域而有差异,讨论语言认同在民族认同、文化认同中的作用的时候,必须结合每个地方的具体情况来分析。语言有交际功能和很强的认同功能,有时我们的语文政策或出发点仅仅从语言的交际功能出发,而不考虑语言的权益和语言认同方面的功能。

我们研究不同民族、不同群体的语言认同问题,在应用方面所要达到的目标,可以总结为:国家的统一、社会的和谐、权利的保障。尽管这三个方面有时在局部领域不完全统一,但从长远来说还是统一的。

讲到认同的层次性,有国家的层面,有民族的层面。比如民族有中华民族、汉族、藏族、壮族、彝族等不同的民族层次;又如"汉语""华语""国语""中文""普通话"这些不同的概念,在取舍的时候要考虑到认同的层次性。普通话是针对方言而言,国语是针对不同民族语言而言,华语是针对世界上其他语言而言,这几个概念可以在不同领域同时存在,这些概念的形成和使用是因为其所面对的语境不同。不能仅仅根据我们想要达到的理想状态来制定政策,而是要根据实际情况来制定。

教育部推出了保护方言的一些工程,这些工作需要在国家通用语言文字政策的大前提下,在维护国家统一的前提之下才能展开,从而最终达到国家统一、社会和谐、权利保障的目标。

——刘丹青.语言认同应立足于国家统一、社会和谐、权利保障[J].
"语言与认同"多人谈,语言战略研究,2016(1).

四、中华思想与文化外译

• 文化自信下的语言与翻译研究

中国当前正处于一个两百年来未有之大变局,中国的崛起令世界对中国和中国文化注目。大变局必然要求学术研究的转向,其中最根本的是要重新建立中国文化和中国学术的自信,转变研究立足点和视角,变一百年来的西方视角为东方视角、中国视角,变由西观中为由中观中、居中观西。从瞄准西方"前沿"、引进吸收、解释中国"问题"、与国际"接轨"的学术范式,转变为从中国关注出发,借鉴西方经验,创新中国学术。

在语言研究上,要改变思路,从中文实践和中国语言研究传统出发,以西方语言和西方语言学为参照,探索汉语特色,建立汉语自身的语言学,在此基础上对人类普通语言学研究做出贡献。语言研究的目的归根到底是要促进中国人学外语和外国人学中文的教学。从大变局下文化自信的角度来看,今后应该加强以汉语汉字为主体的语言学理论研究、汉外对比研究和汉语哲学研究,并加强相关研究的外语出版,让汉语和汉语理论走向世界,在国际普通语言学界发出汉语研究的声音,争取汉语研究的话语权。

在翻译研究上,要改变对西方理论和方法的态度,从引进转向实实在在的研究,要对已引进和将引进的各种理论进行认真比较、鉴别、消化和吸收,注重适用性、局限性和更高层次的共性研究。换而言之,西方翻译理论要经过中国翻译实践的筛选和检验。要加强对中国翻译传统和中国自身翻译理论的研究,适合中国翻译需求的翻译理论只能建立在中国自身的翻译实践和文化传统之上。

中译外研究要与中国文化的传播结合起来,"讲好中国故事,传播好中国声音"。中译外的实践要加强术语,特别是中国历代文化概念和当代政治话语的翻译,以及典籍英译。在理论研究方面,要加强中国自身翻译传统和翻译理论研究、中译外理论研究、传统文化术语的梳理和外译、典籍译本的收集和比较研究、中国文化原典选读翻译等。

——潘文国.大变局下的语言与翻译研究[J].外语界,2016(1).

• 中华传统思想文化术语的英译原则及应用

中华思想文化术语是中华民族几千年来对自然、社会进行探索和理性思考的结晶,代表着中华思想文化的精髓和基因,体现了中华民族内在的精神追求、共通的价值观念和独特的思维方式。2014年年初,为做好中华思想文化术语传播工作,国务院批准设立了"中华思想文化术语传播工程"。工程主要分为两大部分:一是术语的整理与诠释,二是术语的英译。

其中,术语英译遵循以下原则:第一,准确理解与体现术语的思想文化内涵;第二,体现术语在具体语境中的含义,不强求译文的唯一性;第三,在充分参考汉学家及前人翻译成果的基础上进行创新翻译;第四,当意译不能涵盖术语的全部含义或难以表达术语的基本含义时,采取音译。

"中华思想文化术语传播"是一项大型基础文化工程,术语英译中碰到的问题自然也是千差万别的。翻译的过程,就是不断碰到问题、不断解决问题的过程。随着"中华思想文化术语传播工程"的推进和翻译成果的累增,翻译原则和应用办法也将逐步完善。

——章思英.中华思想文化术语的英译原则及应用[J].语言战略研究,2016(3).

● 中华文化术语传播中的语言相对性问题

文化术语是概念的语言指称,因此文化术语的交流传播会受所属语言的明显制约。汉语的历时相对性表现为古今词汇的不同,中西语言的共时相对性则表现为汉外词语的不对等。词语共时传播的相对性问题主要表现在词语翻译借用的方式和流向方面。词语翻译的借用方式通常有音译和意译两种。词语的翻译与借用实际是一种概念信息交换的过程,词语翻译的语言流向事实上是不对称的,即强势语言会向弱势语言输入更多的词语或概念。就汉语和英语的词语翻译借用和概念交换而言,英语处于绝对的强势地位。

古今汉语在词汇系统集合与同形异义词语方面存在历时差异,中西语言词语在基本义、隐喻义、语境义转达交换上存在共时差异,这使得思想文化术语传播面临一系列语言相对性现象和问题。中外文化交流的信息流向至少在词语翻译的层面是不对称的,即英语处于汉—英词语翻译和信息交换的绝对强势地位,尽管已借入英语的中国传统思想文化方面的词语,可作为当前传播中国思想文化术语英译的借词基础,但是与汉语中的英语借词相比数量太过悬殊,进入英语的汉语借词带有负面信息的词语所占比重甚高,且汉语借词的音、形、义都极不规范,也从某种角度反映出英美人在其母语中吸收汉语词语的态度和价值取向。但同时,随着中国经济实力和国际影响力的增强,汉语的国际推广和国际影响也在不断增强,为中华思想文化传播创造了条件。

——黄行.文化术语传播与语言相对性[J].文化软实力研究,2016(1).

● 中国非物质文化遗产文化概念的英译研究

非物质文化遗产是具有民族历史积淀和广泛突出代表性的民间文化(艺术)遗产,是一个民族的标志,是一个民族存在的生命源泉,其中的文化概念,特别是各类"非遗"的名称,最具民族性,如何翻译理应得到重视,特别是在中国文化"走出去"的当下。

据《保护非物质文化遗产公约》的初衷和宗旨要求,"非遗"英译要尽最大努力传递并保留这种民族性与文化异质性。立足《公约》,从"非遗"英译目的和读者对象入手,发现"非遗"英译应采取异化策略。在搜集了"非遗"网站列出的省市级、国家级和世界级"非遗"名录语料后,针对"非遗"中具体的文化概念,可总结概括出五种翻译方法,即直译、直译加注、音译、音译加意译、音译加注。运用以上翻译方法能更好地达到"非遗"英译目的,满足"非遗"读者对象的审美需求。

此外,客观性与逻辑性、译文简洁是"非遗"文本英译过程中应努力遵循的原则。

——许敏,王军平.中国非物质文化遗产文化概念的英译研究[J].西安外国语大学学报,2016(2).

- **中医药的对外传译**

借助于古代"丝绸之路"和海上贸易的渠道,中医药传播到了世界各地,其他国家的医学与药物也陆续传入我国,形成了中外医学的交流互动。在中医药的国际交流过程中,中医语言的翻译至关重要。现今中医的对外传译还存在多方面问题:高水平的中医翻译人才缺乏,翻译语种单一,翻译质量欠佳,外译数量和传播面、影响度有限等。

"一带一路"建设将会带动各领域更加广泛的国际交流与合作,给中医药的国际传播带来了新的机遇。进一步推动中医药的国际化发展,应采取以下对策:第一,加强中医资源挖掘与整理,整理和研究中医药词语,发掘阐释中医药文化内涵;第二,创新中医孔子学院建设;第三,大力培养中医翻译人才和海外中医人才;第四,努力提高中医术语和典籍外译质量。

——周祖亮.古今丝绸之路与中医药的对外传译[A].语言服务与"一带一路"[C],北京:社会科学文献出版社,2016.

- **外交演讲中我国特色政治术语翻译**

中国特色政治术语是具有我国独特意识形态、语言和文化特色的表达,是我国政治思想和历届领导人政治理念的精华,同时也是外交演讲文本中最难翻译的部分。根据中国特色术语翻译的特点,可以将其分为"含有数字的政治术语""专有名词和特殊概念的表达""俗语和古语的表达"三种类型。应根据不同类型政治术语的文本功能偏重,选取相对应的翻译策略。

中国特色的政治术语翻译的一般操作步骤为:第一步,按照文本的三种政治术语分类分析出不同政治术语在文本功能上的主次;第二步,按照目的原则(即符合原文、符合术语、符合文化传播的目的),在第一步的基础上选取主要翻译策略;第三步,译员应当注意译文是否符合连贯原则,增补翻译策略,以使译文获得认同;第四步,在文本功能目的基础上使译文尽可能忠实于原文,得到最终译文。

——李昂.外交演讲中我国特色政治术语翻译研究[D].信阳师范学院,2016.

- **时政话语作品翻译**

时政话语与一般文学作品的翻译方式不同，注重的是能否被接受。中国的时政话语在翻译并对外传播时，存在目的语读者一定程度的曲解与误读，以致产生不接受乃至不认同的影响。影响英译话语接受程度的四项因素分别为：外国受众对中国时政话语的意义理解分散，不符合目的语习惯的表达，对中国国情缺乏了解造成目的语使用者理解偏离，意识形态差异。

为了使目的语使用者能够更大程度理解时政话语源语言，立足以"同化-顺应"为基础的认知心理接受理论，应采取"以我为主、重视差异、不断强化、渐被接受"的传播策略。即坚持以我为主，同时重视对内与对外传播的差异，通过坚持不懈的强化传播，即使西方受众在认知上暂不认同我们的理念，也能够逐渐接受我们的翻译表述，实现"排斥-接受-认可"的转化，从而实现最大程度接近源语言意义的语言转换，提高时政话语对外翻译传播效果。

——窦卫霖.如何提高中国时政话语对外传译效果——基于认知心理学角度[J].探索与争鸣，2016(8).

- **"四个全面"的外宣翻译**

时政外宣翻译作为一种目的性、时效性和政策性很强的翻译行为，应充分考虑目的语读者的语言文化、认知模式、接受心理等多种因素。以诺德功能目的论中纪实型翻译策略为基础，结合 COCA 语料库的词汇搭配频率功能，对比研究国内外 10 家机构和媒体对"四个全面"的英语译文的翻译质量，得出了三种主要译法：一是从形式上分析属于逐词对应翻译的 Four-Pronged Comprehensive Strategy；二是作为直译代表的 Four Comprehensives；三是作为文学翻译形式的 The 4Cs strategic blueprint。发现两大问题，一是政治术语的部分译文曲解或误解原文的意义，二是政治术语的翻译不统一。解决以上两大问题，应建立政治核心术语翻译的审定发布机制，从源头上把控术语翻译的话语权并监控译文质量；应在平行语料分析的基础上，注重总结政治术语的翻译策略；应发挥诺德为代表的功能翻译理论在政论文翻译中的指导作用，当忠实性法则与功能性相冲突时，前者从属于后者。

——潘登，陈艳芳.功能翻译理论视角下的中国时政术语外宣翻译——以"四个全面"为例[J].湖北科技学院学报，2016(11).

● "一带一路"的外宣英译

外宣翻译是以传递中国文化和声音为主要目的的跨文化交际活动。其中大量出现的中国特色时政术语反映了我国在各个阶段不同的政治经济形势、方针政策及相关的文化内涵。可以说中国特色时政术语的英译是中国英语的重要词汇组成,其外宣翻译的质量关系到对外传播的效果和中国国家形象的建构。

从英汉对比的角度深入分析"一带一路"术语规范前后使用的各种英译,结合其他热门术语的译法分析,发现中国特色时政术语很难在英语中找到"对等语"。为了达到对外交流的双向平衡,突显中国文化的独特魅力,应以异化的翻译策略为主导,用中国英语进行外宣翻译。在翻译方法的选择上,以直译为主,辅以注释和释义,力求全面传达时政术语的内涵和外延。此外,需充分考虑西方读者的思维方式和阅读习惯,注重语言形式和用词的选择,在传达中国的文化观念和生活方式的同时,利用适当的翻译技巧扫清理解障碍,在"忠实"和"顺达"之间找到平衡。

——林扬欢.中国特色时政术语的外宣英译——从"一带一路"的译法谈起[J].东莞理工学院学报,2016(2).

第三节 "一带一路"语言问题研究

"一带一路"语言问题研究是2016年我国语言政策研究的第一大热点。本节从六个方面介绍相关研究情况:第一,"一带一路"倡议下的语言规划,相关研究主要探讨提出语言助力"一带一路"建设的综合性政策规划。第二,"一带一路"语言服务,相关研究主要分析"一带一路"建设中的语言需求,探讨满足相关需求的语言服务对策。第三,"一带一路"语言人才培养,相关研究主要探讨如何根据"一带一路"沿线复杂的语言情况,培养多语种、复合型、国际化人才。第四,"一带一路"上的汉语及中华文化传播,相关研究主要探讨如何在沿线国家和地区开展汉语国际教育和华文教育、传播中华文化。第五,"一带一路"背景下的区域语言方略,相关研究涉及新疆、广西、云南等地面向"一带一路"需求的语言规划。第六,"一带一路"话语建设及其他,相关研究主要探讨"一带一路"建设中的外宣话语策略,兼及"一带一路"背景下的语言安全、国内中心城市国际语言环境建设等问题。本节共收文42篇。

一、"一带一路"倡议下的语言规划

• "一带一路"建设需要语言铺路搭桥

实现"一带一路"构想,需要语言铺路搭桥。语言互通是实现政策沟通、设施联通、贸易畅通、资金融通、民心相通的基础。发挥语言在"一带一路"建设中的重要作用,要做好三方面工作:一是要普遍增强语言意识,特别是要增强各级领导层的语言意识;二是应组织有关专家学者着手制定面向"一带一路"的总体的语言规划,特别是语言人才培养规划;三是国家要组建"一带一路"语言管理机构,专门负责"一带一路"语言规划的实施,管理、监督实施规划内所定的各项任务,使语言为"一带一路"铺路搭桥的工程能落到实处。为真正落实语言为"一带一路"建设铺路搭桥的任务,要加快培养通晓沿线沿路国家语言的各语种人才,为沿线沿路国家加快培养通晓汉语的人才,抓好商务汉语教学,加强语言教学的现代化、信息化建设。

——陆俭明."一带一路"建设需要语言铺路搭桥[J].文化软实力研究,2016(2).

• "一带一路"语言研究的本土意识和国际眼光

"本土意识"是个宽泛的说法,包括熟悉且珍爱中华文化、具有家国情怀和现代公民意识等;"国际眼光"就是既能从中国看世界、又能从世界看中国。研究世界的语言情势图和中国的语言情势图,目的有三:1.中国走向世界,需要哪些语言装备。2.研究一下世界上有哪些语言事情,中国能为之做点什么。3.汲取世界处理语言生活的经验与教训,解决好中国语言生活问题。

——李宇明.本土意识　国际眼光[J].
"'一带一路'语言问题"多人谈,语言战略研究,2016(2).

• 语言和文化是"一带一路"的通心工程

"一带一路"的核心内涵是互联互通。从长远来看,民心相通是最高层次、最有意义的相通,但也是最难的相通。其中,语言是实现民心相通的基础。"一带一路"语言战略的短期目标是交流、便利,要建立"一带一路"沿线语言的人才库,包括专家和翻译人员等;中期目标是学习进步,学习是交流的高级层次,即不是被动而是主动地融入国际社会,在这个过程中要发现语言和文化之美;长期目标是提升中国软实力,实现中华民族的文明型崛起。国际社会的主流语言(通用语言)会从一个侧面展现一个国家在国际社会的认可程度,就如同人民币国际化一样,汉语、中医药、中餐等具有鲜明中国特色的文化标识要逐渐"走出去",实现"国际化"。

——赵磊.语言和文化是"一带一路"的通心工程[J].
"'一带一路'语言问题"多人谈,语言战略研究,2016(2).

- **"一带一路"倡议下语言学家的使命**

语言学家应意识到在"一带一路"倡议实施中所要担当的重要使命。首先,对沿线国家语言国情的了解是迫切的课题。要在了解各国国情的基础上,对语言做出适当的战略性和策略性安排。其次,推动语言与文化的双向性交流。"一带一路"不是单向、强势地推行我们的文化和汉语,而是建立一种互利共赢、互相沟通的新的世界秩序,也可以说是和谐世界。在这样的前提下,我们需要更多文化和语言的交流。第三,重视跨文化、跨语言人才的培养。"一带一路"倡议的推行,需要特定结构的人才,特别需要基于语言能力又有多方面知识才能的复合型专家,即实用型的人才;同时,也不能忽视战略性的需求,需要对国别、族别语言和文化有深入研究能力和传播教学能力的专家,这是"一带一路"可持续推进的保障。这类人才的培养,这类人才结构的搭建,需要语言学家尽到一己之力。

——刘丹青."一带一路"倡议下语言学家的使命[J].
"'一带一路'语言问题"多人谈,语言战略研究,2016(2).

- **"一带一路"建设中的语言问题及对策**

我国在"一带一路"建设的实践及学术层面上都尚需加强语言方面的考量。"一带一路"建设,软件是重要方面,软件建设是指对跨国间语言、文化、宗教、教育、制度、法律等的相互了解、理解、遵守与应用。语言是软件建设内容的主要载体,是软件建设内容的一部分,是发展"一带一路"民心相通的重要工具。做好"一带一路"语言建设,离不开语言政策和规划的制定。

制定"一带一路"核心区语言战略规划,要从七方面入手:其一,确定"一带一路"语言战略的科学化、国际化、系统化、长期化基本原则;其二,确定"一带一路"核心区及其主要国家;其三,明确中国与"一带一路"核心区主要国家之间语言互联互通建设的内容;其四,梳理和分析"一带一路"核心区主要国家的语言生态和语言政策;其五,调查和分析中国教育机构对"一带一路"核心区主要国家重要语言的教育状况;其六,整合和发展多维的语言政策研究机构和语言服务机构;其七,加强"一带一路"核心区主要国家重要语言的人才培养和培训。

——张治国."一带一路"建设中的语言问题[J].语言文字应用,2016(4).

- **"一带一路"语言规划服务**

语言互通计划是各级政府响应"一带一路"建设的语言规划和行动计划。基于资源观的语言规划应以资源的使用、开发为导向,以人力资源开发为重点。规划目标是实现语言资源的综合开发利用及其社会经济效益,既包括与语言相关的社会目标,如提升个体语言能力、团体语言能力和国家语言能力,建设语言强国,维护国家安全,发展语言经济,促进社会和谐及各种文明交流互鉴,也包括语言文字自身目标,如了解语言国情、建设语言生态、提升交际效率和语言学习效率等。规划内容有很多方面,不同的规划重点不同。

语言调查既是制定规划的基础,也是规划本身的内容之一。需要开展全域或区域语言国情调查,根据需要还可能需要调查沿线相关国家汉语(华语)教育及传播情况,沿线相关国家语言政策和语言状况,以及我国与沿线相关国家语言使用比较研究等。语言人才的培养规划,是规划的重点之一,包括相关语种及人才数量、人才种类(包括纯外语人才、从事相关职业的外语人才、掌握相关外语的语言研究人才)以及人才培养方式等。此外,需要规划中华语言文化传播和中外语言文化交流互鉴。

政府规划主要是制定和完善语言政策、语言规范和相关举措,推动智库交流合作,建立语言互通联盟等。团体规划则根据不同服务对象提供语言产品研发、语言技能培训、语言服务平台建设等。

——魏晖.语言规划服务方兴未艾[N].中国社会科学报,2016/1/5.

- **语言助力"一带一路"建设的对策**

梳理"一带一路"沿线国家语言状况,可以发现:"一带一路"沿线国家语言种类多,语言状况复杂;"一带一路"沿线国家重视语言问题;"一带一路"沿线国家区域特色明显,在区域内语言使用呈现共性特征。因此,我国语言与"一带一路"沿线国家语言的互联互通应该是双向的,既要学习沿线国家语言,也要抓住机遇推广汉语;要了解"一带一路"国家语言需求,调研如何满足语言需求;要深入了解和研究"一带一路"沿线国家语言状况与语言政策,建立相关数据库,科学研究语言政策变化规律,推动语言政策与规划学科的发展;在了解和研究沿线国家语言状况、语言政策的同时,需要了解沿线国家对中国语言政策的态度、对中国语言战略的反应,为中国与其他国家的语言政策沟通和对接奠定基础;要与"一带一路"沿线国家在政策、设施、贸易、资金等方面的互联互通密切配合。

——王辉.为"一带一路"铺设"语言之路"[N].社会科学报,2016/8/25.

- **加强对"一带一路"沿线国家语言的研究**

语言相通是民心相通的基础。要落实"一带一路"倡议,我们必须改变"只关心自己,不关心别人"的状况。我们要有人去研究"一带一路"沿线国家,包括这些沿线国家的语言。要支持对"一带一路"沿线国家感兴趣的人去那儿留学、教学;要挑选一些志愿者,给他们资金支持,让他们去"一带一路"沿线国家做调查。

——胡建华.语言相通才能民心相通[J].
"'一带一路'语言问题"多人谈,语言战略研究,2016(2).

二、"一带一路"语言服务

- **语言服务是"一带一路"的基础保障**

语言服务是"一带一路"不可或缺的重要基础保障和先导工程。从语言功能视角看,语言至少可为"一带一路"建设提供交际服务、通心服务、话语构建服务、资源服务、信息服务。语言服务应加快培养语言人才,创新服务方式,开发便用工具,加强规划引导,以便更好地为"一带一路"服务。

——赵世举.语言服务是"一带一路"的基础保障[N].中国社会科学报,2016/1/5.

- **"一带一路"语言学术服务**

从我国五大科研基金过去十年的立项情况看,还没有为"一带一路"倡议的实施做好语言学学术准备。关注重点仍然偏向西方发达国家,内容上过于关注语言本体和大语种,而忽略语言生活和小语种研究。促进语言学术为"一带一路"服务,要从科研指南、立项导向和扶持力度上做出明确的、方向性的倾斜和引导:研究重心应由"向西方"往"向邻国"、"向利益攸关国家/地区"转变,研究范围应从"概而统之"向"分而化之"转变,研究内容应从"语言结构、语言知识"向"语言生活、语言政策"转变,研究目的应由外语学习的"学习型"向"输出型"转变,研究语种应由"英语独大"向多语种转变。

——苏新春.一带一路需要语言学提供更多的支持和服务——对我国五大科研基金语言规划类课题的思考[A].语言服务与"一带一路"[C],北京:社会科学文献出版社,2016.

- **"一带一路"建设中的语言消费问题和对策**

根据语言产品(服务)的特性,"一带一路"建设中的语言消费可以分为两大类:对以语言产品消费为目的的"典型性"语言产品的消费;对并非或不完全以语言产品消费为目的的"伴随式"语言服务的消费。"典型性"语言产品的供给主体包括国家和语言产业所属的各类企业、提供语言服务的个体,"伴随式"语言服务的供给主体包括政府部门工作人员、窗口服务行业从业者、居民个体等。

"典型性"语言产品(服务)的供给,在语言翻译产品(服务)和语言教育培训产品(服务)方面可采取的对策有:发展"互联网＋语言服务"和基于云翻译技术的"语联网",为消费者提供更加便捷、优质、多样化的服务;通过专业院校培养综合型、复合型的高端语言翻译人才,通过语言培训机构,对大量的中外企业员工进行能够满足日常工作、生活交流需要的跨文化语言交际培训,协调好满足当前急需和建立长远规划的关系、单纯语言教育与"语言＋"教育的关系、国内与国外两个语言教育培训市场的关系。"伴随式"语言服务的供给对策包括根据服务对象语言消费需求对语言服务内容进行设定,在窗口行业内部及各行业间就语言服务进行统一设计等。

——李艳,高传智."一带一路"建设中的语言消费问题及其对策研究[J].语言文字应用,2016(3).

- **"一带一路"背景下的"互联网＋语言服务"**

"互联网＋语言服务"新模式,可以为"一带一路"建设提供强有力的语言支持,并为经济社会的发展做贡献。"互联网＋语言服务"旨在打造国家级语言服务战略平台,创建拥有中国核心技术的语言服务数据库,构建"语言服务互联网云平台"。"互联网＋语言服务"将全世界的语言服务需求与语言处理串联起来,让全球每个角落每个时刻都能获得最精准的语言服务。

"语言服务云平台"的搭建、"语言服务APP"的研发使用,相比传统的语言资源开发效率更高,可以极大缩减语言资源研发费用。未来的语言服务根植于平等互利原则,每个个体都拥有服务别人的知识、才华和语言。每个人都是语言服务的中心,互联网、大数据将我们无形串联,语言服务新时代即将到来。

——张亮,孙秋香."一带一路""互联网十"与语言服务——由《汉语资源及其管理与开发》所想[J].渤海大学学报,2016(1).

- **构建"一带一路"的"互联网十语言服务"**

构建"互联网十语言服务"体系是服务"一带一路"建设的创新模式。将语言服务和互联网深度融合,可以创新语言服务模式,拓宽语言服务外延,增强语言服务能力,丰富"国家语言服务"体系的构想。加速"互联网十语言服务"创新驱动,在资源整合、空间拓展、技术跨界融合等方面可以促进语言服务资源的开发和利用,提升国家语言能力。促进"互联网十语言服务"创新融通,是"一带一路"、"'互联网十'行动计划""网络强国战略""大数据战略"实施的迫切需要,是把中国打造成融通世界的枢纽和桥梁,构建"中国十"特色"命运共同体"的有效途径和基础保障。

根据"互联网十语言服务"发展的整体态势和我国语言服务现状,建议采取三方面举措:一是强化国家语言文字及相关职能部门、相关事业单位及各级地方组织在语言服务中的主体地位;二是鼓励和加强高校、科研院所与语言服务企业的跨领域学术合作;三是加强语言服务专门人才的培养。

——王宇波.构建"一带一路"的"互联网十语言服务"[A].
语言服务与"一带一路"[C],北京:社会科学文献出版社,2016.

三、"一带一路"语言人才培养

- **"一带一路"语言人才培养主要问题**

"一带一路"语言人才培养主要存在三个问题:其一,未能双向思考语言人才培养问题;其二,缺乏非通用语专业布点顶层设计机制;其三,培养模式科学性不强,目标不够明确。这三个问题都具有全局性特点,影响到我国"一带一路"语言人才培养的宏观布局和培养质量。

解决这三个问题建议从三方面入手:一是处理好国家需求、学生个人发展与外语习得规律三要素的关系;二是双向考虑"一带一路"语言人才培养的多元化路径;三是借鉴美国经验,培养复合型语言人才。

"一带一路"建设对非通用语专业发展是极大的机遇,但不能盲目发展,要充分考虑投资国与被投资国双方在语言战略上的互动性,采取多形式、多层次办学,对口培养我国在"一带一路"建设中所需的语言人才,同时还要积极发展汉语国际教育,帮助被投资国培养汉语人才。

——文秋芳."一带一路"语言人才的培养[J].语言战略研究,2016(2).

- **"一带一路"背景下中亚国家的语言人才需求**

中亚国家主要存在四大语言需求:汉语需求,以俄语为导向的多语种需求,以专业外语复合型语言人才为导向的需求,以实干型和综合素质为导向的语言人才需求。据此,推进"一带一路"在中亚国家的实施,要在人才培养上采取以下措施:第一,开展以就业为导向的人才培养,加强俄语、非通用语人才培养,加强汉语人才培养;第二,加强以复合型专业语言人才为导向的人才培养;第三,加强以核心区优势为导向的专业语言人才培养,包括地缘优势、跨境民族语言优势、语言类型优势;第四,加强以跨文化人际沟通能力为导向的语言人才培养。

——邢欣,梁云."一带一路"背景下的中亚国家语言需求[J].语言战略研究,2016(2).

- **"一带一路"背景下新疆外语教育政策面临的挑战与变革**

"一带一路"倡议对我国的外语教育提出了更高的要求和挑战,新疆的外语教育与使用面临着一些独特情况:第一,学习和掌握英语甚至俄语,并不能解决新疆与周边国家在经济文化交往中的所有语言交流问题;第二,现有的教育政策下,新疆的英语人才相对过剩、小语种人才严重不足,甚至奇缺的矛盾日益尖锐;第三,新疆多民族地区的外语教育复杂多样,具有独特的区域特性。

结合"一带一路"倡议对新疆地区外语教育的需求,新疆外语教育政策应从四个方面进行改革:1.成立外语教育政策研究机构,规范指导外语教育教学;2.重视少数民族地区的外语教育,为少数民族地区制定专门的外语教育政策和外语课程标准,并据以编制少数民族适用的教材、提供相应的课程资源,提升少数民族学生的外语学习效果;3.改变目前新疆英语教育独大的教育格局,变英语独大为英语和小语种教育并重互补,扩大外语教学语种数量,在有条件的学校和地区开设与新疆经济、文化往来密切的周边国家小语种课程;4.制定实施有利于推广小语种学习的政策和人才培养模式。

新疆作为国家"一带一路"建设的前沿地区,应该抓住机遇,大量增加实用外语小语种,实行区域性多元化的外语教育政策,优化外语教育结构,提高外语教学质量,培养更多的高素质外语人才,为"一带一路"倡议的成功实施提供人才储备和智力支持。

——蔡志全,赵红霞."一带一路"背景下新疆外语教育政策面临的挑战与变革[J].
中国大学教学,2016(1).

- **"一带一路"倡议与人力资源战略**

"一带一路"倡议需要相应的人力资源战略提供保障和支持。语言文化问题是人力资源战略的重要一环,就"一带一路"人力资源的配置来说,其集体能力集合呈现一种金字塔形。语言文化能力的第一个层次,即金字塔的底边,是语言的交流沟通能力。第二个层次是对文化的理解和运用能力。第三个层次,也即金字塔的顶层,是在对语言、文化了解的基础上,融会贯通历史、地理、政治、经济的多个方面,把握世界发展的形势和趋势,提供重大决策基础参考规划的能力。以上三个层次形成了一个语言文化能力的人才金字塔。语言文化能力人才金字塔的建立,需要政府、企业、高校等多方面力量的共同努力。

——房永青,张爱东."一带一路"战略与人力资源战略:语言文化能力金字塔[J].
中国语言战略,2016(2).

- **"一带一路"建设呼唤"双通"人才**

"一带一路"建设需要大量培养"双通"人才。所谓"双通"人才,是指能够熟练运用国外语言,深刻了解国外社会文化、风土人情,能顺畅进行跨文化交际的人才。

——周庆生."一带一路"建设呼唤"双通"人才[J].
"'一带一路'语言问题"多人谈,语言战略研究,2016(2).

- **尽快培养储备"一带一路"语言文化人才**

落实"一带一路"倡议,要求我们尽快培养各种懂得语言,熟悉宗教信仰,熟悉风土人情,了解生活习惯,甚至可以融入"一带一路"沿线国家正常生活的人才。这种人才,不仅要会当地语言,还要懂得当地的各种习俗,换句话说就是要懂得如何交朋友,如何渗透到当地民众的生活中去,先交朋友,后做生意。建议成立"'一带一路'语言与文化交流学院",用文化作为入手点,从历史、宗教、生活习俗、法律、法务、外交等多方面进行培训,还要让这些学院的师生尽早到沿线国生活、实习、实践,学习交朋友,融入当地生活,为国家储备大量的公关、外交人才,这样才能慢慢形成真正的中国文化与中国经济的世界放射性效果。

——陈平.尽快培养储备"一带一路"语言文化人才[J].
"'一带一路'语言问题"多人谈,语言战略研究,2016(2).

- **"一带一路"下的语言教育规划**

中国语言教育目前面临一语独大、质量参差、弊端交织的严峻现实,科学规划语言教育刻不容缓。我国语言教育规划应以人才为纽带,以"一带一路"倡议为契机,坚持语言选择的多元化、语言教育的实用化、语言人才的精英化。落实语言教育规划,要破除"一语独大"格局,实现语言教育的多样化;要采用社区语言教育新模式,提高语言教育的效率与质量;要准确定位语言教育的目标和层次,挖掘和提升人的语言潜能和能力。

——邵朝阳.徐扬."一带一路"下中国语言教育发展战略之思考[J].
中国语言战略,2016(1).

- **从"一带一路"语言需求看非专业外语教育存在的问题**

"一带一路"倡议的核心是"互通",语言相通是实现各种互通的先决条件。在这种背景下,加强外语教育尤其是非专业外语教育,提高国民外语能力,无疑具有不可估量的意义。但从我国现实情况看,在非专业外语教育方面还存在一些明显的问题:一是教材建设薄弱,教材品种单一,语音教学素材少,文字教学方法单一;二是学科基础支持不够;三是教育资源地域分布不均。因此,我国的外语教育必须改革和不断完善。

——李佳.从"一带一路"语言需求看非专业外语教育存在的问题[A].
语言服务与"一带一路"[C],北京:社会科学文献出版社,2016.

- **跨界民族与"一带一路"人才储备**

跨界民族是推进"一带一路"地缘合作的潜在优势存量。在"一带一路"建设中,跨界民族成员可以凭借自身特点将自身优势存量充分释放,满足五个方面的人才需求,包括知己知彼的政策沟通人才需求、精通沿线国家语言的翻译人才需求、熟稔沿线国家国情的复合型人才需求、深谙宗教社会的人才需求、实践操作层面的技术型人才需求。进而,在凝聚共识和利益共享的原则下,实现"一带一路"建设的人才需求侧与供给侧的相对平衡与合理匹配。建设针对"一带一路"

建设的人才储备库,跨界民族理应被纳入考虑。

——吴月刚,李辉.跨界民族:"一带一路"建设中的人才需求与供给[N].
中国民族报,2016/2/26.

- **"一带一路"俄语人才培养**

目前我国存在非通用语种语言资源匮乏、语言教育薄弱、语言人才奇缺、语言服务滞后等诸多问题。俄语在中亚地区广泛使用,在"一带一路"建设中必将发挥重要作用。我国俄语人才储备自20世纪60年代中苏关系恶化后大幅减少,俄语教育资源不足,俄语生态堪忧。我国有不少培养非通用语专业人才的高校,但多集中在北京、上海等中心城市,直接参与"一带一路"建设的边疆地区极其缺乏这样的教育资源,这是教育资源空间分配的失衡。我国的东北三省、内蒙古自治区、新疆维吾尔自治区及"丝绸之路经济带"沿线地区具有与俄罗斯接壤的地域优势,也有俄语教学传统,更是俄语人才需求量最大的地区,但开设俄语的学校普遍减少,不能满足对俄语人才的需求。国家、省、市教育行政部门应出台相关俄语教育政策,合理分配俄语教育资源,把上述省区建成布局合理、发展科学的俄语重点发展区。更重要的是要起到以点带面的作用,把俄语教育的发展辐射到全国各地。同时,相比英语,俄语是小语种,不要盲目培养,以免造成资源浪费、人才过剩,影响就业,最终导致该语言生态系统的失衡。

——胡家英,刘丹.浅析在"一带一路"战略中俄语语言生态系统的多维平衡性[J].
西伯利亚研究,2016(4).

- **"一带一路"阿拉伯语人才培养**

中国与阿拉伯国家友好往来历史悠久,中国阿拉伯语教学自古有之,历经"回回国子监""经堂教育"以及现代大学的阿拉伯语专业教育等阶段,一直在不断发展。随着全球化进程的加快和"一带一路"建设的推进,我国需要更多的阿拉伯语人才和阿拉伯语应用服务。但目前,我国的阿拉伯语教育还比较薄弱,难以满足现实需求和未来发展。因此建议采取六方面措施:

一是加强需求调研和专业宣传;二是加强统筹协调和专业建设;三是加强师资队伍建设;四是充分利用现代科技手段;五是支持社会力量办学;六是鼓励回族学生学习阿拉伯语。

——汪亚云.中国阿拉伯语教育的历史回顾和现实思考[A].
语言服务与"一带一路"[C],北京:社会科学文献出版社,2016.

四、"一带一路"上的汉语及中华文化传播

• "一带一路"与汉语传播

古丝绸之路的汉语传播已有两千多年的历史,并经历了"驿站式""宗教伴随式""文化吸引式""贸易拉动式"等不同时期的不同传播方式。这也反映出语言传播有不同的拉动因素。"一带一路"倡议的提出为汉语国际传播提供了现实机遇,赋予汉语国际传播以新动力、新内涵和新路径。但当前孔子学院的战略布局缺少战略性规划,与"一带一路"沿线国家的产业合作格局不相匹配。孔子学院应该根据"一带一路"贸易的重点区域进行战略布局,通过贸易与产业合作拉动语言传播,助力"一带一路"沿线国家的经贸合作以及产业发展,通过"借力"与"助力"形成汉语国际传播的良性循环。

——王建勤."一带一路"与汉语传播:历史思考、现实机遇与战略规划[J].语言战略研究,2016(2).

• "一带一路"沿线国家孔子学院现状及发展对策

"一带一路"倡议的实施,会不断带动沿线国家的汉语需求,这为孔子学院的发展带来新机遇。据统计,"一带一路"沿线共有131所孔子学院和62个孔子课堂;截至2014年年底,未开设孔子学院的沿线国家有14个,包括文莱、东帝汶、土库曼斯坦、不丹、马尔代夫、阿曼、卡塔尔、沙特阿拉伯、科威特、也门、伊拉克、叙利亚、波黑、缅甸。"一带一路"沿线孔子学院存在的问题主要有:覆盖面不广,大多未进入正轨教育体系;重要媒体关注度不够;公派师资的外语背景单一;沿线一些国家设置政治障碍。为此建议:利用"一带一路"建设契机,增强国家互信;加强宣传和舆情监测,树立良好形象;加快孔子学院/课题布局,建设汉语传播的长效机制;提高教师使用当地语言的能力,提升教学质量。

——刘永厚,蔡坚,张欢瑞."一带一路"沿线国家孔子学院现状及发展对策[A].语言服务与"一带一路"[C],北京:社会科学文献出版社,2016.

• 孔子学院在民心相通中的作用

随着"一带一路"建设的持续推进,孔子学院将有更大的责任和义务通过语言教育、文化教育去与沿线国家进行心灵沟通。应有效避免因为发展过快而导致的外界关于中国文化"侵略"的质疑,根据不同国家的情况,调整孔子学院的推

广方案,弱化官方推广色彩。应尽量与当地的汉学院或者中文系结合,应选择所在国容易接受的中华传统文化去推广。同时,要积极吸收亚洲邻国在推广语言工作中的做法与经验。

——黄日涵.孔子学院在民心相通中的作用[J].
"'一带一路'语言问题"多人谈,语言战略研究,2016(2).

- **"丝绸之路经济带"核心区汉语教育**

"丝绸之路经济带"核心区汉语教育存在的主要问题包括:培养目标及专业设置较为单一;汉语传播的途径和渠道较为单一;资源整合力度不够,未形成合力。目前,"丝绸之路经济带"沿线国家的汉语学习动机主要是以就业为目的,中资企业的发展也带动了中亚国家的"汉语热"。"丝绸之路经济带"核心区汉语国际化人才的培养具有地域与语言优势、双语教育优势和基础科研优势。

在核心区汉语国际化人才培养方面,建议采取三方面对策:其一,加强高层次汉语国际化人才培养,培养汉语通识性人才,培养对中国国情有深入了解的人才,培养能够用汉语进行教学、翻译的师资人才、翻译人才;其二,开展以就业为导向的普及型汉语国际化人才培养;其三,形成具有核心区特色的汉语国际化人才培养模式,如与中亚国家合作办学、联合中资企业办学的核心区高校"走出去"的办学模式、口岸短期商贸汉语培训、搭建以商贸汉语为核心的课程培训平台等。

——邢欣,李琰,郭安."丝绸之路经济带"核心区汉语国际化人才培养探讨[J].
国际汉语教学研究,2016(1).

- **"一带一路"背景下的汉语国际教育专业发展**

"一带一路"倡议为汉语国际教育专业的发展带来了机遇和挑战。面对新形势,地方本科院校需要创新人才培养模式,不断拓展汉语国际教育的发展空间。第一,人才培养目标应由单纯培养国际汉语教师转向培养具有国际视野、能够服务于语言产业和地方经济社会发展的、复合型、创新型汉语传播人才。第二,外语课程应适时增设或调整,增设"一带一路"社会文化、文学课程及商务类课程。第三,实践环节方面,通过合作办学、整合资源等方式为学生创造实践条件,通过众创空间等构建服务平台,鼓励学生在实践中创新创业。

——许艳平."一带一路"背景下汉语国际教育本科人才培养模式探索——以地方本科院校为例[A].语言服务与"一带一路"[C],北京:社会科学文献出版社,2016.

- **语言助推"一带一路"上的中国文化传播**

语言是"一带一路"建设的重要助推器,是推动中国文化在"一带一路"上传播的重要依托,是中国参与全球治理、提高国际话语权的重要基础。重视语言的基础性作用,促进中国文化在"一带一路"上的传播,应注意四点:双向交流,文明互鉴;包容文化多样,促进文化融通;重视市场机制和社会力量,拉动中国文化需求;助力五通建设,促进民心相通。

——王辉.语言助推"一带一路"上的中国文化传播[N].光明日报,2016/12/25.

- **"一带一路"历史机遇下的文化传播体系构建**

中国文化传播的主要阵地当属跨文化教育,国外的文化传播与推广主要以孔子学院为平台。目前还没有形成关于文化的统一纲领,文化教材内容的编写常囿于两种状态:以偏概全,主要介绍中国的新年、京剧、包饺子等传统风俗项目,把风俗习惯、艺术知识当作文化的全部;抑或纵横古今,不分精华与糟粕,一切皆为文化,泛泛列举。产生问题的根源在于没有形成有纲有领的对外传播文化体系。

在新的国际形势下,有必要以"遥远"而又"客观"的目光反观自身,结合"一带一路"倡议,遵循文化的特性,思考文化传播的内容,构建面向国际推广与传播的中国文化体系。文化没有优劣之分,不同的文化间应该是平等的。"文化互动"是一个普遍存在于不同文化之间的动态过程,是基于相关文化的调适和反馈而连续运作的过程,也是"正常无限延续的过程"。只有在平等互动的关系中传播文化,才能具有持续性和长远性。改革开放以来,中国迅速走向现代化,不仅使物质世界发生了翻天覆地的变化,在精神世界、价值体系以及思维方式等方面也都发生了历史性的改变。所以,我们既要尊重历史,又要关注当下,在文化的变化与互动中着眼于文化的时代性。关于文化内容的传播,我们可以建构两个基本框架:一是古代经典文化系列,一是当代国情文化与生活文化系列。

——汪灵灵."一带一路"战略下如何构建中国文化传播体系[J].人民论坛,2016(28).

- **中华文化传播过程中的文化多元性意识**

"一带一路"语言研究,需要在中华思想文化及其传播推广的大背景下展开。在讲中华思想文化的时候,应该有这样一个意识,即中华民族是由几十个民族构成的,汉族只是其中之一;由于中华民族的构成的多元性,每个民族又有自己独特的文化,因此中华文化是一个多元文化,而不仅仅是汉文化。无论对中华文化传播还是对学术研究来说,中华文化多元性意识是必要和重要的。

——李兵.中华文化传播过程中的文化多元性意识[J].
"'一带一路'语言问题"多人谈,语言战略研究,2016(2).

五、"一带一路"背景下的区域语言方略

• "一带一路"核心区语言战略

新疆的语言政策和规划主要涉及双语教育、国家通用语言文字推广、少数民族濒危语言保护以及语言安全等方面。推进"一带一路"建设,新疆应依托现有优势,做好三方面对接,即:对内双语政策与对外语言传播政策的对接,少数民族语言发展和跨境语言人才培养政策的对接,国家语言安全战略与"一带一路"语言服务的对接。

"一带一路"核心区语言发展战略构建应包括五方面内容:其一,面向沿线国家内外并举的语言发展战略;其二,对外语言传播策略;其三,对外语言文化交流与保护策略;其四,语言文化冲突消解战略;其五,"互联网+"模式下的"语言公共服务+语言咨询服务"平台建设。在"一带一路"核心区语言战略构建中,应注意语言文化传播绝非单向度地传播,而是双向地合作与交流,非通用语人才培养要探索合理的路径。

——邢欣,邓新."一带一路"核心区语言战略构建[J].双语教育研究,2016(1).

• "一带一路"背景下新疆提升语言服务能力的主要途径

"一带一路"建设为新疆发展带来新的契机,也对新疆的语言服务提出了新的要求。就目前新疆的语言状况看,难以满足"一带一路"建设的语言需求,需要采取应对措施,提升语言服务能力。第一,改善语言教育,培养多样化语言人才。应发挥少数民族语言优势,加强相关语言教学;应充分利用跨境民族和跨境语言的优势;应调整语种结构,优化语言教育专业和课程体系;应构建多样化的语言教育模式,培养多样化的语言人才。第二,建设多语种网络服务平台,提供多样化语言服务。第三,利用地缘优势,加大丝路沿线国家的汉语推广。

——尹桂丽."一带一路"背景下新疆提升语言服务能力的主要途径[A].
语言服务与"一带一路"[C],北京:社会科学文献出版社,2016.

- **"一带一路"建设与喀什地区语言人才培养**

推进"一带一路"建设,要重视语言规划,注重培养语言人才。喀什在"一带一路"核心区建设中具有不可替代的战略地位,在语言人才培养,特别是双语教育方面,积累了相当的优势。依托语言人才这一纽带,将语言教育规划与"一带一路"框架协同起来实施,明确了语言教育规划的操作方向,对于解决我国新疆地区语言教育问题有重要的现实意义。

对接"一带一路"建设及当前的语言需求,喀什地区今后的对内语言人才培养应以语言选择的多元化、语言教育的实用化、语言人才的层次化为目标,优化传统校内模式,逐步建立国外协作培养模式,探索推进校企合作培养模式,开发利用跨境语言人才模式,开发普及"互联网+"教育模式。

——刘秀明,薛玉萍."一带一路"建设与喀什地区语言人才培养构想[J].双语教育研究,2016(2).

- **"一带一路"视野下广西语言资源建设及开发利用**

从"一带一路"建设对语言的需求看,广西语言资源具有三方面价值。其一,沟通交际价值,广西语言众多,各种语言、方言、土语交相混杂,形成了复杂的使用局面,这些语言在各自的使用领域里都有着各自的沟通交流价值;其二,政治价值,具体包括群体识别价值、民族认同价值和华人华侨身份认同价值;其三,经济价值,具体包括语言服务于经济发展和语言本身产生的巨大红利。

普通话的普及、畅通的语言为不同区域间的经济合作交流提供了可能,为外部资金的注入提供了良好的人文环境。广西丰富多样的语言资源为东盟各国进行语言交流打下了基础,语言的交流互动,又可以进一步促进文化交流,带动广西经济的发展。广西民族众多,语言各异,以此为载体的文化形式也纷繁多样,开发潜力大。开发利用各种语言资源的广播电视节目也有着巨大的市场前景。

政府、学界及社会各界应加强配合,多维度地对广西语言资源进行保护和开发利用。政府要积极发挥引导作用,具体工作包括:对语言资源监测和调查;制定适合时代发展需要的广西地方语言规划;利用地理优势,大力推动语言文化的国际传播;对语言产业发展做出规划,给予政策支持。

——黄南津,陈菊香."一带一路"战略视野下广西语言资源建设及开发利用[A].语言服务与"一带一路"[C],北京:社会科学文献出版社,2016.

- **"一带一路"背景下的云南区域性语言服务**

"一带一路"背景下云南省的主要发展目标,一是加强交通基础设施建设,二是深化现代服务业、轻工业、农业、能源等领域合作,三是加强文化交流合作。要实现上述目标,语言学界主要应该提供三类服务:一是语言翻译;二是东南亚南亚中国语言研究;三是对相关国家对"一带一路"倡议的认同进行舆情监测。目前云南在上述三方面的区域性语言服务均存在不足,为此建议:增加小语种数量,提高小语种质量;绘制境外中国语言地图,调查中国语言认同度;重视境外舆情监测;服从国家发展大局,加强协同创新。

——李德鹏."一带一路"背景下的区域性语言服务——以云南省为例[A].
语言服务与"一带一路"[C],北京:社会科学文献出版社,2016.

- **"一带一路"背景下的云南关键语言选择**

关键语言具有战略性、前瞻性、综合性、层级性、动态性和阶段性特点。云南是"一带一路"重要支点和面向南亚、东南亚的辐射中心,有必要研究和制定对云南边疆安全、跨境贸易、高等教育等领域比较重要的关键语言政策。

综合考量区域性(次区域)组织、主要贸易伙伴、邻国、东南亚和南亚华人人口等因素,云南的关键语言可分为两个层级:一级关键语言有马来语或印尼语、印地语或乌尔都语、英语等;二级关键语言有泰语、老挝语、缅语、越南语、泰米尔语、他加禄语、高棉语和孟加拉语等。

"一带一路"背景下云南的关键语言教育政策可从五方面进行改革:其一,成立关键语言教育政策研究智库,为政府的政策制定提供依据;其二,转变目前"英语独大"的外语教育格局,推动英语和非英语语种教育并重互补;其三,制定实施有利于推广关键非英语语种学习的激励政策;其四,不断创新有利于提升非英语语种人才质量的培养模式;其五,加大云南关键语种的教学研究力度与资金投入。

——余江英.试论"一带一路"背景下的云南关键语言选择[J].吉首大学学报,2016(A2).

六、"一带一路"话语建设及其他

- **"一带一路"需要合适的话语体系**①

"一带一路"倡议提出后,得到了很多国家的支持和响应,但我们关于"一带

---

① "一带一路"话语体系建设是"一带一路"语言研究的重要方面。该文发表于2015年末,本报告上年度未及收录,本年度予以专门介绍。

一路"的某些不尽恰当的话语表达也引起了一些误解和抵触。当前"一带一路"的话语表达主要存在两方面问题：其一，话语基调居高临下，有些解读片面强调中国自我的动因和需求，或者一味强调对他人的帮助，容易让人产生误解；其二，关键词语没有考虑其他国家受众的感受，忽视文化差异，火药味浓，让人生畏。

"一带一路"建设是相关国家合作共赢的大好事。做好"一带一路"建设，首先要构建合适的话语体系，发出合适的声音，让他人能听得明白，听得悦耳，听得放心，正确理解我们的善意。因此建议：

第一，校准话语基调，按照中央关于"一带一路"建设的精神，构建以合作共建、互利共赢为主旨的话语体系，充分体现"亲诚惠容"的外交理念。第二，系统整理关于"一带一路"建设的关键性词语，在充分研究"一带一路"沿线国家的文化、政治生态和语言表达习惯的基础上，有针对性地优选词语，调整不合适表达，尤其对涉及"一带一路"核心理念的表述，要选好词句，明确阐释其内涵，避免歧义和误解，以求最佳表达效果。第三，组织不同领域专家，专门研究涉及"一带一路"关键词语的外文翻译问题，确定相关重要语种的对译形式，对外发布，引导社会规范使用，也为相关国家提供翻译样本，以免误译误用，为国际上正确理解"一带一路"理念创造条件。第四，增强"一带一路"话语权意识，针对国际上有关话语反馈，进行及时、灵活、有效的应对，争取主动，避免被动，为"一带一路"建设的顺利推进，营造良好的话语环境和人文环境。

——赫琳."一带一路"需要合适的话语体系[N].中国教育报，2015/12/16.

- **"一带一路"语境下的话语策略**

宏观语言博弈是一种语言运用方略，具体体现为以语用能力为基础、基于语境的话语策略。"一带一路"倡议是当今中国与国际社会（尤指周边国家和地区）对话交流，从而实现合作发展、互利共赢的重要语境。"一带一路"也是当前政治、经济叙事的重要语境。政治经济叙事的重要方式之一即为建立在平等对话基础之上的宏观语言博弈。这一宏观语言博弈的基本策略可简单概括为：适用历史符号，积极适应和建构语境；充分激活语义张力，综合平衡各方接受心理；有效开展对话沟通。在对话中说服，说服中对话；在合作中共赢，共赢中发展。

——张春泉."一带一路"语境下的宏观语言博弈[A].
语言服务与"一带一路"[C].北京：社会科学文献出版社，2016.

• "一带一路"建设中的语言安全问题的性质与策略

语言安全是服务和推进"一带一路"建设中一个不容忽视的问题。"一带一路"建设中的语言安全问题主要由语言本身及其使用中的问题和语言外部相关的社会因素构成,可分为内源性、外源性、双源性和多源性四类。内源性问题主要是指"一带一路"建设过程中我国国内各地区的语言安全问题,主要涉及事关"一带一路"建设的国家语言资源、语言服务和语言能力等领域,主要体现为"一带一路"建设中的外语资源问题和"一带一路"沿线地区语言资源问题。外源性语言问题主要发生在"一带一路"国外沿线国家和地区,表现为语言障碍影响中国企业海外利益、语言能力成为企业国际化战略的"短板"和语言文化风险严重制约海外企业生存和发展等。双源性语言安全问题主要发生在我国边疆区域(特别是民族自治地区)与周边国家,问题主体往往是双重的,甚至是内外联动的,应对往往有两难性质,且治理方式复杂。多源性语言安全问题是指语言问题的发生源和问题属性不确定,具有交互性和复杂性,涉及非传统安全领域的语言问题、网络与语言信息技术安全问题以及舆情和话语权问题。

解决内源性问题,应加强丝路语言安全规划研究;解决外源性问题,需启动跨文化语言安全战略研究;针对双源性问题,应探索边疆语言安全治理能力建设;针对多源性问题,需建立语言安全风险评估和应对机制。

——沈骑."一带一路"建设中的语言安全战略[J].语言战略研究,2016(2).

• "一带一路"沿线中心城市国际语言环境建设

国际语言环境是现代城市国际化进程中文化软实力的直接映照,是彰显一个城市的包容度、文明度和开放度的重要指标。国际语言环境是指市民使用外语进行交流的广度、深度和频度。"一带一路"建设所涉及的沿线中心城市主要包括直辖市、省会城市和重要港口城市。从整体上看,沿线中心城市的国际语言环境处于基本和谐状态,但也存在很多亟待解决的问题。

从语言规划视角看,"一带一路"沿线中心城市国际语言环境建设有六项主要任务:一是探索国际语言环境建设的有效工作机制,二是提高市民外语交际能力及跨境少数民族的母语应用能力,三是加强非通用语人才的培养,四是规范双语公共标识语体系,五是创新重点行业国际化运营模式,六是构建多功能外语咨询服务系统。

——闫丽俐.论"一带一路"沿线中心城市国际语言环境建设[J].河南工业大学学报,2016(3).

第二章 国家通用语普及

本章内容聚焦于语言规划经典理论框架中的语言地位规划。基于多语言、多方言、多文种的基本国情,面对国家统一、民族团结、经济发展、社会进步、中华文化传承的现实需求,推广普及国家通用语言文字是我国语言政策的主导价值,包括推广普通话、推行规范汉字、推行《汉语拼音方案》三大任务,这也是我国20世纪50年代就确立的语言文字工作任务体系。新中国成立60多年来,我国在传统三大任务方面取得了巨大成就,新形势下需要全面继承和创新发展。本章第一至第三节分别介绍2016年的相关研究情况。此外,我国港澳台地区的语言政策有其特殊性,本章第四节介绍关于港澳台地区语言政策和语言生活的研究情况。本章共收文39篇。

第一节 推广普通话

2016年是国务院发布《关于推广普通话的指示》60周年,教育部、国家语委举行了隆重的纪念活动,中共中央政治局委员、国务院副总理刘延东出席纪念大会并发表重要讲话。这推动2016年在推广普通话、汉民族共同语研究方面产出了一批成果;但总体而言,热度指数不及年度其他研究热点。特别是2016年正式发布的《国家语言文字事业"十三五"发展规划》提出了"到2020年,在全国范围内基本普及国家通用语言文字"的目标,国家语委就此做出了"全国能够用普通话沟通的人口比例达到80%"的明确的权威的政策解释,并明确了以农村和少数民族地区为推普重点的工作思路,但学界对此的思考、探讨,数量寥寥。2016年相关研究在普通话定义、属性、地位、功能等方面的理论研究有新思考、新观点,本节第一个专题"推广普通话政策与理论"做了介绍;而第二个专题"少数民族地区普通话推广"和第三个专题"普通话水平测试"都数量不多,方言区的普通话推广研究则更显薄弱,与推普事业的发展形势不相适应。本节共收文16篇。

一、推广普通话政策与理论

• 推广普通话任重道远

作为一个拥有多民族、多语言、多文种、多方言的人口大国,在我国推广国家通用的普通话,是增进民族间、地区间交往,促进经济、文化等各项事业发展的必要条件。统一的民族共同语是"合四外为一心,联万方为一气"的"立国之要素"。国家语言文字事业要在"十三五"期间实现"基本普及国家通用语言文字"(全国能够用普通话沟通的人口比例达到80%)的目标。这一目标的提出具有里程碑意义,将基本实现中华民族几千年来"书同文、语同音"的梦想,但这还需要付出艰苦的努力。虽然现在全国普通话普及率已经超过70%,可是东西部之间、城乡之间的发展很不平衡。西部和东部普及率的差距有20个百分点;大城市的普及率超过90%,但很多农村和民族地区只有40%左右。

实现这一目标,重点在农村地区,难点在民族地区,因此要通过实施国家通用语言文字普及攻坚工程,打赢这场攻坚战。要结合国家精准扶贫、精准脱贫基本方略,结合新型城镇化、社会主义新农村和农村文化公共服务体系建设,以促进农村青壮年劳动力就业和科技应用为导向,大力提升农村地区普通话水平。民族地区要以提升学校师生、基层干部和青壮年农牧民的语言文字应用能力为重点,加大对双语教师的普通话培训力度,帮扶青壮年农牧民学习掌握普通话,坚定不移推行双语教育,全面开设国家通用语言文字课程,确保少数民族学生基本掌握和使用国家通用语言文字,加快提高民族地区国家通用语言文字普及率。

——姚喜双.推广普通话任重道远[N].光明日报,2016/9/18.

• 普通话的功能、地位和名称

普通话在不同场合使用着不同的名称和不同的语言变体。国语与普通话这两个名称都是来源于对中华民族共同语的称说,因此涉及的问题不仅只是这两个名称本身,经常与中文、汉语、华语等名称纠缠在一起,造成了同名异指、异名同指的问题。这些名称之间的纠缠也反映在外文的翻译中,这些问题会给人们的理解带来分歧甚至误会。

普通话至少有三个重要功能和地位,即作为国际通用语言、作为国家通用语言和作为中华民族共同语。从历史发展的角度看,称普通话为中华民族共同语更加准确,因为中国长期以来就是一个多民族的国家,各民族都在共同使用中华民族共同语。作为中华民族族际共同语的这一功能地位在近代历史上由于少数民族入主中原得以进一步巩固。作为中华民族共同语,它不仅是海峡两岸暨香港、澳门中国人的共同语,也是海外华人的共同语。海峡两岸暨香港、澳门普通话的传播要注意三点:对普通话的名称、定义的反响进行搜集和整理;正确处理共同语与方言的关系,不应把语言使用与政治挂钩;成立海峡两岸暨香港、澳门语言规划的民间协调机构。

普通话在国内外都有重要的功能地位,但还没有达到应有的水平。增加普通话学习使用人数,提高普通话在国际组织、外交、科技、社会人文等领域的应用水平,是进一步提高普通话功能地位的方向。普通话的传播要摒弃狭隘的语言纯洁观,善待普通话的各种语言变体。国内,一方面要强化国家通用语言法律地位的宣传,另一方面要注意保护各民族的语言和方言;国际上,要树立全球华语的观念,一方面要加强普通话规范化建设,另一方面要给普通话变体的应用留有余地。

——苏金智.新时期普通话的功能地位及其传播[J].云南师范大学学报,2016(5).

- **普通话的定位及其重新界定**

普通话,无论从制度化、规范化的程度而言,还是从语言的独立性和持久而传承有序的历时性而言,无论从社会威望和超地域差异的地位而言,还是从教育、传媒等领域的实际应用而言,"现代汉语的标准语"比"汉民族的共同语"更为合理。若放眼于参与国际事务和汉语国际传播,普通话"现代汉语标准语"的定位更能彰显优势。普通话可以新界定如下:普通话是现代汉语的标准语,是中华人民共和国国家通用语言,是中华民族族际共通语。

我国国家通用语言推广取得了辉煌成就。主要经验是:党和政府高度重视,专家关心并辅以科研服务,群众和社会各界广泛参与,学校的基础作用显著,媒体的宣传作用突出,"时度效"协调发展。

当前,语言生活更加多元,语言需求更加多样,语言态度更加开放,语言环境更加复杂。应当将国家通用语言推广事业放到全面建成小康社会的大局中去谋划,放到增强国家语言能力、提高国民语言能力、构建和谐语言生活的目标任务中去落实,放到传承和弘扬中华优秀文化的历史使命中去推进,放到利用大数据、云计算、"互联网+"等新技术革命的浪潮中去发展。

——王晖.论国家通用语言及其推广的"时度效"[J].语言战略研究,2016(4).

• 普通话的属性和功能

普通话是我们共同的思维工具和交际工具,是我们国家的通用语和全民的共同语,也是我们共同的文化载体和精神家园。现代共同语跟古代共同语有两大不同:一是古代共同语局限性很大,只是官方通行用语,没有能推广到人民群众中去,而现代共同语是全国人民必须学习的语言,是普及义务教育的起点;二是古代共同语的标准不够明确,现代共同语要求有明确的标准。不过,古代共同语为现代共同语提供了历史发展形成的重要基础。

普通话已成为我国各民族共同的交际工具,这有利于各民族人民之间的团结和相互学习,符合我国各族人民的共同利益。普通话的推广普及是整个语文现代化的根基。在信息化时代,在多媒体技术和互联网技术高度发达的今天,作为共同语和标准语的普通话必然是中国人承载和传输信息最基本的语言工具。

普通话水平是语言能力的基本指标,语言能力是国家文化实力的体现和表征。当前,要打赢脱贫攻坚战,应当把推普工作作为教育扶贫的重要举措,使贫困群众与全国人民共同走向小康社会;要加强文化自信,推动实施文化"走出去""一带一路"等重大战略,也都需要普通话先行铺路,发挥基础作用。

——陈光磊,潘佳.通用的语言 共同的家园[N].光明日报,2016/9/18.

• 国家通用语言文字表述应规范

我国现行法规和政策文本中对国家通用语言文字的表述存在不规范、不统一的问题。对此,一要遵循宪法的规定,将国家通用语言和文字统一定为"普通话和规范字";二要明确双语教学中的"双语"是指"民族语言和普通话";三要在外交、教育和文化等国际交流领域,坚持推广"中文",避免因推广汉语的表述造成误解,可以将"中国国家汉语国际推广领导小组办公室(国家汉办)"改称为"中文国际推广领导小组办公室";四要加大推广普通话的力度,进一步增强各族人民的中华民族认同感、中华文化认同感和国家认同感。

——中国教育政策研究院课题组.国家通用语言文字表述应规范——"汉语"不能等同于"普通话"[J].民主,2016(2).

• 多民族国家的国语、官方语言和通用语言概念辨析

国语、官方语言和通用语言是一组描述语言地位和功能的概念。这三个语言学术语相似但又有差异,差异性远比同义性重要。三者都属于共同语。"国

语"和"官方语言"都是国家法定强制推行的语言,而"通用语言"是历史上形成的民间自然流通的语言。"国语"带有很强的语言规划色彩,具有服务于"民族国家"的明确政治自觉,其对外的象征意义大于对内的实际意义。从地位和功能上来说,国语属于顶层语言,是政府提倡的在国内统一使用的标准语;官方语言属于高层语言,是政府机关、经济领域和工作场所使用的语言;通用语言是社会或民间层面上流行的不同语言族群(社群)的沟通语。从法律地位来看,依重要性排序应为:国语＞官方语言＞通用语言。妥善处理好三者间的关系,创建和谐而高效的语言环境,对于维护社会稳定、民族团结、国家统一,促进经济发展,具有重要的现实意义。

多数国家的民族、疆域、语言界限并非完全重合,西方古典民族主义理论所鼓吹的"一个国家,一个民族,一种语言"的理念,不符合世界各国的普遍现实。从世界各国的实际情况看,有些国家的"国语""官方语言"和"通用语言"是一致的,但是也有些国家因为历史、民族等各种原因采用的是"象征国语"＋"官方语言"(或"通用语言")的语言模式。这些国家"国语"的选择更多地出于政治因素的考量,其实际地位并不高。而官方语言的选择则更侧重于对语言实际功能的考量。国语和官方语言的选择,实际上是国际性语言和地区性语言、外来语言和本土语言、宗主国语言和附属国语言、强势语言和弱势语言综合博弈的结果。

——钱伟.多民族国家的国语、官方语言和通用语言[N].中国社会科学报,2016/8/23.

- **普通话是北京官话和南京官话的混合**

一般认为普通话主要来自北京官话。就语音系统来看,这么说没有问题,但词汇和语法的情况很复杂。普通话的词汇和语法是南北官话混合的结果。混合发生的时间,应该在民国时期。晚清民国时期汉语共同语的词汇和语法系统,经历了"南京官话(1850前)—北京官话、南京官话并行(1850—1911)—南北混合(1912—1945)"三个阶段。四大因素导致南京官话地位的上升,从而渗透进国语,造成南北官话混合:1.清政府灭亡;2.新文化运动提倡白话文以及新文化运动的主要成员语言的影响;3.南京政府建立;4.抗日战争中文化南移。不但北京话是普通话的基础,南京官话也是普通话的基础。普通话定义中的"以北方话为基础方言,以典范的白话文著作为语法规范",实际上是普通话的南北官话混合性的间接反映。

——郭锐.普通话是北京官话和南京官话的混合[J].
"汉民族共同语"多人谈,语言战略研究,2016(4).

- "国语运动"审视

国家意识兴起,是19世纪和20世纪之交中国社会中最重大的变迁之一。由于统一国语被认为是现代国家的重要标志,国语运动由是兴起。从此,语文改革一直被看作是形成国家认同、实现现代转型的前提。由于认识到统一语言可以促进民众对国家的认同,"通语言"可以"齐人心",进而促进国家"自强",晚清社会对于语言的社会政治功能越来越关心。国家意识和国家认同的兴起,进一步强化了在国家框架下考虑语文问题的思路。

民国之前,特别是1905年之前,推广统一语运动,以自下而上的民间实验为主;民国之后,转入以自上而下的国家推广为主。国家强势介入语言问题,主要是主导制定语音统一的标准,强制推行新教材、教授新的书面语。这使得文言文与白话文的力量对比,在短短十几年间就发生了逆转。

国语运动是在晚清语文改革方案和白话文运动的基础上发展而来的,但国语运动的目标不再是缓解帝国治理的危机,而是为国家的现代化准备一个文化普及的国民基础。国语运动是要在国语民族主义的历史叙事范式下,通过模仿曾在西欧近代历史上普遍出现的历史进程,通过推行国语及国语文学,来凝聚语文使用者的身份认同,并由此建立一个现代国家。

——武春野.语言、国家、现代性:重审"国语运动"[J].语言战略研究,2016(6).

二、少数民族地区普通话推广

- 少数民族地区推广普通话的特点

国家推行普通话以来,少数民族掌握普通话的人数不断增多,这对少数民族发展起到了重要作用。事实说明,在我们这样一个以汉族为主体的多民族国家,少数民族学会通用语才能保证文化教育水平的持续提高,才能加强不同民族的交流合作,也才有利于各民族的互助团结、共奔小康。

由于我国民族成分多,不同民族的特点和发展情况不同,少数民族掌握普通话的水平、范围、进度、方法等也必然存在一定的差异。因此,我国政府对少数民族地区的普通话推广,历来坚持从实际出发、因地制宜、不搞一刀切的原则。少数民族地区推广普通话有其自身的规律,由于少数民族有自己的母语,学习普通话属于第二语言学习,与汉族学习普通话相比,存在语言负担大、难度大的问题。在推广普通话时,各地政府应在条件、经费上予以足够的支持。

在民族地区推广普通话，必须注意处理好普通话与少数民族母语的辩证关系，使二者相互补充、互相促进，科学地解决好二者间出现的矛盾和问题。党和政府对待少数民族语言，坚定执行"使用和发展自由"及"语言保护"的语言平等方针。学习汉语是少数民族自身发展的需要，也是国家发展的需要。走双语之路，是少数民族语言生活的最佳模式。

——戴庆厦.学好普通话是少数民族的强烈愿望[N].光明日报，2016/9/18.

• 西藏地区推普现状

西藏地区推普工作取得了不小的成就。21世纪以来，西藏自治区95%以上的小学，98%以上的初级中学与普通高中，实行了汉语教学或双语教学。在全区中小学校，普通话教学已基本覆盖。汉语背景教师的课堂语言基本全是普通话，而藏语背景教师在课堂管理和讲解难点的时候常常使用藏语，使用普通话的时间不到课堂时间的30%。中小学学生的语言环境还是以藏语为主，他们的普通话使用时间和环境实际上以课堂为主。

相比中小学，高校与内地有着更多交流，高校中汉语背景教师的比例也远远高于中小学。在师范类高校或设置有师范专业的高校中，一般都会设置相应的普通话课程。高校学生在日常生活中主动采用普通话交流的意识要强于中小学生，他们已对普通话有了基本的掌握。

农牧区居民虽然普通话水平比较低，但是他们都明确表示希望自己的下一代能够藏汉兼通，学会普通话。在有学生的家庭中，家庭中的普通话使用会对学生的普通话学习造成很大的影响。藏汉通婚的家庭中，日常生活中使用普通话的比例要大于使用藏语的。

——周莹，王雪凝.西藏地区国家通用语言推广和普及的现状与对策[J].大众文艺，2016(16).

• 新疆小学生国家通用语学习使用状况

调查显示，采取双语教学推进少数民族中小学生的国家通用语教学，取得了一定成效；但除了师资队伍建设有待加强等已讨论较多的问题外，还存在学生学习国家通用语的内在动力不足、教学中明显存在着影响通用语学习效果的因素、国家通用语学习和使用环境不佳等不容忽视的问题和不足。

为此建议：第一，采取措施，激发学生学习国家通用语的积极性；第二，改革语言教学，注重国家通用语素质和能力的提高；第三，调整外语教学设置，强化母语和国家通用语学习;第四,创设立体学习环境,营造良好的国家通用语使用氛围。

——赫琳,申霄.新疆小学生国家通用语学习使用状况调研及建议[A].
语言服务与"一带一路"[C],北京:社会科学文献出版社,2016.

- 草坝子傈僳族推普现状

草坝子社区的傈僳族居民大部分为傈汉双语人,日常语言以当地汉语方言西南官话为主,涉及民族事务或双方都是本民族同胞时则用傈僳语。大部分人都是在上小学后接受学校教育的过程中习得普通话的。在思考问题和说心里话时虽然仍有大部分人选择自己的本民族语傈僳语,但是内部语言使用渐趋多元化,年龄是内部语言单一与否的分水岭。

家庭语言使用会根据辈分的不同呈现出较为有趣的排序,在一个多语的家庭中,与父辈以上的亲属进行交流时,本族语完全处于优势。当地村民在社区中的语言选择正逐渐转向当地汉语方言,当地汉语方言的强势证明了它正扮演着族际共同语的角色,与之相反,普通话却只被零星地使用。随着城市化的深入发展,城乡交通逐步改善,越来越多的村民长期居住城市,教育文化水平不断提高,族际婚姻变得越来越普遍,当地汉语方言和普通话的普及率正逐年提高,目前草坝子社区傈僳族同胞中完全不会傈僳语,或会听但不会说傈僳语的人越来越多。虽然当地汉语方言深受居民们的青睐,但随着电视机、手机等的逐渐普及,草坝子社区的村民越来越认识到普通话的重要性,在他们看来,孩子的未来语言除了本族语外,普通话的威望远远超越当地汉语方言。

树立普通话推广的边疆意识,是语言规划能力和理论水平的提高,同时也是经济文化发展的重要推动手段。公民广泛具备国家通用语言文字的表达能力,不仅是边疆地区经济文化发展的重要能力,同时也是维护国家安全与稳定,建设和谐社会的首要保障。

——王国旭,胡亮节,雀绍芸.普通话推广的边疆意识与实效考察——以维西县
草坝子傈僳族语言使用调查为例[J].遵义师范学院学报,2016(6).

三、普通话水平测试

- 普通话水平测试研究现状

统计发现,2012—2015年四年间的普通话水平测试研究有三个特点。第一,数量上呈现下滑的态势,这与当前普通话水平测试事业的发展形势不相适应。第二,研究内容渐趋集中,关于应试培训、评分与规范、区块测试类的论文数量最多,此前涉及较少的测试质量类研究增速明显,有关现代技术、组织管理类的研究比重也在不断攀升,但数量上仍无法与上述领域比肩;相比之下,对测试宏观问题的探讨鲜有问津,起步较早的测试任务、测试主体、测试作用类研究近年来也成果寥寥。第三,发表于语言学核心期刊上的论文很少,研究水平有待进一步提升。

与前三十年相比,最近四年普通话水平测试研究发展缓慢,今后有必要在以下几个领域着力开垦:一是学科理论和方法研究,二是普通话水平测试体系中的词汇和语法要素研究,三是测试后效与比较研究。

——褚程程.关于普通话水平测试研究现状的几点思考[J].考试研究,2016(3).

- **普通话水平测试依据**

测试活动包含"三要素"——施测主体、受测对象和测试中介。测试中介是联系主客体的"系体",可分为测试依据和测试手段两个子要素。其中,测试依据是重要的测试中介要素,制约和规定着施测主体和受测对象的活动和行为,并对测试手段进行管控,在测试活动中居于核心地位。

测试依据是具有层级特征的立体的范畴体系。普通话水平测试依据范畴体系可分为三个层级:一级范畴两个,包括管理依据和学术依据;二级范畴四个,包括宏观管理依据、微观管理依据、基础学术依据和具体学术依据;三级范畴九个,包括法律法规依据、政策文件依据、业务管理依据、其他管理依据、等级标准、测试大纲、实施纲要、命题依据和评分依据。

测试依据具有凭信性、规约性和层次性特征。凭信性体现为可凭性和可信性,规约性体现为规约强制性和规约调适性,层次性体现为层次等级性和层次类型性。测试依据发展历程可概括为"两阶段五时期",每个阶段、每个时期都呈现管理依据和学术依据"双轮驱动"的发展特征。

——王晖.普通话水平测试依据研究[D].中国社会科学院研究生院,2016.

- **计算机辅助普通话水平测试的社会评估**

调查显示,计算机辅助普通话水平测试已具备良好的社会认知度和应试人心理适应度,机辅测试管理已体现出科学性、规范性方面的优势,机辅测试质量获得社会广泛认可,同时测试成本显著降低。调查同时显示,机辅测试存在宣传缺失、执行不严、管理弱化等问题,为此,应加大对机辅测试相关知识的宣传普及,加强对机辅测试环境建设的规范管理,加强对机辅测试说话项评分的质量管理;同时,加强对机辅测试模式组织管理的科学研究。

——乔丽华,朱青春.关于计算机辅助普通话水平测试的社会评估报告[J].
语言文字应用,2016(1).

- **中小学生普通话水平测试**

与学校推普的受重视程度和热度相比,对中小学的普通话教学成果如何检测却显得比较受冷落。中小学生的普通话学习缺乏科学有效的检测工具。"中小学生普通话水平测试"是在普通话水平测试规模不断扩大的基础上提出来的。开展中小学生普通话水平测试研究,应以等级标准和测试大纲研制为重点,充分借鉴和利用普通话水平测试的成果,注重与语文课程标准结合,进一步细化应试群体,注重现代信息技术的应用。

——朱丽红.中小学生普通话水平测试研究[J].现代中小学教育,2016(3).

第二节 推行规范汉字

整理、简化汉字,在社会通用层面推广使用经国家整理简化的规范汉字,是新中国基于基本国情,为适应现代国家建设需求做出的重要政策选择。60多年来,推行规范汉字在取得巨大成就的同时,由于汉字自身传承发展的复杂性和海内外汉字使用情况的复杂性,也始终伴随着关于汉字简繁问题的讨论甚至争论。2016年,相关讨论仍然继续,同时出现了讨论分析简繁汉字在汉语汉字教学(特别是对外汉语教学)中的差异的研究。此外,以"推行规范汉字"为价值的对社会通用层面汉字使用的依法管理,近三年每年都有,但每年的数量都很少,在依法治国、推进治理体系和治理能力现代化的背景下,相关研究还有很大的提升空间。综上,本节共三个专题:一是简化汉字论,所介绍的研究内容涉及汉字简化历史、与繁体字的渊源关系、简化字传承文化的功能分析等;二是汉字简繁与汉语学习,所介绍的研究内容涉及简繁汉字使用的效度问题;三是汉字使用依法管理,所介绍的研究内容涉及规范汉字的法律意义和边疆地区规范汉字的普及情况。本节共收文10篇。

一、简化汉字论

· 简化汉字古已有之

简化汉字几乎与汉字同时产生。作为人类书面交际的重要工具，人们对文字的要求是简明地记录有声语言。在社会书面交际活动日益频繁以后，人们无暇在书写字形上细细描摹，于是字形中的许多细节被省略。这些经过简省的字形，相对于它们的繁复形体而言，就是简化汉字。民众书写频繁的年代也是创造和使用简化汉字活跃的时期。从秦汉直至宋元时期，不断有简化字被创制并沿用至今。因此，简化汉字古已有之，简化是汉字字形发展演变的重要内容和主要规律。虽然汉字发展过程中也存在字形繁化的现象，但纯粹外形上的繁化并不多见，而大部分加旁现象则可以解释为文字的分化或字数的增加，而不是字形的繁化。有人说，简化汉字是"共产党发明的"，是"少数激进的文字改革活动家杜撰出来的"，这完全是一种误解，不符合汉字发展的历史事实。但可以说，中华人民共和国建立以来是我国历史上由政府出面推行简化汉字最为有力的一个时期。

——费锦昌.简化汉字古已有之[N].语言文字周报，2016/6/15.

· 正确评价简化汉字工作

简化汉字出现以后，非但受到"引车卖浆者之流"的欢迎，也经常出现在文人的手写作品中。到了清末，随着中西文化交流的日益频繁和文字观念的更新，人们对俗字的看法有了明显改变，"今之雅，古之俗也；今之俗，后之雅也"。今天，我们确保简化字的交际效率，主要靠两条：一是掌握"简"与"明"的辩证统一；二是区分用字层面，在日常通用层面，大力推行简化字，而在文物古迹、姓氏用字、书法篆刻、古汉语教学与研究等特用层面，可以保留、使用繁体字和异体字。

由于在很长一段时间内，对语言文字的基本功能只强调其工具功能，而忽视甚至无视其文化功能，给简化汉字工作带来了这样那样的失误。比如，曾一度片面追求笔画数的减少，而没有确立宏观的、辩证的简化观；再如，不适当、不适度地运用"同音代替"和"草书楷化"。尽管简化字存在不尽如人意的问题，但必须承认这样一个最重要的事实：在半个多世纪里，我们国家日常通用层面的书面交际，没有因为采用简化字而造成窒碍。简化字系统能够适应通用层面语文生活，包括信息化时代社会通用层面对文字工具的要求。

——费锦昌.正确评价简化汉字工作[N].语言文字周报,2016/7/20.

- **简化汉字也能继承传统文化**

　　汉字是记录语言的载体,同时它本身也是文化的载体。在汉字的字形中蕴含了丰富的文化内容。从考古学的观点来看,汉字的确具有"文字生物学"的价值。但如果不掌握古文字学的知识,不能从现行的繁体字字形上溯到小篆、甲文、金文的字形,如果不同时具备丰富的历史文化知识,即使识认了繁体字也还是无法获取传统文化的准确信息。而在现在使用的简化字系统中,同样可以获取许多有关传统文化的信息。如"卜""取"都是传承字,是繁体字和简化字系统共有的基础性的重要组成部分,它们提供的传统文化信息对简繁两个系统都是一样的。

——费锦昌.简化汉字也能继承传统文化(上)[N].语言文字周报,2016/8/24.

- **简化字与文化继承的关系**

　　有些人认为汉字简化以后,汉字形体原有的理据性遭到破坏,体现不出汉字字形原本包含的文化信息。但是,纵观汉字形体演变的整个历史,汉字形体总的发展趋势是由繁趋简的,简化字符合汉字形体发展的客观规律。文字形体经历甲骨文、金文、篆书、隶书、楷书的发展演变之后,图画性大大减弱,线条性和符号性大大增强,已经越来越抽象,通过汉字形体直接探求其中的文化信息的可能性越来越小,因此,即使汉字保留繁体字的字形也已经不能很好地反映造字时代的那些文化信息了。有些人从繁体字记载大量古代文化典籍的角度出发,认为推行简化字不利于对这些古代文化典籍的继承。这种观点显然没有弄清楚文字的工具性。文字的本质是记录语言的书写视觉符号,是记录语言的工具,工具并不就是文化本身。文字最本质的特性是它的工具性,工具性自然要求越简便越高效越有价值,汉字简便易学有利于更多的人认识汉字,传承文化。

——卢刚.论简化字与文化继承的关系[J].黑龙江生态工程职业学院学报,2016(3).

- **汉字繁简的再审思**

　　对简化字抗拒的情绪,有的源自政治上的敌对情绪,有的来自文化上对传统的捍卫,也有的只是旧习惯的延续,当然也有不少是三种情绪的混合。有人提出"识楷书行",这一提法与所谓"识繁写简"没有任何本质上的不同。他们最大的

"盲点"是无视现代科技的进步。"写字"(不只是写汉字,英文和其他文字也都包括在内)对绝大多数人而言,已经被"打字"所取代。而今"写汉字"只是少数书法家的艺术活动,而不是人与人之间赖以沟通的日常技能。正因为工具的改变,使原本握笔书写的技能成了手指和键盘的配合。"提笔忘字"的现象势必与日俱增,但只要一打开手机、电脑,所忘的字,却都一时涌入眼帘。从这个角度看,所谓"书同文"与其从字形入手,不如从语音入手。就汉字输入法而言,"语同音"其实是"书同文"的先决条件。

从汉字演进的历史来看,由下而上的演进,和由上而下的变革,这两股力量始终互为消长,互为修正。文字的演进,永远没有"终点"。语文改革成败的判断标准只是适用与否。

——周质平.汉字繁简的再审思[J].读书,2016(9).

- **20世纪汉字简化史**

20世纪上半叶的简化字运动,总体上没有将汉字当作一个系统来看,而是将汉字作为独立字符,主要考虑汉字形体的简便、学习和书写的便利,忽略了对整个汉字体系的研究,没有深刻认识到汉字的内部发展规律。但学者们做出的种种努力为后来的汉字改革积累了经验、提供了借鉴,值得肯定。

新中国60年代颁布的"一简"字遵从群众的习惯,很好地坚持了"约定俗成"的原则,遵循了汉字的稳定性与历史继承性。尽管部分汉字失去了表意的明确性,也增加了一部分同音字,但总体为汉字书写带来了方便。而70年代颁布的"二简"字却一味追求汉字笔画的简单,破坏了汉字偏旁的表意作用,同时"汉字早晚会拼音化"的认识误区使"同音合并"的简化方法被不恰当地使用,增加了汉字同音的频率,反而给学习者增添了额外负担,被"叫停"势所必然。

汉字简化应充分尊重汉字本身表意的性质,不应忽略汉字与汉语相匹配的特点,而单纯追求汉字笔画的简省,在减少笔画的同时,不应影响意义的识别与字形结构的辨别。

——林雪艳.20世纪汉字简化史论略[D].曲阜师范大学,2016.

二、汉字简繁与汉语学习

- **汉字简繁与对外汉语教学**

相比繁体字在对外汉语教学中存在的难学难认、难写难用问题,简化汉字有以下优势：第一，精简易学，偏旁、部首包括间架结构的简化，有助于外国学生在短时间内快速地认读和掌握；第二，书写简便，简化字笔画数较繁体字从平均16.08画降到了8.16画，单位时间内的效率大大提高；第三，增强信心，学生掌握得快，运用得好，有助于增强学习的动力和信心。

随着大陆与台湾各项交流的日渐频繁，在文化认同越来越多的情况下出现了这样一种趋势：以简化字为教学主导的群体，开始鼓励留学生在习得一定汉字的基础上逐渐接触繁体字，以此达到用简识繁的目的；而以繁体字为教学主导的群体也开始提倡据繁识简，尤其是在材料阅读和论文研究方面，大幅度增加了简化字的教学比重，以方便学生自我学习。

——赵孟超.浅析汉字繁简在对外汉语教学中差异的影响[J].新闻研究导刊,2016(23).

- **汉字简繁与汉字学习**

在2—15画汉字的命名反应实验中，笔画多的汉字反应时间长，笔画少的汉字反应时间短，这个规律不因汉字的常用与否而改变。在控制笔画数的条件下，低频字中，部件的数量影响汉字的识别，两个部件的汉字识别最快最好，其次是独体字，三个部件的汉字识别最差。外国学生学习汉字时，最初只记忆笔画，对部件没有概念。简体字的学习，与繁体字一样能够利用偏旁优势；而汉字偏旁提供信息不周到的特点，对于繁体字和简体字都是同等的。根据简体字笔画少、部件少、结构简单、层次简单的特点，在汉字学习过程中，简体字的优势大于繁体字。

——高永安.繁简汉字在汉字学习中的优劣[J].中州大学学报,2016(3).

三、汉字使用依法管理

- **"规范汉字"的法律意义**

中国公民在决定其姓名的时候，文字选择是否限于"规范汉字"，这取决于我们如何解释规范语言使用的相关规定。通过制定法律的形式授权特定权威机构进行语言的标准化、规范化工作，并在全国强制实施国家标准，是实施语言本体规划的通常模式。

字母词的性质之争与汉语词汇的构词法有关，我国的语言本体规划侧重汉字的形和音的统一与稳定，对于汉语词汇的规划几乎阙如。现行国家标准并未明确禁止将西文字母作为汉语词的构词单位,但词典编纂者应有义务明确区分外国语言文字与规范汉字。从法律的角度来看,面对字母词的使用现实及其可能引发的后果,我国确实应该尽快制定汉语词汇构成的国家标准,以明确西文缩略语的性质和词典编纂的规范要求。

——肖伟志."规范汉字"的法律意义——从"赵C"姓名权案到《现代汉语词典》第6版事件的法学联想[J].法学论坛,2016(4).

• 滇西边境口岸地区规范汉字普及度

调查显示,滇西边境口岸地区的规范汉字推行与普及取得了明显成效,规范汉字已经成为该地区使用频率最高的文字。同时,规范汉字普及在不同领域、不同年龄段、不同学历以及不同民族的社会人群中还存在着较大的不平衡性;人们对规范汉字的认同度较高,但习得效果不甚理想,习得行为较为被动,对《国家通用语言文字法》及规范汉字相关规定知晓度偏低。滇西边境口岸地区进一步推行与普及规范汉字,应针对性完善相关政策及配套方案,应做好师资建设工作、积极推动教师本土化,应研发规范汉字学习材料,应充分利用传媒进行宣传、实现规范汉字传播方式的多样性,同时应将文字传播与文化传播紧密结合,积极引导规范汉字使用心理。

——岳雄.滇西边境口岸地区规范汉字普及度抽样调查研究[D].云南师范大学,2016.

第三节 推行《汉语拼音方案》

《汉语拼音方案》是国家通用语言文字的拼写和注音工具,是中国人名、地名和中文文献罗马字母拼写法的统一规范,并用于汉字不便或不能使用的领域。2015年年末,国际标准化组织正式出版《ISO 7098 信息与文献——中文罗马字母拼写法》2015年修订本,标志着汉语拼音国际化取得新的重要进展,并成为2016年《汉语拼音方案》研究的重要话题。2016年的相关研究中,还出现了用计量语言学方法对《方案》功能进行的实证研究,以及探讨汉语拼音与海外汉语教学、汉语拼音发展史等问题的研究,本节分三个专题进行了介绍,共收文7篇。

一、汉语拼音国际标准化

• 汉语拼音国际化的中国责任

2015年12月15日,国际标准化组织正式出版了《ISO 7098 信息与文献——中文罗马字母拼写法》2015年修订本。修订本主要增加了汉语拼音分词连写的规则,在人名地名拼写、标调、标点符号转换等方面列出了更为具体的规则和说明,提出了"汉字-拼音"计算机自动转换的原则和方法,更新了包括《通用规范汉字表》在内的参考文献及普通话音节形式总表。修订本更加符合当前信息网络时代发展的需要,具有更强的科学性和实用性。

2015年修订本成为新的国际标准,中国接下来应做好两项重要工作:第一,中国作为ISO的成员国,应考虑如何执行好这一标准;第二,中国作为《汉语拼音方案》的创制国和国际标准的提案国,应全力履行相关的国际义务。

汉语拼音方案是近400年,特别是近百余年,尤其是近60年来研究与实践的结晶,是中国人过好现代语言生活必需的文化利器,是虚拟世界中的高速公路,是具有世界声望、国际公用的拼写汉语的方案。

——李宇明.中华文化迈出国际新步伐——写在中文罗马字母拼写法国际标准(ISO 7098:2015)修订出版之时[N].光明日报,2016/5/1.

• 汉语拼音国际标准化的新进展

由ISO总部正式出版的《ISO 7098:2015》有两个最为引人注目的特点,一是把汉语拼音按词连写的规则引入国际标准,二是把"汉字-拼音"转写的自动译音方法引入国际标准。

在汉语拼音中,单个的音节是有歧义的。如果把几个单音节连接起来构成多音节词,歧义指数就会大幅度减少。为了给拼音音节排歧,必须把不同的单音节连接起来构成多音节的汉语单词。因此,国际标准《ISO 7098:2015》增加了命名实体按词进行音节连写的规定,在汉语拼音中,对于人名、地名、语言名、民族名、宗教名这五种命名实体,都要按词进行连写。这样就把"按词连写"这个重要的方法引进了国际标准中。

《ISO 7098:2015》还把"汉字-拼音"转写自动译音的方法引入国际标准,提出了在计算机辅助文献工作中,对命名实体进行自动译音的两种方法:一种是按音节全自动译音,一种是基于规则的按单词半自动译音。前者很容易用计算机程序来实现,但是译音出来的音节的歧义指数较高。《ISO 7098:2015》提出,如果在按词译音过程中出现歧义或问题,后期编辑人员可以根据译音词典,使用人机交互找出合适的命名实体的译音。所以,这样的方法是半自动的。这种半自动方法的译音质量很高,音节的歧义指数较小甚至可以减少到零。

——冯志伟.汉语拼音国际标准化的新进展[J].语言战略研究,2016(1).

- **国际标准《ISO 7098 中文罗马字母拼写法》的修订过程**

2011年,中国提出修改《ISO 7098:1991》,以适应当前中文罗马字母拼写法在中国乃至世界的实际需要。2012年,工作草案(Working Draft,简称WD)通过。2013年,委员会草案(Committee Draft,简称CD)通过。2015年3月1日,国际标准草案(Draft of International Standard,简称DIS)通过。2015年9月18日,委员会内部投票(Committee Internal Balloting,简称CIB)通过。2015年12月15日,《ISO 7098:2015》由ISO总部正式出版。

CD稿的主要修改内容如下:第一,在"音节形式"这一节,增加了有关汉语拼音的声母、韵母的内容;第二,对于汉语拼音声调进一步做了说明和图示;第三,提出了命名实体的拼写规则,把人名、地名、语言名、民族名、宗教名统称为"命名实体",提出了"命名实体的拼写规则"。在WD稿中提出人名、地名的拼写规则的基础上,进一步提出了语言名、民族名、宗教名的如下拼写规则:语言名连写为一个单词,首字母大写;民族名和部族名连写为一个单词,首字母大写;宗教名连写为一个单词,首字母大写。

DIS稿主要补充和修改的内容如下:第一,提出了"汉语拼音音节的歧义指数"的概念,为标准中分词连写的技术提供了理论支持;第二,给声调和标点符号补充了16进制的Unicode代码;第三,补充了命名实体自动译音的方法,一种是按音节全自动译音,一种是基于规则的按单词半自动译音;第四,进一步解释命名实体分词连写的必要性;第五,汉语的复姓和双姓采用不同的拼写形式,增加由两个以上汉字构成的双姓的例子;第六,删除人名中儿化的例子;第七,将CD稿中地名部分的"通名"加以细化,并增加地名例子,进一步丰富地名译音的内容;第八,改写关于非汉语人名、地名和非罗马字母文字的外国人名、地名的译音规则;第九,删除了人名、地名的全部缩写规则。

第二个DIS的修订稿修改内容有:第一,接受德国的建议,把全自动的拼音转换作为自动拼音转换的一种重要方法;第二,接受美国的意见,删除双姓之间的连字符;第三,接受美国的意见,词头"小、老、大、阿"的首字母小写,以免与"肖、劳、达"等姓相混淆;第四,接受美国的意见,宗教名中增加教徒的拼写规则;第五,接受加拿大的意见,对于 DIS 文件中某些细节进行了技术上的修改。

——冯志伟.国际标准 ISO 7098 中文罗马字母拼写法的修订:从 WD 到 DIS[J].北华大学学报(社会科学版),2016(2).

二、汉语拼音的功能

·《汉语拼音方案》的计量语言学分析

《汉语拼音方案》的计量特征有六个,包括拼写系统的经济性、正字法的不确定性、形素表征的分布、形素长度、字母的形素载荷、字母的使用度与位置权重。将《方案》与意大利文、斯洛伐克文、斯洛文尼亚文、德文、瑞典文、世界语和拉丁化壮文方案七种拼写系统比较,发现:

第一,在系统经济性方面,无论是否考虑声调,《方案》都低于斯洛文尼亚文、世界语和壮文,且明显高于其他四种拼写系统。第二,从正字法的不确定性来看,除世界语的正字法不确定性为零外,《方案》是几种拼写系统中较低的。第三,从拼写系统的形素表征分布来看,《方案》符合几何分布。第四,从形素长度来看,世界语、斯洛伐克文、《方案》、斯洛文尼亚文和壮文的形素长度基本保持在相近的水平上。第五,从拼写系统的形素载荷来看,《方案》的形素载荷值只有1.88,仅高于世界语和斯洛文尼亚文,形素载荷越小,说明字母在表音方面的确定性越大,音形对应关系越简单。第六,从拼写系统的字母使用度来看,《方案》介于斯洛文尼亚文和斯洛伐克文之间,比较拼写系统的平均字母使用度可以看出不同系统间字母构成形素时的复杂程度。

通过以上六个方面的比较可以看出,《方案》作为一种拼写系统,具有较高的经济性和较低的正字法不确定性,其形素长度、形素载荷、字母使用度和正字法改革必要性都比较小,在同几种拼写系统的比较中具有较高的性能优势。

——黄伟,刘海涛.《汉语拼音方案》的计量语言学分析[J].中国语文,2016(2).

·借力拼音,让汉语更快走向世界

面对庞大而复杂的学习群体,单靠改进汉字教学或减少汉字数量并不能解决现实问题,我们要抓住汉语国际传播中供给方的主要矛盾,在教学中用汉语拼音来拼写汉语,与以汉字为载体的汉语教学形成互补。数十年来,汉语拼音和汉字一起,为中华文化的传承和传播、为我国科学文化教育和现代化建设做出了贡献。在国际汉语教学中,汉语拼音也发挥了积极的作用,但遗憾的是,其作用仅限于教发音和给汉字注音,等同于英语教学中的国际音标。

作为书写符号,汉字是现代汉语书面记录系统的主要组成部分,而汉语拼音的补充性作用日益凸显。作为汉语的拼写工具,汉语拼音对汉语教学的作用不仅表现在语音上,更表现在词汇和语法上。国际上不少地方已经直接以汉语拼音教汉语,而且取得了很好的效果。应该把拼音出版物提升到汉语国际传播的战略高度来认识。其实,这方面已经具备了一定的条件。一是多年来汉语教材都已经采用汉语拼音作为"拐棍儿",有一定词汇基础的人能阅读拼音读物;二是国家语委对汉语拼音正词法又进行了修订,为拼写汉语打下了坚实基础。

——郭熙.借力拼音,让汉语更快走向世界[N].光明日报,2016/6/12.

- **汉语拼音与海外儿童汉语教学**

汉语拼音承载着辅助汉语口语教学的重要认知功能,会在相当长的时间内充当儿童汉语教学的"主角"之一。目前世界各国儿童外语学习的目标都是以培养儿童口语交际能力为主。汉字字形复杂度高,口语与书面语学习之间有一定距离,《汉语拼音方案》正是为缩短此距离而创设的。汉语拼音在海外成人汉语教学中的口语"桥梁"作用也非常显著,有些汉学家甚至提出了拼音和汉字"双文"并行的理论。

儿童双文理论指出,儿童双文学习时两种文字的正字法越相似,双文之间的促进作用就越大。从这个角度看,我国《汉语拼音方案》使用国际上广泛应用的拉丁字母是非常科学的,能最大限度地降低海外儿童汉语口语学习的难度。重视汉语口语教学、重视拼音的口语载体作用并不意味着必然忽视汉字教学,只要我们从理论上正确认识汉语拼音和汉字教学的关系,对儿童汉语教学的总目标进行科学定位,精心设计"语、文"距离,"语"与"文"两条线可以逐渐实现交汇,"鱼与熊掌"或可兼得。

——徐彩华,刘璟之.略论汉语拼音与海外儿童汉语教学[J].云南师范大学学报,2016(5).

三、汉语拼音运动史

- **拉丁化运动的政治意义**

拉丁化运动在中国承载了太多的政治意义,它从一开始就不是一场单纯的语文运动,也可以定性为"五四"新文化运动的一部分。拉丁化新文字的倡导者们大多数都把新文字和阶级斗争关联起来,让文字革命汇入政治革命的潮流之中。20世纪上半叶的现代语文运动以"国罗"(国语罗马字拼音法式)和"北拉"(拉丁化新文字)为主。二者只是方案不同,所用字母并无多大区别,但就两个方案的创制者来说,两大阵营存在着非常明显的不同。

中国的拉丁化运动有着苏联语言学家马尔的学理依据。马尔认为语言属于上层建筑,主张用激进的方式变革语言文字。但是,当拉丁化运动在苏联急刹车的时候,中国的拉丁化运动却势头不减,直到1955年才最后终止。

——薄守生.拉丁化:党的语言政治的实现路径[J].云南师范大学学报,2016(2).

第四节　港澳台地区语言政策和语言生活

本节分两个专题,分别介绍2016年关于台湾地区和港澳特区语言政策和语言生活的研究情况,这是面向港澳台做好国家通用语普及工作的基础和前提。本节共收文6篇。

一、两岸语言规划和台湾语言政策

• 两岸语言规划问题

世界上一部分人被人为地与同一族群分开,久而久之,二者所用的语言会发生或大或小的异变(而同时二者内部的语言也不是一成不变的)。同样是记录汉语的文字,台湾与祖国大陆,甚至与港澳地区都呈现出不同的面貌。1945年台湾光复后,台湾的国语推行工作仰赖语言学家的规划和全民数十年不懈的努力,大有成效。语言政策的积极推行,对岛内社会的稳定、经济的发展,也起到了重要作用。然而,2000年民进党上台后,"国语"的范围扩大至各种乡土语言,抛出一系列"去中国化"的语文政策,同时也引发了一波又一波的争议。少了共同的沟通语言,不可避免地就会增加发生冲突的可能性。2008年民进党成为"在野党",所造成的包括语言政策在内的各种乱象却未见终止。

语言是人们和睦相处、推动社会和谐的一个十分重要的因素。语言学家需要为之做出语言规划,遏制住语言发展的离心力,增强向心力。这对消弭语言发展中的消极因素,对弘扬语言中的优秀传统,对语言的建设和发展,对语言间的良性互动等,使命重大,至为切要。

——周荐,严世焕.两岸语言规划问题阐微[J].语言战略研究,2016(5).

- **台湾"政权"轮替后语言生活动态走向**

语言政策不仅体现了执政党对本地区语言生活发展的期望,更是该党政治价值理念的具象表现。2008年国民党重掌"政权"后,进一步明确了"国语"的官方语言地位,在乡土语言政策上吸收、借鉴了民进党"执政"时期的一些做法,提高方言土语的普及率,但同时并不予以其官方语言的地位。而"政权"轮替后,蔡英文"政府"还是会在文教领域、语言政策领域大搞"去中国化"。

未来台湾语言生活可能的前景表现在四个方面。其一,"国语"强势地位难变。长期以来,稳定、持续的"国语"推广政策,使"国语"在台湾青年一代中有着很高的普及率和使用率;但民进党打压"国语",扶持乡土语言的语言政策会在一定程度上促进闽南方言的发展。其二,乡土语言政策难挽弱小语言濒危之势。无论民进党出台何种保护乡土语言的政策,都无法改变台湾少数民族语言濒危的大趋势。其三,汉字的繁简之争有可能强化。在两岸"三通"、全面交往以来,简体字在台湾社会、民众中的使用有日趋增多之势,但这些在"政权"更替后都有可能变轨变向。其四,青年一代语言使用与选择中的纠结会成为影响未来发展趋势的底层因素。虽然"国语"在年轻人中取得了通用语优势,但青年一代的台湾人在感情上更倾向于自己的母语。未来台湾当局无论做出何种语言政策,其所能产生的实际效果,将取决于政策是否符合语言发展的客观规律,是否顺应社会实际需要。

——孙浩峰,苏新春.对台湾政权轮替后语言生活动态走向的思考[J].文化软实力研究,2016(2).

- **台湾乡土语言政策的成效**

在族群意识高涨、语言平等要求提高、大力推广乡土语言的政策环境下,台湾社会语言使用中,"国语"依然占据绝对优势。调查显示,年轻一代87.9%以"国语"为母语,97.92%能流利使用"国语",而只有43.4%能流利使用闽南话,2.43%能流利使用客家话。台湾的"新"语言政策并未影响"国语"的功能和地位,"国语"依然是社会共同语;但也存在闽南话、客家话、原住民语的流失现象。政策性地提升乡土语言的地位、挤压"国语",并没有提升台湾民众传承母语的比例。乡土语言推广、乡土语言与国语地位平等的语言政策没有起到作用,究其原因,一是这种语言政策、语言规划不符合台湾的客观实际,二是其推广途径(学校课程等)值得商榷。

——吴晓芳.从台湾青年语言能力、母语认同看台湾乡土语言政策的成效[J].福州大学学报,2016(5).

二、香港、澳门语言生活状况

• 普通话在香港语言生活中的定位问题

"两文三语"的提法既照顾了香港开埠以来所形成的语文发展历史,又符合香港当时的语言实况,以及特区未来社会发展需求,因此迅速得到香港社会的接受,被视为香港语言政策的大方向。英文和中文维持回归前就已经享有的法定地位不变;但英文从第一法定语文变成正式语文之一。长久以来,政府和民间都把兼通中英文的人才看成是香港作为国际金融中心和世界贸易中心的重要资产,英文所担当的角色比中文更加重要。因此,从推出母语教学开始,社会上就不断有探讨英语前景或忧虑港人英语水平下滑的声音。

由于香港人高度认同英语的实用价值,母语教学在香港实施了十年以后,在"教学语言微调"的名目下,悄悄地被排挤出去。除了教育层面没有处理好中英文的关系之外,政府对于粤方言和普通话的关系同样没有明确的说法。

目前香港学校的普通话和中国语文科开设的情况有三种:一是中国语文科沿用粤方言授课,学校另设普通话课;二是中国语文科改用普通话授课,取消普通话科目;三是除英文科目之外,所有科目采用普通话授课,这类学校占极少数。

——陈瑞端.普通话在香港语言生活中的定位问题[J].语言战略研究,2016(4).

• 澳门青年的语言认同

同处于澳门这样一个狭小地域空间和微型语言社区中,"三文四语"之间客观上不可避免地存在着激烈的竞争。正式语文之一的葡文、葡语即使在使用人口上处于明显的劣势,也仍然能与其他三种语言(方言)并列。普通话在经济竞争力上具有优势,粤方言则具有最大的人口优势。而英语在澳门一直享有"事实上的官方语言"或"半官方语言"的特殊地位。

澳门本地大、中学生对四种语言在语言认同上的总体特征为:绝大多数澳门青年对粤方言的认同度最高,认为粤方言既是母语,又是生活语言、工作语言、民族语言和官方语言。而对其他三种语言的认同度较低,且功能明显分化,多数认为葡语是官方语言和第二外语,普通话是国家通用语,英语是第一外语。澳门青年对英语的认同体现出很强的实用性。

语言认同与地域认同、文化认同具有密切的关联。调查发现,认可粤方言为第一母语和民族语言的学生更倾向强调其澳门人身份,而认可普通话为第二母语和民族语言的学生则更突出其中国人身份。同时,在中国文化、澳门本地文化和西方文化中,认同哪一种文化就预示着与此相应的语言在三种文化中有最高的母语和生活语言的认同度。

——覃业位,徐杰.澳门的语言运用与澳门青年对不同语言的认同差异[J].语言战略研究,2016(1).

• 澳门语言景观中的多语状况

语言景观研究是目前社会语言学的一个新兴领域。根据调查,澳门的双/多语样本共占54.5%,比单语样本多出9个百分点,且样本比例均超出香港,这充分证明了澳门社会语言景观的多语性质。香港大部分单语样本是中文或英文,两者的比例几乎持平。而澳门语言景观单语样本中,中文的使用量占绝对的优势。在澳门的语言景观中,绝大多数标识的主导语言都是中文,占79.7%;其次是英文,占16.8%;而葡语仅占3.2%。

澳门官方和非官方语言景观在主导语言、单语样本、多语样本的语言使用上都体现了一致性:主导语言都以中文为主,单语样本以中文单语为主,三语样本以中英葡三语为主。而双语样本的语言使用则出现了不一致,官方使用者较严格地遵守了澳门基本法对澳门官方语言的规定,双语样本大都以中葡为主,而民间使用者则更多地考虑到经济因素,双语样本以中英为主。

随着澳门回归后与内地来往的增多,内地对于澳门语言文字运用的影响主要体现在两个方面:普通话语音形式和简化字的使用。这些现象在总样本中占据的比例还非常小,且主要集中在靠近内地的区域。可以预料,随着澳门与内地贸易往来的进一步加强,这种影响将会不断加强。

——张媛媛,张斌华.语言景观中的澳门多语状况[J].语言文字应用,2016(1).

第三章 语言规范

作为语言政策构成的重要维度,"语言规范"旨在促进语言文字更好地发挥工具作用,具体内容指向语言规划经典理论框架中的语言本体规划。我国的语言规范工作不仅针对国家通用语言文字,而且包括少数民族语言文字,近年来为了适应对外交往的需求还拓展到了在境内使用的外国语言文字①。本章主要从国家通用语言文字规范(第二至第五节)、少数民族语言文字规范(第六节)、外文译写规范(第七节)三个方面介绍2016年的相关研究情况。此外,在第一节介绍关于语言规范理论与方略的综合性研究情况,在第八节介绍海峡两岸和香港、澳门汉语汉字规范研究情况。本章共收文84篇。

第一节 语言规范理论与方略

本节介绍的研究内容涉及语言规范的理念、原则、方略等,是语言规范政策维度上的综合性、宏观性和理论性研究。分现代汉语规范化、语言规范观、语言规范实施三个专题,共收文13篇。其中,现代汉语的语体规划问题备受关注。

一、现代汉语规范化

- **现代汉语规范化的历史和现状**

中国的现代汉语规范化工作主要包括规范现代汉语的标准语和推广普通话,汉字改革和汉字规范,推行《汉语拼音方案》,推进和实现汉语文的信息处理。有以下几方面的特点和经验:第一,现代汉语规范化与历史上的雅言、通语以及官话等汉语共同语有一定的继承关系,但包含了更多否定传统、主张革新的内容;第二,现代汉语规范化主要是规范汉字而非规范汉语,这与汉语特殊书写形式——汉字和书面汉语有关;第三,现代汉语的规范之所以进展缓慢,是受制于

---

① 主要指公共服务领域外文译写规范。

现代汉语本身的创新特点,即汉语的西化或欧化倾向,因此目前还不能提出现代汉语本体(主要是词汇和语法)规范的成熟方案。

——黄行.中国现代汉语规范化的历史和现状[J].语言政策与语言教育,2016(2).

- **汉民族共同语的历史和现状**

中国自古就是一个幅员辽阔、人口众多、方言复杂的国家。春秋时代的通用语是"雅言",南北朝时期是"汉儿言语",明清时期是"官话"。从先秦直至明清,作为正式的书面语,主要都使用文言文。经过"五四"新文化运动,白话文代替了文言文成为正式书面语。现代汉语民族共同语的发展还面临不少问题。

首先是书面语的发展趋向。"言之不文,行之不远。"在口语的基础上加之以"文",用这样的书面语写出来的作品才能得到世界各国人民的赞赏,也才能传之久远。这是关系到语言政策和导向的大问题,需要提出来引起注意。至于怎样提高,是需要研究和讨论的。

其次是白话文和文言文的比较。白话文作为正式的书面语言来使用是在新文化运动之后,至今才一百年。不能简单地拿今天的白话作品和文言文的经典名篇做比较,从而认为白话文不如文言文。但白话文确实还需要进一步发展和提高,包括学习文言文写作的意境和技巧,吸取文言文中有表现力的词语,这也是应当注意的。

——蒋绍愚.汉民族共同语的历史和现状[J].
"汉民族共同语"多人谈,语言战略研究,2016(4).

- **汉民族共同语的原理和发展方向**

"五四"前,纵贯两千年中华民族共同语的是文言文。从语言学的语体语法理论上看,"五四运动"消灭了文言文,实际等于消灭了汉语的正式语体。语体理论告诉我们:说话、写文章必须和口语拉开距离才能构成正式的语体。所以,白话文必须和口语拉开距离才能正式化,才能取代文言文。

今后汉语的共同语的发展和引导,不能只从传统的"书面语正式体是否贴近口语语体"的角度来评价其"好坏"。从语言的语体机制上说,"离开口语多远才能和口语拉开距离","离开口语多远才能形成正式体",这才是问题的本质所在。我们应当以这一机制为原则,来评价书面语的"正式度"和"适用度"。研究先行,政策的制定要参考和根据研究的结果。换言之,"与口语拉开多大距离"才能形成和满足"多大程度的正式体",这才是当前语体语法的研究对象,也是当前"语言战略"不能忽视的学理根据。对书面语和口语的分辨,不能再用感觉来判断正误,而要用学理的根据来分析和回答社会上和政治上的价值判断。书面语拉开和口语的距离要有原则的根据,以"耳听能懂"为原则。

白话文、正式体事关国民的语文教育。本族语的语文教育应该以正式体的教学为目标,依次到达庄典体的高度(口语体只是获得正式和庄典两体的工具);对外汉语的教学应该以口语的教学为基础,依次达到正式体习得的水平(庄典体可以不教)。毫无疑问,语体教学是关系到民族语文水平、国家语言政策的制定和导向的大问题。因此需要特别提出来加以讨论,引起全社会的注意。庄典体就是《诗经》里面的"颂"体,是以"敬畏"心态对故去的领袖、先烈、先祖及其神灵表示崇高敬意时所使用的语体表达。由于近来社会上敬畏感的淡漠,庄典体的语感也颇难体会和实践。正因如此,它可以作为当今敬畏心理和道德信仰培养的语文手段。共同语反映出的"语体语法"的社会意义,很重要。

——冯胜利.汉民族共同语(书面语和口语)的原理和发展方向[J].
"汉民族共同语"多人谈,语言战略研究,2016(4).

- **汉民族共同语的发展方向是言文一致**

社会进步的一个重要表征,就是拉近和缩短与国民大众间的距离。反映在语言上也就是从言文分离走向言文一体。清末民初,"官话"作为民族共同语的地位已经确立。民国初年提倡"开民智"、设学堂,学堂的白话教科书、各地创办的白话报刊、大量出现的长篇白话通俗小说,使大众通俗白话语体越来越受关注。这种文白消长之过程,对清末民初的社会政治文化也起到了"催化剂"的作用,它促进了汉民族共同语发展的方向,助推了通俗的、言文一致的、普遍流行的大众书面语形式的建立。事实证明,这也是民族共同语的发展方向。

——张美兰.言文合一与大众通俗白话语体的形成[J].
"汉民族共同语"多人谈,语言战略研究,2016(4).

- **语体词汇的扩散与共同语的发展**

历史上,无论是"雅言"还是"官话",都在某一段时期担当过"共同语"的角色。究其形成的原因,有语言外部的,如政治、经济、移民、文化等;也有语言内部的,如语言接触、语言习得、语体、文字等因素。语体词汇的扩散对共同语形成和演变有一定的影响。词语在不同语体间扩散或者说渗透的现象,对于观察今天普通话的发展,制定当下的语言政策都具有积极的参考意义。我们正处于一个网络化、信息化加速发展的时代,人与人之间的交流方式、通信方式正在发生深刻的变革。在这一背景下,所谓的"网络语言""短信语言"应当看作什么语体?一些以前被认为是非正式口语体的词如"爽""粉丝"等正在进入一些正式语体,这些词语是否应该纳入共同语的词库?是否应该出现在汉语教材里面?值得深入探索和研究。

——穆涌.语体词汇的扩散与共同语的发展[J].
"汉民族共同语"多人谈.语言战略研究,2016(4).

- **实现语言交际的功能是民族共同语发展的方向**

今后的汉民族共同语应朝什么方向发展,首先需要认识目前汉民族语言的存在状态。汉民族共同语在不同的场合又被称为国家"通用语""普通话""汉语""国语""华语"等,这些称谓也反映出汉民族共同语所负载功能和价值属性的多样性。目前汉民族共同语所处的环境比以往各个历史朝代更加丰富多样。文白异读现象说明不同语音层次伴随着不同语言系统整合成新的语言系统的过程。此外,言语社区复杂化,产生语言认同困惑和母语能力下滑等问题,特别是被称为"自媒体时代全面语言狂欢"的网络语言泛滥等问题。

从语言内部发展普遍规律来看,目前世界上自源国家通用语共有75种。"北京官话"之所以成为中国通行的标准口语,与三个因素有关:第一是帝国治理以及强化文化认同的需要;第二是北京作为明、清两代的首都,其政治经济和文化方面的影响力;第三个因素是19世纪以来中国社会经历的巨大变化促进了社会流动。

要实现"国家语言实力显著增强,国民语言能力明显提高,社会语言生活和谐发展"的规划目标,离不开语言规范。语言规范包括语音、词汇、语法、文字规范,尤其要重视语体问题。首先,民族共同语是语言规范的重要对象,规范的目的是为了最优发挥语言交际的功能,规范的方向是摆脱脏俗而趋于典雅。其次,语言规范包括语言净化问题,诗书礼义社会,常说"不读诗,无以言"。脏俗语言为语言规范所不容,其发展的自然趋势必然是逐步消亡。因此,应从语音、词汇、语法、文字、语体等角度规范我们的汉民族共同语,以更好实现其语言交际的功能。总之,今后的汉民族共同语(书面语和口语)应朝更有利于实现语言交际功能的方向发展,这是语言内部发展规律和外部规划的双重作用的结果。

——张文.实现语言交际的功能是民族共同语发展的方向[J].
"汉民族共同语"多人谈,语言战略研究,2016(4).

• 语体规划和我国的言文一致运动

语体是一种由交际中说话人和受话人之社会关系驱动而选择的语言体式。一个语体库藏存在缺陷的,会出现某些社会关系没有语言体式可选择的情形,这一情形如果对语言生活造成了严重制约,那么就应该为这些社会关系规划新的语言体式。

我国的言文一致运动可以作为例子来说明语体规划的动因。言文一致运动包括清末语体改良运动、民国时期的白话文运动和新中国成立后的写话运动,不同历史阶段的社会关系在其背后起到了关键的驱动作用。在言文一致运动获得成功之前,文白语体恰是阻隔在少数人与多数人之间的语言屏障。在这种情况下,语体规划首要关注的就是文白这个宏观语体问题。

在言文一致运动成功之后,读写已经成了绝大多数人的基本能力。当代汉语的语体规划已经从宏观规划时期进入了领域语体规划时期,这其中十分重要的一件事是要为某些"雅"的领域重新构建汉语的典雅语体。言文一致将是汉语长期遵守的原则,但典雅语体的缺失也是当代汉语语体规划应该十分关注的问题。

——徐欣路.谈语体规划和我国的言文一致运动[J].语言规划学研究,2016(2).

• 西方传教士对现代汉语形成的影响

西方传教士对现代汉语的形成产生了重要的影响。语言是否"欧化",是区别"近代汉语"和"现代汉语"的一条重要标准。"欧化"在近代汉语中是个别现象,在现代汉语中则是普遍现象。

现代汉语受到欧洲语言的影响,无论语音、词汇还是语法以及表现形式等方面,都有"欧化"现象。主要包括以下方面:外国语法进入白话文本;外国词汇进入白话文本;外国语言习惯进入白话文本;复音词取代单音词,成为句子的主要叙述单元,句子的音节、节奏发生了变化;在罗马字母注音方式或其他字母注音方式影响下,试图用字母取代中国传统的文字,改变汉语原有的文字符号;标点符号等西方辅助文字记录语言的符号进入中国语言的语句表达;外国的时间观念、空间意识进入白话文本。

"欧化"的出现与西方传教士有非常密切的关系,中文最早的"欧化"源自西方传教士。大量发行的教会出版物,尤其是《圣经》的官话译本,是"欧化"白话文本的典范,推动了晚清和"五四"时期的白话文运动发展,也推动了现代汉语的形成。中国文学的近代变革,首先是由西方传教士推动的,他们首先在母语和本国文学的启发下,产生了我们今天称之为"现代汉语"和"现代文学"的最初的语言文学实践。

——袁进.西方传教士对现代汉语形成的影响[J].语言战略研究,2016(4).

二、语言规范观

• 新中国成立以来我国语言规范观的演进

从新中国成立到现在,我国的语言规范观由静态发展为动态,可以分为两个时期。

20世纪50年代至80年代初,学者们对语言规范的认识主要持静态的观点,其中以纯洁观,即不要出现不规范语言现象的观念为代表。其目的是树立语言应用的典范,以此来对语言生活"匡谬正俗"。但是这一时期语言规范化工作仅限于匡谬正俗,在现代汉语规范过程中有时会出现评议失误现象或规范性错误。

20世纪80年代中期,随着系统功能语法、社会语言学、文化语言学的引进,一些学者开始注意语言与交际之间的关系,并逐渐从动态角度考虑语言规范问题。90年代以后,语言的动态观成为人们对语言本质的主导认识。不同的人对于动态规范的见解不同,目前主要有七种观点:对语言变化的评价和抉择、层次观、区分语言规范和言语规范、重视语用价值和交际值、服务观、调节观和选择观。

在动态观的指导下,学者们对于如何做好语言规范化工作有了新的认识:有的提倡对新的语言成分多一点宽容,语言规范化工作要根据语言文字的发展规律进行;有的基于语言的潜显理论,提出语言规范化的预测观;有的提出在语言规范化过程中实行语言控制;有的强调语言规范工作要从应用中来,到应用中去;有的则认为语言规范化应该遵循整体性原则。

——梁永红.建国以来我国语言规范观的演进[J].河北联合大学学报,2016(6).

- **全社会都应关注语言文字规范问题**

　　语言是民族和国家的标志,没有语言,就没有民族的独立,就没有国家的尊严,就没有社会的发展。同时语言文字不规范现象对国家和社会来说都不是小事。《语言与国家》提到的一些语言文字现象"早发现、早治疗"还是必须的。如汉语和外语混用现象、杂交现象;新造词语现象,有些词语是为了"立异"而故意"标新";乱造词现象,存在"重复造词"和过分的"简缩造词";特殊文体现象,"咆哮体"等特殊语句甚至进入了正式文本中。必须在学校教学中要求青少年"好好说话",也要在媒体宣传上限制这种卖弄。

　　《语言与国家》的缺憾在于,没有专章讨论"汉字",很少提及汉字问题。比如要不要学习汉字的繁体字问题、汉语中要不要使用外文字母词问题、词典收词的"詈语的非詈化"问题。

　　——沈阳.全社会都应关注语言文字规范问题[J].中国语言战略,2016(1).

- **语言生态视角下的语言规范**

　　历史发展表明,聚合多种因素构成的语言生态,得到和谐协调,就能激发语言的活力,充分发挥语言沟通的功能,从而推动社会的文明进步。倘若语言环境失调,甚至受到不当污染,就会造成沟通的障碍或误判,以致伤害互信,导致冲突。

　　市场经济竞争的加剧,传播技术的日新月异,外来文化影响的加大,使得当今的语言生态呈现出变化多、更替快的态势。近些年来也出现不少生造和怪诞的词汇,尤其是娱乐至上和互联网上任性思潮的抬头,更加重了语言生态的乱象。这些乱象主要有:语言异化蔓延无阻,网络语言超速扩散,滥用英文字母词,怪诞的文体受追捧,恶搞书名成时尚。

　　语言生态的乱象带来的危害不只是影响说、听、看之间的交流,还会助长某些人利用不当语言进行宣泄,伤害社会互信以及道德文明建设。为此,社会各界,尤其是文化、教育、影视、出版等主管部门,务必高度重视净化语言生态问题。要采取切实措施,有堵有疏,疏堵结合,加强引导和监管。报刊等传统媒体,必须带头使用文明和规范的语言,抵制市场经济和网络发展可能带给语言生态的负面影响,努力做净化语言生态、促进社会文明建设的推动者。

　　——李景端.必须高度重视净化语言生态[J].语言战略研究,2016(6).

三、语言规范实施

• 基于计算方法的语言规范效力检测

语言规范实施效力的检测和反馈是语言规划工作中的重要问题。以异形词整理工作为对象,从具体词形使用趋势变化、推荐词形整体使用情况和具体推荐词形在不同历史时期的使用情况三个方面,对异形词整理进行规范效力考察,结果表明,《异形词整理表》在报纸语言中得到了良好的执行,规范实施效果显著,起到了提高语言文字使用效率、减少学习负担的作用。

据此,可以归纳适用于计算方法分析的语言规范所应具备的几类特征。第一,规范对象可以形式化为符号或符号序列的,适合使用计算方法进行检测;第二,规范对象的处理不应超出相应语言信息处理技术的适应范围;第三,语言变项间具有较好的可对比性;第四,历时语料库的时间或领域对规范内容有较好覆盖。此外,对语言单位的规范过程进行人为干预,也需要把握时机。规范标准所支持的变项占据优势地位的时期可以视作人工干预期,这个阶段的人工规范容易取得较好效果。

——饶高琦.基于计算方法的语言规范效力检测初探——以异形词整理工作为例[J].语言战略研究,2016(6).

• 编校领域的语言文字规范问题

作为社会语言生活的重要场域,编辑出版界既是语言文字规范化的受益者,也是引领与推动语言文字规范化的榜样与标杆。在社会语言生活日益丰富的今天,编校群体同样承受着因规范化不足导致的诸多困惑与困扰,具体表现为:规范标准政出多门,多处细节互相矛盾,令编校无所适从;规范出台过于匆促,修改过于频密,人为加重编校负担;个别规范标准界定模糊、缺位或表述存在问题;新出台规范标准目前存在社会认同度低、语言研究成果与实际应用的衔接不紧密等问题。

编辑出版界应以建设性态度解决问题,尤其是进行制度性建设。首先,编校群体应强化对语言文字规范化重要性与复杂性的认识,树立动态的、科学的规范观;其次,政府相关部门、语言学界与编校一线队伍应加强沟通,以建设性的态度积极推动语言文字规范化建设;最后,探讨建立编辑校对语言学,编校领域的语言文字规范问题迫切期待语言学界与编校人员通力合作、深入研究。

——张国功.试论编校群体的语言文字规范之惑及其应对策略[J].中国编辑,2016(6).

第二节 普通话语音规范

促进普通话语音规范是推广普通话的基础和前提,是语言文字规范化、标准化工作的重要任务。围绕新世纪普通话审音工作①的开展,近年来出现了一系列关于普通话异读词审音的研究。2016年,《普通话异读词审音表》修订项目先后通过专家鉴定和国家语委语言文字规范标准审定委员会审定,进一步推动相关研究成为年度学术热点。除此以外,本节介绍的研究内容还涉及语文辞书执行普通话语音规范的情况和普通话语音研究的历史演进,共三个专题,收文9篇。

一、普通话异读词调查及其审音

- 普通话异读词调查

调查显示,普通话异读词读音正确率在90%以上的词语比例最高,正确率在80%—90%之间的其次,正确率在10%以下的最少。数据体现出这样的趋势:正确率较高的词语较多,正确率较低的词语较少。这实际上表明人们对异读词的实际读音总体上与《普通话异读词审音表》的正音是保持一致的,以往审音确定的读音已经为普通话使用者广泛接受。这也是过去历次审音工作成果的体现。

从统计分析上看,年龄、文化程度、性别等因素对异读词读音的选择均有影响,其中年龄因素影响最大,文化程度次之,性别因素影响最小。具体来看:第一,年龄因素与异读词读音的正确率成反比,即年龄越大正确率越低,年龄越小正确率越高,这反映了语音规范是随时间逐渐加强的;第二,文化程度与异读词读音的正确率成正比;第三,在性别因素上,总体来说女性的正确率比男性高。

根据读音正确率,建议读音正确率在80%以上的可以不再列入待审范围。正确率低于80%的需要进行审音,其中正确率低于20%的,表明原来的审音结果几乎没有得到社会的认可,可能需要对原来的读音进行修改。

——冉启斌.普通话异读词的调查[J].中国语文,2016(4).

---

① 新中国成立以来国家开展的第三次普通话审音工作,2011年启动。

- **中古入声字异读的正音**

新时期普通话审音工作的主要依据有三：一是符合字音的历史演变规律，二是全国通行度高，三是减少没有别义作用的异读。正音工作最理想的结果是找到并论证了既符合古音传承又符合使用者口传的音，能纠正过去极个别的错误定音。

审音中遇到的很大难点就是中古入声字异读如何正音。首先，从历时角度看，中古入声字的异读在北京话中的表现是同一历史音类的无条件分化，似乎是"非从理"的；其次，这些异读不但没有分化的语音条件，还大多都有一定的字音数量；再次，"减少没有别义作用的异读"和"减少没有语体差别的异读"，在入声字读音审定中遇到很大困难；此外，文白异读用于不同的语体，其实也并不容易控制。

从新国音的审定开始，强调以北京音为根据，放弃了设立北京话已不存在的尖团声和入声，这在制定通语规范的理论上前进了一大步。近十年的审音工作陆续淘汰了一些仅在北京土语词汇中使用的字音。

建议对普通话里中古入声字异读按韵母和声调，区分不同策略加以应对：第一，对于入声韵母的异读规范，宜有意识地向分布广泛的文读倾斜；第二，对于清入归调的规范，要充分重视历史考察和方言地域的结果，北京话"清入归去"的文读是不大靠得住的，从地域考察看，恐怕还要乱一个阶段，浮现新结构的时机尚未成熟。

——王洪君.普通话审音的一个难点——中古入声字的异读：历史、现状及思考[J].语言规划学研究，2016(2).

- **"粳"字的读音**

异读词"粳米""粳稻"中"粳"的字音，1985年《普通话异读词审音表》统读为 jīng，本次审音建议统读为 gēng。"粳"的字音，在社会上有 jīng 与 gēng 的分歧，两种字音的中古音来源其实是同一个。出现两种字音，是近古的事。"粳"的字义及所指事物在南北方言中的通行度和字义显豁度不同。调查发现，目前的北方口语中基本不用"粳稻""粳米"这两个词，绝大多数北方中青年人搞不清"粳"字的意义。百余名科学家联名上书要求定"粳"字音为 gēng，虽然他们对该字古音及其到不同方言的语音演变的阐述不尽准确，但"梗开二见"组字在明清以来北京音中的变化是趋向 geng 类音，"粳"在方言中的常用度和词义显豁度北低南高，差异极大，的确是审音定音必须要考虑的。

——王洪君."粳"字的读音[J].中国语文，2016(4).

第三章　语言规范

• "钻"字的读音

"钻(zuàn)"字做动词时意义与"钻(zuān)"并不相同。"钻(zuàn)"字做动词时只指"用钻(zuàn)或钻(zuàn)机来打眼儿或打孔","钻(zuān)"做动词时则是指"从已有的孔洞中穿过或进入孔洞"。意义抽象的"钻研""钻营"一向读平声，应予维持。"钻探"之"钻"严格来说，应当属于使用工具的意义，但也许因为该词非口语词，也许是因为上次规范的原因，群众的读音正确率比较高，故仍然维持平声读音。审音课题组经过讨论，决定尊重语言事实，对"钻"的读音重新审定。修订为：zuān～孔(从孔穴中通过)～探|～营|～研；zuàn～床|～杆|～具|～孔(用钻头打孔)|～头。

"钻"字的审音适用以下几个原则：基准原则、别义原则、古今原则、系统性原则。不难发现，审音工作不是简单地套用某种规则，而是在语言事实调查的基础上运用各种审音原则进行综合考量的结果。"钻"字的审音成果消除了权威辞书跟《审音表》(1985)的抵牾及工具书内部的矛盾，推动我们重新思考权威辞书与国家规范的关系，权威辞书与国家规范应该形成良性互动，而不是相反。权威辞书注音和释义的精细化有助于审音规范的建立。

——孟蓬生."钻(鑽)"字的读音[J].中国语文，2016(4).

• "荨"的审音理据

"荨麻"之"荨"的现代审音史一波三折。1985 年 12 月发布的《普通话异读词审音表(修订稿)》里，改为 qián 和 xún 两读，并注明"荨麻"之"荨"读 qián，文读音；"荨麻疹"之"荨"读 xún，白读音。

其实，"qián 麻"之 qián 的本字为"藔"，而非"荨"。之前审定"荨"音为 qián 的理据之一是以为"荨"和"藔"同音。《说文》有"荨"无"藔"，《广韵》两字都有，但分属两韵。其实，从上古到中古，"荨"和"藔"都是异形、异音、异义。《广韵》"荨"只有一读，即徒含切。方言中的 qián 音，应来自"藔"，人们把"荨"误以为是"藔"。"荨"本身并无 qián 一读。综上，定"荨"字为 qián 音，于史无据，历代韵书都未记载此音。

根据调查显示，只有 23.34% 的北京居民把"荨麻"之"荨"读成 qián。至于"荨麻疹"之"荨"，仅有 6.25% 读 qián。并不存在明确的"文读音"与"口语音"之别，把"荨"音分出两种语体差别，这种划分没有必要。

在信息化网络化的今天，审音工作跟以往相比，要困难得多。"吾辈数人，定则定矣"的时代已基本结束,要使审音结果服众,应给每个新审定的读音提供应有的理据。所谓理据,既可以是历时的,也可以是共时的。根据共时从众原则,以 xún 为主。因此,基于历时资料证据和共时从众标准的综合考量,2016 年《普通话异读词审音表》把"荨"的普通话读音重新审定为 xún。

——钟英华,张洪明."荨"的审音理据平议[J].中国语文,2016(5).

- **科技异读词的规范问题**

科技领域的异读词规范工作中存在两大问题,一是依据《普通话异读词审音表》依然无法确定读音,二是专业领域普遍存在某种与《审音表》规定不同的读音。科技领域有一些译音用字的读音也需要认真考虑。有些科技用字,在科技领域的读音已根深蒂固,但与《审音表》《现代汉语词典》相抵触,需要与国家语言文字机构取得联系,尽量取得一致意见。此外,要彻底厘清科技领域的异读词,还必须尽可能搜集科技异读词,抽样调查这些异读词的实际读音类别和分布情况,分析语音及语义关系,同时弄清楚各异读词的读音依据。

——王琪.浅谈科技异读词的规范问题[J].中国科技术语,2016(4).

二、语文辞书中的语音规范

- **最新版《新华字典》和《现代汉语词典》注音调查**

《普通话异读词审音表》是由国家语委、国家教委和广电部于 1985 年发布的关于异读词读音的规范标准。与《审音表》比较,最新版《新华字典》与《现代汉语词典》的注音差异主要体现在方言、轻声、旧读与〈古〉又同、文白异读、专有名词注音、标调等方面。

《字典》《词典》注音与《审音表》审音之间的差异较大。三者应该尽可能一致,不能出现太多互相抵牾、互相矛盾的情况。《字典》《词典》大体上不到十年就修订一次,而《审音表》发布已三十多年,新修订的还没有发布,希望新修订的《审音表》与以后再次修订的《字典》《词典》在体现和执行语言文字规范方面尽量一致,给读者提供符合规范的语言文字知识。

——陈会兵,杨晨笛,张悦.最新版《新华字典》和《现代汉语词典》注音调查[J].重庆三峡学院学报,2016(5).

- **《新华字典》注音变化研究**

结合《普通话异读词审音表》,从历时和共时两个层面,对《新华字典》商务印书馆第1—11版各版收音的增删和改动情况进行研究,分析可见《新华字典》注音变化主要有以下原因:第一,顺应字音演变、关注现实;第二,执行语言文字政策;第三,吸纳古语、地名、人名、姓氏读音;第四,积非成是;第五,回避同音字。《新华字典》的定音标准大致可总结为:以符合语音发展规律为准,参考国家语言文字政策的相关规定,尊重大众语言使用的实际。

同时,对《新华字典》今后的注音修订提出以下建议:第一,关于古今字注音,古今字的古字具有特定的使用环境,相对现代汉语而言是古汉语中的特殊用法,没必要单独列出;第二,关于四声别义字的注音,一些字的去声读音在当今大众的语言实际使用中已不多见,建议参考古今字注音方式;第三,关于非常用字的注音,《新华字典》的修订如果过多地收录生僻字,则会背离"主要供中小学教师和学生使用,中等文化程度以上的读者也可参考"的编写宗旨,对广大使用者而言,现实针对性不强,实用性不大。

——刘宏伟.《新华字典》注音变化研究[D].安徽大学,2016.

三、普通话语音研究历史发展

- **普通话语音研究百年**

汉民族共同语标准音的确立与推行,无疑是现当代最重要的语言战略规划成果之一。从1913年读音统一会议定语音标准算起,对汉语语音系统的规范和研究已经历时百余年,作为推广普通话工作的基础性支撑,语音规范工作及普通话标准音研究为国家统一、民族团结、社会经济发展做出了重要贡献。

民国时期的"读音统一"是历史上第一次以"核定音素"的方式确定国音的标准,因而具有十分重要的历史意义。从"一种没有人说的语言"到确定北京音系为国音之标准,走上了符合语言规律的发展道路。

新中国成立后到1978年,汉民族共同语标准音进入了新的历史时期。不同于民国时期追求的读音统一,新时期采用了"规范"这一关键词。这一时期是普通话标准音研究的大发展时期,许多奠基性的著作、文章都在这一时期出现。

改革开放以后,普通话语音研究进入了繁荣发展的新时期。这一时期的研究主要体现在三个方面:一是语音学的基础理论和实验研究不断与国际接轨,对普通话语音系统的描写日渐精细、准确;二是围绕普通话标准音的定义、范围、溯源等进行了一系列讨论与调查研究;三是相继开展了两次普通话审音工作,修订了《普通话异读词审音表》。

此外,对普通话语音动态规范研究具有重要意义的普通话水平测试,提高了全社会的语音规范水平,为社会筛选出了诸多讲标准普通话的人才,为普通话标准音研究提供了语料,加深了我们对普通话标准音的认识,将我们对普通话标准音规范的认识从书面提升到口语。同时,没有定义更精细的动态语音标准,是它的主要不足。

百余年来,普通话标准音经历了从无到有、从统一到规范、从读法约定到偏误判定的过程,这是一个从模糊到明确、从粗略到精细的过程,是一个认识不断深入的过程。这一过程与语言战略推动、语音学研究的发展以及科学技术条件的进步是分不开的。

——韩玉华.普通话语音研究百年[J].语言战略研究,2016(4).

第三节　汉字规范

汉字规范是我国语言规范工作的最重要内容之一,涉及汉字的音形义用诸方面,具体包括定量、定形、定音、定序。由于汉字的表意性质,其规范化工作还面临不少难点问题,如异体字整理、类推简化等。本节介绍的 2016 年相关研究聚焦这些问题进行了深入的探讨,包括四个专题,一是"汉字规范理论",研究内容涉及汉字规范的历史经验与当代标准等问题;二是"《通用规范汉字表》述介与讨论",自《字表》2013 年颁布以来,这始终是汉字学界的研究热点;三是"汉字部首、笔顺规范",研究内容涉及现代汉字部首的命名规则和笔顺规范等问题;四是"地名用字规范",这是我国汉字规范工作的重要方面,2016 年相关研究既有关于地名用字规范的原则探讨,也有关于特定地名用字的个案考察。本节共收文 13 篇。

一、汉字规范理论

• 现代汉字研究与应用的几个焦点问题

就繁体字来说,有人主张完全恢复,有人主张部分恢复,有人主张"识繁写简"。与繁简字有关的还有一个在学术界争论已久的"类推简化"问题。有人主张"无限类推",有人主张"有限类推",二者各有优劣。

就异体字问题来说,异体字的界定有严式和宽式两种。前者指音义全同、记词职能完全一样,仅仅字形不同的一些字样。后者指只有部分用法相同的字。作为国家语言文字规范的异体字整理,只需针对一般社会领域经常用到的字,生僻字的异体字整理还是作为学术问题交给学术界去研究。同时,整理大型字书和计算机字符集的字际关系,应该从学术研究角度而不是研制规范标准的角度进行。

人名用字问题在信息化之前并不明显,在当前和今后却不能小视。信息化、网络化要求各种信息在进入计算机时要做到准确规范统一,一些人工基本可以忽略或很容易认同的差异,对计算机则可能是不可逾越的鸿沟。另外,扩大计算机字库与规范人名用字是性质不同的两件事,二者不能以此代彼。

关于公民的汉字能力问题,汉字能力主要表现在汉字的应用能力和书写能力。当前这一问题主要表现在误用形近字、误用同音或音近字、误用音义相近字等,少写或写错汉字笔画和部件也很常见。这与计算机普遍应用以后,传统的写字机会极大减少有直接关系。另外,新世纪以来各类学校的课堂教学普遍使用多媒体,老师粉笔板书的示范作用和学生做笔记的写字机会也相应减少。同时对源于自媒体并广泛传播的缺乏任何论证的偏激之论,相当多的人缺乏判断能力,这也是当前汉字能力缺乏的典型表现。

——陈双新,董越.当前有关现代汉字研究与应用的几个焦点问题[J].语言教学与研究,2016(5).

• **古代正字之书的先进思想**

汉字规范工作自古有之。从最早的颜师古的《字样》到颜元孙的《干禄字书》、唐玄度的《新加九经字样》,再到此后宋代出现的《佩觿》《复古编》以及辽代的《龙龛手镜》,辨正文字的字书不断完善和发展,对我们研究和思考现代汉字规范化问题具有现实意义。

以《干禄字书》为例,颜元孙根据当时汉字使用的实际情况,将其分类处理为"俗、通、正"三体。其正字标准代表了唐代尊重传统、着眼于现实的进步正字观念。而不同字样分不同场合使用的观点表现了颜元孙变通、弹性的规范原则。这种"于变通中求原则"的文字规范思想对于我们今天处理汉字规范化问题是一种值得学习的观念。

我们应学习古代学者在编写正字之书时科学求实的精神以及"变通中求原则"的观念,坚持从两个层面(社会通用层面和社会特用层面)区别性对待,遵循科学性、简便性和通用性三大原则,全面而客观地看待现代汉字规范中遇到的各种问题。

——毛丽娟.从正字之书的先进思想谈现代汉字规范问题[J].内蒙古电大学刊,2016(4).

- **汉字规范的三个标准**

汉字规范有三个标准:形体组构的理据、动态生成的便利和平面排布的美观。

所谓形体组构的理据,第一,是指汉字形体应该体现单个汉字原初造字的意图。先贤有"六书"的理论,以象形为基础,通过指事、会意、形声等方式来组构汉字。即便在演化为今天通行的楷书之后,所有的基础构件依然执行着原初象形形体的功能。第二,要服从于整个体系的需要。单独的符号只有被纳入到相互联系、相互制约的体系之中,才能称之为汉字。第三,应该适应思想交流的需要。

关于动态生成的便利。为了追求书写的便利,汉字在生成过程中发生了两个重要的转变。第一,如果说物象多以"面""块"来呈现,转化成的汉字形体却更多使用了"线"和"点"。第二,汉字的书写逐渐不能脱离笔画和笔顺这两个相伴相生的概念。另外,每个时代的不同动态生成手段都会为了便利而造成形体的细微差异。在今天,这种差异主要呈现为手写体和印刷体,如果细密区分,手写有硬笔、软笔,印刷则有宋体、楷体等。

汉字形体在被纳入到方格空间之后,为追求平面排布的美观遵循了四个原则:一是排布停匀,横直有序;二是中宫紧收,四维伸张;三是立体树干,因字赋形;四是穿插避让,不同而和。一定数量的笔画、部件组构成汉字,它们相互穿插、避让,发生着各种对比、调和关系。

在以上所说制约汉字形体的三个因素中,形体组构的理据保证了汉字形体能够有理可依、有据可循、有形可溯,历来都是最为重要的规范标准。但是,汉字绝非抽象的符号,它必然通过特定的生成手段表现为特定的形体,所以,规范工作同样不能漠视汉字对便利与美观标准的诉求。

——孙学峰,苗永清.论汉字规范的三个标准[J].中国书法,2016(11).

二、《通用规范汉字表》述介与讨论

• **《通用规范汉字表》与《现代汉语通用字表》的差异**

《通用规范汉字表》一、二级字表合计6500字,比《现代汉语通用字表》少500字。在用语料库验证覆盖率时,一、二级字表和《现代汉语通用字表》基本相同。这反映了现代汉语用字经过一段时期的规范,用字趋于集中,特别是有些方言字、古文用字、异体字,逐渐淡出。而《现代汉语通用字表》有556字未收入《通用规范汉字表》一、二级字表,其中有518个字符合三级字收字原则,已收入三级字表。只有38个字最终没有收入《通用规范汉字表》。另外,《通用规范汉字表》一、二级字表中有27个字是原来《现代汉语通用字表》中没有的。这些字多与现实用字的需要贴近。有的是以前的异体字确认为规范字,有的是口语中常用的,有的是在教材的古诗文中出现的,有的是起名字比较喜欢用的,等等。

——王敏,陈双新.字表与《现代汉语通用字表》有什么差异?[N].语言文字周报,2016/3/2.

• **《通用规范汉字表》与汉字编码字符集的关系**

国际标准ISO/IEC10646至今已收录约75,000个汉字,为在虚拟世界展现各个时代、各个国家和地区、各种类型的汉字信息提供了备用字符集。但是字表的功能不一样。字表是为了满足特定区域(中国大陆)一般应用领域的汉字使用而研制的。它从统计学角度为汉字科学定量,又从文字学的角度,对社会用字进行梳理、归类,从而给社会提供一个字种和数量相对比较适度的字表,以方便社会的日常使用,减轻人们日常用字的负担。字表侧重反映汉字使用的真实状况和需求,收字并不求兼收古今中外的汉字,而是以当下适用为宜。

不过汉字规范也不可能脱离信息技术发展需求,否则它的客观性、科学性和社会作用一定会打折扣。字表在研制中扩大了字量,特别是与社会生活息息相关的姓氏人名、地名、科学技术术语等领域的用字,在信息处理、存储、交换时需要用到,否则就会影响相当一部分人的社会生活。这些字很多都已经在大型的汉字编码字符集中存在,但是由于那些字符集收字庞杂,常常很难设计出适当的输入法调用,实际上很难应用在一般社会领域。

——王敏,陈双新.字表与汉字编码字符集是什么关系?[N].语言文字周报,2016/1/13.

● **对《通用规范汉字表》的几点意见**

关于收字,《通用规范汉字表》收规范字 8105 个,"〇""鿫"等字并未收入。关于"〇",一种意见认为它仅是阿拉伯数字符号,一种意见认为它来源于阿拉伯数字符号,现已成为汉字家族中的一员。"鿫"是新发现的化学元素,116 号化学新元素中文命名为"鿫",是在《通用规范汉字表》发布之后,相信该字表将来修订时会把这个字收入。

在简化字与繁体字的关系处理上,《通用规范汉字表》对《简化字总表》和《第一批异体字整理表》做了细致的梳理工作,但个别处理值得商榷。另外,有的异体字属于误收,有的应补,有的应加注,否则容易令读者误解。

关于类推简化,《通用规范汉字表》规定,除 8105 字之外"表外字不再类推"。这个规定的目的在于避免扩大类推范围,保持汉字形体的相对稳定。但这个规定不应是强制性的,否则失之偏颇。如引用古代诗文和古汉语联绵词的字形时可能会不好处理。《新华字典》《现代汉语词典》《辞海》等影响广泛的辞书收录的规范字字头,凡是可以类推简化的基本都进行了简化,如果因为超出《通用规范汉字表》范围而视为不规范,要求改回繁体字,显然不合适。所以建议类推简化范围采取刚性为主、柔性为辅的原则,即规范字表中的字必须简化,规范字表之外的字可根据具体情况灵活处理,不搞一刀切。

《通用规范汉字表》确定字形的原则是:凡是《印刷通用汉字字形表》《现代汉语通用字表》已有的字照样收录,这两个字表未收的字依据有关字形规则确定。总体原则是合适的,但个别处理不够妥当,如"望"的异体字等。

——魏励.对《通用规范汉字表》的点滴意见[J].辞书研究,2016(6).

● **《通用规范汉字表》的社会性**

《通用规范汉字表》收字的覆盖面框定了一般通用字的收字范围,以确保有效性和较为广泛的社会覆盖面。《通用规范汉字表》的定量,是依据"汉字效用递减率"这一重要原理,确定了一般社会应用层面的通用汉字字量;再根据各专门领域的用字特点,依据汉字在该领域的使用度来确定其收字量,最终确定。

关于《通用规范汉字表》的分级,主要是解决常用字和通用字的界定,划分依据是汉字的使用度和通行度两个指标。根据功能定位,一级字表是使用频度最高的常用字集,主要满足基础教育和文化普及层面的用字需要;二级字表是使用频度仅次于一级字表,与一级字表合在一起构成通用字集,主要满足出版印刷、辞书编纂和信息处理等方面的一般用字需要；三级字表是对那些与人们日常生活密切相关的专门领域用字的补充。

《通用规范汉字表》的社会适用性表现在：第一，基础教育领域，一级字表主要满足基础教育和文化普及层面的用字需要；第二，信息领域，字表所收的8105个汉字全部纳入国际编码字符集；第三，辞书编纂领域，字表理顺了规范汉字与相应的繁体字、异体字之间的对应关系，为辞书编纂提供了更加可靠的依据；第四，公众服务领域，在不违背字表收字大原则的前提下，充分尊重公众的用字习惯。

——王晓明.论《通用规范汉字表》的社会性[J].语言文字应用，2016(3).

- **从《通用规范汉字表》看汉字异体字整理工作**

异体字这一概念可以是一组字的统称，也可单称一组字中选用字的对应字。《通用规范汉字表》所附《规范字与繁体字、异体字对照表》调整了《第一批异体字整理表》，收录了794组共计1023个异体字，并对在部分义项、用法上可做规范字使用的异体字，加注说明了其使用范围和用法。

无论在现代用字层面还是在综合用字层面，字表所收异体字都包含"完全异体字""包孕异体字""交叉异体字""讹误异体字"四大类。字表收录完全异体字是合理的，收录选用字包容异体字的包孕异体字亦基本合理。在现代用字层面，合理和基本合理的字组占92.6686%；在综合用字层面，合理和基本合理的字组占63.3431%。可见合理或基本合理的字组占大多数，但处理不当的部分字组更应受到重视。另外，现代用字层面有38组字应作为异形词整理，综合用字层面有29组字应作为异形词整理，这种混淆异体字整理与异形词整理的做法容易引起汉字规范工作中的矛盾，需加以改善。

另外，无论在现代用字层面还是在综合用字层面，规范汉字的使用频率都远高于异体字的使用频率。具体到每个汉字，部分虽然被处理成了"异体字"，但仍然应该或习惯上被使用。结合音义关系部分的测查数据，现代用字层面有17个、综合用字层面有52个，无论从音义关系角度还是从使用频率角度都不应当被处理成"异体字"。《通用规范汉字表》对异体字的处理明显倾向于现代用字层面。

作为国家最新汉字规范标准，《通用规范汉字表》在异体字整理工作上有传承，有创新，成果显著。同时，整理异体字应立足当下，在既有成果的基础上改善、进步,既要注重规范的一致性和延续性,又要尊重语言事实,增强字表的科学性。

——荆青菁.从《通用规范汉字表》看汉字异体字整理工作[D].山东大学,2016.

三、汉字部首、笔顺规范

- **现代汉字部首的名称与命名规则**

调查显示,在给出的 201 个部首的参考名称中,有 139 个(包括主部首和附形部首)得到了受访的语文教师的认可,其他部首则存在异称。教师在教学中使用的部首名称主要存在以下几个方面的问题:第一,一些部首没有明确的名称,需要重新拟定;第二,部首是否明确称"×部",并不统一;第三,名称不区分主、附部首;第四,某些部首的习用名称与该部首作为构件(偏旁)的名称缺乏区分;第五,部分部首难以称说,有的是因为该部首不成字,有的部首是古字或生僻字,对当下的使用者来说,读音和字义都很陌生;第六,有的部首有多个名称,需要梳理整合。

目前多数部首已经有了比较稳定的名称,部分部首还有不少异称,部首名称与部件名称、偏旁名称多有混同,命名规则不尽清晰,这些问题不可避免地影响到汉字字形分析、汉字教学和辞书应用等。此外,在数字化背景下,汉字字形设计、汉字输入法设计等,也都要求进一步提高汉字的规范化程度。部首作为汉字构形的重要特征要素,应该有明确、统一的指称。关于部首命名的宏观原则,前贤提出:"一是从俗,二是简化。"关于部首命名的方法,前贤建议标明部首的结构位置,使用"头、底、旁、边、腰、角、框、心"等专称。

部首名称应以易于称说、减少理解分歧、帮助记忆汉字等为目的,有以下命名原则:第一,区分主附部首。特别是有些附形部首的形体与主部首的区别不大,如果能有所区别,既有利于理解汉字部首的发展联系,也有利于建立部首和字形、字义的关联性意识。第二,注重命名的体系性。要注意部首表内部的互相照应和关联,同时要通过名称体现部首与参构字的关联性。第三,在部首名称中体现该部首的构形功能。位置提示字可以精简为"旁、头、底、框",便于称说。第四,重视实际应用中的名称。

——王敏,刘海琴.现代汉字部首的名称与命名规则[J].辞书研究,2016(5).

第三章　语言规范

- **现代汉字笔顺规范研究现状**

现代汉字笔顺规则多是承袭原来的隐性规范,没有给出笔顺具体细则。傅永和按照笔画先后顺序归纳出笔顺的十一条基本规则。张静贤认为,基本笔顺规则有六条。杨泽生将笔顺规则概括为"从上到下,从左到右"和"先大后小,先长后短"。

关于汉字笔顺原则,万学仁提出"路径原则",认为笔顺的规则源于草书,即确定笔顺先后的依据是草书两笔间的最近距离。林桂生、龙燕提出调整汉字笔顺规范的"路径法",路径最短才最符合书写的经济性、科学性。易洪川提出"手治、目治、心治"原则,"手治"就是要便于手的书写活动,"目治"就是用眼睛判断笔画的相对位置,"心治"就是要符合主观审美标准,主张三者并存并用。高更生提出笔顺便捷性原则,即笔顺必须适应书写的笔势。许凤奇认为,笔顺规范应以运笔行气的顺畅为标准。此外,另有学者提出兼容性原则、系统性原则等。

关于汉字笔顺规范的不足,张小衡、苏咏昌分别列举了《GB13000.1字符集汉字笔顺规范》出现的笔顺不规律现象,即同形部件、同形笔组、同类部件结构等,并提出更正办法。胡蓉认为制约现代汉字笔顺规范的两大难题是"笔顺规则繁琐难记"和"笔顺规则欠绝对统一"。

总之,现有的规范仍缺少一套更为普遍运用的科学、简明、可操作性强的笔顺规范。多数学者停留在完善已有笔顺规范层面,将笔顺规范过于细化、繁琐化,使得纷繁复杂的笔顺规则难以掌握。笔顺规范问题虽然是自实行简化字以来明确提出的,但不能忽视自古以来人们的书写习惯。

——赵妍,丁耀武.现代汉字笔顺规范研究述评[J].文化学刊,2016(2).

四、地名用字规范

- **从"嘴"和"咀"谈地名用字的规范化**

香港有个地名叫"尖沙咀"。无独有偶,在武汉市新洲区也有很多以"咀"命名的地名,这些地方都选用"咀"这个字形。而在武汉市区,既有"徐东大街岳家嘴"也有"藏龙大道谭家咀",且都作为站名出现在地铁或公交上,"嘴"和"咀"在地名中的使用情况复杂而混乱。"咀"产生比"嘴"要早,其"含而味之"义还保留在"咀嚼"一词中。"嘴"经过词义引申发展出用于对突出的地貌命名后,因为过去教育普及面较窄,读书的人较少,"嘴"的笔画繁多,人们习惯使用笔画少的字。且"咀"表示"含而味之"义与"嘴"的"人或动物的口腔器官"义相关,于是将"嘴"

写作"咀",造成了一对异体字。

"嘴""咀"在普通话和方言里的读音一样,词义相同而写法不同,故可看作一对异体字。"咀"应选为地名用语中的规范字形。原因有三:一是有的正规出版物已经选用了"咀";二是符合汉字的发展,选择"咀"不仅符合词语发展的理据性原则(其音义也符合这一地名的表达),而且字形更简单,符合汉字简化的趋势;三是地名语音的多音现象在汉语里是很普遍的,不必刻意回避。

——邵华.从"嘴"和"咀"谈地名用字的规范化[J].现代语文,2016(6).

- **山东省地名用字探究**

地名用字一般具有稳固性、形义贴合性和地域性特点,其中前二者为其共性,后者为其个性。历史、地理、方言是地域性最直观的体现,三者在地名用字尤其是通名用字中有深刻的反映。通名用字以类相聚,其分布体现着历史文化区、地理文化区和方言区的划分。地名用字尤其是基层地名的用字,由于适用范围有限,形、音、义在很大程度上具有任意性,一直是"疑难用字"集中生存的领域。这些疑难用字中大量自造字和不规范字的存在,造成了地名书写的混乱,对语言规范化和地名标准化工作不利。

针对书写版本多样的用字,结合命名意义和历史字形,本着"通名用字从宽,专名用字从严"、"自然地名从宽,行政区划地名用字从严"的原则,建议在今后的研究中,加强对地名用字的地域性研究,挖掘其中的历史信息,为语言文字研究、地理历史研究以及信息化工作提供依据。在研究的基础上,制定全国地名用字特殊音读表、字形表,为各方面的规范提供依据。

——杨璐.山东省地名用字探究[D].四川外国语大学,2016.

- **山西政区地名用字特殊字形字音研究**

山西省区划地名中特殊字形众多。曾用地名与现存地名中均有诸多疑难生僻字,其中多为通名用字;此外还有诸多极具地方特色的字组,多为方言造成的生僻字组。除特殊字形外,山西省区划地名的特殊读音同样数量较大。具体表现为:其一,山西省区划地名中的特殊读音数量大、种类多,有"异读音""古读音""方言音"等。其中,有的地名虽为方言音,考虑到"名从主人"和经济性原则,建议标准化为当地方言音。

——高昳君.山西政区地名用字特殊字形字音研究[D].四川外国语大学,2016.

第四节 汉语词汇规范

词汇在语言结构系统中最为活跃,社会对其变化发展的感知尤为深切,规范难度大、争议多。本节介绍的2016年相关研究聚焦三个专题:新词语规范、字母词规范和外语中文译写规范。这三个专题都是近年来学界关注的热点,也都是国家语言文字事业关注的重点。其中第二个专题与第三个专题之间既有必然联系,也各自相对独立。规范外语中文译写是解决字母词问题的重要选项之一,国家开展的相关工作也主要针对字母词问题;同时,由于不必也不可能简单机械地一刀切地禁止使用字母词,因此仍有必要将字母词使用问题作为一个独立的研究话题。梳理可见,在第三个专题下,2016年有一篇关于外语地名中文译写规范的研究,该文虽然使用了"外语地名汉字译写"的术语,研究内容实为词汇层面的问题;而与国家语委正在开展的外语中文译写规范工作相关的研究则明显不足,有待引起学界关注。本节共收文12篇。

一、新词语观察与规范

• 汉语新词语对汉语言发展的意义和影响

汉语新词语主要有社会生活中的"新造"词语、来源于网络的新词语、借用方言的新词语、外来的新词语、行业语泛化的新词语等。学界对于新词语概念界定的争论,涵盖范围各异,或强调"时间新",或强调"新造词",或主张"新造词+旧词新义",或主张"新造词+借用词+旧词新义"。这些说法不过是从狭义和广义两方面去界定。新词语的"新",不仅仅体现在时间维度上,还要体现在形式和词义等维度上,并且这种"新"具有相对性。

可以将新出现的由汉语语素按汉语构词规律构成,表意明确的有语用功能的词汇界定为"规范新词语"(可简称"规范词"),其他的词语则可称为"流行新词语"(可简称"流行词")。"规范新词语"可以收入国家层面审定的词典,"流行新词语"则任其在时间的长河里大浪淘沙。

新词语的主要来源有以下几种:一是新造词语,二是借用方言新词,三是旧词复活,四是网络新词,五是外来新词,六是校园新词。其中网络新词的形式有通用词型、符号化、数字化、字母化、文字谐音、旧字新意;外来新词则大致可分为音译、意译、音意兼译、半音半意译、字母词。

新词语的积极意义在于可使汉语的语法结构更加丰富和灵活,消极影响在于一些新式词语可能出现语法不规范或消极的问题。新式词语应当遵循一些基本的原则,例如表意应明确,不能随意拼凑创造,要让信息的接收者能够听懂。

——苏琳,吴长安.汉语新词语对汉语言发展的意义和影响[J].东北师大学报,2016(1).

· 当代汉语新词语的构词理据

现代汉语新词语的构词理据可分为语音理据、形态理据、语义理据、词源理据四种。谐音是语音理据的重要表现形式,通过语音与语义之间的关系,引申出新的意思。形态理据指从语素,也就是词的形态构成来推断词意,其变化方式有复合法、派生法、缩略法三种。在语义理据方面,修辞手法成为创造新词的一个重要依据,如比喻、借代、仿拟。词源理据指解释新词词义的来源和演变,分旧词新义和外来词两种。

——陈小琴.当代汉语新词语的构词理据[J].文化学刊,2016(10).

· 1919—1949 年汉语新词语研究

汉语新词语要符合几个准则:第一,在某一时间段产生的,进入现代汉语共同语词汇系统中的;第二,新词语包括新创造的具有新的形式、意义的词语,或只产生新义、新用法的固有词语,或只具有新形式的词语;第三,参照词汇的组成成分,新词语包括词和固定结构,即熟语和专称性固定词组。

1919—1949 年间的新词语,词类分布以名词、动词为主,还有形容词、副词、量词和叹词,出现了个别兼类词;从词语长度看,以二、三音节长度的词为主,其中双音节词所占的比例最大;词义类别所占比例较大的是文教体育类、经济类、政法类和科技类。

从新词语的来源看,1919—1949 年新词语的总特点是创造与吸收并重。首要来源是新造词,外来词的语种来源以英语为主,音译词颇具谐趣性并出现向意译过渡的趋势,存在一词多译和本土化的现象,方言词主要来自以北京方言为代表的官话方言和以上海方言为代表的吴方言,还有遵循经济原则的旧词新义。

此外,从造词法看,1919—1949 年间的新词语主要运用了说明法、仿拟法、提字简缩法和以比喻为主的修辞法等四种造词法;从新词语反映的语用心理看,有推崇白话文的心理、追求新颖的心理和崇尚进步思想的心理。

——庞亚星.1919—1949 年汉语新词语研究[D].河北大学,2016.

- **1949—1966 年产生的新词语在改革开放以来的演变**

1949—1966 年产生的新词新语来源广泛,类型丰富,特点鲜明。从内容上看,以政治、经济类词语为主;从类型上看,包括新造词语、旧词新义词语、外来词语、方言词语四大类,其中新造词语占据绝对优势;从词性上看,以名词性词语为主,动词性词语次之;从特点上看,具有政治性、开放性、阶级性、浮夸性等特点。

1949—1966 年产生的词语的演变分为消隐、复现、成为一般词汇三种,这主要是由于社会发展和人类的交际变化引起的。其变化以词汇意义的变化为主,其中又包括一个词的义项变化和词的一个义项的变化;色彩意义次之,这是跟革命不断推演、社会不断变化、人们认识不断加深相关联的;语法意义变化最少。总之,词语的词汇意义、色彩意义、语法意义的共同变化才促成了现代词语的发展。1949—1966 年产生的词语的演变是社会、认知及语言规律等多方面因素的共同作用、共同影响的结果。

——郎宁.1949—1966 年产生的新词语在改革开放以来的演变[D].河北大学,2016.

- **2006—2013 年汉语新词语研究**

2006—2013 年的汉语新词语不光是新词,还有大量的短语,其构成材料有汉字、英文字母、汉语拼音、数字、符号,并且它们的组合方式极随意,具有多元化的特征。附加式和偏正型的结构关系是构成新词语的主力军。

2006—2013 年的汉语新词语在时政、经济、生活等不同领域分布广泛,其中生活领域中新词语的产量最高。贴近人民群众生活实际,为语言交际提供现实用途,才是创造新词语的主要动力,也是促使新词语广泛传播的助推器。其领域分布特征表现为:社会生活类新词语与网络词汇相互交融,密不可分;年度大事件带来某一领域新词语的大量出现。

而年度新词语中词语群的分布特点包括:不同人群依赖自我"贴标签"的方式彰显个性,反映社会热点事件的词语群爆发性增长,与新兴高科技媒介相关的科技热词受到追捧。

——陈婧虹.2006—2013 年汉语新词语研究[D].淮北师范大学,2016.

二、字母词使用与规范

- **字母词使用六十年**

字母词来源复杂,形式多样,用途广泛,有典型字母词与非典型字母词之分。

汉语中出现的字母词形式大致可进行三级分类:第一级,根据其是否属于汉语系统分为字母词和非字母词两类;第二级,字母词根据其与原型特征的相似度分为典型字母词和非典型字母词两类;第三级,典型字母词、非典型字母词与非字母词又根据形式或内容特征各自分为多种类别。

按照间隔四年的方式在1955—2015年的《人民日报》中选择13个年度的语料作为样本,调查近60年来字母词的使用状况(主要调查典型字母词,也顺带考察非典型字母词以及其他字母词形式的使用状况),结果显示,字母词在汉语表达中已占有一定空间,经历了数量大幅增长又逐渐趋于平稳的阶段,字母词原型由"字母+汉字"形式转向英文缩略词;字母词使用中独用词多,低频词多,稳定性差,较多的失范现象影响了信息传播和语言交际。为此建议:

第一,应当从国际化、信息化的视角再认识字母词使用问题。其一,字母具有的排序和替代功能已使其成为现代汉语书面表达不可或缺的子系统。其二,字母词使用在经历了数量大幅增长之后逐渐趋于平稳,说明汉语能吸纳的字母词数量是有限度的,语言具有自我调节功能。其三,字母词稳定性差,对汉语本体并未构成威胁性影响。被高频使用而能够在汉语系统中沉淀下来的共用字母词数量很少,近30年的高速增长期中也不超过50个。其四,字母词使用反映时代特点,具有客观现实需求。

第二,应当给出一个分级的常用字母词表,帮助解决交流障碍。一方面可以帮助百姓了解常用的字母词及一些"国际通用词",另一方面人们遇到不太熟悉的字母词可以有地方去查找,解决阅读障碍。同时,也便于媒体在使用时有一个参照的规范,不同级别的字母词可按不同的形式使用。

第三,大众媒体使用字母词须谨慎,防止字母词滥用。其一,能不用的尽量不用。其二,除去少数大众已经非常熟悉的如CT、GDP、PM2.5之外,那些不得不用的最好同时给出汉语名称,以免造成交际障碍。其三,大众媒体、正式场合尽量避免中外文夹杂的表达方式,防止字母词在汉语中的滥用。

第四,政府对字母词使用的管理是必要的,也是有效的。调查结果证明,近些年媒体字母词使用比例呈平稳及下降趋势,这一方面是语言系统自身调节的作用,另一方面也是相关机构干预以及媒体自律的结果。应继续做好这方面的工作,使我们的语言生活朝着更加健康的方向发展。

——侯敏,滕永林.字母词使用六十年[J].语言战略研究,2016(3).

- **汉语书面语中字母词使用**

对 1990—2014 年《人民日报》中字母词使用情况的调查显示,25 年来,字母词在汉语书面语中的使用,不论共时态还是历时态,均呈现出稳态和动态两方面特征。

从共时平面看。第一,字母词的一次性使用率很高,具有使用的不稳定性和一过性特征,且绝大多数分布范围非常窄,流通度极低,这使字母词使用呈现出重要的动态特征。第二,部分高频字母词流通度很高,呈现出其使用的稳态特征,它们构成汉语词汇系统的有益补充。第三,高频使用的字母词数量相当有限,仅几十个,基本不会对人们的阅读理解产生太大障碍。

从历时平面看。第一,25 年来,字母词使用频次和分布总体均呈上升趋势,并且前 10 年上升较快,后 15 年平稳上升。20 世纪 90 年代,字母词使用量较快上升。然而,词汇系统的动态平衡机制、语言的渐变性规律及字母词的交际地位和公众认可度的多重作用,又使字母词在后 15 年中呈平稳上升趋势。第二,年度高频字母词的使用与国家政治、经济发展,新事物、新概念的产生和风靡,以及人民生活密切相关。第三,伴随时间的推移,字母词分别呈现出稳态使用、新生和消亡的动态特征和发展趋势。

——王秋萍.汉语书面语中字母词使用的稳态与动态跟踪[J].沈阳大学学报,2016(2).

- **反映本土文化的字母词**

对反映本土文化的字母词,无法从外延上界定这一类词语。从内涵上,这一类词语有着共同的本质特征:一是反映本土文化,二是表达形式受到西语影响。从语言本质上,这一类词语突出反映了语言的符号性特征。如果说传统汉字具有表意性,那么这一类词语的本质更倾向于表音符号。它们或者是西文表达的变形,或者是汉语拼音的缩略形式,是汉字表达的标签。文化性是这一类词语的典型特征。

虽然语言接触视角下的反映本土文化的字母词,在形式上是汉语拼音的缩略表达或西文表达的变形,但这类词不同于汉语中的外来词。因为它们体现着深深的本土文化内涵,而非外来文化。语言接触视角下的反映本土文化的汉语字母词不仅是语言文化交流的产物,而且尤其是本土文化的一个标签。这样一类内藏汉语本土文化的字母词要走上国际舞台,需要本土文化实力的提升和宣介。

——黄睿.反映本土文化的汉语字母词解析[J].语文建设,2016(14).

•《现代汉语词典》收录的字母词使用情况

《现代汉语词典》(第6版)收录字母词总计242个,其中,同形词2个,形成244个统计词条,涵盖了大多数汉语中常用的字母词。总体上看,现代汉语中常用字母词的数量并不多,一小部分字母词的使用频次很高。高频词与中、低频词的比例约为1:2。

《现代汉语词典》(第6版)收录字母词中高频字母词占约27%。高频字母词在汉语中的历时发展状态显示,它们有些成为字母词中的常青树,有些伴随社会关注度的冷热程度变化而时隐时现,有些则将渐渐退出交际的舞台。在高频字母词中,反映国家政治经济和人民生活的最多,其次是科技文化及医疗卫生,反映农业生产的没有。这一方面与国计民生、社会关注息息相关;另一方面,从语言学角度看,也和字母词有无所对应的汉译词密切相关。高频字母词虽少,其覆盖率却很高,66个高频字母词覆盖字母词使用总量的近90%。即使是高频字母词,其致高频的原因也存在不同情况,还有些使用频次已呈递减趋势。由此可见,在汉语系统中,真正高频稳定使用的字母词词种数并不多,词次覆盖率却可以很大,并通过反复使用而渐渐为人们所熟知。

《现代汉语词典》(第6版)收录的字母词中,低频字母词占约40%。这些低频字母词,除了其指称的事物或概念本就不常用以外,从语言学视角分析,导致低频的原因还有:其汉译词使用或其另一种书写形式占优势,而该字母词形式只在口语交际或非大众传播媒介(如专业领域交际)中使用占优势。

——王秋萍.《现代汉语词典》收录的字母词使用情况调查与分析[J].沈阳师范大学学报,2016(2).

•《现代汉语词典》字母词收录与修订情况

在字母词条目数量的变化上,《现汉》每次修订后字母词条目数都有所增长,但增率呈下降趋势,而且每次修订均有少量的删减。字母词在经历了20世纪90年代后期由科技迅猛发展而引起的急剧增加之后,发展趋于平稳。

关于字母词类别的变化,分为词形和语义。按词形可分为纯字母词、汉字字母词、拼音字母词、数字字母词。按语义可分为专门名称类字母词、科技语字母词、经济类字母词、医疗健康类字母词、文化教育类字母词、娱乐时尚类字母词、军事类字母词。

在词形类别的变化上,人们日常生活所用的字母词中,西文字母词占了绝对主流,汉字字母词的数量虽然增加,但比例明显下降。纯西文字母词数量继续增加,比例趋于平稳,而汉字字母词数量增加缓慢,且比例逐渐下降。

在语义类别的变化上,最稳定即变化最少的,是军事类字母词。专门名称、科技术语、经济、医疗健康、文化教育、娱乐时尚等六类字母词数量在逐步增加,导致了字母词总数的不断增加。数量增长最多的是科技术语类字母词,但是其比例却是逐渐降低。相反,专门名称、经济、医疗健康、文化教育四类字母词所占比例呈上升趋势。

——顾晓微.《现代汉语词典》字母词收录与修订情况分析[J].中国科技术语,2016(5).

• 中韩常用字母词使用情况

中韩两国字母词的构词方式包括三种:一是纯字母形式的字母词,多为外文缩略语,书写形式上一般采用字母大写形式拼写;二是含有汉字或谚文的字母词;三是含有数字、符号的字母词。

中韩两国字母词的读写形式可以分为两类,一类是读字母名称音的词,另一类是印刷书写为字母词形式,但口头表达时会读出其相应译词的读音。第一类是汉语和韩语普遍采取的读写形式,第二类在汉语中少量存在。

中韩两国调查对象对字母词的使用均持开放和宽容的态度。大多数都接受语言中存在字母词,并表示未来愿意继续使用字母词。比较而言,中国调查对象态度上表现得更加谨慎些,突出规范意识;韩国调查对象对字母词的知晓度更高些。究其原因,汉字是表意文字,人们长期对文字的意义有着敏感的依赖性,而谚文是表音文字,这和字母词的情况类似。因此,中国人更加愿意接受一个意译的汉字词。

——王秋萍,崔海东.中韩常用字母词使用情况调查[J].辽宁工程技术大学学报,2016(2).

三、外语中文译写规范

• 外语地名译写的规范化历程

我国古代对外语地名汉字译写规范化探索早在春秋时期就已开始,孔子曾提出"名从主人"的重要观点,荀子提出了"约定俗成"的观点。总体而言,古代佛经翻译中对外语地名汉字译写的专门讨论较少,未能形成系统化的理论。到了近、现代,清朝时来华的英国人傅兰雅(John Fryer,1839—1928年)最早在我国提出了专名翻译规范化的理论,并制定了具体的办法。其后,徐继畬、严复、章士钊、胡以鲁、陈独秀等人又各自提出自己的观点,推动了我国外语地名汉字译写规范化的发展。新中国成立以来,我国有关单位开始研制技术规范,经过多次实践尝试,《外语地名汉字译写导则》系列国家标准于1999年起陆续发布。截至2016年,该系列标准已发布的有英语、法语等8个语种的规范,另有日语等6个语种的规范即将发布。

针对我国当前仍存在的外语地名汉字译写不规范的现象,应进一步加强外语地名汉字译写工作的理论研究,加快地名汉字译写技术规范研制进度。同时,翻译研究者应养成查阅工具书的良好习惯,培养自己的标准化意识;从事翻译教学的学者应努力将国家关于译名规范化的精神贯彻到教材、讲义、课堂中,培养学生严谨的学风和译风。此外,各类出版物应符合国家译名规范,杜绝不负责任的错译、乱译行为。

——刘连安.外语地名汉字译写的规范化历程[J].中国民政,2016(22).

第五节 网络语言治理

网络语言问题政府高度重视,社会重大关切,治理难度大,迫切需要扎实深入的科研支撑,这推动相关问题成为多年来的研究热点。在第一个专题"网络语言研究"下,近三年来每年都有数量颇众的关于网络语言本体性分析、传播机制分析等研究,本报告遴选有代表性的予以介绍。第二个专题"网络语言文明"下介绍的关于治理网络低俗语言的研究,是2016年的突出特点,学界在"网络低俗语言必须有效治理"的高度共识下,多角度探讨了相关政策方略。本节的第三个专题"媒体语言规范"所介绍的研究内容,主要探讨媒体,特别是新媒体在网络语言治理中的责任与作用,兼及关于媒体语言规范与创新的思辨。本节共收文13篇。

一、网络语言研究

- **网络语言研究十年**

十年来,《中国语言生活状况报告》从不同角度和层面密切关注了网络语言的发展变化及其对现实社会生活的影响。这些研究呈现出以下特点:第一,紧跟网络传播平台演进的步伐,时刻关注由此而带来的网络语言传播形式和特点的变化;第二,宏观把握与微观探究相结合;第三,注重研究方法的创新,并与研究内容形成合理匹配,用数据说话。

通过对学术论文发表情况的考察,可以看到这十年的研究,大多将网络语言视作一种流行语、一种语言变体、一种新的社会方言等;在继续推进已有研究内容的基础上,把更多的注意力放在网络语言现象的描写、分析以及理论阐释上。具体表现在:第一,积极关注网络语言现象的发生、发展过程,对其进行细致入微的描写,反映了当前学术界对网络语言的基本态度;第二,密切注意网络语言作为一种传播现象、文化现象所带来的各层面社会影响;第三,努力运用当代语言学、传播学等相关理论,对网络语言现象的构成、衍生和功能做出科学的阐述;第四,在关注国内网络语言事实的同时,研究者也把目光投向海外。

相比之下,这十年以网络语言为对象的著述数量并不壮观。这些著作除了一部分源于博士论文出版成书外,更多是由高校教师撰写的。通论性著作,大多以现象描写、例证分析的定性研究为主要方法。多数专论性著作则从网络传播的特性出发,努力采用定量研究、实证研究以及语料库语言学等多种研究方法,增强研究结论的解释力。目前国内已出版各种网络词语词典及类似书籍16部。这些词典以不同的形式较好地汇集网络词语,完整地呈现网络世界的千姿百态,并对网络语言生活做出了有益的引导。

——汪磊.网络语言研究十年[J].语言战略研究,2016(3).

- **网络语言研究的社会语言学意义**

网络语言在社会生活中的重要作用,给社会语言学研究提出了许多重要课题,例如网络语言的调查、网络词典的编纂、网络语言的规范、网络语言的社会功能、网络语言与国家安全、网络语言与文化建设等。通过这些课题的调查研究,将会大大促进社会语言学学科的纵深发展。

不同语言在网络中使用的情况可以看到,不同语言具有不同的功能地位,语言规划有关政府部门和语言规划研究者可以通过网络语言宏观使用情况的素材,制定相应的语言政策和语言规划。汉语位列第九,网上占有量不到2%,这与中国在国际上的政治地位和经济发展状况是不相适应的,对中国语言文化在世界上的传播也是不利的,需要采取有效的措施加以提升。

网络语言经常使用一些与日常语言使用词汇不一样的词语,这些词语大多是低变体的词语。从微观角度研究网络语言，涉及社会语言学的一些重要的理论问题，如语言变化、语言与社会共变、语言交际能力、言语社区、语体等方面，利用网络语言的素材对这些方面进行深入研究，定会产生十分有价值的社会语言学理论的创新点。

网络语言对于构建我国当代新型网络文化具有重要意义。当前人们对语言粗俗化的反感说明了社会对构建网络新型文化的渴求。网络语言的使用应该有利于展示文明、开放、通俗、愉悦、清新、和谐的新型网络文化。

——苏金智.网络语言研究的社会语言学意义[J].
汉字文化,2016(5).

- **新网络环境下的流行语特征**

网络流行语反映网络新现象、新思想，是社会发展、时代进步、网民心态和观念变化的直观映射，是语言新陈代谢的客观表现。单就语言变迁而言，"适者生存"是网络流行语变迁的不二法则。近年来，互联网技术的革新、网民群体构成的变化，尤其是随青少年网民群体的壮大而影响力日盛的"二次元"文化，都在影响网络流行语。

在语言文化特性方面，半数流行语源于旧词新用，其生成方式可分为旧词新组、仿造、简缩、谐音和外来语五种情况。近年来，与娱乐话题相关的流行语占比达七成，其中"二次元"文化对流行语的影响尤为明显。

随着互联网的普及与发展，图像正在成为重要的表达手段，"读图时代"背景下，流行语借助于图、文、声、像等多媒体手段呈现。颜文字、表情符号等图像手段已成流行语重要形式。同时，表情"斗图"也在推动流行语"即时图像化"。

网络流行语具有平民性、创新性、时代性等特征，一经传播便迅速进入公众语言体系，成为汉语新陈代谢的重要组成。分析2015年以来流行语扩散传播过程，"二次元"网民首发、段子手助推、权威媒体扩散等趋势较为明显。

一系列新技术新平台推动信息传播模式的革新，弹幕、直播等允许网民即时评论，实时互动促流行语"狂欢"，鬼畜视频非线性剪辑突出搞笑语句，为流行语传播扩散提供了新语境。

——李未柠.新网络环境下的流行语特征探析[J].
语言战略研究,2016(6).

二、网络语言文明

• **网络语言唯文明方行远**

互联网在发展中,有国际化和共性的一面;也因为汉语和中华文化的独特性,孕育出有中国文化特色的网络语言。网络语言因其生动、多样、富于表现力,以及与当代生活、特别是与青年一代思想感情紧密联系的特点,而受到社会各方面广泛关注和竞相模仿。事物发展中出现鱼龙混杂、泥沙俱下的情况,是必然过程和自然规律,关键是要加强对网络语言的监测、研究,并引导社会规范使用。

网络社区的虚拟性、网上发言可隐身的特点,一定程度上降低了一些人的羞耻感,使其表达趋于放纵、粗鄙,以发泄戾气,或获得某种违禁的快感。对网络语言的粗鄙化,近年来,一些人士广泛呼吁声讨,中国文化网络传播研究会等社团倡导、推动净化网络空间,国家语委、中央网信办等加强监测、研究和引导,逐步凝聚起了社会共识,局面有所改观,但仍难一蹴而就。知耻而有所不为,代表的是维系社会正常演进的先进文化。与之对比,今天网络上俯拾即是、触目可见的以猥亵当幽默、拿粗鄙作豪放的做法,是与文明相悖、与先进文化前进方向相对的。

网络对现代生活的改变和影响是革命性的。网络虽具有一定程度的"虚拟"特点,却实在是现实社会生活的组成部分。因此,网络不应、也不能在法律的约束之外、在文明的影响之外。法律、文明、公众不能允许网络持续出现乱象。对处于当前发展阶段的网络语言而言,唯文明才能行远。

——张世平.网络语言唯文明方行远[N].光明日报,2016/8/7.

• **治理网络低俗语言**

网络空间的虚拟性,使网络詈俗词语大量出现。网络詈俗词语在某种程度上是现实语言生活中低俗一面的网络再现。互联网时代,人们将生活中的詈俗词语搬上了网络,以各种各样的"独特"形式改头换面:有明知写错仍有意为之的,有缩略形式的英文字母词,有传统谐音形式的,有以析字拆形代替污秽语的,还有一些新奇的表达方式。产生改头换面的网络詈俗词语,一方面说明使用者知道詈俗词语不宜或不能在网上出现,于是让它们换个"马甲"出来,以逃避网络监管;另一方面,形式上呈现"非詈化"特征,容易为网民接受,也容易被媒体传播。形形色色的"非詈化"詈俗词语不仅数量多,而且出现频次高,分布面广。各种各样被"改头换面"的网络詈俗词语污染了网络环境。治理网络低俗语言是一项社会系统工程,需要刚柔相济,既要引导也要规范。可以采取大众喜闻乐见的形式,积极倡导使用传统的合乎规范的、典雅的语言,培养健康的语用习惯。主流媒体、公众人物应肩负起规范语言、文明语言的示范作用。

——余桂林.抵制网络詈语俗词 净化网络语言环境[N].光明日报,2016/6/18.

- **网络语言生态文明建设**

网络语言生态文明建设特指针对网络上语言应用中所体现的生态文明的建设工作。在绝大多数网民基本上能够规范使用国家通用语言文字的基础上,仍然有一部分网民在特定的网上交际环境中使用着一些明显有问题的网络语言。这些问题主要表现为品位不高、明显差错、低俗恶劣和语言暴力。造成这些问题的原因主要包括规范意识淡薄、专业素养不够、羞耻感觉缺失和自我信心不足。

建设网络语言生态文明,应培养规范意识,提高应用水平;应加强媒体引导,抓好源头管理;应强化科学研究,规划网络语言;应解决社会矛盾,和谐网语生活。

——郭龙生.网络语言生态文明建设刍议[J].汉字文化,2016(5).

- **网络流行语言和语言文字规范化**

网络流行语言的产生和流传可以分为两方面的原因:社会心理基础和社会文化背景。网络时代,青少年人群求新求异、娱乐、从众、逆反等心理因素促进了网络语言的流行。网络语言的产生与流行都与当前的社会观念多元化、亚文化频出等现象有着直接的关系。

当前我国针对网络流行语言的法律法规尚不完善,面对网络流行语言的蓬勃发展,应该对现有的法律法规进行进一步的完善和修正,将网络流行语言纳入规范化管理的范畴。有关部门应该加强对媒体用语规范的监管力度,要求媒体能够自觉地杜绝使用不规范的网络流行语言,为受众树立良好的用语规范。此外,还应积极构建网络语言道德教育体系,立足于优秀的语言文化,不断提升网民素质,要求网民能够自觉摒弃不良网络流行语言,净化网络风气。

——黄靖莉.网络流行语言和语言文字规范化对比探究[J].语文建设,2016(33).

- **网络语言流变视阈下社会主义核心价值观的传播**

网络语言流变带来了社会主义核心价值观传播的机遇和挑战。把握网络语言流变的特点,分析网络语言流变对社会主义核心价值观话语传播的影响,创新社会主义核心价值观话语传播的内容、方法和途径,成为提升社会主义核心价值观话语权和影响力的时代要求。

在语言发展、网络技术、文化交融、主流媒体和大众心理等多重因素的影响下,网络语言形成了自身流变的特征和趋势。在网络戏谑和众人狂欢的情形下,一些网民突破现有的语法规则重新剪接组合语言,以单纯的意象排列组合语言提升语言的表现力。这些"反常化""断裂"和"陌生化"的语言构造,形成了网络语言的创新性、形象性、经济性、诙谐性和粗俗化等特征。

网络空间是培育与践行社会主义核心价值观的重要平台。社会主义核心价值观培育需要关注国内外意识形态话语的网络传播,增强社会主义核心价值观宣传教育者的网络话语能力,建构和完善社会主义核心价值观话语的网络传播机制。

——邓纯余,路雪.网络语言流变视阈下社会主义核心价值观的传播[J].广西社会科学,2016(4).

三、媒体语言规范

· 新媒体的新闻语言规范

新媒体受众范围广、受众特质多元化,使得新颖、活泼的语言形式更容易被广泛扩散,并形成一系列社会效应。因此,新媒体兼具传播信息和引导语言健康发展的重任,是推广普通话的重要领域,更是构建国家对外形象的重要阵地。构建科学的新媒体新闻语言规范观,需要提升媒体管理部门的和从业人员的语言规范意识,处理好新形势下新闻语言规范和革新的关系。在新媒体语境下,新闻语言规范的主要任务是新闻语言的字形规范和新闻语言的语用规范。与时俱进地开展新媒体新闻语言规范化工作,绝不是应对目前媒体语言乱象丛生的权宜之计,而是关乎媒体长远发展和提升国家语言文化软实力的重要举措。

——李秋霞.汉语国际传播视域下新媒体的新闻语言规范分析[J].中国报业,2016(14).

· 新媒体思维与语言规范的关系

新媒体给人们的思维方式带来了革命性的影响。受到新媒体影响而呈现的思维形态与特征被称为"新媒体思维",其总体特征可以用"悖论"来概括,包括独白与对话的悖论、匿名与公开的悖论、解构与建构的悖论、丰富与浅表的悖论。

语言现象出现的深层原因在于人们思维方式的改变。新媒体思维的悖论特征正是目前语言新形态、新特点出现的深层原因，网络流行语的流行就印证了这一点。许多网络流行语都有悖于传统的语法规范，也多被语言学家诟病，但这并没有影响它们大行其道。因此，应对新媒体条件下的语言规范问题，仅仅规范是不够的，应在顺应其丰富性、包容其生成性的基础上，发现与保持其优势，规范其不足。在规范的同时顺应之，并努力形成健康的思维语境，或许是更畅达的语言规范之路。

——张菁，贡巧丽.悖论烛照中的顺应与规范——论新媒体思维与语言规范之关系[J].出版广角，2016(6).

- **网络流行语在新闻语言中的使用与规范**

网络流行语在新闻语言中使用应遵循以下规范：引用网络流行语要与新闻传播的内容相符，要避免低俗，要引导正确的价值观，要做到规范使用、合理运用。新闻媒体人应明确网络流行语的利弊，合理使用网络流行语，传播正确价值观，增添新闻生动性，增强新闻传播效果，使网络流行语更好地为媒体发展和公众生活服务。

——甄婧含，朱爱敏.网络流行语在新闻语言中的使用与规范[J].今传媒，2016(4).

- **媒体融合时代新闻语言的创新与规范**

随着媒体融合的不断深化，新闻语言也出现了许多变化，语境范围不断扩大，语言结构发生变化，并表现出跨语体多样性融合特征，包括语言形态的多样性、语言功能的多样性、语言风格的多样性。这些多样性特征的实质就是新闻语言的不断创新。然而，尽管媒体融合为新闻语言的创新提供了广阔的空间，但是新闻语言有其自身的特殊性，媒体融合过程中的新闻语言创新，仍然需要具备一定的规范。在媒体融合过程中，应当注意新闻语体应用的规范化、语境切换的规范化、语言结构的规范化。

——王冬梅.媒体融合时代新闻语言的创新与规范[J].新闻战线，2016(12).

- **自媒体背景下新闻语言的变化与规范**

自媒体的特征主要体现在以下几个方面：一是平民化；二是个性化；三是及

时性;四是门槛低,易操作;五是自发传播,互动性强;六是信息可信度低;七是不够规范,管理难度大。除此之外,自媒体在新闻语言的词汇、句式、语法、语体等具体形式方面出现的变化,也体现出与传统新闻语言的差异。自媒体背景下新闻语言的变化,一方面大大丰富了新闻语言的发展,使得新闻语言不断打上时代烙印,与时代同步前进;但另一方面,也出现了语言暴力、语言失范、庸俗化、商业化等一系列问题。为此,应加强新闻语言规范的职业要求,正确引导、管理和限制自媒体新闻语言。

——乐守红.自媒体背景下新闻语言的变化与规范[J].淮海工学院学报,2016(10).

第六节 少数民族语言文字规范

本节介绍 2016 年关于少数民族语言文字规范化标准化建设和翻译规范的研究情况。其中"少数民族语言文字规范化标准化建设"专题所介绍的研究内容涉及西藏新词术语规范、全国彝文规范与辞书编纂等问题;"少数民族语言文字翻译规范"专题所介绍的研究内容涉及新疆维汉公示语规范和榕江水语地名翻译等问题。本节共收文 5 篇。

一、少数民族语言文字规范化标准化建设

• 西藏藏语新词术语规范工作初创时期的五个重要节点

西藏自治区藏语新词术语规范工作的初创时期从 1987 年一直到 2003 年,时间跨度 20 年之久。西藏藏语规范初创时期的工作,以语言立法为根本出发点,以全区藏语新词术语工作会议为抓手,以制定出台相关工作规则为工作重心,极大地推动了西藏自治区藏语规范化工作的进程,取得了积极的成效。其间有五个重要节点,直接促进了藏语新词术语的规范化工作和进程。

第一个重要节点在 1987 年和 1988 年,自治区先后颁布实施《西藏自治区关于学习使用和发展藏语文的若干规定(试行)》及其《实施细则》,从语言立法的角度,为藏语新词术语的规范化工作提供了法律依据。第二个重要节点是 1988 年的 6 月,西藏在《若干规定(试行)》的推动下,召开了全区第一次藏语新词术语工作会议。第三个重要节点在 1994 年,自治区藏语文工作指导委员会第三次全体会议召开,西藏的藏语新词术语规范化工作进入实质性的实施阶段。第四个重

要节点在 2002 年,自治区修订颁布《西藏自治区学习、使用和发展藏语文的规定》,增加了藏语规范化工作的分量,明确了工作的重心,增强了复杂性和科学性意识,强调了藏汉双语的统一性。第五个重要节点在 2003 年,《藏文新词术语审定工作规则》出台,西藏藏语新词术语规范化工作有了工作法规的遵循。

五省藏区三大方言区所翻译的同一个汉语词语包括新词术语,有相同的时候,但不同的时候居多,一个汉语词汇,多种译法成为藏语新词术语规范化过程中最大的瓶颈问题,藏语的科学化和标准化受到方言的巨大的挑战。在藏语文的规范化工作问题上,人们关心的只是本省区的藏语的规范化工作,而通盘考虑五省藏区统一的藏语规范化问题的情况则非常少。这里有藏语的普通话问题和统一的标准化问题,同时也有全国藏语规范化工作一盘棋的统筹规范问题。

——周炜.西藏藏语新词术语规范工作初创时期的五个重要节点[J].中国藏学,2016(S1).

•《云南规范彝文彝汉词典》述介

全国通用规范彝文是由云、贵、川、桂四省区的民语委和彝学会组成的"进一步规范完善彝文工作领导小组"制定,经全国彝语术语标准化工作委员会审定通过,作为彝文的标准字符在全国彝族地区试行的《通用彝文规范方案》中确定的 5589 个彝文字和一个重叠代字符号。这个方案是在 1980 年国务院批准推行的《彝文规范方案》的基础上,结合彝语其他方言的实际情况和特点做补充完善后形成的。全国通用彝文是"固定字形、字义,各按方言念读"的超方言文字。

《云南规范彝文彝汉词典》采用彝语南部方言红河州石屏县哨冲镇莫测甸村尼苏彝语注音。词典收录了 2600 多个全国通用彝文字,有 18,000 多词条,其中包括彝语固有词汇和汉语音译借词。该词典的出版有利于促进民族文化交流,是编写彝汉双语文教材、科普读物的参考书,为大众传媒提供了用语用字的规范,有利于彝文的规范统一。

——普梅笑,李芸.彝汉双语翻译语境下的《云南规范彝文彝汉词典》[J].民族翻译,2016(2).

• 全国彝文规范问题

彝文是中国仅有的两种自创文字(汉文和彝文)之一,其历史差不多与甲骨文同期。1964 年,凉山州委彝文工作组组织编制了《彝文常用字表》。1974 年 5 月,四川省民委组织开展了彝文规范工作,对搜集到的 8000 多个字,不创新字,不改动原来的字形,毫无保留地将它们全部规范为表音的音节文字。一音节只用一字，彻底取消了同音字、异体字，把字数压缩到最低限度。1980年国务院批准推行四川《彝文规范方案》。经过30年的实践检验，证明其在设计上科学合理，在实践中简单易学，在推行上行之有效。规范彝文不仅在四川地区得到卓有成效的推广，而且还扩散和传播至整个北部方言地区。

在讨论彝文规范的过程中，有的学者提出搞表意字，认为彝文规范成表音文字不仅会混淆词义，而且改变了彝文的性质。提出这些说法的，除了对彝文的朴素的感情，主要是缺乏对文字性质和作用的认识，认为文字字数越多越好。一套适用于彝语各方言区的、以表意为主的超方言彝文方案，1987年2月经云南省政府批准试行，先后在云南省地州彝族聚居地区试点推广。但是，实践证明这套方案是失败的，现在基本上已经被人遗忘。

文字是记录和传达语言的书写符号，能够运用表音位的为数不多的字母书写语言，这种文字的学习和使用最为便利。汉文的"超方言"表意文字体系是靠形声字支撑起来的，而彝文基本上没有一个形声字。全国彝文的规范，从凉山彝文规范的实践来看，是有可能和可行的。以国务院批准推行的现行《彝文规范字表》上的字为全国统一规范基础字，有些方言可以根据实际情况增加音位和字，从而规范出表音体系的彝文音节文字。在彝语方言分歧的情况下，这较好地照顾了各方言区当前彝语文普及教育工作的需要。

——朱文旭.漫谈全国彝文规范问题[J].百色学院学报，2016(1).

二、少数民族语言文字翻译规范

• 新疆汉维公示语翻译存在的问题

汉维公示语是新疆维吾尔自治区公共场所中用汉语和维吾尔语两种语言文字书写，面对公众展示的与生产生活相关的具有特定交际功能的特殊文体。对乌鲁木齐市、阿克苏市、沙雅县等地的调查发现，汉维公示语的维吾尔语部分存在错译、漏译、全音译、正字法错误、语法表达错误、不符合维吾尔语表达习惯、维吾尔文书写不规范等问题，汉维公示语的汉语部分存在错译、漏译、不符合汉语表达习惯、用字错误等问题。为此，应当制定、编写相关译写标准及词典书籍，制定相关法律法规并强化相关行政监管部门的责任，培养汉维实用语体的翻译人才，对新疆的汉维公示语进行规范统一，优化疆内双语环境。

——罗柳明.汉维公示语翻译问题初探[J].伊犁师范学院学报，2016(2).

- **榕江水语地名语言结构及其翻译**

水语是榕江水族的母语,榕江水族聚居的村寨均用水语交流,水语作为其母语具有极强的生命力和活跃度。榕江水语地名既是地理现象,又体现着水族语言及历史文化,反映着他们的生存环境、迁徙历史、宗教信仰和社会实践,同时也体现了其与周边各族人民的相互交流与融合。榕江水语地名的音节结构以单音节、双音节为主,语法结构包括"通名+专名"式和"词根+词根"式,具有特殊的语言特征和文化内涵。水族虽然有自己的民族文字——水书,但它不能用于记录和表达日常水语交流的需要;同时,由于水语在语音结构上与汉语有着诸多差异,因此用汉语音译时也难以完全反映水语的语音面貌。为此,应加强对水语地名翻译的研究,努力留存水语地名的语言结构、文化信息,使它能够发挥传承水族文化的载体和纽带作用。

——潘进头,王炳江.榕江水语地名语言结构及其翻译初探[J].民族翻译,2016(1).

第七节 外文译写规范

促进外文译写规范是新形势下我国语言规范工作为适应对外交往需求的积极拓展。新世纪以来,外语学界的公示语翻译研究,北京、上海、江苏等地的公共场所英文使用规范管理工作,为国家开展外文译写规范工作在理论和实践两方面都做了积极准备。2016年,国家标准《公共服务领域英文译写规范》的第2—10部分形成"报批稿"报国家标准委进行最终审定,同时俄文、日文译写规范通过了国家语委语言文字规范标准审定委员会的审定,学界围绕公共服务领域外文译写规范国家标准和地方标准的述介、宣传、实施开展了一系列研究,作为国家标准宣传普及性读物的《公共服务领域英文译写指南》年内也正式出版,本节在第一个专题"《公共服务领域英文译写规范》标准研制与实施"中进行了介绍。而从本节第二个专题"地名译写规范"所介绍的研究情况看,在中国地名音译(用汉语拼音转写)还是意译、用旧拼法还是遵从《汉语拼音方案》等问题上,尽管国家法律法规已有相关规定,但仍然存在学术分歧。本节共收文10篇。

一、《公共服务领域英文译写规范》标准研制与实施

- **《公共服务领域英文译写规范》的现实意义**

《公共服务领域英文译写规范》的颁布施行对扭转社会广泛关注的公示语英

译不规范现象,改善我国的外语服务、推进我国的国际化进程、提升我国的国际形象具有突出的现实意义。

随着改革开放的不断深入,我国的外语生活正在逐步形成。除了政府间的国际交往、学校里的外语教育,日常生活领域的外语使用也越来越多:报纸杂志上有外语新闻,广播电视上有外语节目,电影院里有外语大片,公共交通中有外语播报,城市景观里有外语标牌,跨国公司、国际社区、跨国家庭里有外语交际。当前我国语言生活的主要特征是"双言"和"双语",但日益增长的外语使用和正在形成的外语生活不容忽视。

日益活跃的,尤其是在华外国人作为参与主体的外语生活迫切要求我们提供并不断改善外语服务。加强外语服务,要妥善处理好外语与中文的关系、中式英语和中国英语的关系、服务信息翻译和文化信息翻译的关系,同时要把握好外语信息供给的适切性问题。《公共服务领域英文译写规范》在研制过程中对上述问题都进行了深入探讨,给出了初步的思考结果,虽然还留有一些难以破解的困境问题,但对推动相关政策研究与实践都极富价值。

加强外语服务,核心是为外国人供给便于其在华衣食住行的各类外语信息。供给主体包括政府和市场,政府有责任在市政、交通、旅游、文化体育场馆等公共领域供给高质量的、统一的、规范的外语信息;市场主体则会根据商业、贸易、休闲、娱乐、健身、餐饮、住宿等的市场需要进行自我规划和调节,但政府有责任为市场主体提供指导、供给标准。《规范》及《指南》就是政府责任的集中体现。

——李宇明.改善我国的外语服务——序《公共服务领域英文译写指南》[A].
公共服务领域英文译写指南[M],北京:外语教学与研究出版社,2016.

• **《公共服务领域英文译写规范》的语言政策价值**

由教育部、国家语委组织制定的《公共服务领域英文译写规范》(GB/T 30240)是关于公共服务领域各类服务信息用语英文翻译和书写的国家标准,是我国第一项针对境内外语使用的语言文字规范标准,是新时期我国语言文字领域重要的政策实践。《英译规范》共有 10 个部分,涉及交通、旅游、文化、体育、教育、医疗卫生、商业、金融、邮政、电信、娱乐、餐饮、住宿 13 个服务领域,并以"资料性附录"的形式列有 3700[①] 余条公示语参照性英语译文,体量庞大、内容

---

① 该文发表时,《英译规范》第 2—10 部分尚在最后审议阶段,未正式发布。2017年发布时,10 个部分共列 3500 余条参照性译文。

丰富。

从语言政策分析与研究的角度看,作为公示语翻译研究的最新成果,《英译规范》是为解决我国语言实践中公示语英译不规范的突出问题,在我国社会关于公共服务领域英文使用的各种不同语言意识的综合影响下而形成的一项具有标杆性意义的外语使用政策。我国社会对公共服务领域英语使用的看法、认识和态度复杂多样,主要涉及外语在我国语言生活中的功能地位问题、我国国家通用语言文字与外语使用的关系处理问题、中英语言接触问题,以及对强势英语的态度、对公示语英译不规范现象的态度、公示语英译策略选择等。有的问题认识一致(如对公示语英译不规范现象的负面评价),而有的问题认识多元。从价值取向的维度,可以归纳出四种语言意识:语言主权意识、语言服务意识、语言规范意识和语言资源(权利)意识。这些语言意识对《英译规范》的研制产生了深刻的影响,并在研制理念、英译策略及相关具体技术等问题上形成了激烈的交锋。作为多样化语言意识互动协商、交锋妥协的产物,《英译规范》研制遵循了三大原则:功能导向原则、服务导向原则和规范导向原则。功能导向原则是指对我国公共服务领域的英文使用进行科学规划和准确定位,并将这种规划和定位体现在规范文本及其制定过程之中;服务导向原则是指促进公共服务领域的英文使用切实发挥好准确、便捷地传递各类公示信息、服务信息的功能,为不懂汉语但懂英语的在华外籍人士提供语言服务;规范导向原则是指确保关于公示语英文译写的规则设定以及3700余条公示语参照性译文符合英文的语言规范和使用习惯。

就语言政策而言,《英译规范》具有重要的实践价值和理论价值。它对我国目前各行业、各地区关于公共场所外文使用的碎片化的政策规定与实践进行了整合,作为一项语言文字规范标准,其本身就体现了对使用规范的政策追求,同时又通过相关规定就外语使用场合政策进行了初步而有价值的探索,从而成为我国外语使用政策发展的一个标杆。它对公示语的类型分析、采用的公示语英译策略以及对数千条公示语的英译实践,丰富和发展了我国的公示语翻译理论,并将推动相关研究在此基础上进一步深入发展。它对公共标牌上使用的外语的译写规范问题的关注,拓展了主要关注公共与商业标牌上语言的可见性与突显性问题的语言景观理论的研究视野。它对列入示例范围的公示语语料的遴选、在多种不同语言意识的综合影响下采取的翻译策略等,对构拟语言翻译政策的理论框架提供了实践例证。

由于受到多种不同语言意识的综合影响,《英译规范》也还存在着难以避免的局限性。同时作为推荐性标准,其贯彻实施有赖于全社会公示语英译规范意识的普遍确立,解决公示语英译不规范的突出问题更需要规范实施部门加强对本规范的宣传推广,以及依据本规范的监督检查和语用管理,构建一个适应我国社会结构特点的关于公共服务领域英文(包括其他外文)使用的现代治理体系。

——张日培.我国外语使用政策的重要探索与实践——《公共服务领域英文译写规范》介评[J].语言规划学研究,2016(1).

- **对《广西公共场所汉英标识英文译法》的若干思考**

广西于2009年3月1日发布了地方标准《公共场所汉英标识英文译法》(DB45/T 578.1—2009),自实施以来已过7年,但从南宁市地铁一号线内公示语翻译的现状看,其制定与实施并未起到应有的指导或参考作用。调查可见,南宁市地铁一号线内的英文公示语还存在地名翻译方法不统一,警示提示信息中有语法错误、中式英语、语用失误等诸多问题。对此,一要把好语言观、法律观,二要明确执行部门和归口部门。只有从上至下统一指导思想和翻译原则,并且在执行过程中协调所涉及的部门,才能避免无谓的人力、物力浪费,才能更好地、有效地配合国家的"一带一路"建设。

——覃耀龙,卢澄.对《广西公共场所汉英标识英文译法》的若干思考——基于对南宁地铁一号线的调查[J].钦州学院学报,2016(11).

- **西安旅游公示语英文译写存在的问题**

西安市部分旅游景区的公示语误译现象,主要表现在以下三个层面:一是语言层面的问题,译者只关注语言形态,而语言能力欠缺,无法到位表达核心概念,没有去掉语言外壳,受源语影响较为明显;二是逻辑层面的问题,思维方式还停留在中式思维,有些中文模糊逻辑需要显化,中文可以"你懂的",英文逻辑却行不通;三是认知层面的问题,译者缺乏信息考证意识,而信息才是真正的翻译意识流。

旅游景区公示语的英文译写需要遵循合法性原则、规范性原则、准确性原则、通俗性原则与文明性原则,以实现其可认知性。因此,实地考察、构建知识体系与应用语境至关重要。要实现旅游公示语的交际目的,达到交际效果,译者需要心中有交流对象,才能实现有效交流。

——赵丽春.西安旅游公示语译写规范应用研究[J].兰州教育学院学报,2016(4).

- **横店影视城英文公示语存在的问题**

横店影视城的英文公示语存在六方面问题,包括因语言基础知识低下导致的硬伤问题,因规范意识缺乏导致的译法不统一问题,因对原文多样表达理解不透导致的语用问题,因对译入语规范认识不足导致的过分直译问题,因对译入语规范不熟悉而任意创造的问题,以及因对公示语性质认识不足而导致的词语选择问题。

以生态翻译学理论的选择顺应机制为基础,从语言选择适应、文化选择适应、交际选择适应三个维度看,最佳翻译应该是译者对翻译生态环境多维度适应和适应性选择的结果,也是最大限度地为满足"整合适应选择度"而做出的努力。

——陈锦阳.公示语翻译的"三维"转换——以横店影视城为例[J].上海翻译,2016(1).

二、地名译写规范

- **单一罗马化原则与路名标志书写法**

地名的"单一罗马化原则",指世界各国、各地区在国际交往中都使用罗马字母拼写地名,做到每个地名的专名部分只有一种罗马字母的拼写形式。早在1977年,用《汉语拼音方案》拼写我国地名已经成为中国地名单一罗马字母拼写的国际标准。但是,由于对"单一罗马化"原则的理解不一致,我国在使用罗马字母拼音来标识路名时,出现了众多分歧。正确区分路名标志书写和路名外文译写对于我们正确执行相关规定有重要意义。

我国在2011年向国际标准化组织ISO提出的进一步修改《ISO 7098 信息与文献——中文罗马字母拼写法》的建议已被国际采纳,新的国际标准《ISO 7098》于2015年12月在日内瓦出版。在这个新的《ISO 7098》国际标准中,增加了命名实体(named entities)按词进行音节连写的规定。路名属于地名,是命名实体的重要组成部分,因而这个国际标准对于我国路名标志拼写中如何实现"单一罗马化"具有重要的意义。该国际标准对路名书写进行了规定:路名应采用字符译音,即应按照汉语普通话的读音拼写;汉语地名中的专名和通名(包括行政区划名或地理特征名)分写;由多个汉字组成的专名、行政区划名或地理特征名应分别按单词连写;每一分写部分的第一个字母大写。字符译音是在同一种语言内进行的,没有牵涉到不同语言之间的"译写"问题。关于路名的字符译音问题,国家标准《地名 标志》(《GB 17733—2008》)也做了明确规定:汉语地名应按照汉语普通话的读音拼写。

《公共服务领域外文译写规范》关于地名译写的规定,是根据对外交流和服务的需要,对公共服务领域中的中文路名实行"外文译写",并规定:地名中的通名部分,不按照汉语普通话的读音来进行字符译音,而应按照英语来进行外文译写;地名中的专名部分,必须遵循"单一罗马化原则",按照《汉语拼音方案》,根据汉语普通话的读音来拼写。

两个标准看似矛盾,实际上并行不悖。一般情况下,路名标志应当根据《GB 17733—2008》进行字符译音;在公共服务领域,可以根据《GB/T 30240》进行外文译写;如有必要,还可以同时进行字符译音和外文译写,其中的专名部分都应当遵循"单一罗马化"原则。

——冯志伟.单一罗马化原则与路名标识书写法[J].语言政策与规划研究,2016(1).

- **地名音译与国家主权形象**

2016年7月12日,海牙国际仲裁法庭对南海仲裁案做出最终裁决,判决菲律宾胜诉,并否定了中国主张的"九段线"。中国外交部对此郑重发布一系列涉南海问题立场文件,在文件中对"南海诸岛""东沙群岛""西沙群岛""中沙群岛"和"南海群岛"等地名一改以往"专名音译、通名意译"的译法,而全部采用音译法。该译法体现了地名翻译的"名从主人"原则,即人名地名应按照该人该地所属的国家(民族)的读法来译。全部采用音译法能提高翻译的准确性,在翻译中渗入中国元素、中国概念,建立起"中式话语权"。地名音译与国家主权形象存在密切关系,地名采用音译法,不仅可以为地名翻译提供统一的标准,提高翻译的准确性,而且有利于维护国家主权和国家形象。

——朱雁.地名音译与国家主权形象——以"涉南海问题立场文件"为例[J].
广东职业技术教育与研究,2016(6).

- **南京市地名的外文译写**

地名标识涉及国家主权和民族尊严,和地名有关的书写、拼写内容以及形式标准等都具有非常严肃的政治性和规范性,应遵循国家的有关政策。同时,地名译写是一项复杂的系统工程,不能也不应只考虑国家法规政策,还应适当考虑其他一些因素,如历史习惯、国际惯例、文化因素、时代要求等。

调查发现,南京市并没有完全执行《地名 标志》(《GB 17733—2008》)的相关规定,采用汉语拼音拼写地名的专名和通名,而是根据江苏省的地方标准做了调整,如街道路名牌、设施地名标志等都是专名用汉语拼音、通名用英语翻译,纪念地和旅游地地名标志中还出现了专名、通名均英译的方式。

地名译写应遵循维护法律和民族尊严原则、遵从传统的延续性原则和受众友好原则。地名译写工作者应熟悉国家语言政策,遵循地名译写相关原则,与时俱进地推动地名译写的规范化。

——洪牡丹.公示语中的地名译写研究——以南京市地名译写为例[J].池州学院学报,2016(2).

• 中国地名意译的若干原则

中国地名翻译主要有三种译法:一是专名和通名都音译,用汉语拼音拼写,适用于地名标志和外文版地图;二是专名音译、通名意译,适用范围较广,可用于图书、报纸、期刊、词典、网络等;三是专名和通名都意译,使用范围也很广泛。

中国地名的意译应遵循四项原则。第一,唯一专用原则。应统一规范译法,消除翻译中的混乱现象。第二,国际通用原则。地名的国家标准化只解决了拼写形式的标准化,但未解决意义上的标准化。一般人认为英语是国际通用语,把地名意译成英语,世界各国都认可和接受,这叫国际通用。但是,如能将某些特殊地名或特殊文化意义的地名用各国的表意词语表达出来,各国人民都能理解、认可、接受或使用,这就叫国际完全通用。第三,古迹文化原则。中国是世界文明古国,幅员辽阔,文化底蕴深厚,古迹繁多,为向国外传播中华优秀文化,所以很多古迹名称要意译。第四,深层意义原则。深层意义没有具体的指称对象和独立的使用价值,依附在表层义上起作用,同时对表层义的指称、派生、引申发挥着潜在的制约作用,因此这类地名要意译。

——连真然.中国地名意译的若干原则(上)[J].中国科技翻译,2016(3).

• 地名英译在"非遗"保护中的价值——以祁门的英译为例

地名英译不仅是地名翻译的一个组成部分,也是外宣翻译中需要解决的一个问题。以往有关英译地名的研究,多是基于规定论的立场,以上级部门制定的地名翻译规则为标准,对已有的地名翻译做出评判并提出符合相关标准的翻译策略。但是,上述规则在地名的英译实践中并非总是被不折不扣地遵循,同一个地方使用两种英译地名的现象依然存在。

以"祁门"的英译为例,目前有两种英译,一种是严格依据汉语拼音的翻译 Qimen,另一种则是沿用《汉语拼音方案》公布之前的威妥玛拼法 Keemun。以 Keemun 和 Qimen 分别进行网络搜索,前者的条目是后者的 4.8 倍,可见,Keemun 在英语世界的认可度高于 Qimen。祁门红茶独具特色的制茶工艺是一项弥足珍贵的非物质文化遗产,作为原产地英译名词的 Keemun 也不断出现在国际媒体上,得到英语世界的认可,促进了 Keemun 的对外传播。此外,Keemun 之所以在英语世界有着很高的认可度,与祁门红茶在西方上流社会被接受和认可存在密切联系,人们对于 Keemun blacktea 的喜爱也会渐渐转到对 Keemun 这个词语的喜爱。因此,在地名外宣翻译时,不可僵化地使用翻译规则和策略,要充分考虑译文读者对于"非遗"翻译的认可度和接受度。

——李琼,郑安文.论地名英译在非遗保护中的价值——以祁门的英译为例[J].安徽工业大学学报,2016(3).

第八节　海峡两岸和香港、澳门汉语汉字规范

海峡两岸和香港、澳门使用的汉语汉字存在差异。本节介绍的 2016 年相关研究,主要涉及海峡两岸和香港、澳门汉语汉字差异的本体性研究,兼及彼此关系协调的政策方略探讨。包括三个专题,第一个专题统论海峡两岸和香港、澳门汉语汉字对比研究,第二个专题关于两岸汉语汉字及其本体规划对比研究,第三个专题关于内地和香港汉语汉字对比研究。共收文 9 篇。相关研究近来也被纳入"大华语"的研究视角,本报告将关于我国海峡两岸和香港、澳门相关情况的研究置于"语言规范"的维度下介绍,将涉及海外华语情况的研究置于"语言传播"的维度下介绍。

一、海峡两岸和香港、澳门语言对比研究

• 深化海峡两岸和香港、澳门语言对比研究

以往的海峡两岸和香港、澳门语言对比研究在以下方面用力较多:一是差异的类型,二是港台语言现象在大陆地区的引进和使用情况,三是某些具体方面的差异,四是差异的内外原因,五是港澳台的融合及其表现。仅就以上五个方面来看,海峡两岸和香港、澳门语言对比研究作为一个比较独特的领域,已经初具规

模。但是目前在精细化的研究、对融合问题的研究、对历时方面的研究以及理论性或有理论色彩的研究方面存在不足。

由于已有研究主要依托应用语言学和社会语言学两个支点,因此,今后在此基础上应该再增加本体语言学、演化语言学、理论语言学和全球华语学这四个支点。此外,今后的研究还应该在本体性、创新性、系统性和即时性方面多加努力,同时应加强海峡两岸和香港、澳门合作以及进一步扩大语料来源和语言调查范围。

——刁晏斌.关于进一步深化两岸四地语言对比研究的思考[J].北京师范大学学报,2016(2).

二、两岸语言及其本体规划对比研究

• 海峡两岸语言微观对比研究

在以往的两岸语言对比研究中,人们往往更关心一些大的或者比较大的方面,这固然有它的合理性,但是也有明显的不足,其中最重要的一点就是微观层面的观察、描写和解释难以做到充分,由此而影响到研究的质量和水平。应"以小观大",引入微观对比研究:一是由形式入手,由词深入到词的构成单位语素;二是由意义入手,由词义、义项(义位)深入到义素,即语义特征。

两岸语言微观对比研究,对语言资源建设而言,可以从更多的角度、更多的方面来进行更加充分、深入、细致的研究;对两岸语言对比研究发展而言,可以落实到对每一个具体现象的充分观察、描写和解释;同时,将促进海峡两岸和香港、澳门乃至全球华语对比研究、现代汉语本体研究等的积极变化。

——刁晏斌.再论海峡两岸语言微观对比研究[J].文化学刊,2016(8).

• 两岸词汇差异问题

海峡两岸半个多世纪的隔绝,造成了两岸语文及共同语一定的差异,主要是在词汇方面,出现了不少差异词。这些差异妨碍了两岸的畅通交流。解决好两岸交流中的语言问题,首要的就是处理好差异词的问题。为消除分歧,深化两岸语言文化的交流,需要解决好两岸共同语词汇系统中的差异词,使之达到"化异为通"进而"化异为同"的目的。具体操作方面,一是厘清差异词的情况,二是两岸合作编纂语文词典。一本好的语文词典是两岸民众交流的得力工具。语词差异既是交流的障碍,也是民族语言中的财富。随着两岸交流的深入,两岸词语的差异逐渐被融合,从而丰富了民族共同语的词汇系统。

——李行健.探索两岸词汇差异,促进相互交流[J].语言文字应用,2016(3).

- **《新订异体字表》异体字在台湾留存情况**

新中国成立初期,整理异体字就同简化汉字一道,成为规范汉字的核心任务。之后的几十年间,国家在异体字整理上做了不懈的努力,异体字整理是汉字规范工作的一个重要组成部分,也是汉字应用研究领域的一个焦点课题。

由于台湾一直使用繁体字系统,其异体字观念和判定标准都与大陆有所不同,并且海峡两岸汉字规范整理的目标和原则不尽相同,因此双方对于异体字的处理结果也就存在着不少差异。从规范字表、权威辞书及实际应用三个层面,对大陆《新订异体字表》异体字在台湾地区的留存情况进行考察后发现:两岸异体字处理结果总体上同大于异,两岸汉字同出一脉,在演变规律和自然选择机制上仍然具有很大的共同性;两岸异体字处理的目标有显著差异;大陆异体字处理总体上是合理合情的。

两岸异体字整理理念、处理原则既有相同点也有差异处,在汉字规范工作中,历史的眼光和现代的视角均不可偏废,不仅要顾及传统典籍用字的保存问题,还要从汉字系统优化发展的现实需要出发,坚持与时俱进的科学态度。

——王立军,白如.海峡两岸异体字整理现状及其启示——以大陆《新订异体字表》
异体字在台湾留存情况考察为视角[J].云南师范大学学报,2016(5).

- **《标准行书范本》与《简化字总表》比较研究**

《标准行书范本》是台湾简体字总集,由台湾"中华文化复兴运动推行委员会"成立标准行书研究委员会,历时四年,于1977年编制完成。将之与大陆《通用规范汉字表》进行比较,发现两岸汉字总体格局是一致的,都对常用字进行了简化。但是两岸的汉字简化在以下方面也存在着差异:首先是简化理念,台湾比较讲求理据和意义,大陆较多考虑减少汉字数量和减少笔画;其次大陆类推简化很一致,严格按照可类推和不可类推两种进行简化,台湾在某些字中出现了交叉现象,类推并不讲求一致性;此外,台湾简化汉字时相对比较保守,大陆简化汉字的规模较大;台湾官方坚持采用繁体字,民间或手写则大量采用简化字,造成印刷和手写分离的双轨制;近些年来,台湾方面多次提出"书同文"命题,希望华人社区文字进行统一。

——戴红亮.《标准行书范本》研究——兼与《简化字总表》进行比较[J].
语言规划学研究,2016(2).

- **大陆与台湾常用字字形比较**

由于政治和历史原因,两岸长期处于分离状态,两岸汉字呈现出不同的面貌。大陆与台湾的常用汉字字形差异给两岸交流带来的影响,越来越引起人们的重视。之前的研究基本展现了两岸常用汉字字形的差别,说明了两岸汉字差异形成原因,并对未来汉字的发展提出了一定的展望。在此基础上,依照"字形相同/字形相似/字形不同"三大分类,对大陆《通用规范汉字表》一级字表和台湾《常用"国字"标准字表》中的汉字进行更加详细的整理、归纳与对比,并对两岸主要辞典(大陆《现代汉语词典》第 6 版和台湾《国语词典》第 5 版)进行详细的体例比较后发现:大陆与台湾的汉字字形相似程度很高,繁简字和异体字是两岸汉字字形差异的重点、难点,汉字的简化和不同的文字规范是造成两岸汉字差异的最主要因素。

——刘依婷.大陆与台湾汉字字形比较研究[D].南京大学,2015.

- **两岸化学工程术语的差异及成因**

化学工程作为科学技术的一个重要分支,在国家经济和人民生活领域占有举足轻重的地位。在经济全球化的国际形势下,英语作为世界上的通用语言,对许多国家和地区的语言产生了深远的影响。大陆和台湾借鉴和采用了部分英语科技术语,但是两岸对于同一个术语可能存在不同的译名,进而影响了科技领域的对话和交流。

从《海峡两岸化学工程名词》中抽取样本进行个案研究,并对海峡两岸科技术语译名表述差异的现状及其原因进行分析后发现,两岸化学工程术语在繁简字体、用词习惯、翻译方法、文白语体等方面都存在差异。究其原因,主要是由两岸语文政策、地域文化、术语政策的差异所导致的。

为了协调、统一科技术语译名,两岸专家学者以及相关部门应在坚持"术语民族化"和"术语国际化"的前提下,按照"老词老办法,新词新办法"的原则,尽早实现两岸化工术语译名的全部对照、订正以及统一,以促进两岸化工领域的深入交流和合作,强化海峡两岸译名统一的现实意义,提升汉语的民族凝聚力,凸显汉语语言张力,力争汉语国际话语权。

——单宇,项艳艳.海峡两岸化学工程术语的差异及成因初探[J].中国科技术语,2016(5).

• 两岸对外汉语语音教学中标音工具互补

对语言教授者来说,掌握一套行之有效的语音教学工具和教学方法也是提高教学质量的关键一步。目前汉语语音教学标音工具主要有汉语拼音(大陆)与注音符号(台湾)两种。以汉语拼音作为标音工具,存在汉字与拼音之间互相断绝、汉语拼音选取的拉丁字母发音容易引起发音偏误、汉语拼音组合易与拉丁字母组合发生混淆、汉语拼音中的省写规则易增加学习者记忆负担等问题。注音符号的优势则在于:兼具形、音、义一体的汉字特色,在字形上多为汉字部首、部件,笔画简单,搭配汉字教学是一项基础工作,具有相辅相成的功效;重新构建一套发音辅助体系,有利于减少拉丁语系为母语的学习者的发音偏误及组合混淆;拼写规则相较于汉语拼音更简洁,更方便记忆;有利于突显汉语中"押韵""韵文"等特色。

借鉴台湾当地的华语文语音教学方法,针对汉语拼音在汉语国际教育中存在的问题,提出以下互补建议:以人为本,根据学习者的语言基础,为其定制最优语音教学方案,采用真正有利于汉语学习的标音工具和语音教学模式;教学中以汉语拼音教学为主,同时充分发挥注音符号优势,为汉字教学提前做好准备;鼓励以标音工具为契机,创造两岸和谐文化氛围,为推动汉语国际教育事业的发展共尽心力。

——胡旭辉.两岸对外汉语语音教学中标音工具互补可能性探讨[J].云南师范大学学报,2016(5).

三、内地和香港语言对比研究

• 香港与内地新词语的差异和互动

随着香港和内地经济文化交流的日益频繁,两地的语言也频繁交流碰撞,语词的同一性和差别性也在这种传播碰撞中得以集中体现。近年产生在香港的许多词语逐渐传播到内地,涉及商业与经济活动、社会生活、饮食、文娱教育、健康医疗、性事情爱六个领域。香港和内地的词语差异主要表现为"义同形异""形同义异"和"语素颠倒"三种形式。差异形成的原因主要包括方言因素、外来词因素和文言词因素。当前,香港与内地新词语的融合互动正明显加强,既有内地对香港词汇的吸收,也有香港对内地词汇的吸收。香港与内地新词语的差异和互动研究有利于香港和内地的语言文化交流,也可为现代汉语词汇的规范化提供参考。

——徐朝晖.香港与内地新词语的差异和互动研究[J].北华大学学报,2016(3).

第四章 语言保护

"语言保护"是 2011 年党的十七届六中全会提出"科学保护各民族语言文字"的方针后，我国语言政策体系中新增的、以维护发展语言（文化）多样性为价值的政策维度。在短短数年的时间里，受到了学界的积极响应，相关研究不断涌现；特别是国家语委 2015 年启动"中国语言资源保护工程"后，进一步推动相关研究成为近年来持续的学术热点。与前两年相比，2016 年关于"语言保护"的研究取得了明显提升，对语言保护理论框架的研究更加完善，对语言保护必要性和可行性的认识更加理性，对语言保护方略的探讨更加聚焦，对语言资源调查、建档、保存、展示等的研究更加深入。本章主要从语言保护的理论、政策、实践三个角度介绍 2016 年的相关研究情况；其中，"实践"层面的语言保护研究分为语言资源保护工程、语言保护个案研究两个部分。因此，本章共四节：第一节"语言保护理论与方略"，介绍关于语言保护理论建设和实施方略的研究情况，收文 23 篇；第二节"语言保护政策框架"，介绍关于如何处理好我国语言生活主体性和多样性关系的研究情况，收文 6 篇；第三节"中国语言资源保护工程"，介绍关于语言资源调查建档工作的理念、原则、方法等的研究情况，收文 13 篇；第四节"语言保护个案研究"，介绍关于不同少数民族语言和汉语方言保护的实证研究情况，收文 15 篇。本章共收文 57 篇。

第一节 语言保护理论与方略

本节介绍 2016 年关于语言保护的理论、原则和方法等的研究情况，设三个专题。一是"语言保护理论"，相关研究主要探讨语言保护的复杂性以及所面临的主要理论问题，涉及语言保护的定义、对象、主体、指导方针等。二是"语言保护方略"，研究内容包括语言保护的原则、策略、方法等。三是"濒危语言和跨境语言保护"，这是针对 2016 年研究情况特设的专题。保护濒危语言和跨境语言具有重要意义，同时复杂性特点突出，因而受到学界的较多关注。本节共收文

23篇。

一、语言保护理论

• 语言保护理论框架

语言保护是指为了减少和避免国家或地区因语言濒危、语言资源流失、语言文化遗产失传、语言使用空间萎缩、语言生态失衡、语言健康恶化带来的冲击,政府、语言群体和专家采取的一系列保护性措施。语言保护的对象包括濒危语言、语言资源、语言文化遗产、语言权利、语言生态和语言健康,主体包括政府、语言群体和专家,措施包括受保护语言的认定、记录、建档、研究、保存、保护、保障、维护、建区、宣传、传承、传播、展示。语言保护从语言形态上分为静态语言保护和动态语言保护,从保护方式上分为科学保护和依法保护,从语言生命状态上分为语言生态保护和语言健康保护。

语言保护的对象有五种特性。一是活态性,要保护的语言是有活力、有生命力、有人使用的语言;二是群体性,使用并发展本族语,保持本族语的活力,要依靠该民族的多数成员,发挥其主人作用;三是人文性,语言对内能够保持本族文化的稳定性和一致性,对外具有区分他族文化的差异性;四是地域性,一个民族或族群的语言保护只有在其地理生存空间中才能有效实现;五是传承性,一种语言的生命力是通过该语言的使用群体代代相传而延续的。

政府、语言群体和专家是语言保护的三大主体。其中,政府是主导,语言群体是主角儿,专家是主力。在实施语言保护的过程中,要发挥政府统辖全局的决策、组织、统筹作用,要遵循"以人为本""以语言群体为主"的原则,充分尊重语言群体的意愿和情感,多搞民主协商,不搞强制执行。专家参与语言保护的方式包括记录保存语言,为国家语言政策的制定和完善建言献策。此外,还应调动非政府组织、民间社会团体、个体赞助者的积极性,鼓励他们参与语言保护行动。

对待不同保护对象应采取不同的保护措施。对濒危语言,实行抢救记录语言资料,汇集出版;对各民族语言、汉语方言及口头语言文化,实行科学记录并加工成语言资源数据库,进一步开发利用,永久保存;对传统优秀语言文化遗产,实行申报列入"非物质文化遗产代表性项目名录",或纳入国家级文化生态保护区的保护项目,认定其代表性传承人,传承和传播该语言文化遗产;对少数民族语言,实行依法保障少数民族语言的学习使用和发展;对受污染的语言,实行依法整治,维护语言健康。

——周庆生.语言保护论纲[J].新疆师范大学学报,2016(2).

• 语言保护研究的理论问题

语言保护是我国现代化建设中的一件大事,具有重要的理论意义和价值。语言保护是全方位的,包括中国各民族语言。要根据不同民族的特点和需要,扶持少数民族语言文字的使用和发展,培养少数民族语文人才;要协调少数民族语言和强势语言汉语的关系,使不同语言稳定地走上"互补、互谐"的发展轨道;要大力发展双语教育,实现母语和兼用语"两全其美",和谐发展。

语言保护是一项全社会都必须关注的系统工程,在实施中要通盘设计,统筹安排,分类对待。语言保护的目的既要防止语言衰退、挽救语言濒危,又要使健全的语言能够健康地向前发展。必须增强全社会的语言资源观念和语言保护意识,使全国公民认识到,语言不保护,任其衰退、不规范,任其濒危,其破坏性是严重的。它会使得人类长期积累起来的传统丧失,造成知识传承的断裂;它会使得民族关系出现矛盾和摩擦,甚至出现民族矛盾;它会阻碍现代社会的安宁与和谐,阻碍现代化建设。

现阶段语言保护研究的理论问题主要有四个。其一,怎样看待现代化进程中语言功能的变化;其二,怎样认识语言生活中多元化和一体化的关系;其三,怎样认识语言竞争与语言保护的关系;其四,怎样认识强势语言与弱势语言的关系。强势语言和弱势语言之间,既有竞争的一面,又有互补的一面,构成既对立竞争又和谐互补的统一体,在语言生活中缺一不可。语言保护研究必须深入调查不同地区少数民族语言和汉语的关系,总结现在和历史上少数民族语言和汉语和谐共存的经验,摸索一条和谐共存的路子。

——戴庆厦.语言保护的再认识[J].黔南民族师范学院学报,2016(3).

• 语言保护的经济学分析

从经济学的视角,可以把语言的基本功能归纳为两个方面:一种是作为信息载体或者传播工具的语言,另一种是作为文化符号的语言。语言的信息载体功能主要是指信息传递、交换与处理,在编码与解码的过程中实现信息交换。语言的文化符号功能具有两层含义:第一层是指不同语言都表征民族的独特文化,是不同文明的象征;第二层是指同一种语言会刻上不同民族和地域的烙印,形成不同的表达方式。对两大功能的区分并不是把语言的两大功能对立起来,信息功能强的语言,在很大程度上也传播了本民族的文化,强化了该语言的文化意义。同时,这两大功能也决定了语言演化路径及其内在矛盾。

保护少数民族语言要在积极、有意识保护与不抗拒语言演变规律之间寻求平衡。语言演化的规律是客观的、不可改变的。从经济学的角度来看,有可能构建关于语言信息价值和文化价值的效用总函数,并在行使这两种功能的时间以及其他语言学习成本的约束下,寻找降低交易成本与文化传承的均衡点,为化解少数民族语言保护与语言演变规律之间的矛盾提供理论基础。在降低交易成本与维持语言生态平衡及传承文化之间寻找平衡点,应该做以下三方面工作:一是政府引导、支持与民族自愿选择结合起来;二是有些少数民族语言可以与当地的旅游产业开发结合起来;三是利用现代技术构建有形、有色、有声的语言博物馆。

——黄少安.交易成本节约与民族语言多样化需求的矛盾及其化解[A].
中法语言政策研究(第二辑)[C].北京:商务印书馆,2016.

- **经济学视野下的语言趋同和语言保护**

解决语言趋同所引致的语言资源保护问题,必须回答语言趋同的客观存在性问题并理清语种消亡的内在理论机制,才能有效地提出少数民族语言保护的制度安排。验证语言客观规律不仅有助于研究本民族语言通用程度的影响因素,寻找增强本民族语言生命力的策略,也能为开发利用少数民族语言资源及濒危语言保护提供指导。运用经济学模型的实证研究得出了以下结论:

首先,经济发展导致语言趋同。经济发展影响语言趋同的系数较小,反映语言演化是渐变过程,但不能由此忽略经济发展是语言趋同的重要因素,其经济学机理是人们主观和客观上都要求使用通用语言以节约交易成本,提高预期收益。其次,国土面积尤其是山地占比等一国地理禀赋是影响语言趋同的重要因素。国土面积尤其山地占比影响语言趋同的经济学机理体现为交易成本尤其是运输成本的节约。一旦山地占比变小,交通便利,将会加快语言趋同的速度。再次,语言趋同也与语言内部因素相关。引进语言谱系作为虚拟变量,可以发现属印欧语系的语种趋同速度较快,乌拉尔语系次之。有的语言较容易吸纳外来语甚至有的语言本来就是由多种外来语组成,这种语言可能与外来语的词汇、语法相似,因此较容易趋同。最后,根据实证结果预测,世界语种收敛为当前语种的90%只需要约80年,并且各大洲语言趋同速度不同。欧洲语种趋同速度最快,亚非语种趋同相对较慢,这与洲际所处的语言谱系相关。

因此懂得语言的演变规律,就不必对"语种消亡"过于忧虑。同时,尊重语言的演变规律,鼓励使用通用语言,并不是放弃对少数民族语言的保护。中国共产党在十七届六中全会提出"大力推广和规范使用国家通用语言文字,科学保护各民族语言文字"的方针,为我国的语言规划指明了方向。本文的预测对语言保护具有重要的政策启示:在假定其他影响因素不变的前提下,选取世界经济增长均值水平,可以估算世界语种消亡的速度,从而为绘制濒危语言地图、设计语言保护策略提供数理基础。

——苏剑,葛加国.经济学视野下的语言趋同研究:假说、验证及预测[J].山东大学学报,2016(2).

• 语言竞争与语言保护

利用agent社会圈子网络理论构建语言竞争网络,利用两个长度为F的二进制位串表示其可能掌握的语言内部结构,在此基础上给出一种新的动态微观语言竞争模型。模型分析了语言地位、网络结构、语言遗传率和语言学习率对网络中agent所掌握的词汇量、语言类型及熟练度演化的影响,反映了不同语言者之间通过交流和竞争实现语言内部结构演化涌现宏观语言态势的机制。

研究表明:1.空间封闭与隔离有利于语言的保护,扩大人口的交往范围和人口流动趋势给弱势语言保存带来了严峻的挑战。在城市化进程中要尽量做到"离土不离乡",尽力保护民族地区的社会文化结构,构筑少数民族经济和文化的内向型社会,从而保护濒危语言的交流环境。2.语言地位对语言保护至关重要。在当前社会经济环境下,少数民族人员的母语和保护意识需要从以前的不自觉变为自觉,需要通过教育宣传措施增强语言和文化的自豪感和自信心,促进语言和文化自觉。3.应加强学校和社会的双语教育力度,提高弱势语言的学习效率,促进弱势语言通过双语者的方式保留下来。4.应加强父辈的双语遗传教育力度,除了提高弱势语言保存力度外还可以提高个体在社会中的竞争力和生存能力。

——王超,毕贵红,张寿明,于群修.具有词汇结构的复杂agent网络语言竞争模型[J].复杂系统与复杂性科学,2016(2).

• 语言文化保护的复杂性

语言文化保护过程中应重点关注两个方面:语言活力与语言认同。理想情况下,语言保护应增强语言活力,同时加强语言使用者的认同。这样的话,一方面能够使语言保持良好的代际传承,另一方面能够增强语言使用者的语言认同感,利于发扬这种语言代表的文化。如果能同时增强语言活力和认同感,可以保证世界范围内的语言文化多样性永不改变。但现实情况似乎与这种愿望相反,当今的语言正在以人们难以想象的速度走向灭亡。语言活力与语言认同的实证研究表明,语言活力与语言认同之间不存在密切的正相关关系。这对语言保护的启示是:第一,继续坚决贯彻党和国家的语言文字保护政策,给予民族语文应有的政治和社会地位,以此创造保护语言多样性的政治环境和社会环境;第二,努力发展双语教育,注重培养语言认同;第三,正确认识语言保护和语言发展的关系,避免"纯语主义"。

——姚春林,贾海霞.从语言功能看语言文化保护的复杂性[J].
西南民族大学学报,2016(5).

- **语言保护研究综述**

"科学保护各民族语言文字"提出四年后,"科学保护"研究在全国各地兴起,来自田野调查的个案研究陆续出现,理论方法不断深化。同时,存在五个方面的问题需要加以改进。第一,我国是一个多民族、多语种、多文种的国家,语言关系、语言使用情况复杂。"科学保护"对策的制定,必须建基于对我国语言实际情况的掌握。目前,我国语言使用现状的个案记录、描写还不够细致、深入,应深入语言生活第一线,做贴近语言实际的田野调查,切忌在调查中走过场。第二,语言使用现状的调查研究,不同于语言本体结构的研究,有其特定的一套研究方法。我国政府应进一步加大对"科学保护"专门研究人员的培训。第三,针对不同民族、不同地区语言实际情况的"科学保护"对策探讨不够,存在简单化、"一刀切"的现象,应加大力气探讨符合不同民族、不同地区特点的"科学保护"措施。第四,"科学保护"是语言学研究的一个新课题,目前关于"科学保护"理论框架和体系的研究还比较薄弱,需要进一步加强。第五,对中国当前的语言国情认识不清,存在"濒危语言扩大化"的趋势,这种趋势如果任其蔓延,不仅会造成人心不安,还会带来政策制定上的偏差。因此,应进一步集中力量研究濒危语言标准的确定问题。

——彭茹."科学保护各民族语言文字"研究四年综述[J].
邵阳学院学报,2016(2).

二、语言保护方略

• 我国语言保护的主要举措

科学保护语言文字是建设和谐语言生态的重要内容,也是研究、制定语言政策、语言战略和语言规划的重要而紧迫的任务。国家非常重视这项工作,主要采用以下五种举措来保护语言文字。

第一,战略举措。制定了以汉语对外传播、弘扬中国文化为主要内容的语言战略,巩固发展主体性与多样性相结合的语言生活,各语言平等使用,各自发挥其作用。第二,法律政策举措。通过立法和制定政策,科学、恰当地确立国家通用语言与各民族语言及方言的地位和关系,从根本上保护语言文字。第三,规范化举措。加强语言规范化、标准化建设,研究、制定、推行语言及其社会应用的各项规范标准,有效增强各民族语言文字的功能与活力,提高语言社会应用水平,促进语言生活健康、和谐发展。第四,实践举措。强调尊重各民族的语言文字,在民族地区实行双语政策,加强双语教学,提倡各民族互相学习语言文字;拓宽少数民族语言及汉语方言的使用空间,有效增强其活力。第五,技术举措。充分运用现代信息技术,以录音、视频等多种形式开展语言资源调查、记录、保存,在保护文化的同时保护语言文字。

总之,语言文字科学保护,是语言生态的重要组成部分,它反映了国家语言政策、语言规划和语言规范的水平和成效。在新时期,我们应当抓住发展机遇,创新理念和体制机制,科学规划、完善各种语言文字的地位和功能,妥善处理语言生活中的新情况新问题,并采取更多科学有效的措施,推进语言文字的科学保护,促进和谐语言生活的建设,增强国家语言文化实力,提高国民语言文字应用水平。

——陈章太.语言文字科学保护的主要举措[J].
"语言保护"多人谈,语言战略研究,2016(3).

• 语言保护应关注文化

文化视角下的语言保护,不仅关注语音、词汇、语法等对语言本体的记录,更关注语言及语言表达中的各种文化现象。农村、牧区的语言调查和保护,其实是在保存我国的农耕文明和农牧文明;城市的语言调查和保护,保存的是当年的农商文明、工业文明和正在进行中的现代城市文明。随着城镇化进程的加快,中国农耕文明、农牧文明几千年来赖以生存的乡村和牧区,正在加速变化或消亡;农商文明、工业文明赖以生存的传统都市也在迅速变化。抢救、保存这些传统文明,已经时不我待。

近些年来,关注文化的语言保护工作逐渐兴盛起来。第一,从关注语言发展到也关注言语;第二,从关注语言发展到也关注语言文化,包括语言本身包含的文化和语言负载的口语文化;第三,从纸质保存方式发展到多媒体的保存方式,并正在探讨语言文化的网络博物馆模式;第四,从学者参与发展到政府和社会大众的共同参与,由学术活动发展为社会文化工程。这些变化表明,文化视角下的语言保护,是一种值得进行的充满魅力的有益尝试,应该得到社会更多的关注和更大的支持。

——李宇明.文化视角下的语言资源保护[N].光明日报,2016/8/7.

- **语言保护应注意两个问题**

对于一个国家而言,语言保护不是少数人的事情,而应当全社会进行动员。在语言保护中,政府负有主体责任;学者是语言保护中的"关键少数",其基本责任是提供智力;语言学者更要有危机感、使命感和道义感。语言有文化功能和交际功能,交际功能是语言最基本的功能。语言到了需要保护的时候,保护的动机多半是文化的。这里有两个问题需要注意或思考:其一,语言保护不能与通用语言形成矛盾甚至对立;其二,如果不注意增强语言的交际职能,语言保护的目标是否能够达到。语言保护是在和时间赛跑。我们希望通过努力,把人类的语言和语言产品尽可能多地保存一些,让语言消亡得更慢一些,让人类丢失的财富尽量少一些!

——李宇明.语言保护几乎是超出人类能力之事[J].
"语言保护"多人谈,语言战略研究,2016(3).

- **语言保护关键在"用"**

语言除了交际和交流思想的功能外,还是文化的载体、信息的载体、认知工具、族群标志,是使用该语言群体千百年来积累的知识和经验的总和,也是建立睦邻友好关系的工具,还是发展语言学的重要资源。语言多样性和文化多样性是维系一个国家、一个民族或一个族群凝聚力的重要纽带。现在需要一种机制保护和传承濒危语言。保护语言关键是"用"。就是在教育、媒体、行政、司法、日常生活等各个领域把母语的使用和发展放在一个恰当的位置。尤其要重视儿童母语教育,要从娃娃抓起。

——孙宏开.保护语言和文化多样性在"用"[J].
"语言保护"多人谈,语言战略研究,2016(3).

- **多语社会需要多样化的语言保护**

语言文化保护是当今世界面临的新形势和新任务。为了有效保护语言资源,学界应当弄清楚何种语言需要何种程度、何种方式的保护。英语之外的所有语言都需要不同程度的保护。在西方世界,语言保护表达了对多元语言文化的尊重。但是,实施的方式和程度存在很大区别。虽然语言保护涉及文化,并延伸至认同和权利,但是历史经验告诉我们,语言问题决不可政治化,语言保护应当始于语言,止于语言。语言多样性是社会客观现实,多样性保护也符合这一现实。

——戴曼纯.多语社会需要多样化的语言保护[J].
"语言保护"多人谈,语言战略研究,2016(3).

- **语言生态保护**

中国一些少数民族语言的使用人口正在逐年减少,像满语、赫哲语、土家语、畲语、仡佬语、塔塔尔语、鄂伦春语、鄂温克语、裕固语等,已经濒危,还有一些少数民族语言正在衰变之中。一些少数民族成员对母语学习和母语使用的态度也在改变。许多家长认为,母语能力的高低,对其升学、择业及参与日后的市场竞争,作用不大,因而让下一代接受汉语教育。有些少数民族家庭则放弃使用本族语,使本族语传承出现断层。面对语言生态环境出现的种种问题,国家出台了语言保护新法规、新举措:党的十七届六中全会提出"科学保护各民族语言文字";《国家非物质文化遗产法》指出非物质文化遗产包括"传统口头文学以及作为其载体的语言";《国家民委关于做好少数民族语言文字管理工作的意见》提出"加强少数民族濒危语言的抢救、保护工作"。与生物生态保护相比,语言生态保护的目标似乎更难实现。联合国尚未发布语言生态保护的规约和宣言,学界内、学界与政府之间,对相关问题尚未达成共识。中国对语言生态保护的政策规定、相关举措,已经引起世人瞩目,但依然是任重而道远。

——周庆生.语言生态保护[J]."语言保护"多人谈,语言战略研究,2016(3).

- **以影视方式进行语言保护**

要赶在传统语言、方言及其文化大面积消亡之前,尽可能多地抢救、记录、保存下它们的面貌,就必须改变主要依靠专家学者调查研究的传统方法,发动社会大众积极参与,形成"全民语保"的局面。要全面树立语言保护社会化理念,推动大众参与,坚持服务社会,做到内容生动(也可以说是"内容文化化")。可以通过"语言+影视"的方式(或称之为"影视典藏")实现语言保护社会化。影视是当今最具影响力、最有效的文化产品。影视最能真实反映和长久保存"实态"和"活态"的语言面貌。影视典藏是一项新的课题,也是一项新的挑战。可通过与专业人员合作、志愿者行动等方式,积极探索以影视方式进行语言保护。

——曹志耘.以影视方式进行语言保护[J]."语言保护"多人谈,语言战略研究,2016(3).

• 语言保护应采取非市场化政策并加强分类指导

中国语言多样性较明显地衰退与缺失,表现为非主体的汉语方言和少数民族语言使用功能的衰退和使用人口的减少。原因复杂,但主要应是经济体制转型所带来的语言多元和语言功能变化,非主体语言和方言较弱的市场经济适应能力,致使其功能衰减。少数民族语言保护的方法和策略包含政策和技术(规划)两个层面。第一,在政策层面,应采取非市场化政策。由于民族语言在市场环境下处于绝对的弱势,因此只能采用非市场化的优惠政策,保障和保护其语言权利。第二,在技术(规划)层面,应实施分类指导。由于中国众多的少数民族语言使用发展状况极不平衡,因此政府对不同使用情况的少数民族语言,应分类指导,进行规划管理。

——黄行.语言文字保护的原则和方法[J]."语言保护"多人谈,语言战略研究,2016(3).

• 树立语言资源保护观

反映中国当代语言保护观念的关键词主要有两个:一个是"语言文化遗产"保护,另一个是"语言资源"保护。前者看重的是语言的文化传承价值,后者强调的是语言的开发利用价值。保护语言的最有效的方法是将语言的文化传承价值转化为有利于经济社会发展的开发利用价值。语言保护对象范围的扩大促进了保护措施的更新,语言保护不再局限于资料性记录,还增加了与开发、利用相关的某些基础措施;对语言资源的开发利用既有生态文化价值,又有学术价值。语言学本体研究注重阐释语言的工具性特征,非物质文化遗产保护重点强调语言的人文性特征,只有站在语言资源保护的视角分析,语言的工具性和人文性才能同时凸显出来。

——李小萍.从"遗产"到"资源":中国当代语言保护观的形成与完善[J].江西社会科学,2016(7).

• 以新的语言观推动少数民族语言文字的科学保护

以语言资源、语言生态、语言权利为核心内容的新的语言观,是在新的社会、经济和文化发展条件下,人们对语言形成的新认识。语言资源观将民族语言文字视作政治资源、文化资源、社会资源和经济资源,为民族语言文字工作提供了内在动力。语言生态观认为不同语言之间既有竞争和制约,也相互受益,可以和谐共处、协同发展,是保护各民族语言文字的思想依据。语言权利观的强化要求权利的行使有可操作性的规范依据,对推动民族语言文字工作立法具有积极的促进作用。当前,在全球化、信息化和城镇化背景下,少数民族语言文字功能弱化,使用范围缩小,甚至走向濒危和消亡。新的语言观的树立具有重要意义,有利于形成保护民族语言文字的社会文化氛围,提高民族语言文字保护工作的科学性和系统性,为建设统一多民族国家的和谐语言生活提供思想认识基础。有必要通过宣传和引导,将新的语言观从学术层面传播到社会各界。

——王锋.新的语言观与科学保护各民族语言文字实践[J].西北民族大学学报,2016(2).

• 少数民族语言文字保护方略

当前我国少数民族语言文字使用情况呈现如下特点:母语的使用与传承总体较好;和谐、互补是我国民族语与通用语关系的主流;少数民族语言在现代化进程中不同程度地出现了衰变甚至濒危的趋势;少数民族地区的双语教学萎缩态势加剧;少数民族文字的使用率偏低。

科学保护少数民族语言文字,应遵循"法律保障、政府主导、专家参与、民间广泛倡导"的原则,最根本的是唤起民族文化的自觉,认识到保护民族语言文化的重要性。只有这样,才有可能延缓民族语言衰变的步伐,濒危语言也才有可能实现类似于希伯来语、毛利语的复苏。

——朱艳华.少数民族语言文字使用及保护[J].
"语言保护"多人谈,语言战略研究,2016(3).

• 汉语方言保护方略

在现代化和城镇化进程中,传统的方言文化正在迅速走向衰亡,形势极为紧迫和严峻。目前濒危汉语方言主要有以下几种类型:特殊民系或特殊人群方言,混合语,方言岛,未分区方言。丰富多彩、积淀深厚的汉语方言历来是延续中国人乡土文化血脉、寄托家国情怀、维系社会和谐稳定的重要基础,具有不可替代的作用。语保工程的科学保护措施集中体现在两个方面:一是实态保存,以"音像图文影"五位一体的调查采集理念,达到实态采集保存语言资源的目的;二是在使用中保护,开发"在线采录"系统,通过多种渠道向广大互联网用户收集语言资源,定期推出文化性、趣味性强和社会关注度高的主题进行限定性内容采录,如"说地名""唱民歌""传统节令方言吟诵""乡音道乡愁""母语传家风"等,以最大程度发挥社会大众的积极性。

——王莉宁.濒危汉语方言的类型及科学保护[J].
"语言保护"多人谈,语言战略研究,2016(3).

- **城镇化务须呵护乡音**

我们的城镇化建设,在推进硬件现代化的同时,迫切需要重视精神家园的保护和建设,以留住乡情,激活乡愁,安顿乡魂。乡音是心灵的家园:首先,乡音已内化为心灵深处的敏感神经,当在异乡听到乡音时,就会顿生一种亲切感;其次,乡音是社会纽带和归属标志,在城镇化进程中,乡音超越了地域群体建构,又发挥着阶层群体建构的作用;最后,乡音已演化为文化基因,乡音浸透于各种文化形态中(如民歌民谣、故事传说、曲艺戏剧等),并且代代相传,成为绚丽多彩的中华文化的一大根脉。

社会的发展正对乡音的生存产生明显的影响。其一,由于乡音在交际上存在局限性,其使用空间在缩小;其二,城乡二元结构的形成和差距的拉大,致使乡音与土气、落后、贫穷相联系,因而常遭嫌弃;其三,城镇化的推进,使得使用乡音的人口在减少,乡音的表现形式和表现机会也在减少;其四,过去对乡音生存状况普遍关注不够。这些因素的叠加,使得乡音在衰微。这种状况若不加改善,势必带来一些乡音的消失。而乡音的消失势必会使得精神失去依归,群体失去纽带,历史失去根脉,文化失去色彩。

乡音保护要科学得法。第一,树立全面语言观,自觉维护语言文化多样性;第二,创新保护途径,让乡音文化活在生活中;第三,保护特色载体,留住历史记忆。

——赵世举.城镇化务须呵护乡音[J].武汉大学学报,2016(2).

三、濒危语言和跨境语言保护

- **语言濒危及其保护**

当下,语言正面临日益恶化的生态危机,其主要表现有:强势语言国家化和国际化的进程加快,互联网通用语呈现一体化发展态势,土著或少数族裔语言濒危与消失,方言边缘化与消失,双语社区及双语使用者减少与消失,年轻人主动抛弃非通用母语及母语文化表达形式,语言岛和方言岛沦落和沉没,杂交语或混合变种语言难产或式微。语言生态危机的最直接后果是语言濒危与消亡。

语言濒危与消亡由内部因素和外部力量所致。最主要与最直接的内部因素是语言族群对母语的消极态度,许多土著民族把自己的弱势社会地位与其文化相联系,认为自己的语言没有保留价值,于是抛弃自己的语言文化。语言濒危与消亡的外部原因主要有四个:一是残杀或疾病造成的人口丧失;二是被强势族群禁止使用而造成的强制性的语言丧失;三是双语使用中自愿与非自愿的语言转换;四是自然环境尤其是传统栖息地的退化引发的语言多样性流失。

扶持濒危语言、保护语言多样性迫在眉睫。联合国教科文组织制定濒危语言扶持战略,采取积极有效的濒危语言扶持行动,主要举措包括:确定语言的特性,宣传保护濒危语言的重要性,调查研究濒危语言的基本情况,定义语言活力的标准与确定语言濒危状况的等级,确定母语使用权利和使用母语接受教育的权利为基本人权的核心内容之一。同时,不少国家、政府及组织也积极采取了语言保护行动。

扶持濒危语言和保护语言多样性的另一重要任务是反对语言霸权。对于全球来说,反对语言霸权就是反对英语霸权。如果语言霸权现象不能改变,语言濒危趋势得不到控制,语言生态体系将受到严重破坏,世界的多样性平衡将被打破。

多样性创造世界和生活的丰富性,维护语言多样性就是维护世界和生活的多样性。抢救和保护语言是21世纪的重大挑战之一。在语言不断减少的大趋势下,维护语言多样性需要上至联合国、下至语言族群及语言使用个体的积极自觉的实践活动。

——文兰芳.语言多样性的生态学意义[J].外语学刊,2016(1).

- **生态语言学视角下的跨境语言问题**

跨境语言指分布在不同国境中的同一语言,是一种常见的语言生存状态。跨境语言的形成往往是族群迁徙的结果。对语言来讲,意味着该语言生态分布的改变,语言跨境扩大了该语言在语言、文化、族群诉求等多方面的接触面,进而促使该语言产生不同的变体,甚至分化为不同语言;对地区来讲,跨境语言改变着该地区的语言生态格局。从生态语言学的角度关注跨境语言,有利于我们更加全面地认识语言跨境现象。

第一,语言跨境对语言生态的影响。语言跨境对跨入地区语言生态的影响遵循着两条演化途径:一是语言生态的单一化(即同质化),指在语言接触的过程中,语言相互竞争、相互适应,最终出现语言转用、混合或者是濒危、灭绝等现象;二是语言生态的多元化,指不同的语言社团在语言接触的过程中,始终维持自身的语言。跨境语言社团的政治、经济实力会影响跨入地区语言生态的同化或多元化方式。

第二,语言生态对跨境语言的影响。语言政策、语言态度以及语言能力对跨境语言都会产生影响,其中,政府的语言态度与语言政策规划对跨境语言的影响非常大。族群态度对跨境语言也会产生较大的影响。

第三,语言生态视野下跨境语言研究的定位与原则。生态语言学研究的出发点是为了保护语言生态的多样性,生态语言学本质上是一门公共服务类学科,是服务于现实社会的应用研究。因此,生态语言学视角下的跨境语言研究,其研究定位应该在于语言的使用者(个人/族群)。在这一层面讨论跨境语言研究的服务性,应遵循两条原则。其一,尊重语言人权的原则。无论跨境族群是作为强势语言群体还是弱势语言群体,都应尊重其语言,维护语言多样性。在生态语言学视角下,跨境语言研究的目标之一就是在不抵触国家、国际法律规范的前提下,结合跨境语言的政治生态,为弱势语言提供法律援助,为国家立法提供建议。因此,在语言保护的过程中,应遵循"族群-个体"自愿原则,即任何一个族群都有选择使用何种语言的权利,作为集体中的个人也有选择自身使用何种语言的权利(即使个人违背集体民族情感)。其二,遵守伦理的原则。调查研究者应该担负着保护国家安全、保证国家机密、协调民族冲突的法律/道义职责。在研究过程中,研究者应避免由个人学术追求而人为制造的族群区分,制造族群敌视与冲突,更应该避免种族偏见。在传播过程中,研究者的调查成果也应该有机密等级限制,不能随意暴露国家、族群、个人的隐私习惯、机密,以免对身体、心理和名誉造成不良影响;未征得明确许可,也不公布和扩散他人的研究和发现。

不受外界干扰的语言的多样性与单一化,都是语言生态的自然表现。生态视角下的跨境语言调查,应当服务于人本身。在强调保护语言多样性的同时,应该尊重个人/族群/国家对使用何种语言的选择;在调查研究过程中,也应该综合考虑研究的学术价值与应用价值,不能一味追求研究者的个人学术发现而忽视道德约束。

——王茂林.生态语言学视角下的跨境语言问题[J].暨南学报,2016(6).

- **跨境语言资源保护**

在语言保护工程中,对跨境语言的保护是一个薄弱环节,至今未能引起全社会足够的重视。全面开展语言保护工作,必须把跨境语言的保护列入其中。我国存在众多跨境语言,分布在不同国度的跨境语言存在以下差异:使用人口不同,跨国数目不同,跨境分化的时间长短不一,文字使用情况大多不同,语言地位不同。与非跨境语言相比,跨境语言资源具有独特的社会功能,包括国际交际功能、跨境文化传播功能、边防信息收集功能等,同时是跨境民族认同的情感纽带。因此对跨境语言资源的保护有着特殊的价值和意义。

跨境语言的调查研究有四个需要特别关注的问题。第一,要调查研究跨境民族的历史,弄清其"源"与"流"。跨境民族的分布现状从历史来源看,受多种因素影响,包括自然的和人为的,如国界划分、战争、生计、瘟疫、自然灾害等原因。分布在不同国度的跨境语言,受当地语言生态环境的影响,必然会出现一些变异,形成新的特征。第二,要把双边语言当成同一个系统来考虑。跨境语言是因分布在不同的国度而形成的一种特殊的地域变体。在调查研究跨境语言时,要有全局观。第三,要调查研究所在国家的语言状况和语言政策。跨境语言会因所在国的语言状况和语言政策不同而出现差异,调查研究不同国家的语言政策和语言状况,有助于形成对跨境语言的科学深入的认识。第四,认识跨境语言的语言活力及演变趋势不仅要考虑境内的使用现状,还要考虑境外的使用现状及其对境内的影响。

由于跨境语言与非跨境语言迥异的特性,在语言资源保护方面应对跨境语言实施特殊的政策和措施。其一,要在全社会树立对跨境语言资源保护的意识;其二,要加强对跨境语言文字的推广,对没有文字的语言要帮助创制文字或拼音方案;其三,要做好跨境语言分类工作,根据不同的类型在制定语言政策时予以区别对待;其四,要在宣传、教学、宗教、政府公务、文化艺术等领域进一步加强跨境语言文字的应用;其五,要以境内为基础,逐步拓展到境外跨境语言的调查与研究。

——朱艳华.论跨境语言资源保护[J].贵州民族研究,2016(3).

第二节 语言保护政策框架

语言保护不能与通用语言形成矛盾甚至对立,坚持国家语言生活主体性与多样性的统一,构建和谐的语言生态,是语言保护科学推进、有效开展的政策前提。本节分三个专题介绍2016年关于构建和谐语言生态的政策方略的研究情况,第一个专题"和谐语言生态视角下的语言政策"介绍相关综合性、宏观性研究情况,第二、三两个专题介绍的研究内容分别探讨少数民族语言保护与推广普通话、汉语方言保护与推广普通话的关系协调问题。本节共收文6篇。

一、和谐语言生态视角下的语言政策

• 构建和谐语言生态

当下中国的语言生态具有多样性和层级性特点,既包括语言本身,也包括语言使用。多样性具体体现为:各民族语言文字、方言土语并存分用、和谐发展,现实生活语言使用功能得到充分发挥,虚拟世界语言使用非常活跃,可谓百花齐放、异彩纷呈。层级性表现在宏观、中观、微观和虚拟世界四个方面。

第一,宏观层级,即国家层面语言生态的特点是主体性与多样性相结合,国家通用语言处于主体地位,在国家、社会生活中发挥主导作用,各民族语言平等并存,各自发挥其作用,这符合我国国情,也符合法理和学理,是合理、平衡、健康的语言生态;但有的弱势语言、弱势方言的语言活力有所减退,有的处于萎缩、濒危状态,语言接触、语言情感不够协调,语言规范化、标准化建设发展不太平衡。第二,中观层级,即各地区、各领域、各群体的语言及其使用状态,包括台、港、澳地区语言状态,海外各地华人使用的大华语语言状态,总体上是健康、和谐的,但有的地区、领域、社群的语言生态发展乏力,有的社会语言生活不够和谐,语言使用出现某些低俗、混乱现象,局部个案的语言矛盾、冲突偶有发生。第三,微观层级的语言生态建设比较薄弱,存在的问题也较多,如普通话的普及度差别较大,语言文字使用不太规范,语言粗俗乃至语言暴力时有发生。第四,虚拟世界的网络语言既有丰富性、鲜活性、生动性,也存在低俗化、粗俗化、不规范现象。

语言生态系统是自然语言生活的基础,建设和谐语言生态:一要宣传、贯彻"推广和规范使用国家通用语言文字,科学保护各民族语言文字"的国家语言基本政策,坚持国家语言生活的主体性与多样性统一,这是建设和谐语言生态的总

原则;二要加强语言规范化、标准化、信息化建设,增强国家语言实力,提升国民语言能力;三要重视并培养语言使用者的多层面语言情感,在民族地区加强双语教学,提高双语水平;四要正确看待方言,在方言地区的某些领域,适当发挥方言的作用;五要妥善处置各种突发性语言事件,有效调谐各种语言关系,增强语言凝聚力;六要研究、制定网络语言管理法规,正确引导网络语言使用,促进网络语言健康发展;七要开展语言关系、语言生活变化发展调查,为制定实施语言政策、语言战略、语言规划创造条件,提供依据。

——陈章太.构建和谐语言生态[J].语言战略研究,2016(2).

- **我国新时期"多元一体"语言政策的变化与发展**

语言政策是国家公共政策的重要组成部分,进入新时期后,我国的核心语言政策产生了四大变化与发展。第一,对语言文字基本认识的变化与发展。信息载体和交际工具是语言最基本的属性,作为国家资源的性质被提出之后,语言作为文化要素、文化标记、社会要素的特征最终获得明确。第二,对语言文字工作社会价值的认识与发展。一方面,对语言文字进行规范化、标准化并使之服务于提高社会交际效率和信息化建设,始终是语言政策"一体"部分的核心目标;另一方面,官方语言政策的社会目标又带有鲜明的时代特征,与当时的国家大战略紧密配合。与此同时,语言文字的社会价值被不断提升,影响范围也逐渐扩大,在《中长期规划》中已被明确地提高到国家战略、文化软实力的高度。第三,对语言多样性的认识与发展。国家语委作为推广普通话和规范汉字的最高机构,其工作核心始终没有改变。但在保证"多元一体"语言政策的核心(也就是维护语言主体化方向)的同时,决策者对语言多样性的认可与包容在"十一五"开始时出现了很大的变化,少数民族语言、方言、繁体字、濒危语言和弱势方言、手语和盲文、外国语言文字等过去被忽视的内容都进入了官方核心语言政策的范围,而且作为语言资源的有机成分要求加以承认和保护。第四,语言文字工作内容的丰富与发展。随着对语言本质与社会功能认识的不断发展,语言文字工作的内容也在不断丰富,已经从比较单一的语言标准化拓展至语言信息化、语言保护、国民语言文字应用能力提升、以语言为载体的文化传承等领域,工作的对象也不再限于普通话和规范汉字,还增加了少数民族语言文字、盲文、手语、外国语言文字等。

我国核心语言政策发生变化的原因可以归结为三个方面:其一,国家语委工作范围的扩大和社会语言生活的实际变化对语言文字工作提出了更高的要求;

其二,语言文字工作需要积极适应国家发展的大战略;其三,来自学术科研的影响。由此可见,语言生活的变化、国家战略的调整、学术研究的新成果与新动向都对国家语言政策产生了影响。来自中央层面的大政方针,来自基层的现实需求与学术思潮,在国家语委的平台上相遇,共同促成了国家官方语言政策的变化与发展。

总之,新时期的官方语言政策保持了总体的稳定性和延续性,但又有所发展。语言决策者对语言文字的本质及其社会功能的认识变得更加深刻,使语言文字工作的内容因此得以丰富和拓展。尽管国家语委的工作核心是维护"多元一体"语言政策中的"一体"部分,但它对语言多样性的认可与包容在不断增强,使得"一体"语言政策中也出现了明显的"多元"因素。对导致这些变化的原因进行探究后可以发现,我国官方语言政策的制定会受多方面因素的影响,官方/显性/成文的政策和隐性/模糊/不成文的政策会形成一种特殊的"对话",最终促成了中国语言政策的历史变化。

——赵蓉晖.新时期"多元一体"语言政策的变化与发展——基于国家语言文字工作规划的文本研究[J].语言文字应用,2016(1).

二、少数民族语言保护与推广普通话

• **推广普通话与保护少数民族语言相辅相成**

大力推广普通话与保护少数民族语言并不是一种对立的关系。无论是普通话还是少数民族语言,都是当前经济建设、文化建设的重要工具。一方面,推广普通话推进了各族人民共同发展,共享发展成果,使各族人民共同参与到生产建设中去,在相互尊重的前提下共同创造新文化,改善生活环境,提高生活质量;另一方面,科学保护少数民族语言,有利于区域经济协调发展,有利于全面提高我国国民素质,促进人的全面发展,同时也有利于促进民族团结和社会稳定。二者的关系把握得好,可以使得实现文化大发展大繁荣达到新高度。

——张世渊.推广普通话与保护少数民族语言的关系研究[J].东南大学学报,2016增刊.

三、汉语方言保护与推广普通话

• **普通话与方言并存分用**

汉语方言与普通话,从语言学理论上来看,是作为汉语的不同变体而存在的,在现实生活中,汉语方言与普通话也是并存分用、互补存在的,二者共同构建了一个良好的语言生态环境。方言是普通话健康发展的不竭源泉,方言与普通话就像一张纸的两个面,普通话离不开汉语方言。半个多世纪以来,我国普通话推广的力度不断加大,但必须清醒并客观理性地认识到,在中华大地上,普通话的推广依然还面临着严峻的挑战与艰巨的任务。在正确认识与理解汉语方言与普通话之间关系的基础上,更需要科学对待推广普通话与汉语方言生存之间的关系。只有让汉语方言与普通话共同构建并存分用的生态环境,各自服务于不同的社会功能域,在公共场合讲普通话,在其他非正式场合说方言,才能促进国家通用语言和汉语方言的健康发展。

——郭龙生.构建并存分用的语言生态环境[N].光明日报,2016/9/18.

- **普通话与方言的互构**

在自然状态下的语言接触中,普通话具有实用性、广泛性和通用性,方言具有情感性、有限性和区域性,普通话迅速崛起、方言逐渐衰弱。在持续互动下的语言竞争与选择中,普通话与方言相互融合、渗透。在多重力量的冲击下,加速了普通话优势地位的确立。语言的重构建塑了普通话与方言共存分用的总体格局,呈现混合性、双重性、灵活性与社群性的综合特征。普通话与方言之间形成互构关系。

过去关于方言和普通话关系的讨论似乎走入了一个误区,即两者之间是非此即彼、水火不容的关系。目前对方言和普通话二者之间关系的认识表现出两种截然不同的态度。一种态度是在过去的推普经验中,语言文字工作一直带有遏制方言、消灭方言的倾向;另一种态度则是一味强调方言鲜明的地方特色。事实上,这些认识误区的形成反映出人们在树立一种全新的语言观念面前,表现出"用力过猛"而后又"矫枉过正"的特点。

从语言文字工作发展的横向上看,要坚持语言的主体性与多样性统一。一方面应树立平等观。方言与通用语并无高低优劣之分,尊重语言的自然地位是一种积极的科学态度。我们在使用通用语的同时,要加强对方言文化的保护。另一方面方言与普通话互相影响促进。在方言的变革中,它不仅影响普通话的语言体系,同时也吸收普通话成分以增强自身活力。

——彭扬帆,葛丽文.论普通话与方言的互构[J].江汉大学学报,2016(2).

- **城市化进程中的方言习用与国家认同**

对于进城务工人员流入地语言习用的能力获得机制与动力推动机制，可以从普通话习用、家乡话习用、流入地方言习用三个角度来观察。城市化进程中方言习用与国家认同之间存在四大问题：第二代的去与留，户籍管理的近与远，不同方言区城市的语言习用的显与潜，思潮舆论的守与发。

针对进城务工人员所引发的语言问题，一要重视语言规划的制定与动态功能分层落实，尤其是中观与微观层面的规划落实，推动方言习用和谐共生；二要重视语言教育中的语言观的教育引导，建立其与国家认同之间的必然联系；三要重视语言生活中的语言服务的质量效益，充分体现国家责任；四要重视语言生活中专家队伍的建设和相关应对机制的设置，为协调好国家通用语言普及背景下的方言习用与国家认同之间的关系提供科学有力的学术支持。

——屈哨兵.城市化进程中的方言习用与国家认同[J].语言战略研究,2016(2).

第三节　中国语言资源保护工程

2016年，中国语言资源保护工程在198个汉语方言类调查点、100个少数民族语言类调查点上开展了调查；同时有89个少数民族语言调查点、349个汉语方言调查点和27个语言文化调查点按要求完成预验收。工程的有序、深入推进推动学界围绕语言资源的调查、建档、展示等开展了一系列研究。本节分三个专题介绍2016年相关研究情况。一是"语言资源调查与建档"，研究内容涉及中国濒危语言有声语档的建库规则以及建档工作中的问题和对策等。二是"语言资源保存与展示"，研究内容涉及语档展示的要求、方法和现状。三是"语言类非物质文化遗产保护"，该专题与语保工程"记录保存口传文化"的任务相关[①]；搜索可见，以"非遗保护"为视角的、涉及文化保护政策的研究数量众多，本专题对关于"文化视角下的语言保护政策"的研究予以介绍。本节共收文13篇。

一、语言资源调查与建档

- **当代中国少数民族语言资源调查**

新中国成立以来，我国少数民族语言资源调查经历了从纸笔记录、卡片到盒

---

① 该任务也是对前期中国语言资源有声数据库建设的重要拓展。

式录音,再从录音笔到数字多媒体记录的不同发展时期,语言资源的存储保存也经历了从无到有、由少到多、由静态到动态的发展过程。具体包括三个阶段:

一是 20 世纪 50—60 年代,党和国家积极扶持少数民族语言研究事业,设立各级研究机构,壮大研究队伍,培育学科体系,开展了民族语言资源大调查。二是 20 世纪 80—90 年代,少数民族语言研究逐渐步入正轨,研究领域不断拓宽,研究范围不断扩大,民族语言资源的收集和整理呈多样化。三是 21 世纪以来,随着计算机技术的快速发展和数字媒体的出现,对语言资源进行数字化处理,使语言资源的永久保存和全球传播成为可能和现实。

近年来,国家社会科学基金、中国社会科学院、教育部语言文字信息管理司以及一些高校和地方机构大力资助少数民族语言资源的有声数据库建设,促进了我国少数民族语言资源的保护、开发与利用。这对维护国家语言主权、提高国家语言能力、推进语言信息化建设、发展民族地区双语教育、促进语言认同和国家认同、建设和谐语言生活,以及解决社会稳定、边海防维权、国家利益拓展、军事进步等领域涉及的语言问题,都具有重要意义。

——黄成龙.当代中国少数民族语言资源调查[J].黔南民族师范学院学报,2016(5).

- **中国濒危语言有声语档数据规则**

濒危语言有声语档是以音频文件及其转写文件为数据主体的濒危语言口语资料集,其数据规则包括五个部分。该五大规范适用于中国濒危语言的记录和建档,也可作为中国语言田野调查记录和语料处理的参考准则。

第一,濒危语言的语档数据构成,包括媒体数据、转写数据、描写数据、元数据,也可包括多模态数据。媒体数据是以音频文件、视频文件、图形文件记录和存储的语言音像资料,包括基本录音资料和话语录音资料;转写数据是音频和视频的同步转写标注文本,濒危语言音像资料应有国际音标注音、中文翻译和解释说明,确保能够永久阅读和理解;描写数据是描写语言特点和相关知识的文字资料,是对一种濒危语言的描写,包括基本状况概述和语言特点描写;元数据是标识濒危语言语档资源的标签数据,设通用元数据和专用元数据,前者标识语档整体,后者标识话语资料;多模态数据是对语音和言语行为多学科测定和分析而获得的数据。

第二,语档数据文件格式,设必备格式和可选格式。必备格式是创建数据资料的原始格式,可选格式是数据转换格式,包括媒体文件格式、转写文件格式、文本文件格式。

第三，语档音像数据质量标准，分主观评价标准和客观评价标准。主观评价根据人耳听辨判断，音质评估对象主要是语音。客观评价设音频、视频录制的相关技术参数要求。

第四，语料采录和数据处理工具，指濒危语言音像资料采录软件和数据处理软件。设指定软件和可选软件，指定软件是创建和处理数据资料的必用工具，可选软件是临时替代工具和数据转换工具，所以要有选择性地使用特定的录音软件、话语转写软件、多模态分析软件、音频处理软件、视频处理软件。

第五，音像语料采录环境和设备匹配。采录濒危语言音像语料，应根据语料类别确定录音环境和匹配录音设备。录音环境分室内和室外，室内环境适合采录字词句基本音像语料，室外环境主要采录自然话语。录音设备有麦克风、声卡、录音机、摄像机等。

——范俊军.中国濒危语言有声语档数据规则[J].西北民族大学学报,2016(3).

- **我国少数民族濒危语言建档工作存在的问题及对策**

近年来，濒危语言有声语档建设工作在全国范围内逐步展开，成为保护和传承少数民族语言文化遗产的重要举措。但建档工作目前还存在以下问题：一是传统语言调查记录并不关心或不重视语料的整理标注、数字化和有声存档，收集到的语料也很有限，既无法做到永久性保存，也无法用于其他用途；二是濒危语言资料的记录存档缺乏相应的标准和规范；三是大量珍贵素材散存在并无保管条件的个人手中，仅供研究者开展课题研究和编写论著使用，结项或论著完成后大多废弃，有的已流失或损毁；四是现有的记录材料大多没有移交给图书馆、博物馆、档案馆或有关研究机构、服务机构集中管理，也没有最大限度地公开发布，社会共享受限；五是实际工作中存在的诸多矛盾和问题得不到合理有效的解决。

我国少数民族濒危语言建档主体，一方面应坚持多元主体不变，另一方面理应将档案部门纳入到濒危语言建档的相关部门中，在"以政府部门为主导、跨学科人员合作、语言民族/族群全面参与"的机制下，充分发挥档案部门建档的成功经验和优势，吸收采用档案部门的专业技术和方法，这将有助于推动我国少数民族濒危语言建档工作更快更好地发展。

我国少数民族濒危语言的建档工作应在"科学保护中国各民族语言实态"思

想的指引下,立足于我国濒危语言有声语档建设的实践活动,坚持"以族群为单元,以话语为中心",优先抢救保护使用人口少、边境跨境民族濒危语言档案资源的原则,以科学记录和保存为第一要务,依托档案信息化手段,结合少数民族多模态语音语料库和少数民族语言文化资源库的建立,收集梳理少数民族濒危语言的发展历史和文化信息,在凸现语言文化遗产保护传承的重要性和紧迫性、强调濒危语言档案资源建设的必要性和可行性基础上,力求做到"语档留存"与"语档留全"。

加强和改进我国少数民族濒危语言的建档工作,可以采取以下措施:一是拟定濒危语言建档标准和规范,二是开展濒危语言记录材料的收集和数字化立档,三是加强濒危语档规范化和资源整合,四是建立濒危语言数字档案馆,五是加大专业人才培养力度。

——陈子丹,郑宇,武泽森.我国少数民族濒危语言建档的几点思考[J].档案学通讯,2016(4).

- **苗瑶族群的语言资源及其保存保护问题**

中国境内苗瑶族群使用9种苗瑶语族语言、2种侗台语族语言和8种汉语方言。其中苗语、瑶语、布努语属活力较强的强势语言资源,巴哼语、唔奈语属语言活力较弱的弱势语言资源,优诺语、炯奈语、坝那语、畲语为语言活力缺乏、处于濒危状态的超弱势语言资源。

对苗瑶族群语言资源的保存经历了传统语言学方法、纪录语言学方法两个阶段。近年来,"中国语言资源保护工程"的实施给苗瑶族群语言资源的保存带来了新的起点。同时,苗瑶族群的语言生活及语言资源保存工作也还存在一些问题,建议采取以下措施:

第一,有效宣传语言作为资源的价值和保护语言资源的意义,使母语人群广泛接受语言资源理念,唤起自觉保护母语资源的意识并采取切实的、自觉的保护行动。第二,从国家的层面制定基于语言资源理念的、具有导向功能、控制功能、协调功能和非象征功能的语言政策。第三,从国家的层面制定基于语言资源理念的语言规划。第四,从国家的层面促成政府以公共职能的方式对语言资源进行宏观性、战略性的管理。第五,从国家的层面促成语言资源保护与全面建成小康社会有机结合,以全面建成小康社会为目标带动语言资源保护,使语言资源转化为可供展示的文化资源和可带来货币收入的经济资源,以期形成语言、经济、社会、文化的良性互动,进而对语言资源进行有效保护,增进语言活力。

——李云兵.论苗瑶族群的语言资源及其保存保护问题[J].黔南民族师范学院学报,2016(2).

- **布依族古歌有声语档建设**

布依族古籍包括口传古籍和文献古籍两部分。布依族古歌已处于濒危状态。传统的记录整理方法已不能满足有效保护和全面记录布依族古歌的要求,针对濒危语言的保护和抢救而催生的有声语档语言学提供的技术手段和研究方法为布依族古歌整理工作提供了新的技术支持和理论指导。

建设有声语档是抢救布依族古歌的有效措施,对促进布依语的本体研究特别是在布依语历时演变研究,保护布依族非物质文化遗产,推动资源共享,具有重要意义。布依族有声语档建设是一个系统工程,需要多方参与,也需要做长期努力。近期目标是进行布依族古歌唱词的语料采集,然后对采集来的材料进行翻译、转写、标注,同时对文献古籍进行校勘,并建立数字化有声语档。远期目标是建设布依族古歌有声语档的共享平台,进行多用途的语言产品的开发利用。

——占升平.布依族古歌有声语档建设初探[J].黔南民族师范学院学报,2016(3).

- **东莞方言的调查和建档**

2014年2月东莞市政府制定和颁布了《建立东莞方言档案工作实施方案》。项目调查内容除了传统方言学田野调查所涉及的字音、词汇、语法例句以外,还增加了口头文化调查内容,如俗语、歌谣、吟诵、曲艺、民间故事等。互联网时代语言信息科学保存、广泛共享和有效利用的属性,对本项目的具体实施提出了很高的要求。《方案》是一个理念先进、目标明确、内容丰富、保障有力的实施方案,不论是在档案工作层面,还是在文化建设层面和学术研究层面都具有显著的创新价值和重要的现实意义。它切合当前国家有关语言资源保护的需要,因应了当地人民强烈的语言文化诉求,有利于推动东莞方言和文化研究的深入发展,同时开创了地方政府与高校合作进行方言调查、建档工作的先例,对于政府的档案工作来说也是一个显著的创新。建立东莞方言档案,是历来有关东莞方言调查研究活动中投入人力、物力最多的一次。未来建成的东莞方言有声语料库,将是一个多功能、多用途的资源库,除了供研究开发,也将通过档案馆的方言视听室和互联网开放给一般的公众使用。

——姚琼姿,庄初升.关于东莞方言的调查和建档工作[J].文化遗产,2016(2).

二、语言资源保存与展示

• 濒危语言语档的大众化、现代化和产品化

濒危语言语档的大众化主要体现在两个方面。第一,语档资源要适合大众的需求。语档资源要服务于民,首先要求语档资源的内容本身贴近实际、贴近生活、贴近群众,充分考虑群众的思维习惯和语言习惯,让群众"听得明、看得懂、学得会、用得着"。第二,语档应面向大众开放和共享。语档资源的开放包括对内开放和对外开放两种形式。对内开放,是指各高校、濒危语言研究机构等相互要进行资源合作交流,资源互相利用。对外开放,是指语档资源要走向民间,走向大众,扩大语档资源在普通老百姓中的影响力与知名度。要使社会大众轻松获取语档资源,必须使资源储存方式大众化、资源获取和传播方式多样化。从目前的实际情况来看,要实现语档资源的大众化,需实现两大转变:一是语档资源服务对象从为专家学者学术研究的专业式服务的狭小范围向为大众化、普及化服务的转变;二是语档资源的服务方式从单纯讲究文化效益到将文化效益同经济效益有机结合起来的转变。

濒危语言语档的现代化主要体现在三个方面。第一,语档内容的现代化。它应全面反映语言社群的现代生活,体现现实生活中仍然大量遗存的传统环境知识以及现代技术和文明带来的言语表达和其他民族的新借词。第二,语档采录、存储和加工手段的现代化。采录现代化包括录音录像设备的现代化、软件工具的现代化、采录方式的现代化;储存现代化主要是指语档的数字化,既要将早期成果数字化,又要对已有的数字化语档进行更新,还要开发和建设新的数字化语档;加工手段现代化是要与现代科技相结合,实现半加工自动化,精加工规范化、科学化。第三,语档传播的全媒体通道化,在某种程度上讲指的就是互联网化。

濒危语言语档的产品化主要体现在两个方面。第一,语档产品化的原则,即需求为导向的原则和社会效益与经济效益相结合的原则。第二,语档产品化的方向,一是实现濒危语言语档产品的丰富化、多样化,二是优化语档产品组合,实现产品系列化,三是加强相关语档产品的推介、宣传工作。

大众化、现代化和产品化是语档资源的三个方向，三者之间互相依存、互为条件。大众化是语档资源的服务目标，现代化是推动语档资源大众化的动力，产品化是实现语档大众化的手段和途径。反之，大众化又能推动语档资源的现代化和产品化向前发展。我国少数民族濒危语言有声语档的建设起步不久，"起步不走歪路"，我们要坚持以语档资源大众化为目标，现代化为动力，产品化为途径，最终将少数民族濒危语言语档资源逐渐发展成为一种具有大众参与的、传播与反馈、投入和产出双向性流动的新型文化资源。

——肖自辉，彭婧.论濒危语言语档的大众化、现代化和产品化[J].西北民族大学学报，2016(3).

- **语言地标网是互联网语言资源建设的新方法**

语言地标是指以地图为载体和界面，任何人都可以按照地图坐标上传、保存、展示语言资源的互联网站，是近年来兴起的一种结合了地理信息技术的语言资源网站。由于能够调动公众的广泛参与，可作为解决语言资源建设周期长、地域广、成本高等难题的一种有效办法。语言地标网都具有地图展示、动态分布、开放建设三大特点，应用在多语环境、方言、濒危语言保护等领域，覆盖语种的侧重点有所不同，其中"语言景观网""乡音苑""濒危语言项目"三个网站包含较多的汉语资源，也是各自应用领域中较为完善的语言地标网，具有代表性。

"语言景观网"是由英国伦敦的一个非营利组织建设并运营的，其目的是为了强调语言的多样性，帮助人们更好地理解身边的各种语言，增加人们接触少数民族语言和濒危语言的机会，提供多语教育的环境。"乡音苑"是由两位美国志愿者建立并维护的语言地标网，用于收集中国境内的方言故事，由各地用户朗读一段家乡话并进行录音、上传和编辑，现在已从汉语扩展到壮语、彝语、泰雅语。"濒危语言项目"网站旨在将先进的互联网技术服务于濒危语言的记录、保存和教学，打造一个便于用户分享语言资源、语言知识、保护实践和案例分析的平台。

建设语言地标网，要处理好公众参与的便利性与学术研究的专业性之间的关系，未来发展方向是打造语言实态的展现舞台和语言资源的共享平台。

——何伟，陆叶，苏姗.语言地标：互联网语言资源建设新方法[J].语言文字应用，2016(4).

- **地域方言的数字化保护**

近来，我国大陆和台湾地区纷纷通过语音建档来对地域方言进行数字化保护。台湾的南岛语数位典藏计划旨在建立一个数字图书馆,以收集、保存、编辑语料及传播南岛语,供学术界、教育界和普通公众存取与利用,共设有语料库、语言地理资讯系统和书目资料库三个资料库。浙江的方言语音档案建设工程计划依托数字记录方式和视听技术建设68个"地方方言档案资料库",以改变口口相传或文字记载等保留方言的传统形式,目前已形成"乡音的呼唤·总篇"在线集成平台。天津的方言语音档案建设工程依托数字化技术手段,将天津方言资料文本化,并通过真人录制将文本音频化、视频化,最终建立"传统天津方言语音资料库"。

台湾、浙江、天津等地以数字平台为依托、数字技术为保障,从长远视角出发,对地域方言予以数字化保护,不仅可将方言这种非物质文化遗产永久保存,还能在整合利用中使方言融入社会生活,通过文化传承防止集群失忆,既丰富了馆藏,又保护了文化多样性。三地都建立了协同纳入式的运作机制,借助各方力量协力完成,并纳入到地方建设整体规划中,实现了效益最大化。

——闫静.乡音的守望:地域方言的数字化保护[J].中国档案,2016(8).

• 国内汉语方言资源库建设现状

近年来国内汉语方言资源建设取得了较快发展,出现了很多方言数据库和资源库。其中比较有代表性的有中国语言资源有声数据库、中国方言文化典藏多媒体资料库、方言文化网等。方言库建设有以下六个特点:

第一,从资源建设的方言类型看,目前的资源库覆盖了国内公认的七大方言区,以及各方言区的次方言分支。第二,从资源库建设的形态看,可以分为有声资源库和文本资源库。第三,与文本资源库相比,有声资源库的建设,无论是资源的前期采集还是后期处理和标注等,其难度均远远超过文本语料库。第四,从资源库涵盖的语言层次来看,多数资源库涉及语音、词汇、语法等内容,力图较为全面地涵盖声韵调、字、词、句、语篇等多方面的资源。第五,从方言与文化的关系看,方言与文化资源的联系日益密切。第六,从资源库建设的载体看,随着社会的发展和技术手段的进步,逐渐由单一形态的文本库或语音库向多模态资源库发展。

尽管近年来国内方言资源库建设的成果众多,发展较快,但仍然存在一些问题与不足,目前能够直接访问利用的方言数据库资源十分有限,也没有充分发动用户广泛参与。为此,国家应该充分认识到方言资源的重要性,加大对方言资源的保护和扶持力度,坚持开放建设,发动社会参与,同时加强对各方言资源库建设的统筹规划,减少重复,避免浪费。

——李洪政.国内汉语方言资源库建设现状研究——以三个资源库为例[J].曲靖师范学院学报,2016(2).

- **贺州学院语言博物馆建设**

贺州是语言资源富集地区,建设实体语言博物馆是保护语言及其文化多样性的有效途径之一。贺州学院语言博物馆由贺州学院整合多学科力量共同建设,包括前言、电子音像展示区、观众体验区、相关实物及研究成果展示区、电子音像语料采录区五个板块。同时,将建设专门网站,与实体博物馆相呼应,进一步扩大影响。

建设过程中正在思考并力图有效解决以下两个问题:第一,如何将语言学理论研究与博物馆建设的应用研究结合起来,将原生态的语言文化材料与高科技的展示手段结合起来,实现知识性与审美性的完美结合;第二,如何有效地讲解,语言博物馆的讲解要求讲解员具有较高的综合素质,面对不同层次的观众,语言学的科学性、文化知识的趣味性、艺术评价的审美性等不同的方面会有不同的侧重。

建设实体语言博物馆还在初期摸索阶段,贺州学院将在三个方面进一步努力:其一,寻求多方合作,不断扩大展示区,不断丰富展示内容;其二,充分利用语言博物馆的丰富材料建设语言大数据库,打造科研平台;其三,开发语言资源旅游业。

——刘宗艳.语言资源富集地区语言博物馆建设的模式探索——以贺州学院语言博物馆为例[J].贺州学院学报,2016(1).

三、语言类非物质文化遗产保护

- **苏州评弹与苏州方言保护**

苏州方言保护和传承的困境,影响了苏州评弹的生存和传播环境,降低了两者的互为依存性。从苏州评弹的角度看保护苏州方言,其实是在研究方言保护对两者相互依存性和苏州评弹的意义。首先,评弹的艺术魅力有利于苏州方言传播;其次,评弹具有的跨区域影响力有利于苏州方言传播;再次,评弹作为曲艺品牌有利于苏州方言传播。

苏州评弹在保护传承苏州方言中的策略和方法主要包括：利用评弹演出机会和场合多宣传苏州方言；强化苏州评弹进校园工程；充分发挥评弹在群众性文化活动中的作用，充分重视本地群众文化活动中苏州方言类节目的重要意义。

——徐志强.苏州评弹与苏州方言保护[J].江南论坛,2016(9).

- **土家语言资源与非物质文化遗产**

土家语言资源有广义和狭义之分，狭义的土家语言资源包括语音、词汇、语法和语义资源，而广义的土家语言资源还包括与之相关的文化内容和形式，如土家族民间文学、传统戏剧、社会风俗、礼仪、节庆等。

土家族非物质文化遗产的产生、发展、实践和传承与土家语密不可分，且通过口传延续。正是语言这一要素把土家族的各方各面串联起来。土家语言及其资源无疑是其非物质文化遗产的最核心部分。面对"土家语的使用区域正在缩小、使用人数逐步减少、使用者年龄趋于高龄化"的现实，可从文化符号视角出发实施其"非遗"的保护与传承。

第一，确定"非遗"符号，呼吁让濒危语言也加入到非物质文化遗产保护名录。第二，研究"非遗"符号，即研究土家语言资源。第三，传播"非遗"符号，可以通过纵向和横向两个维度进行：纵向方面指的是文化符号的传承和延续，对非物质文化遗产的世代延续施以保护，同时辅之以数字化、音像技术等来进行保存并传播；横向方面指的是文化符号的扩散过程，如通过全媒体新闻方言直播节目和文化旅游电视品牌栏目，提升人们对土家族文化符号的认知度，从而产生认同感。

——易红,杨勇.土家语言资源与非物质文化遗产[J].贵州民族研究,2016(7).

第四节　语言保护个案研究

本节介绍关于少数民族语言保护和汉语方言保护的个案研究情况。与前两年相比，2016年相关研究的数量和质量都大幅提升。关于少数民族语言保护的个案研究收文8篇，其中5篇是关于语言活力和语言态度的个案研究，显示重庆土家语、新平县窝尼话、巴州城市蒙古语、闽东畲语都处于快速萎缩甚至濒危的状态,九河乡普米语则有母语保留型、衰退型、复苏型三种生存状态;另3篇是关于语言传承和保护对策的个案研究,涉及彝语、赫哲语和裕固语,相关结论性成果既有很强的个案针对性,也有一定的普遍性意义。关于汉语方言保护的个案研究收文7篇,研究对象分别为胶东方言、皖北方言、上海话、闽南话、广州话、疍家话和客家话,研究显示,除了粤方言以外,其他几个方言都不同程度面临传承危机,需要加强保护研究。本节共收文15篇。

一、少数民族语言保护个案研究

• 土家语

相关调查显示,土家语已处于濒危状态。第一,在代际传承方面,属于严重濒危型;第二,在绝对使用人数及其占总人口的比例方面,属于极度濒危型;第三,在现存语域的使用趋势方面,领域非常有限;第四,在对新语域和媒体的反应方面,基本不用于任何新语域和媒体;第五,在语言教育资料和读写资料方面,有一种实用型的文字可供社区成员学习,并且有一些书面材料;第六,在政府和机构的语言态度和语言政策(包括官方地位和使用)方面,政府鼓励少数民族群体保护和使用自己的语言,但缺乏具体的政策支持和专业指导,工作开展得还不够深入;第七,在社区成员对自己语言的态度方面,许多成员支持其语言维持,另一些人却漠不关心,甚至可能支持其语言的消失;第八,在语言记录材料的数量和质量方面,虽然有土家语的民歌和记录了部分词汇的教材,但在语言记录的数量与质量方面都显不足。总之,虽然国家、市、县、乡各级政府对保护土家语持比较积极的态度,许多土家族人也支持维护本族语言,但总体而言,重庆土家语的活力状况极低。濒危程度属于"严重濒危"等级。采取有效措施抢救和保护土家语已经刻不容缓。

——李汶璟.重庆市濒危语言活力研究——重庆市酉阳土家族苗族自治县个案分析[J].重庆文理学院学报,2016(4).

• 彝语

受到语言生态环境发展变化的影响,大紫处村彝族母语能力尤其是中青年彝族的母语能力在强势语言的影响下初步呈现出退化、磨蚀的现象。石林境内的部分彝族支系已经自觉或不自觉地转用了交际功能更强的汉语。信息化发展也加大了强势语言与弱势语言间的竞争力差距。保护少数民族语言要做好以下工作;准确把握少数民族语言的"生态位";建立完善的少数民族语言生态监测与评估体系;从宏观上使语言协同进化具有可能性;重视家庭环境因素,保留住民族语的最后领地。

——冯佳.语言生态学视域下的少数民族母语磨蚀——以云南石林大紫处村为例[J].学术探索,2016(7).

- **普米语**

九河乡的普米族主要分布在金普和河源两个村,对两个村的调查发现,该地普米语的生存状态可分为保留型、衰退型、复苏型三类。

母语保留型是九河乡普米族母语使用的基本类型。其特点是:大部分人均稳定保持使用自己的母语,不同代际的母语水平差距不大,族群内部首选的语言交际工具也是普米语。母语保留型的存在,支撑着普米语的基本活力,也保证了普米族历史文化代代相承。

母语衰退型表现为熟练使用母语的人数比例低、母语水平出现代际差异,甚至部分人出现语言转用。母语衰退型是小语种在全球化背景下普遍面临的生存危机。尤其在城市化快速发展、对外交通条件改善、人口大规模流动、信息传媒普及的今天,小语种如何与时俱进适应时代变迁,需要深入思考。

母语复苏型有两个特点,一是青少年熟练使用母语的人数比例上升,二是部分青少年有意识地学习自己的母语。母语复苏型是近些年才出现的一种语言使用类型,显示了语言政策和语言教育有可能促进少数民族语言复活、维持少数民族语言活力。

自然地理环境对金普村普米语具有保护作用,而人口比例小、地理分布离散是河源小组普米语衰退的主要原因,国家平等的语言政策则是小栗坪小组普米语复苏的重要动力。语言与地理环境有密不可分的关系,地理环境各要素对语言均有各自不可替代的重要作用,它们共同的综合作用是语言使用功能发生地域差异的基本动力。语言功能演变与地理环境(包括自然地理环境和人文地理环境)存在密切关系,值得深入探讨。

——杨露,余金枝.地理环境对语言功能演变的影响——以九河乡普米语小语种的生态保护为例[J].青海民族研究,2016(4).

- **哈尼语窝尼话**

新平窝尼人语言使用情况调查结果显示,全民熟练使用汉语,母语使用存在明显的代际差异,传承已出现断层。35岁以下的人已完全不能使用窝尼话,使用人数减少,使用功能和使用范围都处在快速萎缩的状态之中,已经呈现出严重的生存危机。窝尼话的语言系统也受到了汉语的影响,不过语法系统尚未松动。导致窝尼话急促衰变的原因有四个方面:与外部社会接触程度加深,生产、生活方式发生改变,族际婚姻增多,语言态度改变。

——杨艳.新平县窝尼话的濒危特征定性分析[J].贵州民族研究,2016(2).

- **畲语**

对闽东畲族的语言调查显示:在语言习得途径上,因为畲族没有文字,主要是在家庭环境中的口耳相传,以及本族人言语社区中的自然习得;在语言使用类型上,有母语单语型、语言转用型、双语使用型三种;在语言态度上,闽东畲族群众对自己的母语有较强的民族情感,大部分人对下一代学习母语持肯定态度;在语言使用场合上,畲语在家庭的语言使用状况良好,在社交场合中民族活动时使用畲语的频率最高,在村委会办事时使用畲语的频率较高。

闽东畲族青少年人群使用畲语有四个特点:第一,语言转用者的比例在提高,双语使用的能力在下降;第二,普通话成为青少年最为熟练掌握的语言和听起来最为亲切的语言;第三,青少年在是否希望民族小学能用畲语教学以及是否希望能在广播、电视媒体中听到或看到畲语节目方面,与成年人相比,期望值大大下降;第四,青少年在家庭中使用畲语的比例在下降。

根据联合国教科文组织的语言活力指标,闽东畲语的语言活力已处于较低的状态,语言濒危的特征已经非常明显。这是一种历史发展的趋势,面对这样的发展趋势,应该采取一定的措施延缓畲语走向濒危的速度。一方面要加强对畲语的调查研究,组织专家学者通过录音、录像等形式收集语料,在对畲语全面调查记录、描写分析、整理保存的基础上,建立畲语有声数据库。另一方面要加强畲族文化遗产的保护、抢救、发掘、整理和展示宣传,维护弱势语言的生态环境,在畲族聚居的闽东地区建立畲族语言文化生态区,把语言的保护与文化的传承有效地结合起来,打造本民族与当地社会经济发展相适应的语言文化品牌。

——陈丽冰.闽东畲族语言使用现状调查[J].福州大学学报,2016(6).

- **赫哲语**

赫哲语在传承中存在三方面问题。第一,学术研究与地方政府缺少沟通,没有将研究成果转化为生产力。学者们的研究成果只能供语言学家、研究者使用，学者们提出的建议与对策仅停留在文章里，没有提供给政府或相关部门去实施，没有推动赫哲语的学习与推广。第二，对赫哲语的教学仅停留在小学，没有一个长远、科学、切实可行的规划做支撑。赫哲语的教学应该小学打基础、中学做过渡、大学去深造，为赫哲语的抢救、弘扬和传承勾画一个长远的路线图。第三，政府重视赫哲族的文化发展，但忽视了对赫哲语的抢救与整理。

濒危的赫哲语需要及时抢救，主要措施有三：其一，对赫哲语从词汇、句子及民间故事等方面进行有声语料的采录、整理、加工、保存，并制成数据库；其二，依托非物质文化遗产伊玛堪，加大赫哲语的学习力度，同时培养年轻一代传承人，不断宣传伊玛堪，使之成为赫哲族人的骄傲；其三，政府、高校、民族人士加强合作，合力推进。

——邬文清.赫哲语的传承与保护探讨[J].齐齐哈尔大学学报，2016(10).

• 蒙古语

绝大多数城市蒙古族从小习得了母语，在家庭内部尚能用母语交流，在多语社区能用多种语言与他人交谈。但城市蒙古族母语的读写能力出现了弱化现象，学习和使用母语的积极性不高，传承和发展本民族语言文化的意识淡薄；而且，城市蒙古族年青一代去母语化趋势较为明显，家庭内部使用母语的积极性不高，创设的家庭语言环境不够。

影响城市蒙古族语言使用的主要因素是城市蒙古族语言观念和所保持的社会网络发生了重大变化，学校、家庭、社会、大众传媒的重视程度不够。基于这一现状，巴州城市蒙古族语言使用呈现出四种趋势：一是学习和使用蒙古语的人越来越少；二是城市蒙古族母语能力水平在逐渐下降；三是尽管国家、政府、学校的重视程度在不断提升，但政府工作人员、学生群体、社会人员学习和使用蒙古语的积极性不高；四是城市蒙古族自身的语言意识感不强。

——韩建岗.新疆巴州城市蒙古族语言使用现状及发展趋势[J].西部蒙古论坛，2016(1).

• 裕固语

打造裕汉双语家庭是保护和传承裕固族语言文化遗产的关键举措。为了给打造双语家庭提供有效的社会支持体系，应分别从实践层面和政策层面做出努力。

在实践层面,应根据现实状况和行动逻辑,采取三方面措施:第一,开展调查研究,加强裕固族语言的记录与描写研究,调查研究语言接触和语言流失的机制,调查家庭语言使用类型与需求;第二,制定语言规划,包括地位规划、本体规划和习得规划;第三,提供公共服务,保护和传承裕固族聚居区语言文化遗产。

在政策层面,应赋予双语家庭以充分的社会政策价值和语言文化意义,注重发挥榜样示范的积极作用,在打造实践中植入文化价值。打造裕汉双语家庭,需要语言政策和家庭政策双管齐下,协调配合,才能取得较好的实践效果。此外,社会科学界还应加强政策储备研究,以服务于当前和未来的裕固族语言文化遗产保护与传承实践。

——巴占龙.如何打造双语家庭——裕固族语言文化遗产传承问题研究[J].西南民族大学学报,2016(5).

二、汉语方言保护个案研究

• 胶东方言

对威海的语言调查显示,胶东方言处在濒危或潜在的濒危状态。不同人群方言使用情况差别较大,年龄、职业和学历都是影响方言使用的重要因素,年纪较小、高学历和部分职业使用方言的频率较低,方言的使用范围正在缩小,仅局限在家庭和朋友聚会,而且使用者趋于老龄化,儿童很少使用方言。关于对方言的态度,大多数受访者表示可以接受方言,认为讲方言并不粗鄙;关于普通话和方言的关系,不同年龄、学历和职业的受访者的观点差异较大;关于方言的未来发展,总体持乐观态度,认为将维持现状,年纪较轻的受访者有培养下一代讲方言的愿望;关于方言保护政策,大部分受访者表示坚决支持,很多受访者认为保护方言应从孩子抓起。

——左秀兰,吕雯钰.关于方言使用及态度的调查研究——以威海地区胶东方言为例[J].北京第二外国语学院学报,2016(1).

• 皖北方言

皖北阜阳的语言文化传承主要体现在语音和词汇上。语音方面,至今仍保留着一些古代汉语的音系特征;词汇方面,很多词汇经过几百年甚至上千年的传承,至今还在人们的交际中使用,显示其强大的生命力。同时,阜阳方言在文化传承中又体现了与时俱进的一面,在目前阜阳年轻人的口中,一些典型的方音特征正在逐渐消失,一些古语词被赋予很多新意,一些方言色彩较浓的词语被淘汰,代之以普通话新词。随着社会变化发展,一些新生词汇、南方方言和网络词语也开始进入阜阳方言系统。保护开发利用皖北阜阳方言,可从四个方面着手:政府倡导,开展方言资源价值评估;加强宣传,树立保护方言的理念;和谐共处,保障方言的传承空间;弘扬艺术,彰显方言的独特魅力。

——王琴,肖金芳.方言资源保护与语言文化传承——以阜阳方言为例[J].铜陵学院学报,2016(3).

• 上海话

比较分析近十五年来的相关调查数据发现,上海青少年方言使用与能力的变化具有以下特点:从大多数人从小首先学会方言逐步转变为大多数人从小首先学会普通话,从方言为优势语言逐步转变为普通话为优势语言,从在家庭和公共场合主要使用方言逐步转变为主要使用普通话,每一代青少年的方言能力都在不断下降。随着时间的推移,普通话已逐渐成为大多数上海本地青少年的优势语言,本地方言的传统第一语言优势地位正在逐步丧失;本地青少年在家庭中常说上海话的比例不断下降;尽管青少年的方言使用率会随着年龄的增长而略有提高,但其方言能力并没有显著的年龄变化。

青少年的语言使用习惯、第一语言习得情况、对上海话价值的认识、对普通话价值和地位的认识以及家长的家庭语言使用,都对学生的上海话能力有着显著的影响。其中青少年的家庭语言使用习惯和第一语言习得情况的影响力要明显高于其他变量的影响力。因此,当前亟须树立科学的语言观,改变人们传统的"单语单言"意识,重视家庭语言规划,鼓励家长培养孩子的多语多言能力,营造普通话和方言并存共用的和谐多语生活。

——俞玮奇,杨璟琰.近十五年来上海青少年方言使用与能力的变化态势及影响因素[J].语言文字应用,2016(4).

• 闽南话

闽南方言承载着闽南文化,在特定的地域和人群中有着丰富的特色和感染力,但也造成了其传播的局限性。相关问卷调查显示,当前闽南方言的传承现状并不乐观。城市被调查者的闽南方言运用能力相对于农村和乡镇而言较弱,但是并无很大的差异;双言生活已成为常态,在家里与父母等长辈交流多使用闽南方言,在社会公共场合多使用普通话;被调查者对闽南方言艺术的掌握情况不乐观,相较于闽南方言戏曲,闽南方言歌曲更为人们所熟悉和喜爱。

保护一种语言,不仅要依靠每个人践行维护,更需要政府强有力的推动,需要全社会的力量。科学保护闽南方言,应该运用生态语言学相关理论,找到其生存发展的土壤和条件。一方面要强化方言生态意识,另一方面应改善方言的生存环境。要在推广普通话的同时,给闽南方言留下合理的文化生存空间;应加强影视媒介和网络媒体对闽南方言的宣传;应在学校开设闽南方言学习课程,同时开展各种与闽南方言相关的艺术和文化活动。

——陈鸿,苏翠文.闽方言传承现状与保护对策研究之一:闽南方言[J].闽江学院学报,2016(6).

- **广州话**

在广州青少年群体中,粤方言仍保持着强势语言的地位,与此同时,使用普通话的人数也已非常可观,可以用"普通话与粤方言并重"来描述广州青少年的语言使用状况。不过,普通话与粤方言的应用环境有所差别,在工作与学习环境中普通话更为普遍,而在家庭环境中粤方言更为常见。通过代际比较发现,以粤方言为母语者以及粤方言使用者的比例一直在呈微弱的代际增长趋势,以普通话为母语者及普通话使用者的比例增长迅速,一度拥有不少使用者的其他方言则生存空间明显缩小(包括母语、学习/工作语言、家庭语言的选择等)。

很显然,普通话的"崛起"并未像有些人士担心的那样"冲击"了粤方言,但却极大地"冲击"了在部分广州人群中使用的其他方言。在普通话与粤方言成为广州居民的主要语言的同时,其他方言正在被边缘化。广州青少年在包容和接受普通话时,并没有冷落或抛弃粤方言。语言态度方面,广州青少年总体上略偏爱粤方言,这种偏爱主要来自对粤方言的情感认同。而影响语言态度的最重要因素是母语,对于母语的语言态度评分高于非母语的语言态度评分;在以粤方言为母语的青少年中,这一点表现得尤为明显。研究还发现,对普通话的语言态度与性别有关,这与已有的同类研究是一致的。但在研究语言态度与性别关系时,需要辨析并排除评分时所包含的与语言态度无关的其他心理因素,否则会高估性别对于语言态度的影响。

——徐晖明,周喆.广州青少年语言使用与语言态度调查与分析[J].语言文字应用,2016(3).

• 疍家话

调查显示,潮汕话是广东省潮州市饶平县饶平疍家人现阶段最主要的日常交际语言,被调查者中绝大多数人熟练掌握潮汕话,部分人也会使用疍家话、粤方言和普通话。但掌握疍家话的人已经不多,主要是老人和经常下海的渔民,年轻一辈只能大概听懂甚至完全不懂疍家话。饶平疍家人受潮汕本土文化的影响很深,对疍家的语言文化认同感和忠诚度都不是很高,甚至从主观意识上放弃了母语的使用和传承。

影响饶平疍家人使用疍家话的因素包括年龄、性别、职业、文化程度、交际场合等。其一,饶平疍家人疍家话的使用情况有明显的代际性特征,年龄大小对疍家话水平高低有一定影响。其二,被调查者中男性能"熟练"使用疍家话的人数比例略高于女性。其三,渔民的疍家话语言能力相对较好。其四,文化程度相对较低的人疍家话能力较强。

造成饶平疍家话交际功能丧失的原因有三:一是疍家话使用人口少,二是疍家人对疍家话的语言忠诚度低,三是疍家人上岸陆居后与当地原住民通婚,其后代习得的母语都是潮汕话,父母与子女之间的交际语言也主要是潮汕话,这使得疍家人家庭内部的语言状况发生了改变。

——许婉红.饶平县疍家人语言生活状况调查报告[J].韩山师范学院学报,2016(2).

• 客家话

调查发现,广西田林高龙乡客家青少年的母语习得以家庭传承为主,他们入小学前大多是客家话单语人,通过学校的学习变成主要讲普通话和西南官话的双语人。除了母语,他们还兼用其他语言,并且各语言的使用功能分工明确。客家三代人家庭交流以客家话为主,对外以西南官话和普通话为主,这在一定程度上保证了客家话的传承,但他们的母语水平在下降,家庭内部客家话的使用空间也受到了挤压,随着代际更替,客家话的使用正在缩减,而普通话则浸入原本以方言母语为主的家庭域,在家庭使用中占比越来越大。

在语言能力方面,客家青少年掌握情况良好。在语言情感和语言态度方面,客家青少年都倾向于普通话,认为普通话更加好听、有用、社会影响广。在语言的发展期望方面,青少年认为普通话有更大的发展空间。影响高龙客家话传承的因素包括地理环境、经济状况、人口数量和教育发展状况,婚姻状况与家庭模式,以及客家人对母语的语言忠诚度等。在今后很长一段时间里,客家话仍将持续使用,高龙乡的多语格局也会延续。

——李金阳,黄南津.广西田林客家方言岛的语言传承[J].广西民族师范学院学报,2016(6).

第五章 语言教育

语言教育政策既是一国语言政策的重要构成,也是一国教育政策的重要内容。以语言教育涉及的语种为视角,我国的语言教育政策分为国家通用语教育(常称"语文教育")政策、少数民族双语(指国家通用语和民族语)教育政策和外语教育政策,而三者之间的关系协调、统筹规划构成了我国的宏观语言教育政策。因此,本章分四节介绍2016年相关研究情况:第一节"语言教育规划与国民语言能力",介绍宏观语言教育政策研究情况;第二节"国家通用语教育(语文教育)",介绍关于语文教育领域当前各热点话题的研究情况;第三节"少数民族双语/三语教育",系统介绍双语教育理论、政策(方略)、现状、模式、师资建设等的研究情况,兼及少数民族外语教育政策研究情况;第四节"外语教育",介绍关于外语教育领域当前各热点话题以及基础教育、高等教育等各阶段外语教育的研究情况。本章共收文83篇、论著2部。

第一节 语言教育规划与国民语言能力

本节介绍2016年关于语言教育政策的综合性、宏观性研究情况。包括三个专题:一是"语言教育规划",所介绍的研究内容涉及语言教育战略规划,相关研究显示,教育领域的语言竞争及由此引发的各类矛盾形成了宏观语言教育政策的主要决策议题和研究重点;二是"国民语言能力",提高国民语言能力是语言教育的目的宗旨和价值本质,本专题介绍的相关研究主要探讨国民个体语言能力的内涵、本质、意义;三是"语言教育与语言能力提升",相关研究主要探讨基于语言能力提升的语言教育方略。本节共收文20篇。

一、语言教育规划

- **教育领域的语言竞争**

当前各领域、各层级、各地区都存在语言竞争,而教育是语言竞争的热点领域。教育领域的语言竞争主要表现在两个方面:一是语言课程,一是教学媒介语。开设哪些语言课程,受制于国家的语言人才需求,也深受国内国际语言市场的影响。教学媒介语涉及教育主权,一个国家使用什么语言作为教学媒介语,常由法律规定。与语言课程相比,教学媒介语的语言竞争对社会的影响更为深刻,其所引发的语言矛盾乃至语言冲突也更为激烈。激烈的语言竞争,是教育领域的语言处于活跃状态的表现,是社会语言需求多样化在教育领域的表现,但也容易激化语言矛盾,引发语言冲突。语言、宗教、民族等领域常常会成为社会矛盾的"喷射口",社会矛盾最易用语言、宗教、民族的面目呈现出来;同时,语言矛盾等等也最易转化为社会矛盾和社会冲突。因而,教育领域亟须制定科学的语言规划;制定教育领域语言规划,要树立政策意识、资源意识和规律意识,要妥善处理好以下三个问题:

一是教学媒介语问题。法律规定,我国教育机构的教学媒介语是国家通用语言,民族地区的教学媒介语是本民族语言和国家通用语言。在实践中,民族地区需要处理好"双教学媒介语"之间的关系;同时,也必须面对特殊情况下外语作为教学媒介语的现实,要给出法律层面的解释。

二是语言课程问题。开设哪些语言课程,在哪个学龄段开设哪些语言课程,需要进行学术研究。当前的主要问题是,语言课程内容贫乏单调,第二语言的学习年龄开始较晚,汉语方言、民族语言、稀有外语语种的教育都明显不足,且语言教育的工具性、功利性较为明显,文化性、学术性明显不足。

三是汉语国际教育规划。在汉语国际教育方面,我们有汉唐的历史成就,但缺乏现代经验,需要借鉴,需要探索。关键之一,需要对汉语的身份有清晰的认识。做好汉语国际教育,必须有"国际汉语"的视野。中国人支持汉语国际教育,不是怀揣一己私利也不应怀揣一己私利,而是在尽"目标语言国家"的责任。同时要鼓励和支持中国之外的国家和地区开展汉语教育。

——李宇明.教育是语言竞争的热点领域[N].光明日报,2016/10/16.

- **语言教育规划面临的新问题**

20世纪末以来,在语言教育中,老问题出现新情况,新需求带来新问题,语言的两难选择日益增多且矛盾尖锐。当今语言教育中的问题主要集中在:母语与外语的矛盾;母语与通用语、官方语言/国语的矛盾;方言与标准语的矛盾;语言与其他课程的矛盾。这些问题反映出的是现实语言需求与语言情感的矛盾,语言不同功能之间的矛盾,以及语言教育的需要与其他课程的矛盾。

造成这些问题的原因包括五大方面:其一,全球化强化了语言的作用,也造成了强势语言对弱势语言的挤压,影响了世界语言生态;其二,信息化改变了世界,也不断改变着语言和语言生活;其三,语言观的发展促使人们更加关注语言;其四,新思潮的产生把语言推到了社会的风口浪尖;其五,人口大流动改变着世界语言格局,对语言教育提出了新要求。

根据新形势调试语言教育规划,要从更新观念入手。更新观念是保障语言政策与规划的制定保持先进性、科学性和可行性的基础。同时,也可以通过新观念的传播来减少误解、凝聚共识、化解矛盾,为语言教育规划的调整和有效实施做铺垫。针对现实情况,有必要确立五大观念:全面语言观,主体性与多样性相统一的语言生态观,立足人生存和发展需要的语言人权观,着眼人生存和发展需要的全面语言素质观,与时俱进的动态语言规划观。

——赵世举.语言教育规划面临的新问题[A].中法语言政策研究(第二辑)[C],北京:商务印书馆,2016.

- **国民语言教育**

国民语言教育是面向全体国民的,以提高国民个体语言文字应用能力和文化素养为目的的继续教育,是构建终身教育体系的重要组成部分。制定《国民语言教育大纲》、实施国民语言教育是普及国家通用语言文字的需要,是持续提高国民个体语言能力的需要,是建设学习型社会的需要。《大纲》有四个部分,包括国民需要了解的语言文字基本国情、国民需要掌握的国家通用语言文字基本知识、国民需要了解的跟汉语汉字相关的传统文化知识、国民应当具备的语言文字应用基本能力。实施国民语言教育,应遵循因需施教的基本原则,从受教者的需求和社会需求出发,有的放矢地进行有差别的教学,使受教者完善和提升他们适应工作需要的知识、能力和相关素养;同时,采用灵活施教的基本方法,根据受教者的不同特征制订不同的教育方案,采取不同的教学方法。

——富丽,陈菲,张一清,魏晖.国民语言教育有关问题探讨[J].语言文字应用,2016(4).

二、国民语言能力

- **国民语言能力内涵**

个人语言能力首先是指母语的语言能力,同时包括外语的语言能力。母语也好,外语也好,都包括口语能力和书面语能力。口语能力包括听的能力和说的能力;书面语能力包括阅读能力和表达能力,还包括使用电脑击键的能力。就母语为汉语的中国人来说,还应包括文言文阅读能力。个人语言能力的强弱,并不只是跟语言有关,事实上跟他所拥有的知识面有很大关系;而更重要的,跟他眼睛里、心里是否有听者、读者,跟自己能否时时进行换位思考都有极大关系。

——陆俭明."语言能力"内涵之吾见[J].语言政策与规划,2016(2).

- **语言技能是最基本的语言能力**

语言能力包括语言知识、语言应用、语言水平和语言技能。其中,语言技能是最基本的语言能力。新中国推行简化汉字、推广普通话、制定和推行汉语拼音方案三项文字改革任务,有效提高了国民语言技能,提升了国民语言能力,为我国经济、文化的可持续发展创造了有利条件,对维护民族团结和国家统一以及扩大对外交流起到了积极的促进作用。

——傅永和.提升语言能力,促进社会发展[J].语言科学,2016(4).

- **公民语言能力的属性**

公民语言能力具有伴生性、时代性、差异性和层级性属性特点。我们应充分认识属性特点,合理发掘每个人的语言潜能,有效培养适应网络时代的语言能力,以满足当下及未来对语言能力的层次需求:一是通用语言能力与方言或民族语言能力,前者适应国家认同的需要,后者满足地域认同与民族认同的需求;二是本国语言能力与外国语言能力,前者保证我们成为一个合格的公民,后者能让我们更好地生活在地球村;三是"传统"语言能力与网络时代语言能力,这使我们不囿于白纸黑字时代皓首穷经,更能在"万码奔腾"的时代主动获取与发布信息;四是公用语言能力与领域语言能力,前者满足公民社会交往的基本需要,是基础教育乃至高等教育应完成的能力培养,后者则满足不同传播层面、不同工作、不同群体的社会需求,以更好地服务于社会。

——汪磊.公民语言能力的属性[J]."语言能力"多人谈,语言战略研究,2016(5).

- **加强少数民族语言能力建设**

加强少数民族语言能力建设,应同时关注其母语能力、双语能力和多语能力。目前民族教育所面临的学生三语能力培养工作难度大,存在母语能力严重下降、汉语单语化趋势增强、英语能力提高缓慢的现实状况。希望有关方面从语言的感情价值、文化价值、社会价值、经济价值角度出发,加强少数民族语言能力建设,推进少数民族语言保护与发展、国家通用语言推广与普及、外语教育发展政策等方面的顶层设计,促进语言和谐健康发展。

——巴达玛敖德斯尔.加强少数民族语言能力建设[J].
"语言能力"多人谈,语言战略研究,2016(5).

- **语言能力和个体认知**

语言能力是否能够反映语言使用者的智商和认知能力是学界长期争论的焦点。时至今日,把语言缺陷等同于低度认知的观点仍然在学界占有一席之地。然而越来越多的研究表明,语言所蕴含的已远远超过了语法,它还包含着语言使用者通过语言内化的价值观、文化和认同。语言为人们规定了应该以何种方式进行交流、穿衣、游戏和读写。语言表征一个群体所关注的特质和规则,也说明人们应以何种方式宣告他们所归属的社会群体。

——盛静.关于语言能力和个体认知的争论[J].
"语言能力"多人谈,语言战略研究,2016(5).

- **培养和提高公民语言技术应用能力**

公民语言技术应用能力是公民语言能力的一部分,也是国家的重要语言资源。公民语言技术应用能力的构成大体有三部分:一是语言技术交际能力,二是语言技术通识能力,三是信息采集与管理能力。培养和提高公民语言技术应用能力可从以下三方面切入:加强公民语言技术应用能力调查,多渠道开展科普教育和技能培训,加强科学规划与引导。

——张延成.提高和培养公民语言技术应用能力[J].
"语言能力"多人谈,语言战略研究,2016(5).

- **网络使人的语言能力面临巨大考验**

人类进入网络时代之后,语言生活发生了巨大的变化,网络成为人们提升语言能力的重要途径。人们能以前所未有的效率获取语言学习材料、接受语言教育,也能以前所未有的热情把自己的表达冲动发挥得淋漓尽致。然而,网络也使人的语言能力面临着巨大的考验:第一,碎片化、图像化的阅读趋势考验人们阅读的心理耐受力;第二,轻便化、世俗化的表达趋势考验人们的语言审美能力和精制语码应用能力;第三,网络的修辞限制及传播特征考验人们的表达能力;第四,网络自媒体的兴起考验人们的批判性阅读能力以及写作示信能力。

——徐欣路.网络使人的语言能力面临巨大考验[J].
"语言能力"多人谈,语言战略研究,2016(5).

- **大众媒体在语言能力提升中的作用**

除了有意识的政策引导,大众媒体也对社会语言使用起到了重要作用。语言既是被消费的内容和对象,同时媒体也在引领着消费者的语言使用,无形中起到提升大众语言能力的作用。在少数族裔语言复兴过程中,媒体可以在地位规划、本体规划和习得规划方面发挥积极作用。

提升语言能力,首先要提高语言意识,也就是充分重视语言并且有意识地提升个人的语言使用能力。这可以说是一种"自下而上"的力量的体现。语言文字类节目通过提升大众语言能力,也促使大众增强了文字自信、文化自信。这在某种程度上说是语言政策的一种有效实现路径。数字技术和新媒体的不断发展,客观上使得语言政策与规划越来越远离传统的诸如政府机构和教育机构的掌控。

——李英姿.大众媒体应发挥语言引领机制[J].
"语言能力"多人谈,语言战略研究,2016(5).

- **学生母语能力的构成及其发展**

学生的语言能力可以概括为语言认知能力、语言思维能力和语言运用能力三个方面。语言认知能力是语言能力发展的决定因素,主要包括视觉加工能力、语音加工能力、词汇加工能力、语义加工能力等,其中语义加工能力起的作用更大。语言思维能力是指学生利用语言获取信息、分析推理、反思和评价等方面的能力。语言运用能力是指学生运用语言表达观点、进行交际的能力。

学生的语言能力是逐步发展的,但是发展的步伐并不完全相同。语言能力各个要素之间存在预测关系,比如学生基本认识能力的发展状况,可以预测学生的阅读理解能力和书面语表达能力,这为儿童语言能力的发展及评测研究打下了很好的基础。但是对于口语表达能力与批判性思维能力发展之间的关系还需要进一步考查。

——邢红兵.学生母语能力的构成及其发展研究[J].语言战略研究,2016(5).

● **国民语言能力与经济发展**

国民英语能力与我国对外服务贸易流量呈显著正相关关系。在贸易全球化的新形势下,这种影响是稳健的,大体还呈现上升趋势。语言的经济价值能影响一个国家的经贸往来和经济发展,国民英语能力在服务贸易的发展中扮演着重要角色。对中国来讲,减少与贸易伙伴之间的语言障碍,增强贸易双方的文化认同感尤为重要。国民英语能力的提升,一方面提高了中国对外的直接交流和沟通能力,另一方面也有利于中国了解与掌握国际商务、法律、金融等服务贸易中的知识和惯例。继续加强中国的外语教育,提升国民英语能力,对我国对外经贸往来的可持续发展大有裨益。在当前"一带一路"建设的背景下,加强中国与世界各国的语言互通,对保持和提升中国在国际社会中的大国形象和地位具有重要的现实和长远意义。

——张卫国,孙涛.语言的经济力量:国民英语能力对中国对外服务贸易的影响[J].国际贸易问题,2016(8).

● **外语能力的工资效应**

在控制了教育、工作经验、行业、职业、工作场所以及一系列反映个人特征的变量(包括能力偏误)后,中国城市劳动力市场外语能力的工资效应为,外语能力(特别是精通外语能力)在我国有着较高的经济回报。

总体上,精通外语能力对人们月工资的提高区间在 34.5%—47.6%;一般外语能力对月工资的提高区间在 8%—14.8%。外语能力回报率因人而异,在男女之间存在着差异。精通外语能力对女性的回报要高于男性,一般外语能力对男性工资收入有较大促进作用,而没有证据表明对女性工资收入产生影响。外语能力回报率随着收入分布状况而变化,并且这种变化在不同外语能力之间存在差异。外语能力未达到精通之前,主要对提高中低收入人群的工资收入有帮助,并且回报率呈现随着收入水平增加而递减的趋势;精通外语能力对最低层收入人群的工资不产生影响,对中高收入人群来说,其影响总体上呈现出随着收入水平增加而增加的趋势。

作为一种技能,语言体现了人力资本的属性,语言(外语)学习也是一种人力资本投资,与教育、健康等投资一样,具有生产性,可以提高劳动力市场上的工资收入。尤其是在经济全球化的背景下,语言的经济价值越来越大,在劳动力市场上的作用也越来越明显。

——刘国辉,张卫国.中国城市劳动力市场中的"语言经济学":外语能力的工资效应研究[J].山东大学学报,2016(2).

- **语言能力对劳动者收入的贡献**

实证分析发现,劳动者语言能力对其收入的影响在 11.62%—15.6% 之间。将语言能力细分为英语的听力和表达、普通话的听力和表达后,形成如下结论:一是英语能力的工资溢价高于普通话的工资溢价,说明劳动力市场的发展对劳动者自身能力提出了更高的要求;二是普通话表达能力对工资的促进作用高于普通话听力对工资的促进作用,说明善于表达的劳动者更有机会增加其工资收入。通过分析语言能力对劳动者收入影响的地域效应和收入组别效应,发现中东部地区和平均收入组效应更为明显。

如果劳动者具有较高的语言能力,就能够有效配置周围的人力和信息资源,实现自身收入的逐级提升。劳动者语言能力还具有显著的同群效应,即如果同一区域内其他劳动者的语言能力较高,那么也会对该劳动者形成正面促进作用,从而使其不断提升自己的语言能力。随着经济的发展,分工不断深化,劳动者语言能力的提升将缩短找工作的时间,减少市场信息不对称带来的负面影响,最终提高自身的收入水平。

——赵颖.语言能力对劳动者收入贡献的测度分析[J].经济学动态,2016(1).

- **语言能力与大学毕业生的工资溢价**

在控制学生总能力及其他变量后,汉语能力更强的学生具有明显的工资优势,英语能力同样具备工资溢价效应,但影响系数较汉语能力小。对于工资水平较高的群体,英语能力对工资溢价的作用比汉语能力大。汉语能力和英语能力的工资溢价效果在工作三年内都具有可持续性,溢价效应是语言能力本身所带来的经济回报。

研究表明,语文成绩代表的学生汉语能力能有效预测其未来就业起薪点,预测效果甚至高于以客观题见长的英语和数学,因此,高校在选拔人才时,应更重视语文成绩及其代表的汉语能力。同时,各级学校应在教学过程中加大汉语能力的培养,这将有助于学生在劳动力市场中获得更多的优势。

——潘昆峰,崔盛.语言能力与大学毕业生的工资溢价[J].北京大学教育评论,2016(2).

- **语言能力对农民工收入的影响**

研究发现,语言是影响上海农民工收入水平的因素。其中,上海话的熟练程度对农民工的绝对收入和相对收入都有正向作用,但普通话和家乡话的熟练程度对其绝对收入和相对收入的影响并不显著。

同一解释变量对于绝对收入和相对收入的影响程度存在显著差异。例如,是否为男性、是否已婚、本人是否为独生子女、是否参加了城市保险以及在目前工作岗位上持续工作年限等,均对农民工的绝对收入产生显著影响,但对于农民工的相对收入,这些解释变量的影响均不显著。"长辈是否有外出经历"不影响农民工的绝对收入,但却会对其相对收入产生影响;受教育程度、上海话的熟练程度对农民工的绝对收入和相对收入均产生正向作用。由此可见,影响农民工绝对收入和相对收入的因素并不一致,这为制定有针对性和差异化的政策提供了空间。

基于上述实证结果,若要进一步提高上海市外来农民工的收入水平,促进其城市融入的积极性,除进行必要的制度改革之外,还可以发挥上海话的文化软实力。例如,尝试在农民工技能培训中加入上海话培训,继续在农民工子弟小学中开展上海话教学等。这样既有利于外来农民工与本地居民的相互交流和相互认同,也有利于培养农民工的市民意识,增强其城市归属感。

——程名望,王娜,史清华.语言对外来农民工收入的影响[J].经济与管理研究,2016(8).

三、语言教育与语言能力提升

- 语言能力提升与语言教育创新

全面综合的语言能力体现在语言理解、语言表达和语言纠错三个方面。在语言理解方面,无论听或者读,能一下子抓住对方表达的主要内容,具有获取新的信息和知识的能力;在语言表达方面,无论说或者写,具备运用娴熟的书面语在自己的工作、学习范围内传递信息、表达思想情感的能力;在语言纠错方面,具有实际的纠错和修改能力。

人的语言素养与语言能力的提高有赖于语言教育。语言教育的目的和任务有三:一是逐步培养学生具有全面综合的语言能力;二是培养学生具有一定的文学素养,并逐步养成健康的审美情趣和文化品味来鉴赏文学艺术作品;三是让学生受到真善美的教育与熏陶,培养正确的社会价值观。

国家需要制定符合国情的更为科学的语言教育政策,鼓励语文教育、外语教育走改革创新之路。需要科学总结、认真吸取国内外传统语言教育经验,以进一步提高语言教育的质量和水平。

——陆俭明.要重视语言能力的不断提升——兼说语言教育之创新[J].语言科学,2016(4).

- **全球竞争中的语言能力和语言教育**

《美国联邦教育部国际战略(2012—2016)》是美国政府发布的第一部国家级的国际化教育战略,旨在提高全球竞争力、向其他国家学习、参与教育外交,由教育部统筹协调项目的实施。其核心内容主要包括:提供面向全体学生的世界一流的教育,提升学生的全球竞争力,引进国际标准、借鉴他国的实践经验,加强教育外交与国际参与。该《战略》从国家战略的高度强调了语言能力和语言教育的重要性,指出:语言能力是全球竞争力的核心要素,语言教育是国际化教育的基本途径,提升语言能力是借鉴国际经验、实现教育外交的必要前提。

——赵蓉晖,王寰.全球竞争中的语言能力和语言教育——基于《美国联邦教育部国际战略(2012—2016)》的分析[J].云南师范大学学报,2016(3).

- **以语言能力发展为导向的高校汉语课程体系构建**

语言能力提升和语言教育创新是当今教育的重要任务之一,发展语言能力在高等教育中具有重大意义。语言能力是人的基本生存能力,贯穿个体自我发展始终。其不仅是人的基本生存能力,而且作为劳动力的重要构成要素,对人的职业能力、社会声望、生存状态有着直接影响。

当前学生的语言教育不足,语文课缺乏明确而清晰的语言教育目标,高校大学生语言能力令人担忧。高校汉语课程设置未能从语言与个人成长、语言与国家民族、语言与社会生活等高度,引领学生发展语言能力,缺乏明确的母语意识。同时汉语课程设置随意,缺乏统筹规划,课程定位模糊,教学目标不明确,在高校课程体系中处于边缘的地位。高校的汉语课程体系构建应该以发展语言能力为核心目标,以满足语言应用实践为课程编排原则,这既是当下提升国民语言能力的迫切任务,也是高素质人才培养的根本保障。

——周梅.以语言能力发展为导向的高校汉语课程体系构建[J].安徽农业大学学报,2016(5).

第二节 国家通用语教育(语文教育)

本节介绍2016年关于国家通用语教育(即语文教育)的政策研究情况,所列四个专题均是年度的研究热点与重点。一是教育部修订高中语文课标带动的关于"语文核心素养"的研究;二是社会普遍关注、国家高度重视的语文教材选文问题驱动的"语文教材编写"研究;三是传承中华优秀传统文化、增强文化自信推动的关于"语文教育与中华优秀传统文化传承"的研究;四是国家语委相关重大课题结项产出的"中小学语文教材语言文字规范化情况"研究。共16篇论文,视角多元,议题多样,指向了新形势下语文教育的迫切任务,指出了语文教育亟待解决的重大问题。

一、语文核心素养

• 语文核心素养与语文课程的特质

语文是母语教育,它应当有时代性,但更重要的,它一定不能丢掉民族性。语文核心素养是学生在积极主动的语言实践活动中构建起来、并在真实的语言运用情境中表现出来的个体言语经验和言语品质,是学生在语文学习中获得的语言知识与语言能力、思维方法和思维品质,是基于正确的情感、态度和价值观的审美情趣和文化感受能力的综合体现。

"语文素养"界定中说的"语言"指的是母语。信息社会中的母语能力不能仅仅是经验,但也不能不顾事实、不经过经验过程,把汉语、汉字这样的人文符号变成数理符号塞给学生。西方语言学认为只有抽象的语言形式才是科学的,但中国几千年的语文都不仅仅是语言形式,而是带着思想、载负情感、富有文化、凝聚美感的话语和篇章。所以,语文课程中的"语言",不仅仅是社会的理性语言,更是语境中的言语和优质的母语语感。

语文课的主要任务是通过母语的运用,有原则、有选择地继承传统文化。母语的建构与应用是语文课独特的课程素养,也是其他要素的基础。只有这一项是唯一或主要属于语文的。

——王宁.语文核心素养与语文课程的特质[J].中学语文教学,2016(11).

• 语文素养及其培养

作为人内在的言语经验和品质,语文素养是通过人自身的言语活动逐渐建构起来的,但它可以通过人的听说读写行为表现出来。语文课程中的"语文核心素养"是每个学生在学校教育条件下,通过语文课程学习都应该具备的最关键的语文能力和品质,包括语言建构与运用、思维发展与提升、审美鉴赏与创造、文化传承与理解四个方面。语文素养当然离不开语文知识和语文能力,没有相应的语文知识和语文能力,就谈不上语文素养;但素养不是知识和能力的简单相加。发展学生的语文素养,其自身的言语实践活动是关键,因此必须设计好学生的语文学习情境,并引导学生在积极的语文实践活动中提升其语文素养。

——王云峰.语文素养及其培养[J].中学语文教学,2016(11).

• 语文核心素养的内涵及构成

语文学科核心素养是语文知识、能力、情感和态度的综合体现。它不是独立存在的,而是语言学、人类文化学、心理学和哲学等人文社会科学的综合,同时是学生在构建语言知识与能力、理解与传承文化、发展思维、审美与创造美的过程中形成的。

语文学科核心素养由语言的建构、文化的理解、思维的发展和审美的鉴赏四方面组成。语言的建构是一个知识与能力二维建构的过程,在学科知识的维度包括口头语言与书面语言两类,在学科能力的维度包括口头语言的听说能力和书面语言的读写能力。文化的理解包括对本土文化的传承,对国际文化的理解,向生活文化的回归以及对自然文化的关爱。语文学科思维的发展包括经验思维、迁移思维和反思思维的形成。语文学科具有重要的审美教育功能,它关系到学生审美感受能力、鉴赏能力、创造能力的培养,以及对人生趣味和理想境界的追求。

——刘晶晶.语文学科核心素养:内涵及构成[J].教育探索,2016(11).

• 基于语文核心素养的"语用热"

《义务教育语文课程标准(2011年)》的颁布实施是促成"真语文"大讨论及"语用学"转向的重要推手。"教学建议"中增列"关于语法修辞知识"一项,体现了新课标对学生语言文字运用能力培养的导向;但静态的"语法修辞知识"与上述导向不一致,也无法涵盖语文学习环境中真实存在的丰富多样的语言现象。语文教育研究者的职责不是套用一般语言学理论、语用学理论诠释汉语言文字的教学,而应是借鉴一般语言学理论、语用学理论揭示汉语言文字教学的特点和规律。

语文核心素养的首要和基础任务是语言的建构与运用,作为一个统一体,其培养实际上是在语言知识无序出现的阅读与鉴赏、表达与交流、梳理与探究等真实的语文活动中进行的。语文教材则是生成听说读写等形式的语言建构与运用活动的重要凭借,从语文教学的特殊性来说,教师应当重视教材资源的开发利用,促使学生在主动探索中完成语言的建构与运用,进而达成培养学生语文核心素养的目标。

——徐林祥,郑昀.基于语文核心素养的"语用热"再认识[J].全球教育展望,2016(8).

- **中小学生语文核心素养培育的困境与路径**

中小学生语文核心素养培育存在以下几点现实困境:其一,价值取向异位,教学脱离文本,过度追求人文价值;其二,教师素养不足,教学理念理解偏差;其三,教学过程冗余,片面追求新方法,滥用多媒体。

培养中小学生语文核心素养,首先应处理好中小学语文教学中"工具性"与"人文性"的关系,二者统一于中小学语文教学这一整体,不可偏废,是培养中小学生语文核心素养的必要手段;其次应提高中小学语文教师专业水平,引导广大中小学语文教师树立核心素养理念,与学生和谐相处,与学生平等对话;同时应积极开展语文探究式教学,这是在借鉴科学探究式教学的基础上,结合语文课程教学的特点实施的教学模式,要求中小学语文教师为学生营造良好的学习氛围,激发学生的语文学习兴趣,锻炼学生的语文能力。

——于洋.中小学生语文核心素养培育的困境与路径探析[J].教育探索,2016(12).

二、语文教材编写

- **"部编本"语文教材的编写理念与特色**

"部编本"即"教育部编义务教育语文教科书",由人民教育出版社出版,包括小学和初中两部分,是义务教育阶段的语文教材。编写该教材是中央的决定,在教育部的直接领导下,经过多年艰苦打磨,精心编写而成。"部编本"语文教材体现了社会主义核心价值观,做到了"整体规划,有机渗透"。同时做到了"接地气",满足一线需要,对教学弊病起纠偏作用。此外,加强了教材编写的科学性,并做到了贴近当代学生生活,体现时代性。

"部编本"语文教材的创新点包括七个方面:一是选文强调四个标准,即经典性、文质兼美、适宜教学、兼顾时代性;二是单元结构体例更加灵活,分单元组织教学,若干板块的内容穿插安排在各个单元之中;三是重视语文核心素养,重建语文知识体系;四是阅读教学实施"三位一体",区分不同课型;五是将课外阅读纳入教材体制,还设置有课外古诗词诵读;六是识字写字教学更加讲究科学性;七是注重提高写作教学的效果。

——温儒敏."部编本"语文教材的编写理念、特色与使用建议[J].
课程·教材·教法,2016(11).

- **语文教科书中"时文"的编选**

与"古文"相对的"时文",指作者是今人、内容反映当今现实的作品,即"时下之文"。语文教科书对待这种时文历来有"反对入选"和"主张入选"两种相反的态度。教科书中的选文不仅可培养学生听说读写等语文能力,还要承担思想教育、性情涵养等功能。因此除了选文的内容要积极健康之外,作者的品节也必须考量。教科书的选文有必要随时代的发展进行调整,相对于今人写今日的文章,古人写古代的文章随着时间的推移能有较为客观的评价。

与"经典"相对的"时文",指通俗(流行)作品,即"时行之文"。对经典教育的主张,学界很少有异议,但是对通俗作品是否应该进入语文教科书则存在争议。应当看到,"经典"与"时文"之间的界限模糊且变动不居,而二者对学生阅读经验的积累、文化的熏陶都是必不可少的。

与"文学"相对的"时文",多指杂文、政论文、新闻之类,即"时事之文"。这类文章或针砭时弊,或纵论时事,或及时报道事件。语文教科书应承担教化之功能,选入以实用文章为主的时文不仅利于培养读者的读写能力,而且能够体现时代特点和现代意识。

——张心科.关于语文教科书中"时文"编选问题的讨论[J].全球教育展望,2016(8).

- **改革开放以来初中语文教科书选文作者的变化**

人教版初中语文教科书选文的作者,主体始终是文学领域久负盛名、成就斐然的文学家、作家,且所占比例逐渐增加。科技工作者作者群体所占比例不断提升,其类型由单一走向多元。人文社会科学学者等知识精英从无到有,入选作者及作品文体在课程改革前后差异较大。新闻工作者作者的数量逐渐减少,但选文内在艺术价值逐步凸显。而其他类作者群数量减少,从突出身份的外在影响走向关注作品的育人价值。

从文学家、作家等群体的政治身份及其变化来看,中共党员身份的作家群体所占比例变化较大,普通公民作家群体比例明显上升,港台作家群体从无到有。

鲁迅的作品,在数量上基本稳定,始终最多,在内容上减少了战斗性杂文,增加了文质兼美的小说与散文,对其解读由标准化、政治化走向差异化、人性化。

梳理可见,人教版初中语文教科书选文作者的遴选标准,从重视作者社会身份走向关注作品文学价值,作家群体政治身份由相对单一走向多样并存,文本内容解释的变化从封闭走向开放。

——张菁.改革开放以来初中语文教科书选文作者变化的研究[J].教育学报,2016(5).

三、语文教育与中华优秀传统文化传承

- **蒙学传统对当今语文教育的启示**

蒙学教育指在孩童蒙昧无知之时对其进行正确的启蒙教育,将其引入正道。教育对象为八到十五岁之间的幼童,相当于今天的小学到初中阶段。蒙学阶段的学习以启蒙为主,是成童教育的基础。其教学目标是让幼童在接受教育的早期对汉语言文字的特征有所感知,打下坚实的语言文字功底,同时了解一些简单的关于自然、社会、历史、人生的基本知识,懂得一些做人的基本道理。蒙学对于今天的语文教育有两点启示:

一是韵语的串联。蒙学教材使用韵语来串联文本,以音乐性的语言来感发、引导幼童,并配合音乐的节奏来背诵、吟咏经典,最终让孩子掌握语言文字的运用和表达。这种教学方法不仅符合儿童的学习心理,便于儿童朗读和记诵,最重要的是让他们从小就在不知不觉中接受到了语言文字音声节奏之美的感染和熏陶。

二是语词的对仗。对仗在蒙学教育中是一种综合性的语文基础训练,在一种循序渐进而又非常严密的语法、修辞和语言逻辑训练中,使儿童可以纯熟掌握词句构造或语言修辞的技巧和规律。

反思当今中国语文教育,教育方式与教育理念过度西化,教学组织、管理形式、课程内容、教学理念等均深受西方影响,而忽视了汉语言文字本身的特点。

——朱子辉.蒙学传统与百年中国语文教育的反思[J].文艺理论研究,2016(6).

- **语文课程传承中华优秀传统文化存在的问题与对策**

在语文教材方面,文言选文数量整体较少,编排破坏了中华传统文化学习的系统性。对此,可单独编制语文课程传承中华优秀传统文化的教材,在数量上增

加中华优秀传统文化的经典选文,并在此基础上努力构建教材编排的系统性。

在语文教学方面,教学目标一味求全,传承传统文化的教学内容被隐性化,同时教学方法过于简单机械,忽视了对传统文化的深入理解和体验。对此,应从教学目标、教学内容、教学方法三方面着手,构建语文课程传承中华优秀传统文化的专门课型。

在语文课程评价方面,评价类型、维度不够全面,评价标准主要是实用性。对此,应在尊重我国当前教育实情的前提下,合理发挥中考和高考的积极作用,强化中华优秀传统文化理解和体验的评价维度。

——温小军.语文课程传承中华优秀传统文化的困境与突破[J].教学与管理,2016(1).

- **语文教育应纵向切入经典**

个人语言能力的提升与语文教育的开展密不可分。语文教育是一切教育的基石,但目前整体语文素养下滑。语文教育的创新,其核心是训练母语思辨及口笔头表达能力。要区分语言本身的世界和语言建构的世界,认知原型范畴可标示这两个连续的世界。近些年,语言学家、语言政策专家都在不断思考语文教育的定位并进行顶层设计。理论和实践、国家层面和微观课堂的结合,都需要一个过程。我们提倡纵向的思路,以写带读,用语言学切开古今经典文选,而不是陷在文选里。不求数量的铺排,而重经典的深入,文选应尽量少用译文本,但鼓励超时空对比,让学生感兴趣且有话可说。对比和评估是培养独立思考、思辨的路径,表达是总出口,可以验证理解和思辨的程度。面对古今汉语经典,我们既要进得去,又要出得来,靠语言学功底帮助学生,充分继承国学基础,扬长避短,推陈出新,以提升语言能力。

——黄健秦.语文教育:纵向切入经典,提升语言能力[J].
"语言能力"多人谈,语言战略研究,2016(5).

四、中小学语文教材语言文字规范化情况

- **总体情况及思考建议**

目前中小学语文教材在落实国家语言文字规范标准方面主要存在以下问题:一是不同语言文字规范标准在教材中贯彻落实的宽严程度不一;二是不同教材之间在贯彻语言文字规范标准上存在差距,如"儿化韵"的拼写、分词连写、笔

画与笔顺等问题,不同教材之间不一致、不规范;三是同一套教材的不同内容贯彻语言文字规范标准的力度不一,如对异形词的规范练习较少、各类偏旁部首在教师用书中称呼不同等。

制定并推广语言文字规范标准,首先要加大宣传推广力度,树立其应有的严肃性、权威性;其次,新的规范标准要与已有的规范标准尽量衔接并保持一致,有意识地保持原有规范标准的内容与原则;最后,制定语言文字规范标准要兼顾学科上的严谨科学与大众的方便运用,只有能够为全民大众遵照执行的才是好的语言文字规范标准。

——苏新春.中小学语文教材落实国家语言文字规范标准的意义与思考[J].
语言文字应用,2016(2).

- **落实词汇规范及数字用法规范标准情况**

中小学语文教材中的异形词有两种情况。其一,只有异单体词形。语文教材中的异形词以正体为主流,教材词汇的定位与异形词的出现情况密切相关,同时异体词形的单独出现是有条件的,多分布在文言文和"五四"时期的白话文中,多出现在高年级的课文里。其二,正异体词形同现。这一趋势非常明显地与年级相联系,随着年级的升高,同现的异形词组增多,这种增长趋势主要受初中选文篇幅增长、类型增多、容量增大的影响。

异读词在教材中种数不多,所占教材比例低。其兼具音、形、义三种语言知识内容,当异读词进入课文词时往往作为一般词汇,不特殊标示其音的异读情况。可分为课后生词中的异读词和页下注释词中的异读词两类。

中小学语文教材中的数字用法有两个特点:一是基本遵循规范标准的要求,特别是在数量、计量、度量衡等表示上,比较严格地遵循规范标准的要求;二是执行"局部体例统一"原则力度较大,遵循相对统一的原则。

——杜晶晶.中小学语文教材落实词汇规范及数字用法标准情况的调查研究[J].
语言文字应用,2016(2).

- **落实汉字结构规范标准情况**

笔画的安排与教学是中小学语文教材的重要构成部分。人教版未在每课的具体汉字后列出作为教学对象的相应笔画及名称,但在其教学用书中对笔画和笔画名称有相应的要求,大致都落实了相关的国家语言文字规范标准,未见其出现系统性的错误。苏教版在第一册教材的附录中安排了《汉字的笔画名称》,列举了常见的汉字笔画名称,并举出例字。北师大版和语文版的调查项目与前两套教材大致相同,也未见系统性错误。同时,汉字笔画及名称在四套教材中的落实也还存在一些不规范现象,如笔画缺失、无笔画名称辨析等。

笔顺规范是国家语言文字规范标准的重要组成部分。在所调查的四套教材中,低年级都特别重视汉字笔顺规范的落实,未见其出现系统性的错误与缺失,部分教材偶见一些不符合规范标准的情况。

关于《独体字规范》,四套语文教材在低年级学段标注的独体字并不多,部分教材标注的独体汉字并非《现代常用独体字表》所规定的独体字;苏教版没有发现独体与合体标注方面的错误。这一方面说明教材编写者还没有很好地落实这一语言文字规范标准,另一方面也说明部分疑难字的"独体/合体"划分还存在争议,其中涉及独体字和合体字的定义问题、从源还是从形的问题等,需要进一步加强研究。

——周美玲.中小学语文教材落实汉字结构规范标准情况的调查研究[J].
语言文字应用,2016(2).

- **落实汉字部首规范标准情况**

人教版、苏教版、北师大版和语文版四套基础教育语文教材中,汉字部件偏旁部首基本符合现行规范,但也均存在不同程度的失范现象。失范现象较多的是部件偏旁部首名称及相关术语的使用,主要原因是将部首混同于偏旁,未充分理解相关概念、功能及原理。偏旁和部首的概念和功能不同,应区别对待。

语文教材的编写应严格遵守部首立部的规范,以免将不是部首的偏旁误立为部首,造成检字失败;应遵循部首归部"据形定部"的原则,尊重规范。对一些难读难认或超出学生认知范围的部件偏旁部首,名称可做弹性处理,但数量不可多,处理态度需谨慎。

——孙园园.小学语文教材落实汉字部首规范情况的调查研究[J].
语言文字应用,2016(2).

- **落实汉语拼音规范标准情况**

人教版、苏教版、北师大版和语文版四套基础教育语文教材中的汉语拼音与《汉语拼音方案》等国家规范标准有很多不相符的情况。主要表现在四个方面:

一是在声母规范方面,y、w 的使用均与《汉语拼音方案》不符,《汉语拼音方案》中列出 21 个声母,小学语文教材中有 23 个声母,多出 y、w 两个;二是四套教材的韵母表完全一致,但无论是韵母的数量还是分类,都与《汉语拼音方案》有差异;三是在汉语拼音标调方面,四套教材内部差异较大,主要表现在轻声词以及各种变调的标调方面;四是在拼写普通话方面,四套教材都没有落实"以词为书写单位"这一规定,但语文版从二年级下学期开始,括号内生词的注音做到了词的连写。四套教材均落实了"句子开头字母要大写"这一规范,但未落实人名、地名的字母大小写规范。

这些失范现象,有的是由于教学的实际需要而对《汉语拼音方案》内容做出的变通处理,有的则是由于不同教材的编写者对《汉语拼音正词法基本规则》把握不一致而导致的注音拼写方面的差异。但这些问题都是由主观原因导致的,完全可以避免。对小学语文教学中汉语拼音方面的内容,教材的编写应该尽量符合规范标准,即使变通,也不能与标准相抵触。

——卜祥忠,陈明娥.小学语文教材落实汉语拼音规范标准情况的调查研究[J].语言文字应用,2016(2).

第三节　少数民族双语/三语教育

本节主要介绍 2016 年关于少数民族双语教育(指国家通用语和民族语)的政策研究情况,所列各专题从双语教育理论、政策(方略)、现状、模式、师资建设、学前双语教育等维度,初步建构了关于双语教育政策的研究框架,基本覆盖了我国少数民族双语教育发展面临的主要问题和决策议题。在少数民族地区实施国家通用语和民族语双语教育,是落实我国民族政策、语言政策,促进民族地区经济社会发展,提升少数民族民生福祉,保障少数民族语言权利的重要举措。相关问题始终是我国语言政策研究的热点,搜索可见的 2016 年发表或出版的数量众多的论文或论著,有力支撑了本报告为双语教育政策研究初步建构的框架体系。此外,我国少数民族学生还普遍接受外语教育,与国家通用语教育、民族语教育一起构成了三语教育,本节最后一个专题介绍相关政策研究情况。本节共收文 23 篇、论著 2 部。

一、双语教育理论

• 双语教育的功能内涵

双语教育的价值除了培养"双语双文化"人才,以满足国家的经济需求或政治任务,更在于促进未来社会公民对多元文化的认同与整合。双语教育不同于一般意义上的教育活动,其涉及的是两套甚至两套以上体系在语言、文化、政治甚至经济等诸多领域的交流和了解、冲突和融合,具有比普通教育活动更为复杂的目的、特点及功能,这些不同层次与维度的教育功能与使命在不同时空背景下相互交织且动态变化。整体而言,双语教育在政治、文化、经济、教育四个方面具有不可替代的功能内涵,具体包括维护政治主权的统一与认同,削减殖民或移民带来的文化冲突问题,促进不同国家与地区间经济和文化的合作与发展,培养跨文化的创新人才。

——王瑜,刘妍.论双语教育的功能内涵[J].教育评论,2016(1).

• 我国民族地区双语教育的国家认同功能

我国民族地区的双语教育具有促进国家认同的功能,是通往民族认同和国家认同、走向社会主义核心价值观之路。通过双语教育,最终进入双语构筑的民族团结的和谐世界。

基于国家认同的双语教育,应树立增进文化意识的教育理念,培养学习者的文化批判意识,让他们认识到没有一种文化能够体现人类最好的经验,同样也没有一种文化是全人类最差的经验。通过培育批判意识,使学生增长见识、转变观念,以应对全球趋势的挑战。

双语课堂绝非一座与世隔绝的孤岛,在具体的课堂情境中,民族文化、政治、宗教、经济、家庭等诸多因素都会卷入其中。对学习者来说,他们带入课堂的经验不仅受到过去教学片段的影响,更受到他们成长过程中更宽泛的社会、经济文化类型和政治环境的影响。

因此,双语教学或者语言学习,如果想达到与"国家认同"关联的目的,就必须将标准化的过程、母语的作用、教材的选用纳入批判思考的范围,使语言特性和文化特性紧密相连,既确保学习者的文化特性,又拓展学习者的文化视野,促进国家认同。

——刘玉杰,刘健.试析我国民族地区双语教育的国家认同功能[J].理论月刊,2016(5).

• 多元文化背景下的新疆双语教育理论研究

新疆双语教育具有文化多重性、多语多文性、不平衡性和多元一体性四个特点。

其一,文化多重性。新疆双语教育是在多重文化背景下进行的,第一重文化背景是各少数民族自身的文化背景,第二重文化背景是除本民族外的其他少数民族文化背景构成的多民族文化背景,第三重文化背景是以汉民族文化为主体的统一的多民族国家的中华文化大背景。文化背景的多元性是新疆双语教育的教育目标、教育内容多重性最直接的客观根源。

其二,多语多文性。新疆有维汉、哈汉等多种语种的双语教育,这种多语多文的特点增加了新疆双语教育的复杂性。

其三,不平衡性。新疆双语教育发展水平存在明显的地区不平衡、民族不平衡及城乡不平衡现象。

其四,多元一体性。在新疆这个多民族地区,各少数民族的双语教育作为一个个相对独立的单元,既互相区别、独立存在和发展,保持着本民族的特色,又彼此联系,互相影响,互相融合、趋同,构成了新疆多民族地区多元一体的双语教育体系。

新疆的双语教育就语言目标而言应该有三种对应模型,才能满足各民族对双语教育的需求:一是"汉语加强型",即双语教育的主要目标是加强少数民族学生的汉语学习,迅速提高汉语水平;二是"双语平衡型",即汉语和少数民族母语同时加强,以达到"民汉兼通"的目标;三是"母语保护型",即民族状况导致母语使用的局限性,部分少数民族目前已逐步接受汉语或维吾尔语、哈萨克语教育,母语面临着严峻的威胁,急需加强保护。

——张梅.多元文化背景下的新疆双语教育理论研究[M].
北京:北京语言大学出版社,2016.

二、双语教育政策与方略

• 双语教育规划与管理

民汉双语教育是我国少数民族教育体系的重要组成部分,也是我国发展民族教育事业、促进民族地区现代化发展的重要举措。由于某些主客观原因,我国民汉双语教育在取得巨大成绩的同时,也存在不少亟待解决的问题,在主观认识、领导管理、师资队伍、监督评估等方面都还存在一些不足,加快发展民汉双语教育的任务仍十分艰巨。

　　双语教育工作是一个集复杂性、多样性、长期性于一体的社会系统工程,不仅需要国家层面加强顶层设计,出台宏观的政策规划加以引导、规范,而且需要有关省区出台适宜本地区的政策措施及实施方案给予保障,更需要州县、学校做好基层管理工作予以有效落实,从而建立起相应的双语教育层级化管理体系和健全的实施机制。

　　　　——陈立鹏,李海峰.民汉双语教育:从顶层设计至基层管理[J].双语教育研究,2016(4).

- **双语教育推进方略**

　　在新的历史时期有效推进民族地区双语教育:一要进一步明确政府在双语教育中的责任,加大政府投入;二要进一步加强双语师资队伍建设,特别是要建立双语教师评价机制,鼓励教师从单语型教师向双语型教师转变;三要充分利用幼儿的语言学习最佳期,加强学前汉语和民族语文教学;四要根据不同地区的实际情况,建立完善适宜于各民族地区的不同双语教育模式,依法有力、有序推进双语教育改革;五要改革少数民族招生就业制度,包括少数民族学生招生优惠政策、"民考民"和"民考汉"政策、少数民族学生就业制度等。

　　　　——陈立鹏.关于推进"民汉"双语教育的战略思考[J].西北民族研究,2016(2).

- **实施双向双语教育**

　　应当改变当前双语教育中的单向性倾向,在提倡少数民族学生学习国家通用语言的同时,也应该让少数民族地区的汉族学生学习少数民族语言,推动少数民族聚居区的"单向双语教育"向"双向双语教育"转型。汉族学生的少数民族语言学习,应该主要集中在听说,这样才能既保证少数民族语言学习的效率,长大以后又能实现与少数民族民众的有效沟通。只有推行民汉双向双语教育,才能真正培养"民汉兼通"的新型双语人才,实现多语并存的和谐语言生活。

　　　　——杨迎华.贵州省少数民族地区儿童双语应用及教育问题研究[J].民族教育研究,2016(5).

- **北方民族地区双语教育发展创新**

　　双语教育虽然已步入快速发展轨道,但所面临的资金短缺、师资素质不高及少数民族群众思想观念保守落后等问题仍须密切关注。北方民族地区应把双语教育摆上优先发展位置,从政策支撑、资金支持、师资培养等多个渠道营造双语教育创新发展环境。根据《国家中长期教育改革和发展规划纲要(2010—2020年)》对双语教育提出的新要求,应采取务实管用、操作性强的推进措施,全面提升北方民族地区双语教育的质量水平。

一是应广开门路筹集发展资金,包括继续发挥地方财政资金主体作用,抢抓政策机遇对外争取发展资金,以市场化手段吸引发展资金,以入股形式吸纳民间投资等。二是应拓宽渠道提升双语师资素质,包括继续鼓励在任教师学习深造,借助对口支援提升师资素质,加大在任教师培训力度等。三是强化双语教育软硬件基础设施建设,包括偏远农牧区和乡村的硬件基础设施建设,多媒体教室与运动场等配套设施建设,计算机与投影仪等教学设备建设,以及双语幼儿园软硬件设施建设等。

——刘省非.关于北方民族地区双语教育发展的创新思考[J].
黑龙江民族丛刊,2016(6).

• 青海藏蒙地区双语教育政策与实践

"开放-融入"式教育是适合青海民族教育发展的新思路。"开放"是指班级编排上采用混编制,不同民族同处一班,提供互学民族语言文字的机会与条件,体现对民族语言文字的尊重。"融入"指的是培养学生具备适应现代社会的跨文化适应能力与技巧,既适应本民族文化环境,同时也能适应现代社会环境,能找到一份适合的职业,体现自我价值,提高与当下社会的融入度。

"开放-融入"式的教育模式充分考虑了地缘情况、历史积淀和现实存在等影响教育发展的因素,将教育发展的不同阶段、不同情形都融入整合层面,寻求新的秩序稳定。"开放-融入"式的哈勒景双语教育有助于加强民族团结、维护国家统一,有助于公民整体素质的提升和民族地区的经济和社会发展,同时也有助于互嵌式社区结构的形成。

——张海云,祁进玉.青海藏蒙地区双语教育政策与实践的理论思考[J].
民族教育研究,2016(2).

• 藏区双语教育研究

在藏区推行藏汉双语教育,是以培养藏汉双语兼通的外向型人才为目的,提高少数民族全民素质和教育质量的有效措施,有利于更好地集成发扬民族文化和构建和谐藏区。当前影响藏区实施双语教育的因素主要包括藏区的地理和经济生态环境、民族文化传统、民族心理以及双语人的语言态度等。

针对存在问题,应从以下方面着手,加强和改进藏区双语教育,优化教学管理机制,培养双语人才。一是改革双语教育体制及管理制度;二是规范双语教学模式和教材的编著选用;三是加强双语教材建设并使其形成体系;四是加强中小学双语教师队伍建设;五是树立新时代教育理念,提高教育质量和效益,确保城乡农牧区教育统筹发展。

——东主才让.藏区双语教育研究[M].北京:社会科学文献出版社,2016.

三、双语教育现状

• 凉山彝族的双语教育现状

凉山州1978年开始实施"各科以汉语文为主要教学用语,同时开设一门少数民族语文的教学形式"(即二类模式)的双语教育实践,对凉山州少数民族进行教育、培训,并在稳步巩固其民族语言文化的基础之上,不断提升当地少数民族国家通用语言使用的流畅性、准确性以及规范性。1980年,《彝文规范方案》经国务院批准推行后,彝文更释放出强大的教育张力,为彝区学校双语教育的进一步改革奠定了良好基础。在二类模式实施效果的基础上,1984年凉山又尝试实施以"以彝语文为主要教学用语,同时开设一门汉语文的教学形式"(即一类模式)的双语教育实践,不断稳定和提升凉山州少数民族的民族语言能力。

凉山州的双语教育实现了从无到有、从点到线、由线到面、由面到体的,从局部发展走向整体推进的过程,探索了凉山州双语教育从小学到大学的系统性有效衔接的办学路径,概括了凉山州之"母语起步,汉语会话过渡,双语并重"、"双语教学,两类模式,四级规划,两次分流,两次接轨"的双语教育教学规律,培养了大量适应凉山经济社会发展的彝汉兼通的少数民族人才。

同时,凉山州双语教育的发展也还面临诸多问题和亟待破解的困局:彝汉双语师资量少质低,严重制约着凉山双语教育的时代性发展;"一刀切"式的二类模式,弱化了学生的教育选择权;双语教育配套资源品种单一、内容更新慢,无法满足师生深入学习、自主学习的需要;学前双语教育严重滞后,农村地区的幼儿教育格局尚未建立。

——苏德,袁梅.凉山彝族的双语教育:现实及前瞻[J].中南民族大学学报,2016(6).

- **佤汉双语教育现状**

从双语双文教学持续时间和覆盖范围看,沧源县双语教育总体上是依靠佤语辅助学习汉语,严格说来是单向过渡型双语教育。20世纪90年代后,双语双文教育面临新的挑战,语言的实用价值越来越重要。家长和学生都积极选择人才市场上机会最大的汉语,应试教育无暇旁顾佤文教学,平等的法律地位难以保证佤语的语言活力,更难以提升佤语的语势,汉语学习由过去依靠政策和行政手段推广,完全变为老百姓自觉自愿的选择。因此,因地制宜地建立健全语言生态环境平衡机制,协调语言政策与目标群体的发展诉求,促进语言活力,微调双语教育政策措施是时之所需。

——白志红,刘佳.佤汉双语的习得、使用与文化政治——云南沧源新村双语教育实施个案研究[J].北方民族大学学报,2016(5).

- **肃北蒙古族自治县汉语-蒙古语双语教育现状**

经过多年的探索与实践,肃北县已建立了完整的幼儿园、小学、初中、高中双语教育教学体系,形成了较为完善的双语教育教学课程设置。幼儿园开设双语教学班;小学阶段以蒙古语授课为主,加授汉语课程;初中阶段蒙语文采用蒙古语授课,汉语文采用汉语授课,英语采用汉语与英语授课,数学、政治、地理、历史、化学、物理采用汉语-蒙古语双语教学;高中阶段除蒙语文采用蒙古语授课外,其他课程采用汉语-蒙古语双语教学。小学、初中、高中各个阶段的课程设置中蒙古语授课种类占全部开设课程的45%,为学生创建了学习和使用本民族语言的现实情境。

肃北县双语教育还存在双语教育认识不足、双语教学名师缺乏、教师职业发展面临困境、信息技术与课程整合不到位、双语教育教学科研持续性不足等问题。要解决这些问题应采取多种措施,包括营造双语教育教学的环境、重视师资队伍建设与发展、开发校本课程、鼓励教师开展校本教研、完善评价机制等。

——崔永鹏,艾买提.肃北蒙古族自治县汉语-蒙古语双语教育现状调查与思考[J].民族语言教育研究,2016(1).

• 川西南彝汉杂居区学校的语言教育与教育语言

攀西文化区盐边县格萨拉乡中心校的彝族教师占全校教师的80%,所有彝族教师都懂彝语,除6位汉族教师(主要教授英语)外,蒙古族和普米族教师也会彝语。这本是一种教育的优势资源,但在教学过程中,学校原则上不主张课堂使用彝语讲解,只有遇到反复讲解后学生仍示意"不懂或不理解"的一些特殊的词或句时,教师才有使用彝语的可能;另外,学校教师都没有受过规范彝文教育,加上学校使用的是汉文教材,课程的语言目标为汉语,故教师们基本不关注使用彝语辅助教学的过渡效应。

课程实施中本来应该酌情考虑少数民族学生的课堂语言运用问题,因为内容的理解与解释必须借助课堂语言来实现。但语言教育的目标性理念衍生出一种排他的工具功能,使课堂语言"无情"地跨过母语而不是超越母语,盲目的语言"纯洁化"或"一元化"展现的只是一方教育主体(教育者)的贯彻执行力,很难让学生在"语言过渡"中找到认知上的同化、顺应、整合。一味地"淹没"实际上是在扼杀学生的声音、击退学生的兴趣、阻隔了学生"学得"和"习得"的链接。另外,杂居区这样一个特殊环境的学校,其课程实践只是按"大纲"而没有自己的校本特色,本质上是对教育对象的不完全负责任,"三级课程"已给学校留下足够的"预留空间",然而却没有做到"资源的充分利用"。

——史军.试论川西南彝汉杂居区学校的语言教育与教育语言——以盐边县格萨拉中心校为例[J].西南民族大学学报,2016(6).

• 新疆和田地区双语教育现状

新疆维吾尔自治区是一个多民族、多语种、多文化的地区,其双语教育一直是教育学者、民族学者、语言学者关注的重点。和田地区教育体系较完备,双语教材还在摸索与建设中。和田地区基本为维吾尔语单语环境,但维吾尔族民众希望后代能接受"维吾尔语-汉语"双语教育,甚至"维吾尔语-汉语-英语"三语教育。

和田地区双语教育发展存在一些困难,主要表现为优质教师数量不足、单语环境不利于双语教学、教材教法建设滞后、教育受其他社会因素制约等问题。和田地区的英语教育也有待发展,在和田开展"维吾尔语-汉语-英语"三语教育,有利于和田地区经济社会的可持续发展,也是当地群众的迫切希望。

此外,还应保障和田地区每一名儿童的义务教育权利。和田地区的双语教育任重道远,需要不断总结经验,查找问题,研究对策,以实现当地双语教育及英语教育的良性发展,为少数民族教育开创欣欣向荣的未来。

——曹红梅,姚春林.和田地区双语教育现状及英语教育前景分析[J].民族教育,2016(5).

四、双语教育模式

• 新疆双语教育模式的理性选择与过渡

鉴于目前新疆尤其是南疆部分地区汉语使用率低,学生汉语能力参差不齐,推进双语教育可以采取以下措施。

第一,参考新加坡式分流教育,实行双语教育与分流教育相结合的模式。即学校可在学生入校前采取一定的学能测试,根据生源的双语掌握程度、学习态度、学习能力等实行分层、分流教学,在学校内部安排不同的教学模式,使用不同的教学语言和教学方法,促进双语教育模式在横向和纵向两方面进一步发展。

第二,由于新疆目前仍没有较完善的双语课程标准和评价体系,相关部门应以培养少数民族学生的汉语学习能力、适应能力、沟通能力等核心素养为目标,促进形成性评价体系的多元化发展,而不应仅仅视中考、高考等终结性评价为唯一标准。

第三,南疆部分地区可通过汉语书籍、多媒体等方式,有意识地从校内、校外两个方面增加学生的汉语输入量,设计更科学的双语学习环境,进一步强化当地的汉语学习氛围。

总之,在全疆范围内推进汉语授课为主的新模式仍任重而道远,南疆部分中小学应充分考虑当地的现实情况,在保证教学质量的前提下向新型双语教育模式理性过渡,才能从根本上改善生源、提升教学效果。

——杨金龙,梅德明.新疆双语教育模式的理性选择与过渡——一项基于语言景观的实证研究[J].语言文字应用,2016(4).

• 壮汉双语教育模式变迁

壮汉双语教育发展经历了四种模式:壮汉双语单文模式、壮语文主导模式、壮汉双语同步教学模式和汉语文主导模式。壮汉双语单文模式以学习主流语言和文化为目的;壮语文主导模式以保护、发展本民族语言和文化为目的;壮汉同步教学模式以培养壮汉兼通的人才为目的;汉语文主导模式除增设一门壮语文地方课程、使用壮语文教学外,其他所有课程都用汉语文教学。四种类型的壮汉双语教育在当前壮族地区的学校教育中呈现出互相交叉、共时存在的互嵌状态。总的看来,当前壮族地区已初步形成了多种壮汉双语教育模式共存互补的格局,有利于满足处于不同语言环境、拥有不同教学资源的壮族中小学开展壮汉双语教育的需要,其目标也不再局限于单纯的语言文字教学,而是因地制宜地开发壮汉双语教育所具有的多重功能。

影响壮汉双语教育模式发展变迁的诸多重要因素中,语言环境是重要因素之一。历史上壮族没有本民族文字,壮族群众在家庭和社区的日常生活交际中都用壮语,只有少数人上私塾或学校接受汉文教育,因此出现了语(言)和文(字)割裂的情况。由于语言差异,壮族人在学习汉语文中的母语思维和第二语言思维不同步,学习难度大,在壮汉双语单文模式下能读书入仕的人毕竟只是极少数,这就造成了壮族地区学校教育质量的低下。随着学生家庭语言背景的变化,学校双语教育又出现了一个新问题:民族语文教学并不一定是少数民族学生的第一语言教学,即学生的族裔身份和他(她)在家庭、社区中习得的语言并不相符。以往的壮汉双语教育主要针对具有壮语背景的壮族学生,让学生借助母语学习第二语言,而今后壮汉双语教育模式和教学方法的改革,应尽量满足来自不同家庭语言背景的壮族学生——特别是来自城镇的第二语言学习者(具有汉语背景的少数民族学生)的学习需求。

语言认同是影响壮汉双语教育模式发展变迁的又一重要因素。壮族对本民族语言的认同并不十分强烈,究其原因,大致包括:壮语的社会经济地位相对较低;壮语与广西境内的其他语言/方言相比,属于"低声誉"语言;壮语并不是一种具有"大传统"的语言。从历史和现实中人们的语言认同来看,由于缺乏用以记载本族语言的文字传统和文献典籍,壮族地区的中小学不宜像北方有传统通用民族文字的少数民族一样,实施"一条龙"式的壮语文主导教学模式,而是要根据本地区实际情况并结合学生及家长的语言教育需求,选择适宜的壮汉双语教育模式。

——海路.壮汉双语教育模式变迁论[J].广西民族研究,2016(5).

五、双语教育师资建设

• 新疆新任双语教师入职教育

新疆新任双语教师队伍中非师范类毕业生比例高、专业不对口问题突出;而针对新任双语教师的入职教育,时间短、任务重、针对性不强。为此,应借鉴美国城市教师驻校模式,从调整岗前培训内容、安排实践指导教师、实施再培训三个方面对新任双语教师的入职教育进行调整。调整后的岗前培训,应该以帮助新任双语教师认识并适应双语教师角色为目的,并加强关于国家和自治区双语教育政策法规的培训。

——孙洪凯,孙钰华,张丹丹.对新疆新任双语教师入职教育的思考——来自美国城市教师驻校模式的启示[J].双语教育研究,2016(6).

- **新疆双语教师教学执行能力**

调查显示,目前新疆双语教师的教学执行能力存在以下问题。第一,从教学活动组织能力上看,双语教师有"营造良好的双语学习氛围,调动学生双语学习的积极性"的意识,但在教学中实践的较少。第二,从教学资源开发能力上看,双语教师对多媒体使用的问题大多仍停留在"用不用多媒体"和"怎样用多媒体"上,至于"如何更好使用多媒体"、"如何结合教学内容恰当使用多媒体"以及"开发哪些教学资源"等问题,在教学实践中思考较少。第三,从教学方法创新能力上看,双语教师能够认识到灵活运用教学方法的重要性,但具体实践能力偏低,在教学方法的创新性上还有待进一步提升。第四,从教学内容表达能力上看,双语教师的汉语水平有待进一步提高,半数以上的被调查者认为教学中最大的困难是"汉语水平低"。

为此,应当从以下方面来提升双语教师的教学执行能力:一是教学设计与学生认知相结合,营造良好课堂氛围,提升教学活动组织能力;二是自主学习与集体合作相结合,恰当使用多媒体技术,提升教学资源开发能力;三是课堂观察与课后反思相结合,灵活运用教学方法,提升教学方法创新能力;四是自主学习与专业培训相结合,有效使用双语,提升教学内容表达能力。

——王洋,李莉.新疆双语教师教学执行能力实证分析[J].双语教育研究,2016(1).

六、学前双语教育

- **多元文化背景下新疆学前双语教育的困境与对策**

从经济投入和教学的复杂性来看,新疆的多民族、多语言、多元文化共生的社会现状为双语教育带来了诸多难题;而从文化多元共荣的角度来看,新疆的多元文化背景也为双语教育带来了新的契机和挑战。多元文化背景下新疆学前双语教育面临以下困境:教师整体素质有待提高,教材使用需进一步规范,教育方法小学化倾向需要改变。

提升新疆学前双语教育质量,主要有以下途径:第一,制定严格的教师资格准入制度,提高双语教师职前培养质量,进一步加强学前双语教师职后培训,完善教师检查评估制度,多渠道提高学前双语师资综合素质;第二,充分利用民族传统文化和乡土资源,因地制宜地开发具有地方特点和民族特色的、符合少数民族幼儿生活实际的园本学前双语教材;第三,注重培养少数民族幼儿的汉语学习兴趣,注重创设汉语交际情境,营造汉语学习环境,严格遵循学前双语教育规律开展教学活动。

——汤允凤,王阿舒.多元文化背景下新疆学前双语教育之困境与对策[J].
中南民族大学学报,2016(6).

• 新疆学前双语教育基本公共服务体制

新疆在学前双语教育政策实施中还存在以下突出问题:质量与规模发展不同步,软件与硬件投入不协调,区域间、城乡间资源配置不均衡。这些问题从根本上可归因于公共财政投入的不足与师资队伍建设体制的不完善。为此,需要建立新疆城乡一体化的学前双语教育基本公共服务供给体系。应坚持政府主导,激励社会参与,在继续建设公办双语园的同时,加大对普惠性民办双语园的财政扶持力度;应建立和健全新疆学前双语教师队伍建设体制,深入推进学前双语教育质量公平;应加强新疆学前双语教育政策效果的动态评估研究,以研究结果为依据不断调整和完善政策;应加强新疆学前双语教育的理论与实践研究,不断探索学前双语教育的科学模式与方法。

——冯江英,庞丽娟,孙钰华.完善新疆学前双语教育基本公共服务体制的政策探讨[J].
民族教育研究,2016(5).

七、少数民族三语教育

• 少数民族地区英语教育生态环境建设

民族地区英语教育是在民族环境内展开的教育活动。由于民族地区独特的社会环境,加上民族学生的差异性,相较于其他地区,民族地区英语教育有着特殊的生存和发展环境。民族地区英语的提高和发展,不仅要着眼英语教育本身的调整,同时也要考虑到学科教育生态环境的有效建设。

少数民族地区英语教育生态环境建设有三个出发点:一是适应民族学生特征,二是符合英语学科标准,三是适应民族社会需要。根据各种因素对英语教育的影响差异,少数民族地区英语教育生态环境建设应从政策、管理、价值、社会等方面的生态发展来构建,从而为民族地区的英语教育提供良好的生态环境。

——刘星光.少数民族地区英语教育生态环境建设研究——基于教育生态学视角[J].贵州民族研究,2016(2).

- **基于民族学生心理语言距离的英语教育策略**

语言距离是影响民族学生英语学习的重要因素,但是相关研究大部分集中于客观语言距离方面,而对于由于语言差异而在主观意识上形成的语言距离感知(即心理语言距离)的研究屈指可数。由于民族环境、民族语言等因素影响,心理语言距离对少数民族学生英语学习的影响更为突出,充分了解心理语言距离,分析其形成机理和原因,并以此为基础进行适当的英语教育调整,不仅有助于弥补当前民族地区英语教育研究中的空白,更有助于推动民族地区英语教育的更好发展。

调查发现,形成民族学生英语学习心理语言距离的主要原因有三:一是客观语言距离的心理影响,二是文化陌生形成语言认知差距,三是封闭文化心态造成语言距离变异。基于民族学生心理语言距离的英语教育策略主要包括:促进民族学生对英语差异的客观认知,加强民族学生对英语文化的了解,培养民族学生开放的文化心态。

民族地区英语教育的改善,不仅要从民族学生英语学习的客观语言距离方面采取针对性措施,也要对心理语言距离有足够的重视,充分考虑民族学生主观感知的语言距离,并基于心理语言距离特征和影响,采取相应措施,拉近心理语言距离,协同其他教育促进措施,共同推进民族地区英语教育目标达成。

——全涛.基于民族学生心理语言距离的英语教育策略[J].贵州民族研究,2016(3).

- **内蒙古自治区牧区小学英语教育改进策略**

多年来,少数民族地区的英语教育因其特殊性,相关研究数量和质量欠佳。在以传统文化为主的内蒙古游牧性教育模式中,如何有效利用现有教育资源,有序推进英语教育,至关重要。调查发现,牧区小学生的英语学习情况不够乐观,英语学习成绩较低、英语知识了解较少、学习动机不足。究其原因,主要是学习动机缺乏、学习环境缺失、高考英语成绩核算办法未能对英语学习产生应有的刺激和引导作用、师资情况不容乐观、课程设置受限以及教育资源不足。

针对以上问题,相关改进策略包括:调整学生中考和高考外语成绩核算方法;合理配置师资,逐步提高英语授课教师职称和学历层次;促进校际协作,提高现有优质教育资源的利用效率;整合现有教学设备,减少重复建设;加强教师培训;重视教师教学法研究,在奖励和职称评定上予以倾斜;开展丰富多彩的学科竞赛;建立以学校一线外语教师为主体、以教育专家为高级顾问的智库;形成良性激励机制。

——张晓华,贾洪伟,尹丹丹.内蒙古自治区牧区小学英语教育改进策略探究[J].内蒙古农业大学学报,2016(5).

- **四川少数民族聚居区多语言环境下英语教育现状**

为贯彻落实好党的西部大开发战略和少数民族教育政策,提升民族聚居区学生的总体语言运用能力,四川少数民族聚居区学校普遍为民族生设置了英语课程。然而,少数民族学生在英语学习中会受到母语、汉语以及英语三大语言的复杂影响。

以三语习得理论为基础,提高四川少数民族聚居区多语言环境下英语教育质量的对策主要包括:积极改进少数民族聚居区的教育条件,不断提升少数民族聚居区教师的综合素质,编写适合少数民族聚居区学生学习的英语教材,结合民族文化实际加大任务型输出的力度,积极引入多元化英语教育策略。

——裴邦清.基于三语习得理论的四川少数民族聚居区多语言环境下英语教育现状研究[J].山东社会科学,2016(S1).

- **四川凉山少数民族地区英语教育现状**

近年来,凉山彝族地区对英语方面的人才需求量大大增加,英语教育受到了社会各界的广泛关注。但调研发现,凉山彝区学生大多认为英语学习比较难,影响英语学习的学生自身因素占40%、办学条件因素占30%、师资力量因素占20%。究其原因:一是缺乏工具性与参与性动机,起点低导致畏难回避;二是排他性的民族心理;三是教材建设的滞后性。

有鉴于此，推动少数民族地区英语教育发展的策略主要如下：其一，激发少数民族学生的外语学习需求动机；其二，突出认知情感，一方面创设认知情感、强化稳定情感，另一方面加强学生对英语教师的认同感，提升英语学习兴趣；其三，排除母语与情感的干扰作用；其四，研发和少数民族密切相关的英语教材；其五，提升少数民族学生的英语语言能力和自学能力。

——王静.少数民族地区英语教育的调查与思考——以四川凉山彝区英语教育为例[J].中南民族大学学报，2016(3).

第四节 外语教育

本节介绍2016年关于外语教育的政策研究情况。共列六个专题，前四个专题是2016年的研究热点，涉及外语教育需求与规划、外语教育改革、外语教育中的母语文化保持以及跨文化能力培养；后两个专题的内容分别是关于基础外语教育和高校外语教育。加强和改进外语教育，是我国国际化进程的迫切要求，是全球化背景下经济社会发展的迫切要求，也是国民个体生存发展、向上流动的迫切要求。统筹国家、社会、个人三个层面不同需求，提升外语教育的质量与效能，是外语教育政策研究的核心问题。本节所收共24篇论文围绕这些核心问题，多视角、多层面进行了深入探讨。

一、外语教育需求与规划

• 全球化背景下的中国外语教育

随着全球化的深入发展，语言正在成为世界各国文化深入交往的途径，语言本身的价值也在不断提升。语言正在创造更大的经济价值，正越来越多地发挥其社会价值，将极大发挥促进共识与合作的文化价值。在此背景下，外语教育成为获取语言资源的重要方式和途径。中国的外语教育发展迅速，但也存在外语教学资源不够充沛、教学方法和效率有待提升、外语教学与文化教学脱节、外语人才的知识结构单一等问题。

面向正在增值的语言需求和不断扩大的中国对外交流需要，中国的外语教育有必要从四个方面进行深入试验和探索：第一，创新外语专业人才培养模式，培养复合型人才；第二，将外语学习从语言习得转向对象国研究，提升外语学习效率;第三,注重外语资源的全球化配给,促进世界各国研究者来华交流;第四,注重教学法改革研究,培育、引介世界先进外语师资。

——曹德明.语言的意义:全球化背景下的中国外语教育[A].
中法语言政策研究(第二辑)[C].北京:商务印书馆,2016.

• **我国外语人才需求调查**

外语能力(包括外语语种人才储备、语言人才水平等)是国家语言能力的重要组成部分,而国家语言能力缺失是威胁国家安全的潜在因素。当前,我国外语能力明显不足,具体表现在四个方面:开设的外语语种少;绝大多数人仅学习英语,非通用语种的学习者极少;外语教学质量总体不高,学习者水平整体偏低;外语界不重视语言政策研究,外语政策制定部门对具体用人单位的外语人才需求和要求不甚了解。

调查显示:英语是我国普遍开设的外语,在13种最常用的外语中依然是需求最旺盛的语种;用人单位最需要的外语有21种;精通外语、兼备其他专业知识技能的高端外语人才远未能满足社会需求。

因此,我国外语政策制定部门及高校必须认真考虑国家利益及社会需求(包括语种、人才数量和质量等),制定新的政策,改革现有外语教学体系,为国家语言能力建设培养更多语种、更高水平的外语人才。

——戴曼纯.我国外语人才需求抽样调查[J].外语教学与研究,2016(3).

• **非通用语人才培养**

非通用语人才的培养、储备和动员能力是衡量国家外语能力的重要标准。"十三五"期间,新建语种将呈倍数增长,招生数量也将持续攀升。然而在这一进程中,高校往往只被看作人才培养单位,其作为人才储备库的重要功能未能得到充分重视。2014年2月,教育部印发了《中国特色新型高校智库建设推进计划》,其中将外交与国际问题确定为主攻方向之一,涉及周边环境与周边外交、新兴国家崛起、海洋战略与海洋强国政策、反恐维和、全球治理、公共外交等重点领域研究。非通用语人才在上述研究领域大有可为。故应以此为契机,借鉴美国等发达国家的成功模式,以国家战略需要为导向,将非通用语教学与国别、区域研究紧密结合,从加强师资队伍建设做起,逐步在高校中建立一支"招之即来,来之能战"的非通用语人才预备队。

——董希骁.高校应成为非通用语人才储备库[J].
"语言能力"多人谈,语言战略研究,2016(5).

• 我国少数民族边境口岸地区的外语需求

云南语言资源丰富。在国家的"桥头堡建设"和"一带一路"发展战略中,云南居于重要地位。对云南多民族聚居地景洪、河口和瑞丽三个边境口岸的调查结果显示:边境口岸地区的外语语种需求具多样化和地缘性特征;"关键外语语种"需求顺序依次是英语、越南语、泰语、缅甸语和日语;外语专业能力的需求不仅是语言技能和语言知识,而且还包括镶嵌于语言中的相关专业知识、中国文化、外国文化和东南亚区域文化等知识。应当针对这些需求,科学制定区域性外语教育发展规划。

——张彪,彭庆华.我国少数民族边境口岸地区外语需求调查研究[J].民族教育研究,2016(2).

• 我国欧洲非通用语教育规划

我国的欧洲语言本科教育已经步入全面起步后的快速发展期。欧洲非通用语①教育在语种结构上也日趋完备,人才培养规模显著提升。当前我国的外语教育规划,就欧洲非通用语教育而言,主要面临以下三个问题:一是新建语种疏于论证;二是增设布点急于求成;三是培养模式不够清晰。

任何一门新语种专业的开设都应以深入调研和充分论证为基础,不能单纯按是否具有"官方语言"地位这一标准来决策。需从语言类型的角度,分析拟开设专业与现有专业之间的关联,优先开设类型差异较大、在使用中不可替代的语种。要深入研究对象国语言政策,掌握该国最真实的语言使用状况。同时,应树立教育主权意识,并贯穿语种规划的始终。

在增设小语种专业布点方面,需要国家教育行政主管部门和相关高校密切配合,确保专业建设质量。教育部应进一步细化相关规则,划定底线,为地方教育主管部门提供审批依据。院校在复合型、复语型人才培养方面,应给学生提供更多的选择机会。

——董希骁.我国欧洲非通用语教育存在的问题和建议[J].语言规划学研究,2016(2).

• 中国与德语国家外语教育政策比较及启示

外语教育政策是国家教育政策的重要组成部分,关系到国家政治、经济和社

---

① 我国外语教育界通常将"非通用语种"定义为英语、俄语、德语、法语、西班牙语、日语和阿拉伯语之外的其他所有语种(戴炜栋、胡文仲,2009:412)。

会发展。中国现行外语教育政策具有以下特点：一是中央确定外语教育方针，全国人大和国务院制定外语教育政策，教育部按照外语教育方针，贯彻落实外语教育政策，发布外语教育意见；二是教育部召开外语教育工作会议，发布文件，组织制定外语教学大纲和编写外语教材；三是外语教育政策受国内外形势，特别是政治、外交影响较大；四是外语教育政策时效较短，变化较大。

我国应借鉴德国和奥地利外语教育政策的经验，在教育部设立全国外语委员会，负责制定外语教育政策的具体内容，并监督落实其在全国各地的执行情况，定期组织编写并发布国家外语教育报告，总结全国各级学校执行外语教育政策情况；同时，应制定中长期外语教育政策，以保证政策的稳定性和延续性。

——张建伟.中国与德语国家外语教育政策比较及启示[J].学习与实践,2016(10).

- **南亚国家语言政策与我国面向南亚的外语教育规划**

南亚是我国"一带一路"倡议的一个重要沿线区域，而目前我国针对南亚区域的外语能力明显不足。

南亚各国的语言政策各有特点。印度实行"印地语＋英语＋地方语"三语并行政策，巴基斯坦以乌尔都语取代英语成为国家官方语言，孟加拉国的官方语为孟加拉语，斯里兰卡实行僧伽罗语和泰米尔语双语制，尼泊尔实施多语教育政策；同时，英语在各国知识界和商界仍被广泛应用。

综合分析南亚各国的语言政策、综合国力，以及诸语言的流行度和中心度等因素，南亚区域的语言等级和语言秩序是：英语、印地语居于超核心语言地位，乌尔都语、孟加拉语、僧伽罗语、尼泊尔语、普什图语居于核心语言地位，旁遮普语、泰米尔语、泰卢固语、马拉地语、古吉拉特语、坎纳达语等居于中心语言地位，宗卡语、迪维希语以及南亚各国的一些少数民族语言则是边缘语言。

我国面向南亚的外语教育规划，语种上只能选择其中一小部分"关键语言"作为外语规划的语种，功能上既要突出南亚语种在经贸合作和人文交流中的作用，也要充分重视并发挥其维护国家安全的重要作用，布局上则要注意以下三点：

其一，进一步拓展和深化我国外语类院校针对南亚语种的教学与研究领域；其二，我国与南亚国家毗邻的省区应制定具有区域特色的外语教育布局规划；其三，云南、新疆、西藏应根据各自的地缘特点，开设不同南亚国家英语变体的教学课程。

——毕俊峰.南亚国家语言政策与我国面向南亚的外语教育规划研究[J].外语教学,2016(5).

- **微观语言规划在外语课程政策实施中的作用**

我国的外语课程政策,作为宏观语言政策具有集权的特性,需要自上而下层层落实。政府更多关注新的外语教学大纲是否被采用,对课程实施的准备时间、资源分配、学校实施计划以及评价等问题没有顾及。由于宏观语言规划占绝对主导地位,教师缺乏微观规划和课程政策实施自主权,教学缺乏积极性和主动性。

为此,应当从微观语言规划的视角探讨外语课程政策的实施。第一,外语教师充分发挥微观语言规划权利,将课程标准转变为课程内容;第二,外语教师提升外语课程方案的专业性,设计出科学、有价值、时效性强的教案,实现有效教学;第三,从学校和外语课堂两个层面,实现理想课程、正式课程、教师理解的课程、师生课堂运作的课程、学生体验到的课程这五类课程的协调统一;第四,促进课程专家、教材专家、教师、测评专家四大课程制定主体的理解、协调和合作。

——张蔚磊.微观语言规划理论在我国外语课程政策实施中的探究[J].
解放军外国语学院学报,2016(6).

二、外语教育改革及理论建设

- **中国英语教育的转型**

改革开放以来,中国英语教育从小到大,取得了显著进步。现在青年学生的英语水平比过去任何时期都要好,成绩是主要的;同时,在发展过程中也出现了一些问题,如英语教育"过热",青少年"全民学英语"。但与国外母语非英语的国家和地区相比,我们国民的英语水平并不高,在一定程度上印证了"费时低效"的指责。此外,大中小城市不管是否需要,滥用英语;公共服务领域英文译写质量差,错误很多,英语使用缺乏有效监管。

当代经济社会的深刻变化要求教育与之相适应,中国英语教育的"虚热"要降温,应当努力从三个方面进行转型:第一,从粗放型规模发展向精细型发展转变;第二,大学英语教学从单一的通用英语向"通用英语+"型转变;第三,英语专业从语言教学主导型向"语言教学+学术研究"型转变。

新的历史时期要求对现阶段中国外语教学改革存在的问题进行反思。中国英语教育需要转型,以应对时代的挑战,如此方能使中国英语教育教学实现健康、和谐、可持续的强劲发展。

——王守仁.谈中国英语教育的转型[J].外国语,2016(3).

•教育语言学的学科创新及对我国外语教育研究的学科意义

当前,教育语言学学科发展与创新呈现如下态势:第一,教育语言学已经发展成为一门学科,具有独立的学科身份;第二,在学科属性上,教育语言学将语言教育问题视为学科基石,既关注"从语言到教育"的学术研究、考察语言学对于教育学的影响,也关注"从教育到语言"的学术研究、考察教育学对于语言学的影响;第三,教育语言学以"问题探索"为研究导向,将理论与实践有机结合。

我国外语教育正处于变革和转型的关键时期。作为教育语言学的一个重要分支,外语教育研究需要思考学科建构和学术创新问题,以应对现实需求的机遇和挑战。教育语言学的学科创新对于我国外语教育研究具有重要的学科借鉴意义和指导价值,为我国外语教育研究提供了学科发展的新思路和新方向:一是确立外语教育研究的学科主体地位,二是实施外语教育研究的学科整合战略,三是倡导基于现实问题的超学科研究范式。同时,学习和汲取国外教育语言学理论与经验,对于提升中国外语教育研究的学术水平和能力也有所裨益。

——沈骑.教育语言学的学科创新及对我国外语教育研究的学科意义[J].外语与外语教学,2016(3).

•外语能力标准构建

外语能力的界定和教学目标的评价均要以能力标准作为衡量手段。国际上,外语能力标准的编排和设计模式大体可以分为三类:以美国为代表的能力水平案例例证模式,以英国和欧盟为代表的跨年级连续性尺度模式,以澳大利亚和加拿大为代表的分年级成就图模式。目前我国尚无统一的学生外语能力标准,和国外外语能力标准相比,在层次性、精细性、可操作性上均有一定差距,属于"输入驱动"而非"输出驱动"。借鉴国外标准所长,研制我国外语能力标准十分必要。

我国外语能力标准研制应以理论研究为逻辑起点,比较、参考发达国家的外语能力标准,从以下七个步骤进行构建:需求分析→现状研究→确定核心素养模型→构建能力框架→界定构成维度→描述能力表现水平→阐释不同能力表现水平的发展机制。

——张蔚磊.发达国家外语能力标准比较研究与我国外语能力标准构建[J].外语界,2016(6).

- **基于英语学科核心素养的本土英语教学理论建构**

英语学科核心素养结构图通过语言能力、文化意识、思维品质和学习能力四个维度,对英语的教学目的、教学本质、教学内容和教学过程进行诠释。以他国改革为参照,在一定程度上有助于我国课改少走弯路,但教育愿景规划更应重视我们自身教学传统。

以我国本土的外语教育专家百余年来对英语教学的探究为例,本土英语教学理论框架可由"学得"教学本质观、"以人为本"教学主体观、"工具素养合一"教学目的观、"语文并行,精泛相生"教学内容观和"知行结合"教学过程观构成。本土英语教学理论不是对外来外语教学理论的照抄搬借,也不是对传统教学理论的机械套用。应在"立德树人"的核心价值体系下,以本土文化为根基,以文化自觉与自信为动力,进一步探究和建构完整的本土英语教学理论体系,并开展多种样态的实践教学,最终形成中国风骨的英语学科教学体系。

——陈艳君,刘德军.基于英语学科核心素养的本土英语教学理论建构研究[J].课程·教材·教法,2016(3).

三、外语教育中的母语文化保持

- **提高英语专业学生母语文化认同及"全球公民意识"**

全球公民教育是"公民教育"在全球化时代的延伸,旨在培养具有全球意识并愿意为全球和人类发展积极行动的负责任公民。但这并不意味着要成为全球公民就要放弃本国文化,相反,全球公民应该既维护民族国家的根本利益,又超越民族文化的狭隘局限,将两者合理结合。

调查显示,英语专业学生存在"中国文化失语"现象,存在民族文化认同上的困惑;大部分同学认同全球公民,但并不太了解如何成为一名合格的全球公民。原因有如下几点:一是英语专业课程设置和教材内容涉及中国文化部分较少;二是师生母语文化认同意识淡薄;三是我国公民教育起步较晚,重视不够。

为此,应采取以下对策:设置母语文化课程,修改课本内容,培养英语专业师生的母语文化认同意识,培养英语学习者的跨文化交际技能,加强"全球公民"意识教育。

——何艳秋,刘江华.提高英语专业学生母语文化认同及"全球公民意识"的对策研究[J].当代教育实践与教学研究,2016(11).

- **中国英语教育与民族文化复兴**

中国英语教育的产生和发展，本质上是英语及英美新教文化向中华文化传播的历程，同时造就了中华文化反向传播的条件和途径。晚清时期的英语教育与西学东渐，使得外语被空前接受，思想观念、经济结构、教育体制均发生程度不同的转型，社会面貌快速变化。到了民国时期，自由主义、马克思主义等西方文化的影响已深入中华文化核心价值，促进中华文化加速变迁与复兴。新中国成立特别是改革开放以来，英语教育持续升温，个人发展机会与英语水平密切相关。

中国英语教育约二百年的发展历程，折射出中华民族近代以来追求精神之完全独立自由的文化变迁进程。在此期间，中国人英语学习中的"自文化意识"也逐渐得到发展和强化。加强"自文化本位观"研究和开展中国英语教育，应成为体现外语教育性质的新常态。当前，应从政策上明确"中国英语"在国民教育体系英语课程中的价值定位和教学比重，并使之在国际交流实践中逐渐完善和推广，形成促进中华文化传播和争取国际话语权的现实途径。只有在民族文化复兴的历史长河中定位当代中国英语教育的发展方向，才能开辟通向英语教育强国的文化路径。

——赵海燕.中国英语教育与民族文化复兴[J].山东大学学报,2016(1).

- **外语教育与文化安全**

在全球化时代，外语教育是一个特殊领域，是文化安全教育的前沿，在保护国家文化安全的进程中扮演着越来越重要的角色。梳理已有相关研究发现，以下问题应引起高度重视：一是外语教育的价值取向重工具性、轻人文性；二是外语教育的文化核心价值观受到挑战；三是青少年的文化"自我殖民"倾向严重；四是外语教育中文化帝国主义对我国青少年的文化渗透；五是外语教育中的西方文化沙文主义。

我国外语教育应该从文化安全视角出发，引导青少年对本民族文化进行深刻的了解，帮助青少年树立正确的文化意识与价值观念，提升青少年的民族文化认同感，批判地吸收外域文化。

我国外语教育的文化安全的立足之本是文化自觉与文化自信，文化安全之保障是文化认同与文化分享，文化安全之关键是文化批判与文化平等，文化安全之升华是文化传承与文化创新。只有在外语教育中坚守本民族特色文化，才有可能在国际交流过程中赢得真正平等的、被尊重的地位,才能切实维护好国家的文化安全。

——李淑梅,胡晓华.外语教育的文化安全研究[J].教育研究与实验,2016(3).

四、跨文化交际能力培养

• **外语教育与跨文化交际能力培养**

即将颁布的国家标准《高等学校外语类专业本科教学质量》将"跨文化能力"列为外语类专业的核心能力指标之一。"跨文化能力"的核心内涵可描述为:尊重世界文化多样性,具有跨文化同理心和批判性文化意识;掌握基本的跨文化研究理论知识和分析方法;熟悉所学语言对象国的历史与现状,理解中外文化的基本特点和异同;能对不同文化现象、文本和制品进行阐释和评价;能得体和有效地进行跨文化沟通;能帮助不同语言文化背景的人士进行有效的跨文化沟通。以跨文化能力培养为导向的外语类专业课堂教学的基本原则为:思辨、反省、探究、共情和体验。我国高校外语类专业应抓住历史机遇,主动求变,担负起跨文化国际化人才培养的紧迫使命。

——孙有中.外语教育与跨文化能力培养[J].中国外语,2016(5).

• **在英语通用语背景下重新认识语言与文化的关系**

英语通用研究者指出,英语通用语者交际时,多数时候交际对象来自非英语国家,交际内容不涉及目标语文化。由此,英语通用语教学中教授什么文化成了一线教师的难题。

纵览人们对语言与文化关系的不同看法,可大致归纳为"不可分论"和"可分论"两大类。两者似乎都有各自的道理,但又存在各自不能解决的问题。因此,可将文化分为语言文化(以语言为载体)和非语言文化(不以语言为载体)两大类。其中,语言文化从产出"过程"出发,可分为四个维度:主题、语篇、情境和语言本体。依据母语者对四个维度语言文化知识意识程度的高低,则可将语言文化的可分性置于从强到弱的连续统上。

据此,对英语通用语中语言文化教学提出以下三点建议:一是对语言本体维度上的语言文化,教师最好通过认知比较分析的方法进行显性教学;二是在教授情境维度和语篇维度上的语言文化时,建议采用案例教学法;三是对于主题维度上的语言文化知识,鼓励英语通用语者学习多元文化。

——文秋芳.在英语通用语背景下重新认识语言与文化的关系[J].外语教学理论与实践,2016(2).

- **跨文化交际视角下的高校外语教育**

从跨文化交际视角创新高校外语教育,要深化跨文化意识,要关注影响跨文化语言交际能力的内外因素。内部因素要考虑到二语学习者自身,通过开发其认知需要、自我提高需要以及其他附属需要,激发其学习动力;要关注二语学习者的非智力因素,帮助其培养坚定的意志,使其面对困难乐观向上,对生活对学习充满热情。外部因素要发挥大众传媒与社会舆论的积极导向,将显性文化教学与隐性文化教学相结合,维护师生之间融洽的人际关系。此外,要认识跨文化非语言交际的社会意义,包括跨文化非语言交际的文化差异、跨文化非语言交际行为的习得手段,以及跨文化非语言交际社会能力的提高。

——陈放.跨文化交际视角下创新高校外语教育新论[J].东北师范大学学报,2016(5).

- **中国大学生跨文化交际能力现状**

提高中国大学生的跨文化交际能力,是高等外语教育的重要内容和外语教学改革的主攻方向。运用中国大学生跨文化交际能力测评表,采取问卷调查的形式,对分布于全国10个省(区、市)的16所高校的2300名大学生进行调研测评后发现:中国大学生跨文化交际能力总体处于比较理想的状态,均值为3.73。在六个维度上的均值依次为:意识＞态度＞技能＞策略＞思辨＞知识。不同背景大学生在跨文化交际能力各维度上差异显著,这些背景包括性别、年级、专业、大学类型、大学英语四级考试成绩、出国经历、跨文化接触经历、出国打算等。

大学外语教育应注重培养学生的跨文化交际能力,尤其要加强对他们跨文化知识的拓宽和思辨能力的培养;理科类高校更要加强学生跨文化交际能力的培养,利用资源,开设相关讲座,创造更多跨文化接触条件。

——高永晨.中国大学生跨文化交际能力现状调查与分析[J].外语与外语教学,2016(2).

五、基础外语教育

- **我国高中英语课程的功能定位**

纵观我国近三十年高中英语教育发展,并通过对高中英语课程的现状分析,发现英语课程功能的升学工具性显著，教学目标直指"育分"，而"育人"功能缺乏。育人价值应是学科核心素养的基础，新一轮的课程标准修订，为我国高中英语教育的发展与英语课程的功能定位指明了方向——回归"育人"的本质。

为此，应充分把握和利用高中英语课程既具有工具性、又具有人文性的特征，依托语言本身，培养学生的语言能力和思维品质；应挖掘语篇内涵，塑造学生的文化品格；应完善教学策略，提高学生的学习能力，努力培养出具有较强的语言综合运用能力和较高的综合人文素养的学生，实现其育人价值。

——李静.我国高中英语课程功能的定位研究[J].课程·教材·教法,2016(6).

- **高考英语改革亟须处理好五对关系**

高考英语改革已成为各界民众广泛关注并热烈讨论的话题。然而，许多观点对高考英语改革缺乏理性认识与通盘考量，以至于将改革中一些大范围、深层次、复杂性的问题简单化和片面化。为此，应厘清高考改革中的五大关系。

第一，英语重要性与人人学外语的关系。对英语和英语教育的认识需要理性客观，建立一种基础普及型与强化拔高型并存的英语教学体系。第二，高考英语改革与课程改革的关系。高考英语改革必须以国家课程标准为依据，努力回应高中英语课程改革在社会文化、思维认知和语言运用等方面的目标和诉求。第三，教育公平与能力培养之间的关系。二者应成为高考改革的两大价值诉求，同时兼顾，不可偏废。第四，母语优先与英语学习之间的关系。秉持母语优先教育原则的同时，丝毫不能放松英语的学习。第五，一年多考与适当限制之间的关系。对社会化考试机构组织考试的次数予以限制，可以避免考试机构谋取私利，保证考试的信效度与公信力，维护考试公平公正。

——郑奕,邹太龙.高考英语改革亟须处理好五对关系[J].教育理论与实践,2016(1).

- **中日韩三国基础英语教育改革比较**

中日韩三国的基础英语教育面临两个主要的共性问题：一是以阅读为中心的英语教育导向，二是英语语言环境的缺失。

从课程理念与课程设置、评价体系、师资建设三个方面比较中日韩三国的基础英语教育改革，发现：在课程理念与课程设置上，日本的英语课程理念具有浓厚的实用主义传统，韩国第七次课程改革要求中小学英语贯彻"以交际教学法为主、以培养听说能力为中心"的教学思想，中国最新一轮基础英语教育改革的指导理念是任务型教学法；在评价体系上，中日韩三国都努力实现评价形式多样化，改革大学入学考试英语科目的考核形式；在师资建设上，中日韩三国均从教师来源和教师培训两方面加强师资建设，各国的具体改革思路和应对措施特色鲜明。

从学习负荷和学习者能力两个方面比较中日韩三国基础英语教育改革的实施情况和效果，发现：韩国与中国对学生的英语水平期望值较大、学习负荷较高，相比之下，日本教育受"生本化"思想影响大，承认学生在能力、兴趣、性情等方面的差异，学生的学习负荷较小；以托福考试成绩为标尺，英语教育改革实施以来，韩国学生的英语能力整体有所提升，日本在改革初期有所提高，而中国英语学习者的英语能力似乎裹足不前。

韩国虽然取得较好的改革成绩，但是韩国家庭过于重视孩子英语课外补习，学习负荷巨大，阻碍英语学习社会环境的建设。日本赋予教师更强的职业自主性，使其在教学中灵活地选择教学内容、教学方法和评价方式，尊重学生发展的规律，最大限度地在认知发展、情感需求和社会能力三者之间求得平衡。

——滕敏，翟石磊.中日韩三国基础英语教育改革比较[J].教育评论，2016(7).

六、高校外语教育

• 我国大学英语教育困境的生态解析与对策

大学英语教育可以看作是由独特的生态主体和生态环境构成，受系统内外多种因素影响的，有机的、复杂的生态系统。该系统生态主体主要包括学生与教师：教师是教的主体，发挥着导向作用；学生是学的主体，在教学活动中处于中心地位。生态环境即教育环境，分为内部环境和外部环境。从教育生态学角度分析，我国大学英语教育"费时低效"的原因为：生态主体地位失衡，缺乏互动；生态链条脱节，不匹配；生态环境不协调，不够包容开放。

应对以上问题的对策主要包括：树立以学生为中心的教育理念，打造开放式、一体化的教育生态链条，实施交互式、情景化的教育实践活动，营造协同发展、开放和谐的教育生态环境。

——黄雯怡.我国大学英语教育困境的生态解析与对策思考[J].外语研究，2016(3).

• 研究型大学英语学科转型的切入点是文学

英语学科的改革和转型迫在眉睫。文学是语言和思想的物质形态,是情和理的互交互融,把文学作为转型切入点,合理而且可行。首先,从宏观定位上,无论是基于研究型大学本质的学科定位,还是基于人文本质的学科定位,都需要培养人的感知力、想象力、判断力、分析力等,对学习者的探索能力和反思能力提出了更高的"智"的要求和"德"的要求。其次,从本体定位上,改革英语语言文学学科的合理性和必要性,必须落实在语言学习的本质特征和语言使用的本质特征上。

文学介入基础阶段的教学,是扭转主体崩溃或失语局面的有效方法,除了可以增加语言输入量、提高学生与语言的接触频率、提升学生对语言微妙差异的敏感度外,文学还具有以下两个最为重要、无法替代的作用:建立多层次的交流需要和提供多等级的递归层次。介入起初,要建立以文学为主导的教育模式,但不是要摒弃翻译课程和语言课程。为了逐步实现基础阶段的教学转型,避免衔接不畅,文学课可以先作为精读课和泛读课的替代。由于理念的僵化和师资水平的有限,转型之初的效果必然不如人意。但是,没有不如人意的效果做铺垫,就没有尽如人意的结果。

——周郁蓓.文学:研究型大学英语学科转型之要[J].外语教学理论与实践,2016(2).

第六章 语言传播

全球化背景下的国家间文化交流、文化对话和文化竞争,推动"语言传播"成为各国语言政策与规划的重要内容。我国的语言传播政策旨在推动国家主体语言汉语的国际传播,进而推动中华文化"走出去",以服务、支撑国家的全球战略。本章主要从三个视角介绍 2016 年关于"汉语国际传播"的研究情况:一是"汉语国际传播理论与方略",单列一节,相关研究主要探讨汉语及中华文化国际传播的理论问题和宏观方略,收文 12 篇;二是面向海外母语或祖语非汉语者的汉语教育研究,包括"孔子学院研究"和学科理论范畴的"汉语国际教育"研究,分列两节,共收文 32 篇;三是面向海外以汉语为母语或祖语者(也即华侨华裔)的"华文教育"研究和"华语与全球华语生活"研究,分列两节,共收文 24 篇。因此,本章共五节,收文共 68 篇。

第一节 汉语国际传播理论与方略

作为事业的汉语国际传播的蓬勃发展,推动着学科理论范畴的汉语国际传播的前行。本节介绍的 2016 年相关研究情况显示,汉语国际传播的学科理论呈现出语言学、传播学、文化学等多学科交叉的鲜明特点,在"汉语国际传播理论"和"汉语国际传播与中华文化国际传播"两个主题下的论文中,汉语国际传播的跨文化互动意义、与对象国进行双向互动的文化对话、换位思考对方的需求、在尊重对方主体性的基础上谨慎选择语言文化传播内容、入境随俗与积极融入、推动汉语进入对象国的日常生活等,被反复提及。这些研究在学术层面确认了两个重要理念:一是必须"跳出语言看语言",站在文化的高度看待、研究汉语的国际传播问题;二是语言文化的海外传播必须在思维和行动层面都与对象国双向互动,这要求扎实、深入地研究对象国的文化特点与真实需求。其中,有一篇论文讨论文化部支持的海外中国文化中心的文化传播机制,这是以往研究较少关注的。本节另一个主题"汉语国际传播国别研究"下的论文,内容涉及东南亚各国、美国和卢旺达的汉语传播现状分析,在一定程度上呼应了前两个主题的相关研究主张。本节共收文 12 篇。

一、汉语国际传播理论

• 汉语国际传播的理论维度

在以传播主体的意志为主导的汉语国际传播格局下,围绕着汉语国际传播中汉语言符号的传播存在着一些假象,同时,把汉语言符号的输出或传播等同于汉语国际传播又派生出关于汉语传播本质的假象。显然,汉语传播如果不能进入对象国的日常社会生活,具体生动的言说主体必然缺位,在此条件下,这样的汉语传播实质等同于汉语书面语的传播,而不是作为社会实践形态意义上的汉语传播。即使通过孔子学院等途径面向外国人开设汉语课程,所传播的汉语仍然停留于符号体系的转介,而不能进入对象国的日常社会生活。这是目前大部分汉语国际传播实践的真相。

汉语国际传播同样体现出语言传播的一般规律。但目前无论学术界,还是相关的政策部门,对于语言传播的两种形态或方式,即"语言扩散"和"语言交际",存在着理论和政策的双重混同,对于二者处于何种关系也未做深入分析,因而无法界定在"语言扩散"意义上的汉语传播,以及在日常生活场域的"语言交际"之中有可能遭遇到的传播制约。当然,汉语在国际传播过程中作为外部植入的语言,在放弃"殖民"或"霸权"模式的条件下,虽然难以进入对象国的日常社会生活,但从语言传播的理论可能性考察,仍然在政治、文化、经贸、教育等领域存在着很大的传播空间。这样的汉语传播具有社会群体的限定性,而非全民语言所要求的那种周延所有社会成员的语言传播模式。由此可以看出,汉语国际传播虽然存在着一般语言传播的规律性特征,但又不同于母语共同体内部的语言传播,或标准语在方言区的传播,而更多体现出跨民族、跨国界的跨文化传播的典型特征。

理想或成功的汉语国际传播,实质是具有厚度的传播过程文本的生产和再生产,而每一次生产和再生产,都需要以这种文本的内在连贯性、一致性、统一性为重要条件。汉语国际传播过程中的各种解体力量都程度不同地威胁到一种连贯、一致、统一的传播过程文本的形成,从而造成传播不成功的结果。但是,这种传播文本的非连贯性和不一致性并非毫无意义,也不只是存在消极作用。对话话题的陌生性,汉语母语携带者特有的言语风格和非言语符号装置,跨文化沟通场景,对对话者达成理解和共识所需要的文本连贯性和一致性构成了障碍;但这种障碍本身蕴含着克服障碍的意义,激发起追求互动新奇的跨文化传播实践者的对话兴趣,使得汉语国际传播本身拥有母语共同体成员之间日常互动实践所不具有的特殊意义。超越传播文本的解体因素,克服互动过程中的各种障碍,使汉语国际传播的跨文化互动意义彰显出来,并由此构建更高层次上的汉语国际传播过程文本,实现超越母语交际的文本连贯性和统一性,才是汉语国际传播的魅力所在。

——卢德平.汉语国际传播的理论维度[J].语言战略研究,2016(4).

- 汉语国际传播的推拉因素

汉语国际传播的过程包括宏观、中观、微观三个层次。三个层次相互作用,交互影响,体现了汉语国际传播的推拉因素从宏观的社会、经济、文化层次向汉语学习和传播的中观层次(地理空间、社会空间、职场空间三个主要语言场域)的转移和具化,并最终实现于微观层次(个体语言学习者的日常语言实践)的复杂过程。

在宏观层面,有四个基本判断。第一,"一带一路"部分关联国(东亚、东南亚地区)传统上受中国儒家文化影响较深,在文字系统的创制上借鉴过汉字,或在历史上较长一段时间内使用过汉字,并且精英阶层广泛学习过中国传统文化,因此具备汉语国际传播的较多历史拉力因素;但这些国家由于地缘政治的特点,与中国存在领土、领海争端,其政治因素有可能削弱传统文化中的拉力因素。第二,"一带一路"部分关联国(苏联加盟共和国,部分东欧国家等)历史上受俄罗斯政治、军事、文化的影响较深,其民族语言很多采用俄语,与中国传统文化的接触较少,很难在传统文化层面形成汉语国际传播的拉力因素。第三,"一带一路"部分关联国(东亚韩国、日本等)历史上与中国同文同字,且受中国儒家文化影响极深,具有汉语国际传播的强大拉力因素。第四,在语言实践层面,所有"一带一路"关联国对于汉语的国际传播和扩散都存在一些共同的制约因素,一是民族语言推广政策与汉语传播可能形成冲突,二是英语根深蒂固的国际地位及其广泛影响与汉语传播可能构成冲突,三是民族语言推广、英语在教育体系中的普遍性制度安排所形成的叠加力量,与汉语传播可能构成冲突。

中观层面的研究,一个重要目的在于搞清楚汉语国际传播的推拉因素如何体现并作用于汉语学习的各种制度性和非制度性环境,并对汉语的学习和传播实践发挥怎样的影响。

关于微观层面的研究,需要以个体语言学习者为考察对象,但考虑到研究对象在对象国社会中的代表性,还需要依据社会空间分布原则,对中小学生、大学生、商业社会、文化艺术界、体育界、旅游业界等社会群体开展研究,以揭示汉语在对象国传播的潜力,探讨如何使汉语深度进入对象国的代表性社会群体,实现汉语在对象国社会的深度传播。这个层面的研究主要是探索面向各类社会群体开展汉语传播的条件、路径、准入和接纳障碍。

通过对"一带一路"汉语国际传播关联国内部生成的拉力因素的考察,可以更好地规划源自中国的汉语国际传播的推力因素,提高推力因素和拉力因素的结合度,并针对对象国国情,优选中方的推力因素工具箱,推动对象国维护和强化已有的拉力因素,培育新的拉力因素,从而在对象国形成有利于汉语国际传播的环境条件。只有通过对对象国社会现实和历史文化状况的考察,才能准确定位汉语传播在不同国家所具有的差异化拉力因素。同时,汉语国际传播推拉因素谱系图的构建,有利于形成预测汉语国际传播趋势的功能,使相应的汉语对外传播政策获得前瞻性。

——卢德平.汉语国际传播的推拉因素:一个框架性思考[J].新疆师范大学学报,2016(1).

• 提升汉语的语势

世界性语言、语言国际化等现象本质上都是语言通用性问题。很多学者都提到语言的通用性和政治、军事、经济有关联,但语言本身的作用不可缺少。语言不仅仅是交际工具,还是认识活动的形式和积淀。语势和语言活力有很大关系,但并不完全相同,语言活力是语势在语言接触中的具体体现。语势是指语言接触中一种语言的传承潜力和通用潜力,其量化标准可归纳为语言人口和语言积淀两部分。学者们提到的语言活力和语言影响力参数,从根本上说都是语言积淀的表现。

尽管汉语通用语在华人圈的通用性很高,但汉语的国际通用性明显不如英语,这主要是通过二语人口数量体现出来的。把汉语作为二语的异族人口远远低于把英语作为二语的异族人口。

世界上国际化成功的语言,在国际化之前都已经是积淀深厚的语言。通用性并不总是能够通过政治军事力量实现的,经济实力和政治军事实力一样,只是提供了语言接触的条件。一个实体由于经济的强大,就有更多的贸易和交流,语言因此接触,但一种语言能否因此提高通用性,没有足够的语势仍然有困难。

从语言层面看,要使汉语走向国际化,可以从提升通用性和提升语势两个方面入手。提升语言通用性分成两个部分,一是推广汉语教学,二是有效合理利用媒介。从长远的观点看,提高汉语语势最为根本,一要增加汉语原创词汇和文本,增加自然科学和人文科学的原创性贡献,汉语母语者的文化科学素质教育最为根本;二要扩展译文,世界上任何语言的原创性文本,都应有汉语通用语版。

——陈保亚.语势:汉语国际化的语言条件——语言接触中的通用语形成过程分析[J].语言战略研究,2016(2).

- **传播学视野下的汉语传播**

从传播学角度看,"语言"的传播是信息传播的一种特例:即以语言作为主要介质对某种语言进行传播。因此,完全可以把具体语言的传播纳入传播学的研究范式,可以充分利用传播学的研究成果来拓展汉语国际传播的研究视野。在传播学的学术框架内,要考察汉语传播的五大要素,包括传播主体、传播对象、传播渠道、传播受众和传播效果。同时,有必要对汉语国际传播的多种路径进行反思,还要对不同国家的汉语传播进行定向研究,分析汉语在这些国家的传播现状和经验教训。

——刘昌华.基于传播学的我国通用语言文字传播政策研究[J].辽宁师范大学学报,2016(5).

二、汉语国际传播与中华文化国际传播

- **中国语言文化国际传播的境遇与反思**

我国语言文化国际传播除了媒体及民间交流之外,主要有三个渠道:一是国家汉办支持的孔子学院,二是国家侨办支持的华文教育,三是文化部支持的中国文化中心。尽管它们体制机制各异,大都正常运行,整体向好,但也面临着一些难题和阻力,给发展带来了一定的困难。这可由孔子学院遭政治排斥、舆论曲解、历史偏见、语言误解的境遇略见一斑。显然,不了解才有误解和抵触,而在语言文化竞争已是必然的态势下,我们的传播自身也还存在以下问题:只想着向别人推广什么,较少想别人需要什么;语言传播轻视文化,有人甚至主张"去文化";文化传播不得要领,造成误导;厚古薄今,给人错觉;好心惹猜疑,欲速则不达。

解决上述问题:一要转变理念、调适话语,凸显服务理念,避免单向思维和功利色彩,促进平等对话和深层次交流,并构建具有广泛接受性的传播话语体系,以增进互尊与互信,化解误读及抵触;二要入境随俗,积极融入,协调好各种关系,争取广泛支持,营造良好的生存环境,落地生根;三要优化内容、消解偏见,找准共鸣点,传播中华文化精髓和正能量;四要创新方式,多管齐下,包括搭车前行、多讲故事、善用载体、借重科技;五要改进教学,提升水平;六要社会动员,人人尽责。

——赵世举.中国语言文化国际传播的境遇及反思[J].中国语言战略,2016(2).

• 主体间性理论视域下的汉语及中华文化国际传播

主体间性理论意味着不同主体之间存在着中介客体,这一客体向多极主体开放,与多极主体同时构成"主-客"关系。从"我与你"的关系出发,一个多极主体共在,且相互沟通的世界得以生成。在全球化的大背景下,国家、民族和文化三大概念呈融合趋势,要构建和谐的国际关系,在很大程度上有赖于跨文化传播的顺利实现。汉语国际传播是中国跨文化传播的重要组成部分,因此主体间性理论将指导我们从一个更高的角度俯瞰这一事业的运行。

语言培训、文化外交和文化对话可以被总结为汉语国际传播的三大支点。语言培训是建构基础和对外形象,文化外交是本质属性,而文化对话则是终极目标。文化传播不是单向的,说者和听者的角色总是在不断地转换。汉语国际传播不能仅从本国立场出发,还必须倾听对方的需求,以诚意提高传播的有效性。文化输出主要以本国作为传播主体,从本国文化的偏好、利益和追求为主要出发点,容易表现出"单向传播"和"大范围传播"的趋势。这种"主体性"的趋势往往会招致其他文化的警惕和敌意。而文化对话则能使其他文化在传播中也居于主体地位,推动传播双方的互惠理解。在传播中华文化时,不应以自己的好恶进行简单取舍,而是应该在更尊重对方主体性的基础上进行谨慎的抉择。

——李韵,胡晓.主体间性理论视域下的汉语国际传播有效性思考[J].中外文化与文论,2016(1).

• 汉语国际教育背景下的文化传播内容选择

世界各国的确存在一种普遍甚至强烈的了解中国文化的需求,中华文化海外传播是国际文化发展繁荣的需要,也是中国提升自身国际影响力的需要。在汉语国际教育大背景下,如何选择恰当的文化内容来进行海外传播,既关系到学习者或受众的需求能否得到很好满足,也关系到传播者的目的能否达成,以及传播效果到底如何等问题。

四个原则应纳入考量范围,即:代表性原则、现代性原则、普遍性原则、供需结合原则。"代表性原则"是指传播过程中所选内容应为中华文化中最能体现其基本面貌和主要特征的内容。"现代性原则"是指在选择传播的内容时,必须充分考虑到内容的现代性,所选内容必须具有现代意义和价值。"普遍性原则"是指传播的内容应有普遍意义,尽管世界上有不同的民族、国家,但都是由人群构成的,相互之间有许多共性,每一个民族、国家的文化中也一定有带普遍意义的成分。"供需结合原则"就是文化传播者的主观愿望和受众的实际需求相结合的原则。

如果我们的海外文化传播还对当代大众消费文化情有独钟,使现阶段或近期内全世界对中华文化的了解都呈低级化、表面化趋势,一旦某种定势形成,即使我们再想向世界传播高雅文化、精英文化,也很不容易改变世界对中国人和中华文化的看法。

——朱瑞平,张春燕.汉语国际教育背景下文化传播内容选择的原则[J].
云南师范大学学报,2016(1).

- **汉语国际传播与中国国家形象提升**

目前以文化传播为重的策略应该逐渐调整为汉语传播与汉文化传播并重的策略,使语言传播和文化传播齐头并进。虽然"中国文化渗透论"使中国的国家形象受损,并对当前进行的汉语国际传播事业产生了一定的影响,但这种影响是暂时的。通过汉语和中国文化国际传播的持续发展,中国与世界各国之间将会增进相互了解,减少误会与冲突,逐渐消除"中国文化渗透论"的消极影响,为中国营造一个和谐、和平的国际人文环境。中国在努力实施"走出去"战略的同时,在国内也要努力地进行汉语推广,进一步实施"引进来"战略,通过奖学金制度等,吸引对中国、汉语、中华文化感兴趣的世界各国各层次各专业的优秀学生来中国留学。新媒体打破了传统媒体在时间和空间上的限制,使得信息传播的速度更加快捷,形式更加多样,这也给汉语国际传播事业带来了新的机遇。

——王迎春,周华.汉语国际传播与中国国家形象提升[J].
世界教育信息,2016(23).

• 中国文化中心的文化传播机制

文化部(外联局)支持的中国文化中心,与教育部(汉办)支持的孔子学院在传播中国文化过程中所采用的方式和产生的影响有很大不同。自1988年至今,在海外开办中国文化中心的历程已近30年,目前正进入高速发展时期,根据文化部的规划,到2020年,将有50个海外中国文化中心在全球建成。按照中国文化中心自己的界定,它的宗旨是"加强两国文化交流与合作,增进两国人民之间的相互了解和友谊"和"优质""普及""友好""合作"。

各文化中心在所在国举办的活动,主要包括四个方面:常规性地举办演出、展览、艺术节、文体比赛等各类文化交流活动;以项目方式组织并实施语言、文化艺术、体育健身等各类培训活动;组织讲座、研讨会、学者访问等学术交流活动;设立图书馆等信息机构,向驻在国公众介绍中国的历史、文化和当代社会生活。与立足传统教育的孔子学院相比,海外中国文化中心更注重当代的文学艺术和娱乐文化。

起步较早的中国文化中心可以走一条不同于孔子学院的发展道路,实施稳扎稳打的计划,培养与国内外合作者的共赢机制。近年来开发出的市场机制有效地提高了中国文化中心的发展潜力。如能官方和民间两条腿走路,组织地方资源、社会力量与国外伙伴的多种形式合作,更可能以文化的方式影响世界。

——郭镇之,张小玲,王珏.用文化的力量影响世界:试论中国文化中心的海外传播[J].新闻与传播研究,2016(2).

三、汉语国际传播国别研究

• 东南亚各国的汉语传播

20世纪以来东南亚汉语传播的"波段共振性"主要表现为三起两落,可大致划分为自然发展时期、严厉管制时期、恢复发展时期、遭受打压时期和良好发展时期五个阶段。目前汉语在泰国、印尼、菲律宾、马来西亚、新加坡、越南、老挝、柬埔寨、文莱都已进入国民教育体系,可以作为正式课程开设;而在缅甸,20世纪60年代做出的华文教育禁令尚未废止,汉语教学尚未取得合法地位。此外,不同国家对中国及汉语的态度也有所不同,其政策对汉语在本国传播的影响也存在明显的国别差异。

在新加坡,英语、华语、马来语、泰米尔语一起被确定为官方语言。但英语以外的其他三种官方语言有名无实,英语成了国家语言生活中真正的"无冕国语"和唯一"真正官方语言"。新加坡建国后制定的语言政策导致华语地位不断下降,对许多年轻华人尤其是少年儿童来说,华语正在从第一语言向第二语言转化。

在马来西亚,华语不仅没有像新加坡一样的官方语言地位,而且还受到了多项政策的打压,但现实生活中华语地位却很高,华语教育得以完整地保留在华人幼儿园、华文小学、独中和华文高校中。华语作为马来西亚华人第一语言的地位十分牢固。

印尼和泰国20世纪80年代以前对华文教育的打压最为严厉,但90年代以来彻底反转,推动汉语的政策力度不断加大。泰国短短十几年间一跃成为全球汉语传播的先进典型,印尼也正在成为汉语教学发展最快、需求最旺盛的国家之一。当然,由于两个国家历史上对华文教育的严厉打压,导致两国华语人才断代,华语师资匮乏,需要从中国引进大批汉语教师。

东南亚汉语传播的国别差异带来以下启示:一是国家间外交关系决定了语言国际传播的大方向,汉语传播的低谷时期与中国和相应国家外交关系的低谷时期基本吻合;二是海外华人华侨语言文化传承要遵循所在国法律规定;三是汉语国际传播要避免意识形态冲突;四是应建立需求导向的东南亚汉语传播服务体系。

——吴应辉,何洪霞.东南亚各国政策对汉语传播影响的历时国别比较研究[J].语言文字应用,2016(4).

- **美国的汉语传播**

在经济全球化、政治多极化和文化多元的世界体系中,一种语言要想在美国这样的发达国家广为传播,其因素很多。在宏观层面,影响语言传播的因素主要包括源语国的实力、接纳国学习和使用该语言的人口、源语国和接纳国语言制度的支持、语言本身的价值和吸引力。在语言国际传播进程中,源语国的实力是源泉,语言价值是根本,语言人口是基础,语言制度是保障。任何语言只要在以上四个因素上占优势,就必然具有国际传播活力;语言国际传播活力越强,语言传播愈快愈广愈持久。研究发现,美国汉语在四个语言传播活力因素方面均占优势,具有强大的活力和国际传播活力,美国汉语传播正处于上升时期,方兴未艾。

——肖顺良.美国汉语传播研究[J].语言文字应用,2016(2).

- **卢旺达的汉语传播**

卢旺达目前的汉语推广面临着教学模式单一、缺乏统一的标准化汉语教材及汉语交际语境、师资严重缺乏以及汉语教学研究薄弱等问题。卢旺达孔子学院应竭力争取使汉语教学纳入卢旺达国民教育体系;加强教学管理,根据学生实际情况及时调整教学方案;因材施教,调整教学内容,编写适合学生需要的汉语教材;培养当地汉语师资,增设汉语教学点,不断壮大卢旺达汉语教学力量;加强对卢旺达汉语推广工作的学术研究,包括对该国语言形势的紧密关注,为提出行之有效的汉语推广策略提供理论支持和事实依据。

——林玲.卢旺达多语种背景下的汉语推广研究[D].重庆师范大学,2016.

第二节 孔子学院研究

孔子学院是"命运共同体"框架下中国话语的一种表达①。以《孔子学院研究发展报告(2016)》的出版为标志,2016年我国关于孔子学院的研究形成了一个新高潮。与该报告将学科理论范畴的"汉语国际教育研究"与孔子学院研究一并纳入关注视野不同,本报告将它们区分为两个专题,并分列两节;同时,受篇幅所限,本报告从政策研究的角度,在相关专题下努力遴选决策咨询价值较为突出、代表性较强的研究成果予以介绍。

本节分为三个专题:一是"孔子学院发展方略",相关研究涉及孔子学院的职能、定位和宏观发展方略,其中关于孔子学院与出口贸易增长的实证研究颇有新意;二是"孔子学院文化传播能力建设",相关研究主要探讨孔子学院如何传播中华文化;三是"孔子学院办学模式",相关研究分别从政府的适度干预、院企合作模式、第三方介入、中国教育援外等角度探讨了孔子学院的运维模式。本节共收文13篇。

据国家汉办的统计,到2016年年底,我国已在全球140个国家(地区)建立了511所孔子学院和1073个中小学孔子课堂。其成就令世界瞩目,其遭"政治排斥、舆论曲解、历史偏见、语言误解"②而面临的困难和问题引起国内各界高度

---

① 宁继鸣.中国话语的一种表达——"命运共同体"框架下的孔子学院[C].《孔子学院研究发展报告(2016)》序,北京:商务印书馆,2016.

② 赵世举.中国语言文化国际传播的境遇及反思[J].中国语言战略,2016(2).

关注。从近年的研究情况看,减少官方色彩、避免意识形态冲突、融入当地文化等主张已在学界达成共识,然而已有形象根深蒂固,要从根本上扭转形象、将学界主张落实为行动,还需进行复杂的政策考量和行动设计。

一、孔子学院发展方略

- **孔子学院是"命运共同体"框架下中国话语的一种表达**

孔子学院的形态与内涵,建构了一种基于汉语教学与文化传播的话语生产机制,搭建了一个在全球环境和"命运共同体"框架下,代表中国话语表达的一种极富影响力的教育合作与文化传播模式。孔子学院的话语表达方式是系统而独特的,主要体现在基于物理存在与传播实践的话语表达,基于文本呈现与内涵诠释的话语表达以及基于价值生成与影响扩散的话语表达。孔子学院所讲述的中国语言文化之真实就是对中国方式、中国符号、中国经验的表述,尽管有"水土不服"的焦灼,尽管有"文化适应"的起伏和波动,但就走过的历程而言,孔子学院的建设发展是积极的、健康的,国际社会对孔子学院的整体认知是理性的、正面的。孔子学院话语生产机制与框架的建立,一个直接的结果就是中国海外话语资本的积累。话语资本尽管与话语权之间没有必然的逻辑关系,但对话语权的累积与比重加权会有所贡献和增益。

"命运共同体"带给我们的最直接启示就是合作共赢的理念,群体参与和集体价值选择。无论是从理念的视角还是从实践的观察,孔子学院都是"命运共同体"框架下,中国参与全球治理、表述自我的一种创新尝试,实践证明也是一种成功的发展道路。这种道路选择和基于语言与文化传播的范式得到了越来越多的国际理解、回应和赞同。孔子学院形成的社会影响和媒介舆论,使得孔子学院成为"命运共同体"框架下国内外教育领域共谋发展的一种话语表达,成为汉语和中华文化参与全球治理的一种实践方式。孔子学院广泛的覆盖面、较高的普及率,以及不断深入的影响力,不仅在国际社会教育系统内形成了一道独特的风景,同时也加速了国际话语体系的重构与世界多元文化色彩的重绘。而学术研究既是对这种话语表达的逻辑性表达,其自身也构成文本系统的精要。

——宁继鸣.中国话语的一种表达——"命运共同体"框架下的孔子学院[C].
《孔子学院研究发展报告(2016)》序,北京:商务印书馆,2016.

- **孔子学院功能定位**

经过11年的发展,全球孔子学院在没有任何经验的基础上"各自为战",开展了大量的工作,效果参差不齐。迅速扩展中,孔子学院的定位、职能、工作内容与重点已经慢慢凸显:专业化的语言教学工作是核心,各种层次的文化交流活动是重点,公共外交的角色和促进经济交流的作用是衍生功能。功能太多,会影响孔子学院的健康发展,只有了解一个机构的核心任务和价值,才能摒弃浮华,深扎根多结果。

——王润泽.孔子学院功能定位与安全发展的战略思考[J].新闻春秋,2016(2).

- **孔子学院发展的推动因素**

孔子学院发展的推动因素可以从以下方面观察。第一,过去十年孔子学院的发展是中国经济扩张的副产物,但是从孔子学院作为软实力实现手段的视角看,其独特作用并没有得到充分的发挥。第二,西方意识形态对孔子学院的发展具有微弱促进作用,实际上目前大部分孔子学院都位于欧美发达国家,在过去的两三年内虽然关闭了几所看似影响力比较大的孔子学院,但是从整体态势上看并没有对这种格局带来太大的改变。第三,驻在国的社会发展和文化背景对孔子学院的发展影响力很小。第四,外交关系在孔子学院的发展中起着重要作用。

——程迈,刘伯成.孔子学院发展推动因素的实证研究[J].教育学术月刊,2016(6).

- **孔子学院促进出口增长**

文化输出是引致商品输出的重要因素,孔子学院促进了我国向"一带一路"沿线国家的出口,文化输出的出口增长效应具有区域差异性、滞后性及波动性等特征。

我国出口贸易偏好于制度质量较高的国家,但制度还不是影响出口贸易的主要因素。是否邻国显著为正,表明邻国之间由于共同的边界,在各方面沟通与交流更为便利,为跨境贸易的发展提供了重要条件。儒家文化圈变量也显著通过检验,表示儒家文化圈范围内的国家由于在文化传统、人生观、价值观等方面相似度较大,推动了双边贸易的发展。我国在亚洲国家的文化输出效果要比欧洲明显。

孔子学院作为中国与亚欧非等国家文化交流的桥梁,在促进中华文化的世界传播及提高国家软实力方面起着至关重要的作用,也是解决出口增长瓶颈的关键因素。由于我国的文化输出还处于发展阶段，目前对出口的推动作用表现出不稳定的特征。今后应进一步规范管理体制和运营机制，加快孔子学院向内涵式发展方式的转变，增强文化输出的出口增长效应，提高我国的国家软实力。

——谢孟军.文化能否引致出口："一带一路"的经验数据[J].国际贸易问题，2016(1).

- **孔子学院快速发展中存在的问题及其对策**

孔子学院快速发展中存在的问题主要包括：设置门槛过低，发展速度过快；一味乐观地关注数量，而对其传播效果研究不够，特别是缺乏"受众研究"和"效果分析"；社会力量参与程度不够，可持续发展问题令人担忧；世界各地汉语师资力量严重不足；教材选题重复、良莠不齐，教学方法陈旧乏味、固化单一。

孔子学院未来发展需要借鉴其他国家语言文化传播战略，着重解决好以下几个方面的问题：提高设立条件，建立外方合作院校淘汰机制；逐步淡化官方色彩，探讨民间开办机制；加强本地师资培训，建立教师队伍建设的长效机制；研发不同层次需要的个性化教材，创设立体化的中国文化推广体系；探索适宜各国文化、习俗和不同人群的教学方法。

——张德瑞.对孔子学院国际传播战略的思考[J].人民论坛·学术前沿，2016(4).

二、孔子学院文化传播能力建设

- **孔子学院与文化产品贸易**

孔子学院的成立能有效提高中国核心文化产品出口量。研究显示，孔子学院在设立国的数量每增加1%，中国与该贸易国的核心文化产品贸易量会提高3.06%；孔子学院对中国与亚洲国家文化产品贸易的促进作用更为显著。有鉴于此，孔子学院未来发展，一要因地施教、因材施教，开发适合当地学习者的教材和教学方法；二要实施市场化和国际化战略，扩大资金来源，做到自主经营，实现可持续发展；三要进一步丰富活动内容；四要与文化产业相结合。

——安亚伦，于晓宇，曾燕萍.语言文化推广机构对文化产品贸易的影响——以孔子学院为例[J].国际经济合作，2016(12).

- **孔子学院形象与话语体系**

多篇新闻报道将孔子学院受到指责和攻击与中国软实力受阻联系在一起，

所以在外媒看来,中国国家软实力与孔子学院的发展息息相关。"汉语作为未来语言"的地位也被多次提及,同时被提到的还有汉语学习对于英国经济发展的重要性,外媒对于孔子学院的定位终归是促进中国语言和文化教学的机构,而非政治宣传机构。因此,尽管孔子学院各种争议缠身,有着诸多指责,但是英国民众对于汉语学习的需求并不会因此而减少。

孔子学院的总体形象是正面积极的,其定位是推广中国语言文化的机构,与汉语教学密切相关。在总体形象正面的情况下,也存在一些偏于负面的报道消息,比如将它与中国的崛起、文化上的超级大国挂钩等等。外媒或多或少对孔子学院与中国政府之间的联系存在误解。对此,孔子学院应多组织民间活动,通过其他活动的举办,尽量消除外媒及西方学者的疑虑。

——彭飞,于晓.英国主流媒体报道中的孔子学院形象与话语体系[J].学术探索,2016(11).

• 孔子学院与海外文化传播困境

相较于世界其他主要语言文化传播机构,如法语联盟、但丁协会、歌德学院等,孔子学院的创办虽然起步最晚,但其发展速度却最为迅猛。孔子学院在全球范围内的分支机构总数已跃居第一,其规模超过了拥有百年发展历史的法语联盟和但丁协会,成为了中国对外文化传播的一张名片。

然而,追求数量上的冒进势必会影响其质量的提升,除了数量上的不断增长,孔子学院在教学质量、本土化进程、文化国际传播方面的突破却不多,有些孔子学院几乎等同于一所汉语教育培训机构。从效果上来看,虽然我们在表面上大力推广了语言、输出了中国文化,但如果我们在与他者之间的交流过程中无法全面建立互惠性的理解,并实现人心上的交融互通,这种推广和传播的实际效果对他者产生的影响将大打折扣。

总的来说,引发争议与抵制的原因大体表现为本土教育机构质疑孔子学院作为中国国家机构的一个部门,通过语言推广的形式对当地民众输入意识形态与价值观、干预并试图操控本土大学的教师招聘流程、干涉本土大学的学术自由和言论自由等。

上述问题根本原因在于意识形态冲突。语言意识形态反映出语言系统背后所隐含的身份认同和价值观认同,有语言的地方就存在意识形态,意识形态问题与社会物质关系和政治、经济基础密切相关。由于意识形态的不可调和性,中国的对外文化传播之路绝不会平坦,孔子学院在当今陷入意识形态困境在所难免。解决海外孔子学院面临的困境,要重视跨文化传播和谐关系的建构。孔子学院要尽可能淡化政府背景,完善内部管理机制,充分引导商业机构、民间智库和社团在对外文化传播中发挥积极作用。

——刘学蔚,郭熙煌.我国对外文化传播的现状与困境——以海外孔子学院为视角[J].湖北大学学报,2016(3).

- **从泰国孔子学院看汉语文化在东南亚的传播策略**

对于很多泰国人来说,孔子学院是一个了解、学习和体验中华文化的平台。在泰国的各个孔子学院,会不定期地开展形式各异的中文图书展、中文知识竞赛、开放日等活动,以此介绍中国的书法、绘画、音乐、饮食、武术等,极大地促进了泰国民众对中国文化的了解与体验。

泰国孔子学院传播汉语文化的策略包括三个方面:一是研发适应当地文化特点的区域性汉语教材;二是开发汉语培训市场,寻找更多的社会力量参与,尤其是当地民营企业以及华人社团等具有灵活机制和市场意识的社会力量,以开发出更适合市场需求的对外汉语产品和服务;三是充分利用网络的优势,大力发展远程教育。

——谭淑玲.从泰国孔子学院看汉语文化在东南亚的传播策略——以泰国三所孔子学院为例[J].新闻研究导刊,2016(12).

三、孔子学院办学模式

- **孔子学院发展中的政府行为选择**

在孔子学院发展过程中,政府始终面临一种两难的选择:一方面政府需要支持和依托孔子学院履行公共职责,实现服务国家利益和国际道义的义务与责任,同时,孔子学院的存在与发展亦离不开政府政策、资金等多方面的支持与关照;但另一方面,政府的过度干预必然会加剧孔子学院的"政治色彩",增加他国对孔子学院的警觉,甚至是排斥和抵制,阻碍其发展。

孔子学院发展中亟待探讨以下政府行为问题:一是政府在孔子学院建设中的参与方式和参与程度问题;二是在孔子学院发展的不同阶段,政府的角色定位和转换问题;三是如何从孔子学院的中国特色,即教育产权问题,更好发挥政府在教育资源和文化资源整合中的作用,如何通过有效的机制建设,引导社会机构、民间资本参与孔子学院建设。

孔子学院发展中的政府行为应以"适度干预"为原则,包括两个方面:一是政府干预的"客观必要性",这是由语言推广和文化传播的公共性和"市场失灵"决定的,政府有责任和义务支持孔子学院发展;二是政府干预的"合理有效性",政府对孔子学院的支持要以维护市场效率和国家利益为原则,以提高孔子学院的组织绩效和使命实现为宗旨。

提出政府对孔子学院的"适度干预"实际上是使政府的行为得以优化,即在孔子学院发展中,政府如何在适当的领域,选择适当的时机,采取适当的方式和手段,进行适当程度的干预,使得孔子学院能最大化、最高效地实现组织使命,健康发展,可持续发展。政府适度干预本质上是优化政府在孔子学院发展中的行为,使其更好支持和服务孔子学院发展,提高组织绩效,践行组织使命。实现适度干预需从以下三方面努力:规范政府在孔子学院建设中的角色与行为,加强对孔子学院的调研与总结,加强对世界主要语言国际推广机构中政府行为的比较研究。

——王海兰,宁继鸣.适度干预:孔子学院发展中的政府行为选择[J].云南师范大学学报,2016(1).

● **孔子学院发展中的院企合作模式**

孔子学院与企业之间的院企合作模式,是指为满足合作双方需要而进行的可以效仿的办学样式。根据合作方式的差异,可以将当前全球中资企业与孔子学院的合作模式归纳为以下五种:其一,战略合作模式,是出于长期共赢考虑,基于共同利益而进行的深度合作,如香港李锦记、贵州茅台集团公司与孔子学院总部的合作;其二,共建孔子学院模式,这是中资企业与孔子学院总部、外方合作院校三方共建一所孔子学院的合作模式,或者说中资企业参与创办孔子学院的合作模式,如中信建设有限责任公司与安哥拉内图大学共建的孔子学院、中国上海海成资源(集团)有限公司与塔吉克斯坦冶金学院共建的孔子学院;其三,项目模式,是一种项目式、任务式、订单式的合作模式,往往内容单一明确(主要是汉语教学),对象主要是海外中资企业的在职员工或未来员工,合作时间短;四是产品营销伙伴模式,是孔子学院向中资企业推介自己培养的人才、中资企业优先录用孔子学院培养的人才的合作模式,合作双方建立了一种产品营销伙伴关系;其五,奖学金模式,在这种合作模式中,中资企业的合作方式仅限于捐资为孔子学院设立奖学金,具有明显的公益性,合作的动机与内容均非常简单。

汉语国际推广是一项重要且具有巨大市场前景的文化产业,但是在其培育期必然需要大量的经费投入。从孔子学院的可持续发展来说,需要摆脱当前政府主导的行政性模式,引入市场竞争机制和产业模式,积极拓宽资金渠道,鼓励和吸引海内外企业、个人和其他社会力量参与到孔子学院的发展中来。

进入21世纪以来,中国企业"走出去"的步伐明显加快。如果说中资企业"走出去"是硬实力,表现的是资金的雄厚,那么,中资企业"走进去"就是软实力,体现的是跨文化的沟通与管理。这就意味着中资企业、中方员工要去了解和适应本土文化,同时也意味着要让自己的文化被对方所理解和接受,只有这样,才能真正实现企业的国际化。而企业本土化的重要组成部分是企业员工的本土化。作为在中资企业工作的本土员工,当然不可避免地需要了解企业文化,要了解企业文化,必然需要了解这种文化背后更为广博和深厚的中华文化。而汉语,无疑是理解中华文化的钥匙。因此,快速有效地学习汉语离不开专业化的教学,这正是孔子学院的使命与优势。

——郑崧,郑薇.孔子学院发展中的院企合作:模式,动机与基础[J].
浙江师范大学学报,2016(2).

· **孔子学院办学模式的第三方介入**

"第三方"是一个相对的概念,在不同场合下,"第三方"会发生变化。以在美国占据主导地位的"中美高等学校合作办学模式"的孔子学院为例,显然中美双方高校及国家汉办成为事实上的办学主体,除此之外参与办学的其他组织和个人就属于"第三方"。第三方介入孔子学院办学模式包括办学资源的介入、办学资金的介入、办学机制的介入和外部评估。

美国是一个特别注重规则的国家,"依法办事"早已成为民众的一种行事方式和生活习惯。要使中美两国的第三方能有效介入孔子学院的办学,就得依靠有效的制度保障。面对新的发展需要,可以以教育部的名义制定并实施类似于《孔子学院办学条例》的行政性法规,在内容上就办学模式做出相应的规定。在这一法规指导下,国家汉办就办学模式中包括第三方参与的问题,制定类似于"孔子学院中方资金管理办法"的条款,从介入方式、介入内容、权利与义务等多角度加以明文规定,以提高其可操作性。同时,孔子学院总部及双方的承办高校要与美国的相关商会和协会加强联系与合作,熟悉他们的基本流程和要求,在成立、续签以及修改完善孔子学院办学合作协议中,根据美国的国情,切实制定好第三方介入的有效措施。

第三方介入不仅包括介入前的准备工作、介入过程中的管理工作,还应包括对介入后的反馈和评价工作,这三个环节是环环相扣、相互影响和制约的。尤其是介入后的测评工作,通过测评能及时发现第三方介入存在的问题,并提升其介入的有效性。这就需要制定好第三方介入效果的测度指标体系,该体系构建应从三个方面入手:一是指标的基本结构,可以运用 RE-AIM 模型,采用类比法、主成分分析法(PCA)来构建一级指标 3—5 个(如办学目标、资金来源、政策制定与执行、影响力等),一级指标下设二级(或三级)指标 2—4 个;二是指标权重的确定,指标权重设计为 100,对于各项具体的指标权重可采用层次分析法(AHP)来确定,并具体量化各项指标;三是综合测度,根据建立的评价指标体系,用量化值加权函数法建立综合评价模型,在综合考虑孔子学院的地域分布、办学规模、办学时间以及办学模式等综合因素的基础上,选取在美孔子学院总数的 10%(即 10—11 所)进行调研和综合测评,最后得出第三方介入的实际值,并寻求其存在的问题、改进空间和策略。

——袁慧玲.孔子学院办学模式的第三方介入研究:基于美国的分析[J].教书育人,2016(12).

• **中国教育援外进程中的孔子学院**

作为曾经的受援国和如今日趋重要的援助国,中国理应在基础教育、教育公平等关键领域承担更多国际责任并分享更多发展经验;而伴随着新世纪我国经济社会的快速发展和国际地位的提升,汉语文化在中国与世界交流合作中的作用也日益凸显,这些因素共同促成了孔子学院总部(国家汉办)的正式建立。

以孔子学院为纽带,国内外参与方积极发挥自身教育优势持续开展互利合作,努力寻找与所在国教育事业发展的契合点,注重教育技术理念的本土化再创造,并在政策设计连贯性、资源配置有效性等方面呈现出显著的比较优势,这在众多发展中国家孔子学院创设运转过程中体现得尤为明显。

在当前我国"一带一路"建设和国际援助方式调整的全新背景下,孔子学院正紧密结合"弘义融利"原则和"民心相通"目标,尝试在全球现有布局下对孔子学院设置和援外资源配置进行统筹规划,探索构建教育、科技、文化、艺术等深度依存的互利合作网络。孔子学院参与中国国际教育援助进程的种种实践充分证明,"新兴援助国"已经开始在国际教育发展合作领域崭露头角。文化推广机构参与国际教育援助模式的包容互鉴不仅对推进落实联合国"千年发展目标"之教育发展议程(如普及初等教育、消除教育性别差异等)产生了关键的示范效应,而且对于全球新型教育发展伙伴关系的构建具有重要的启发意义。

——张鹏.中国教育援外进程中的孔子学院:历史缘起、参与模式与国际特性[J].世界教育信息,2016(11).

第三节 汉语国际教育

学科理论范畴的"汉语国际教育"发展有着坚实的学科支撑,相关研究体量庞大。本节以 2016 年研究热点为视角,列五个专题介绍相关研究情况:一是围绕学科定位、语言与文化关系等传统议题的研究;二是关于汉语国际教育学科建设热点议题——"预科教育"的研究;三是关于"三教"问题难点之一的汉语国际教育师资培养问题的研究;四是关于国内外汉语国际教育大纲标准的比较分析;五是关于汉语国际教育教材与教法的研究。本节共收 19 篇论文,有反思,有新视角,有众多权威学者参与,推动了汉语国际教育研究的新发展。

一、汉语国际教育理论与方略

- **汉语国际教育面临的若干理论与实践问题**

从学科定位看,汉语国际教育是一个全球性的学科,中国作为汉语的母语国,有责任和义务,通过建设学科队伍、培养拔尖创新人才、提升研究水平,将其建设成为世界一流学科。从学科理论创新看,加强学科基本理论体系建设(特别是学科通论、学科研究方法和国际汉语教学法理论体系构建)和国别研究,是当前的迫切任务。从学术评价看,应纠正重"本体"、轻"应用"的偏见。从师资培养看,存在单一化培养与多元化需求之间的结构性矛盾,通用型教师多而国别化、区域化、语别化教师少,需求层次多而培养层次少,理论课程多而实习实践少,培养数量多而对口就业少,中国教师培养多而本土教师培养少。从教材建设看,存在供需失衡、供需失配和供需脱节的问题,中国视角多而本土视角少,翻译出版多而量身定制少,闭门造车多而中外合作编写少,反映中国传统文化多而展示中国现当代文明少,中国出版多而国外就地出版少。

——吴应辉.汉语国际教育面临的若干理论与实践问题[J].云南师范大学学报,2016(1).

- **汉语国际教育的受众分析**

汉语国际教育的传播过程,由传播者、传播讯息、传播媒介、受众、传播效果等要素构成。汉语国际教育的受众,指汉语国际教育这一传播活动的所有对象。在汉语国际教育的传播过程中,受众有不同类型:教材编写人员在编写教材、节目制作人员在策划节目、教师在备课时,他们预先假想的将要阅读教材、收看节目或者听课的人,可以将其看作是汉语国际教育的预期受众;而正在学习汉语、接受汉语国际教育的人可以看作是现实受众;尚未开始汉语学习,但对中国文化非常感兴趣,或者因为工作关系经常与中国人接触,或者想来中国旅游、工作、定居,或者家庭中增添了中国籍成员,或者学习汉语后会带来巨大的利益等等,由这些人员组成的群体可以看作是汉语国际教育的潜在受众。

预期受众与现实受众越接近,越能取得预期的传播效果;如果预期受众与现实受众存在较大差异,则很有可能得不到预期的传播效果。所以传播者在进行编码时,应对以往的现实受众有一定的调查了解,力求使预期受众更接近现实受众。由于预期受众大多是传播者想象的,所以我们在进行汉语教育时要重视现实受众和潜在受众,既要避免流失现实受众,也要积极寻找中国语言文化的热爱者,发现并挖掘潜在受众,使潜在受众变为现实受众。

学者们在研究过程中逐渐意识到受众并不是孤立的,每个受众成员有着不同的群体背景,而群体传播又像纽带一样把不同的成员联系在一起。受众的群体背景以及受众之间的群体传播都会在无形之中影响受众的媒介接触活动,进而影响传播效果。将之应用于汉语国际教育,不同母语背景、不同文化圈、不同社会阶层、不同国籍、年龄、性别的受众,在汉语学习过程中表现出来的特征也不尽相同,所以了解受众的群体背景与其学习特征的联系非常重要。群体背景体现的是某一群体的共性。教师应该充分利用学生间的群体传播,让群体传播促进汉语学习。

——张晓曼,谢叔咏.传播学视域下汉语国际教育受众分析[J].山东大学学报,2016(2).

- **汉语国际教育中的"文化"**

与《21世纪外语学习标准》所不同的是,《全球外语学习标准》进一步强调了文化产物、文化习俗与文化观念的互动关系。文化观念极难概括,引导学习者去自主概括文化观念,就是从自主学习的层面使学习者尽可能地完成三者之间的互动,发现文化习俗与文化产物之间的内在制约——文化观念。

比较分析《全球外语学习标准》和《21世纪外语学习标准》的文化教学理念,对汉语作为外语的文化教学观建立了以下新认识:国际汉语教育中的文化不是语言本体研究的对立物,而是学科的有机组成部分之一;国际汉语教育中的文化也可以理解为一种语境,结合语境讲解语言是使学习者得体使用语言的重要保证;国际汉语教育中的文化不应该停留在表层文化,而应与深层文化沟通;国际汉语教育中的文化不应该限定在传统文化或当代文化,而应在传统与当代之间找到恒定的文化因子,也即"文化观念"。

——赵明.对国际汉语教育中"文化"的再认识——由《全球外语学习标准》引发的思考[J].云南师范大学学报,2016(4).

- **摆正汉语教学与文化教育的关系**

汉语国际传播或者说汉语国际教育,最主要、最直接的任务是想方设法帮助外国的汉语学习者尽快、尽好地学习掌握好汉语,特别是汉语书面语,不能偏离这个核心任务。为此,要摆正汉语教学与文化教育的关系。近十年来大家都比较重视跨文化交际问题,这当然是应该的。但汉语教学还是要在怎么提高学生的汉语交际能力,特别是怎么使学生逐步积聚丰富的汉语语感上下功夫。真正由于文化差异影响了语言交际的情况是很少的,也常常能及时补正。当下真正需要具备跨文化交际知识与能力的不是学生,而是汉语教师。现在对汉语教师的培养偏离了大方向,严重忽视了汉语言文字学方面的基础知识和基本功的学习与训练。当前,四面开花分散汉语教师培养的精力,特别是将文化内容尤其是文化技艺放到不适当的位置,这对培养汉语教师是极为有害的。

——陆俭明.汉语国际传播中一些导向性的问题[J].云南师范大学学报,2016(1).

二、汉语国际教育学科建设

- **汉语预科教育若干问题**

"预科教育"范围广、内容多,既包括通用汉语和专业汉语的教学,也包括相关专业(如理科、工科、中西医、政经法等)的知识教学。然而,后者显然不在对外汉语教学范畴内,其教学属性和目标、内容和方法等,都与对外汉语教学迥异。

汉语预科教育体系由通用汉语、专业汉语和专业基础(数理化等)三部分构成,三类课程设置及学时比例分别为70％、10％和20％。专业汉语类教材编写中,"专业词汇和专业知识"与"通用汉语"的比例分别为30％和70％。专业汉语教材编写应科普化、趣味化、段落化,力戒学术化、理论化、知识化。

应该对汉语预科教育的定性定位、教育目标、体系规划、课程设置、评估体系等进行顶层设计。长远来看,应该成立专门的研究机构,创办专门的学术刊物,培养专门的师资队伍,建立汉语预科教育学科。

——李泉.试论汉语预科教育若干问题[J].国际汉语教学研究,2016(3).

- **中国政府奖学金来华留学生预科教育的定位和定性**

公费留学生预科教育是国家对外交流事业的有机组成部分,是公费来华留学生教育的基础工程,是外国中等教育与中国高等教育嫁接的介入环节,是汉语国际教育体系中的特殊教育类型。

应当从以下三方面认识把握其本质属性:首先,它是一种服务型教育模式,直接为高等教育服务,为国家外交政策服务;其次,它是一种嫁接型教育模式,把不同语言、文化体系的中等教育培养出来的学生接引到汉语言文化体系的高等教育中来,实现他种语言文化的中等教育与汉语言文化体系的高等教育的嫁接;最后,它还是一种综合强化型教育模式。

——韩志刚,董杰.中国政府奖学金来华留学生预科教育的定位和定性[J].
国际汉语教学研究,2016(3).

- **医学类本科专业的预科教育**

与其他专业相比,医学类专业的预科教育有其特殊性。医学类专业对学生的学习能力、努力程度、基础知识储备甚至意志品质都有很高的要求。建议将来华本科医学的预科教育年限延长至两年,第一年采用现有的教学目标和教学内容,第二年除基础汉语、专业汉语以外,增加根据需求定制的实践性课程。

山东大学为医学类来华预科留学生设置了汉语类、专业基础知识类、文化体验类三类课程。汉语类课程包括基础汉语、专业汉语以及专业汉语实践性课程,专业基础知识类课程包括数学、化学等,文化体验类课程包括中国概况课、中国文化讲座、文化体验活动等，取得了不错的教学成效。

——王尧美,张学广.谈预科的教学性质以及专业汉语的教学目标和教学内容——以医学本科来华预科生为例[J].国际汉语教学研究,2016(3).

- **汉语国际教育硕士专业学位培养方案存在的问题**

从教师教育国际化的视角看,《汉语国际教育硕士专业培养方案》(2011年版)存在三方面问题。

第一,课程设置的内在逻辑不甚清晰。对于"汉语作为第二语言的教师"所应具备的通识知识的界定有待商榷,对必修课与选修课的开课目标的界定有待进一步明晰。

第二,课程设置与培养目标有冲突。该学位设立初衷是培养出"应用型"汉语教师,但在培养方案所开列的课程中,却存在着一些与此目标不甚符合的纠结现象,如"第二语言习得"课。

第三,项目属性界定不清。它应该是一个同时性教育项目,即必须同时重视汉语语言学的学科课程与教育学课程；但它对招生对象的专业背景不加任何限制,两年的学制要完成这样的目标显然是很困难的。如果以教育学课程为主,那么非汉语言文学专业背景的学生必然在学科知识方面存在太多欠缺。

对此,有三点改进建议：一是加强汉语作为第二语言的学科知识教学,二是立足"中国"调整通识类课程的设置,三是以能力训练为核心。

——徐晶凝.关于汉语国际教育硕士专业学位培养方案的思考——教师教育的国际化视野[J].海外华文教育,2016(1).

三、汉语国际教育师资培养

- **全球化与跨文化人才培养**

跨文化教育不是专业教育问题,而是全民教育的问题,包含着对未来人和未来世界的看法。联合国教科文组织、欧盟等国际组织以及世界上许多国家,都在探索跨文化人才培养的问题,提出了"世界公民""全球教育""国际理解教育"等教育理念。

全球化和文化多元化,要求现代人必须具有全球意识和正确的文化观,具有在多元文化间穿行的能力。这种观念和能力,包括多语能力、多元文化知识、包容的文化态度以及文化整合力等等。而要培养这样的跨文化人才，最为主要的是：第一，要提倡"多语主义"，实行三语教育或四语教育；第二，要重视"译"的能力培养，包括"语言距离"意义上的译和"文化距离"意义上的译，其实就是跨文化的交际能力；第三，深植本土文化之根，防止在多元文化中出现"文化迷失"。"植根"不能依赖"文化灌输"，根本之策在于整合优化本土文化，使中华文化发展起来，强大起来，为国人在不同文化间行走备上充实的行囊。

　　跨文化人才的培养，首先是教育工程。课程设置、教材编写、教育理念上都应有大的改革。语文课、外语课的改革是重点，但其他课程也需要配套跟进。而且，适应文化多元化的教育改革也不是哪个学段的事情，各个学段都需要课程的改进和教育理念的改进。跨文化人才的培养，当然更是社会工程，不仅需要社会的配合，而且也反映着对未来人和未来社会的看法，亦即"未来社会"的理念。

　　结而言之，跨文化人才的培养，要有三个维度的推进：第一，不仅是培养多语能力，更是培养多文化能力，由语言层面推进到文化层面；第二，不仅在课程，更在于理念，由专业教学层面推进到培养什么样人的教育理念层面；第三，不仅在学校，更在于社会，由教育层面推进到"世界公民"的素养层面，推进到社会的语言理念、教育理念和文化理念的高度，推进到社会的文化包容力和中华文化的整合优化能力的高度。

　　——李宇明.试论全球化与跨文化人才培养问题[J].文化软实力研究，2016(3).

• 国际汉语教师的跨文化能力培养

　　汉语国际推广担负着中华文化"走出去"的重要使命，而完成这一使命的国际汉语教师，作为中华文化"走出去"的传播主体，应该在这个传播活动中处于最核心的地位。国际汉语教师应该具有的跨文化能力不仅包括人际交流层面的"跨文化交际能力""跨文化适应能力""移情能力"，也包括推动中华文化"走出去"所必须具备的"跨文化传播能力"。这种整合在一起的跨文化能力既指向交流和沟通，也指向教师和学生之间、教师和任教国社会成员之间、中国和国际社会之间和谐的多元文化关系的建构。

　　跨文化能力通常有"有效性"和"恰当性"两个层面上的需求。具体到以国际汉语教师为流动载体的中华文化国际传播，"有效性"指的是教师能够在多元文化情境中，运用一定的技能和技巧去高效完成语言与文化的教学任务，实现中华文化"走出去"的特定目标；"恰当性"指的是教师能够在多元文化情境中充分认识到不同社会文化的规则体系,在符合跨文化伦理的前提下,满足来自不同文化背景的学生及任教国其他社会成员对中国社会文化的认知需求和交流需求。这是一个直接的、双向的、充满挑战却又充满希望的人际传播路径。为了使这种人际传播的效果最大化,教师自身跨文化能力的培养和发展就非常必要。

具体来说,要想让中华文化"走出去"在人际传播层面上同时满足"有效性"和"恰当性"的需求,国际汉语教师应从认知、情感和行为三个层面去全面发展自己的跨文化能力。在认知层面,跨文化能力包括"认识自我"和"认识他人";在情感层面,持有正确且积极的态度是打开他者心灵的钥匙;在行为层面,除了发展语言和非语言交际能力之外,教师还应该把重点放在掌握必要的跨文化交际策略和身份认同策略上面。文化符号的储存和积累是跨文化能力发展的基础,要想驾驭这些文化符号和资源,教师须拥有自由的多元文化心智,掌握正确操作文化工具箱的技巧,并在文化间性的引导下对这三个层面的能力进行整合。

——刘学蔚.从国际汉语教师的跨文化能力论中华文化走出去[J].江汉论坛,2016(5).

- **国际汉语师资需求的动态发展与国别差异**

国际汉语师资培养应以需求为导向,按需培养,避免出现供需失衡和供需失配。当前国际汉语师资培养与需求之间存在以下现象:全球总体供不应求的现状掩盖了少数国家供过于求的现实,整体上"量"的短缺掩盖了"质"的需求,中国大规模师资培养与国外汉语师资短缺并存,"超本土"汉语教师的市场需求巨大。

国际汉语师资需求具有动态发展性和国别差异性,动态发展性包括了动态发展、层次递进和与经济社会发展程度关联等特征。对此,国际汉语师资培养规划应关注动态发展,力求按需培养;正视国别差异,努力定向培养;开展前瞻研究,实现超前培养;培养"超本土"师资,满足高端需求。

——吴应辉.国际汉语师资需求的动态发展与国别差异[J].教育研究,2016(11).

- **"汉堡包"式人才培养模式**

所谓"汉堡包"式人才培养模式,即"2+1+1"的夹层制教育模式:学生在学校进行两年基础理论和专业课学习,到国外的真实环境中进行为期一年的教学实践,再回到学校,继续学习一年。该模式旨在将汉语国际教育专业办出特色,使学生成为实基础、强能力、有经验并具备国际竞争力和就业竞争力。该模式的设计是以"应用型"和"实践型"人才培养理念为基础的一种改革性探索,强调实践教学,重视学生的应用能力,且着重训练学生独立工作和国外生活能力,提升学生国际化视野与跨文化交际能力,培养应用型国际化人才,推进本科人才培养与社会需求接轨,缩短就业适应期。

"汉堡包"模式具有明显的优势。学生在理论学习阶段的两年中,集中精力为做合格的汉语国际教育教师奠定理论基础;随后,在一年的顶岗实习中,将十多年来所学习的母语知识和大学本科应该学习的各种教学理论提前应用到未来职业中,把汉语国际教育的教师身份落实在教学实践中。这样,不但对教外国人学汉语的整个教学有了认知性的了解,而且学会在教学中自己去面对问题,解决问题,从而发现自己基础理论、独立工作能力和国外生活能力等的不足。返校后,再通过一年的理论学习、拓展课学习、实习报告、实习总结和毕业论文的写作来完善自己的知识结构。该模式可以最大限度地培养汉语教学能力、语言及对外交往能力、异域独立生存能力。

——陆建生,彭建玲."汉堡包"人才培养模式的实践与成效[J].云南师范大学学报,2016(2).

- **国际汉语教师档案袋评价制度**

教师档案袋评价制度在欧美等国家十分流行,是具有强烈个性化特征的评价工具。教师档案袋是将教师的教学经验"外显化"的最佳方式,它集合了诊断性评价、形成性评价和终结性评价,评价的主体包括教师自身、同行和专家群体,是一种非常值得借鉴的评价方式,也是促进教师专业化发展的新途径。

应当根据中国的国情和国际汉语教师教育现状,借鉴国外经验,突破传统国际汉语教师评价方法的限制,增强国际汉语教师评价的真实性和全面性,建立一套更为完善的国际汉语教师评价体系,使国际汉语教师教育真正与国际接轨,更好地适应国内外汉语教学的需求。

构建国际汉语教师档案袋评价体系的有效路径包括以下几个方面:一是树立正确的教师评价理念,突出教师在评价中的主体地位;二是档案袋内容与评价应以规范的、统一的、专业的教师评价标准为基础;三是树立发展性教师评价观,使档案袋成为伴随教师终身的长期性考察;四是建立以专家为主的教师档案袋评价团队;五是注重考察国际汉语教师实践与反思能力;六是国家汉办和地方院校等教育管理机构给予行政和资金支持。

——王添淼,林楠.关于建立国际汉语教师档案袋评价体系的思考——基于美国的经验[J].东北师大学报,2016(1).

四、汉语国际教育大纲标准

- **区域型与通用型汉语教学大纲比较**

作为加拿大外语推广最有效的省份之一,阿尔伯塔省为英语、法语以外的语言推广制定了一个语言政策框架。该省在K—12(幼儿园—12年级)基础教育中,支持汉语、西班牙语等12种外语的教育。学习汉语人数继西班牙语、德语之后列第三位,汉语是阿省最普及的外语教学语种之一。

汉办大纲是对"各类汉语教学工作起重要指导作用"的纲领性文件,属于通用型大纲,其适用的学习对象涵盖了大中小学学生及不同年龄和背景的社会人士。而阿省《K—9汉语语言艺术课程大纲》是加拿大国民教育体制内,由阿省教育厅制定的中小学汉语课程大纲,具有较强的区域性,并在学习者年龄特点、文化背景及学习目的等方面具有鲜明的针对性。可以说,这两个大纲面对的是不同的群体,有着不同的目标。与汉办大纲对比,阿省大纲有如下特点:一是强调"能做",淡化语言要素要求;二是突破听说读写四大传统技能,增加"视读"和"展示"技能;三是目标描述详细,可操作性、可执行性强;四是注重多元文化,培养世界公民。

阿省大纲为我们提供了一个研究外语区域型教学大纲的崭新范例,为国际汉语教学大纲撰写、教材编写以及海外课堂教学提供了新的思路。作为国际汉语通用型大纲,汉办大纲侧重语言学习、注重综合语言能力的培养;阿省大纲则是将汉语教育作为整体国民教育体系的一部分,更关注"用语言做事"的能力,贯彻对人的培养。这就要求赴外汉语教师必须能够将汉办大纲与所在地大纲有机结合起来,将通用要求融入特定要求之中,通过具体教学活动体现出来。

——傅由.区域型与通用型汉语教学大纲比较——以加拿大阿省中小学汉语课程大纲和汉办通用课程大纲为例[J].海外华文教育,2016(5).

- **欧洲汉语能力标准**

《欧洲语言共同参考框架:学习、教学、评估》(简称《欧框》)在欧洲地区外语教育界的影响可谓"无处不在"。汉语外语教育要在欧洲确保可持续发展,就须解决其标准如何与《欧框》接轨,即汉语标准本土化的问题。2010—2012年进行的"欧洲汉语能力基准项目"(简称"欧标")就是这一努力的具体体现。

2012年"欧标"项目完成时公布了汉语能力标准表述和与其相关的七个辅助文件。其中,汉语能力标准表述文件只完成了对A1和A2+两个级别的能力描述。在语言运用范围方面,"欧标"和已有的其他欧洲语言能力标准一样,采用了《欧框》建议的四大主题领域:个人活动、公共活动、教育活动、职业活动。在语言能力分类上,"欧标"也基本沿用了《欧框》的分类,将传统的听、说、读、写技能重新归类,划分为单向性听力、单向性口语表达、双向性口语互动、单向性书面阅读、单向性书写写作、双向性书面互动及交际策略七类。所不同的是,"欧标"根据汉语的特点,增加了包含拼音与汉字在内的字形知识和拼读能力,共计八类。

"欧标"在语用功能上结合了欧洲环境和与汉语母语者交流的需求,在内容上增加了汉字和汉语拼音知识并细分相应的A1能力级别,根据汉语读写依赖汉字的特征提出了A1和A2能力级别的汉字字表,但没有描述文化间交际能力和跨文化交际能力。"欧标"目前的不完整性极大地限制了其现实意义和实际影响,欧洲汉语教学界依然缺乏对"欧标"实际意义的了解,"欧标"的完成和欧洲汉语教学的发展亟须加强合作与交流。

——张新生.欧洲汉语能力标准再探[J].国际汉语教学研究,2016(3).

五、汉语国际教育现代教育技术和教材出版

• 国际汉语在线学习活动设计

数字化学习环境下,为学习者创造一个有利于交互的语言环境是开展国际汉语教学的前提,而交互性学习环境的设计离不开学习活动的设计。现阶段,虽然汉语教学者们已经意识到,设计良好的学习活动能够更好地培养学习者的汉语交际能力和文化领悟力,但在具体设计中依然存在诸如学习者视角缺失、学习活动设计过程不完整、未充分发挥技术优势等问题。

国际汉语在线学习活动应该由学习目标、学习任务、角色及职责、活动情境、活动评价五要素构成。其中,学习目标与学习任务直接承接,学习任务为核心,角色及其职责、活动情境、活动评价为直接支持。

基于数字布鲁姆的国际汉语在线学习活动的设计过程贯穿数字布鲁姆建立

的"目标-行为-工具"在学习活动之间的关联性,发挥技术在促进互动、交际和反馈上所具有的优势,强调为远程汉语学习者创造良好的学习体验。基于数字布鲁姆的远程汉语学习活动设计应该包括需求分析、学习目标设定、学习任务设计、角色和职责说明、活动情境设计以及活动评价设计六个环节。

本研究构建了一个系统化的国际汉语在线学习活动设计的过程框架,并对具体的网上课程活动实施效果进行了调研,结果显示在该框架的引导下设计出的在线学习活动得到了国际汉语远程学习者的充分认可。

——李炜,张润芝,张艳霞,赵雪梅.基于数字布鲁姆的国际汉语在线学习活动设计[J/OL].中国远程教育,2016(4).

• **国际汉语教学综合课与信息技术的整合设计**

综合课教学分为两个层次,一是言语技能教学,二是言语交际技能教学。这两个层次都需要信息技术为其提供目的语语言文化环境浸濡。在言语技能教学向言语交际技能教学的推进过程中,信息技术营造的目的语语境在深度和广度上逐渐增强,以便学生领悟"情景语境"和"民族文化传统语境"对汉语交际的意义和作用。

整合性设计方案不是单维的线性教学,而是多维的立体化教学。言语技能维度(汉语要素、汉外语言文化对比、汉语长度单位及其扩展练习等等)关注的是汉语信息提取与输出。言语交际技能维度(社交性练习、探究性练习、工具性练习、交易性练习、娱乐性练习等等)关注的是跨文化汉语交际和批判性思维,这些练习任务都是现实社会生活中会遇到的真实的交际任务,同时又在目的语语言文化环境中进行,因此,具有很强的沉浸感、挑战性和趣味性,能充分满足本土汉语学习者用目的语交际的强烈愿望。

——杨翼.国际汉语教学综合课与信息技术的整合设计[J].中国教育信息化,2016(6).

• **对外汉语教育出版数字化转型**

对外汉语教育类出版数字化转型主要有以下四种做法:整合资源,打造专业数据库;打造 Web 出版产品线并积极介入;数字杂志与 RSS 订阅;互动教学与培训。面临的问题主要包括发展定位不清晰,盈利模式不成熟,数字出版产业链不完整,数字版权保护机制不完善,资源整合难,重平台轻产品,没有形成数字化的产品组合,人力资源支持不足,等等。促进对外汉语教育类出版数字化转型,要发挥品牌影响力,强化内容优势;要提高技术水平,创新数字化产品;要明确自身、产品和市场三个定位,采取差异化策略。

——李凯声.对外汉语教育出版数字化转型研究[J].出版发行研究,2016(2).

- **商务汉语教材出版的困境与策略**

在大数据时代,传统的商务汉语教材纸质出版已不能满足学习者的需求,学习者更倾向于在电脑、手机、电子阅读器等数字化阅读设备上阅读商务汉语教材。在慕课模式的学习中,学习者对商务汉语教材出版内容的期待更多,要求标准也更高,给商务汉语教材出版内容的时效性、生动性、丰富性和交互性带来了挑战。

基于大数据及互联网思维,针对学习者的国籍、年龄、性别、学历、学习能力及兴趣等进行数据分析,可以获得关于学习者比较全面的信息,在这些信息的基础上出版针对学习者特点的、具有个性化的商务汉语教材是未来商务汉语教材出版的发展方向。商务汉语教材出版社应从积累资源、培养人才、搭建平台、保护知识产权等方面着手,积极应对商务汉语教材出版理念、出版媒介、出版内容变化带来的机遇与挑战,以促进商务汉语教材出版的繁荣。

——姜国权.大数据时代商务汉语教材出版的困境与策略[J].出版发行研究,2016(6).

第四节　海外华文教育

华文教育是面向海外以汉语为母语或祖语者(也即华侨华裔)的汉语教育,这与面向海外母语或祖语非汉语者的"汉语国际教育"有着明显不同。2016年相关研究的重点问题有三:一是"华文教育的历史与现状",相关研究或探讨华文教育的发展现状与方略,或以史为鉴,梳理分析民国时期殖民地政府华文教育政策、缅甸华文教育发展的历史经验与教训;二是"华文教育标准及水平测试",相关研究主要探讨华文教育标准的体系构建、华文水平测试的基本理念等问题;三是"华文教材建设",相关研究主要探讨东南亚华文教材使用现状及本土化建构问题。与孔子学院的办学模式不同,国务院侨办对全球各华人社区华文学校的支持与引导,在2016年以推广海外华文教育的"标准化"为抓手和重点,学界的相关研究做了积极呼应。本节共收文9篇。

一、华文教育的历史与现状

• 华文教育的困境与机遇

随着全球"汉语热"的持续升温,华文教育有了愈加广阔的空间和新的机遇。然而,困难依然存在,难以回避:华文学校的场地问题并非个别现象而是共性矛盾,不容忽视;海外华文学校多是非营利性质,经费来源十分有限且不稳定;大多数国家或地区的华文学校,既不在所在国的教育体系内,也不从属于中国的教育体系,因而无法享受所在国相应的教育待遇;此外还存在缺少专业华文教师、缺乏合适华文教材等问题。

"汉语热"的东风,是华文教育融入主流社会与教育体系不可错失的机遇。华文教育与主流教育接轨已然成为明显趋势。2016年国侨办重点推广海外华文教育的"标准化",其中包括海外全日制和周末班华文学校的教学标准,华文学校教师资格认证标准和华裔青少年中文水平认证标准。海外大中型华文学校可以向社区服务方向转型,承担更多向主流社会推广中华文化的义务。

——杨宁.华文教育如何实现更好发展[N].人民日报海外版,2016/3/17.

• 东南亚华文教育现状与对策

华文教育的内涵随着时代而变化,看待东南亚华文教育发展中存在的问题,需要从顶层设计入手,分析其表象和本质。基于对泰国、缅甸、越南、老挝、马来西亚、新加坡六国的实地调研和梳理前人研究,发现东南亚华文教育面临的主要问题表现为:"三教"问题突出,即缺乏合格的华文教师和合适的教材,教学方法陈旧;缺乏政策支持;普遍经费困难;普遍缺乏专业研发机构的支撑;教育资源浪费严重,学生学习效率低下。表象之下,本质有二:组织松散,各国大都缺少强有力的华文教学管理机构;筹资机制缺失,各国普遍缺少专门的筹资机构和良好的筹资及管理办法,筹款实效甚微。

解决思路有二:第一,通过顶层设计逐步解决地区及国别华文教育问题。把东南亚地区的华文教育看作一个大系统,然后依次是各国华文教育的子系统,以及华文教育内部各个方面的子系统。该顶层设计包括两层,地区顶层设计和国别顶层设计,地区可"虚",但国别要"实"。第二,建立地区和国别华文教育筹资机制,多渠道筹集办学经费。

顶层设计实施的挑战在于选好人,有好的管理团队,争取到中国的支持和落实能力。华文教育作为汉语国际传播的重要组成部分，可以从中国获取多渠道的支持。同时，努力争取本国政府对华文教育的认可和支持，是各国华人华侨领袖和华文教育工作者的重要任务。应认真制定区域性和国别化华文教育有关标准，尤其是国别化标准，做到华文教育有规可依，有章可循。解决师资问题，主要通过与条件较好的本国高校合作建立高层次华文教育学院。华文教材的编写研发，一方面要培养高水平的本土汉语教材编写专家，另一方面要重视与中国有关机构和专家的合作。

东南亚地区华文教育面临中长期重大发展机遇，主要体现在中国国力快速增强，有更多的资源可以投入华文教育事业，也可以为东南亚华文教育提供专业支持。中国与绝大多数东南亚国家之间外交关系良好，为华文教育的发展提供了政治保障。中国与东南亚国家之间经贸快速增长，必将带来大量汉语人才需求。

——吴应辉.东南亚华文教育发展问题的表象、本质、措施与机遇[J].浙江师范大学学报,2016(1).

• 缅甸华文教育现状

最近十年，缅甸的华文教育发展迅猛，这主要得益于中国政府的支持和缅甸由军人政府向民主政府的转型。当前，缅甸华文教育正处于一个承前启后的关键时期，缅甸政府开始承认私立中小学，中国政府的支持力度加大。

缅甸华文教育存在的新问题有：在行业组织方面，目前缅甸各地的华校基本还处于一种无组织管理、无评价体系、无序竞争的三无状态；在地位合法方面，目前华文教育还依然属于补习性质，游离在缅甸国民教育体系之外；在发展前景方面，目前华文教育大多重视语言教育，华校的在校生人数通常呈金字塔状，办学层次越高，人数越少。这些问题的解决需要全体华校的积极参与，也需要全体华人的集体智慧和共同努力。

——刘立伟,祝湘辉.新时期缅甸华文教育的变化、形势和问题[J].语文学刊,2016(5).

• 缅甸的华文教育发展史

殖民时期，英国殖民政府没有特别限制，缅甸的华文教育发展很快。1965年4月，缅甸政府颁布《私立学校国有化条例》，民间华校被收为国有，缅甸的华文教育走入低谷。20世纪90年代以来，随着中国经济发展以及中缅边民贸易交往的深入,缅甸的华文教育得到较快发展。2001年起,中缅两国教育部联合在缅甸举办汉语水平考试,中国向缅甸派遣汉语教师。2008年2月,国家汉办在缅甸建立"孔子课堂"。然而目前,华文教育在缅甸还没有取得合法地位。对经历过20世纪60年代华校收归国有和排华运动的华文教育社团领导而言,历史的伤痛使他们不得不心存顾虑、谨慎行事,制约了他们发展华文教育的动力。

缅甸是中国的重要邻邦,也是"一带一路"倡议在东南亚的支点国家,还是中日乃至中美博弈中具有重要战略意义的国家。除了加强经贸合作,我国应在文化和语言上进一步加强与缅甸的交流合作,积极推动缅甸华文教育的发展,扩大招收缅甸来华的留学生,将缅甸的官方语言缅语列入我国外语战略规划。

——刘泽海.缅甸语言教育政策的发展特征及趋势[J].学术探索,2016(11).

- **民国时期的华文教育政策**

民国时期,国民党政府在华文教育中推行党化教育,具体政策与措施主要包括:向国外华侨的党化教育提供经济支持;要求教师必须信仰"三民主义";出台《海外各级党部推进华侨教育办法》,全面插手华校事务;学生在耳濡目染中接受党化教育。其影响与后果是,"三民主义"在华校深入人心,但引起所在国当局的警惕和打击,导致汉语教育逐步受到限制。

不论什么时期,我国政府在自己的国土上都可以向国民讲述国家遭受列强欺侮的耻辱史,以此激发国民的爱国意识和抵御外侮的应有情怀;但在国外宣传上述内容,即使是面向华侨华人,也应因地制宜。我国政府在国外任何一处开展包括华文教育在内的汉语国际教育都无可厚非,但应该在既应该做、又能够做、还要做得成的前提下,内外有别,审慎考量和设计此项工作的目的和手段。在域外传播中华民族的文化和价值观,切忌和意识形态挂钩,切勿伤害相关民族和政府的切身利益,切实灵活处理敏感内容,否则相关教材就会出现与本土化或当地化相左的"水土不服",汉语国际传播大业也就很可能遭遇事与愿违的种种挫折。

——于锦恩,吴建兰.民国时期殖民地政府华文教育政策研究——以华文教科书被查禁为视角[J].河北师范大学学报,2016(1).

二、华文教育标准及水平测试

- **华文教育标准的体系构建**

目前,华文教育标准化建设取得了突破性进展,大政方略得以确立,顶层设计受到重视,协调机构逐步形成,标准研发工作逐步开展,标准化科研项目陆续启动。为顺应海外华文教育标准化、正规化、专业化的发展需要,我国开始研究制定华文学校办学标准、华文教师从业水平测试标准、华裔青少年华文水平测试标准,组织研发华文教育教学大纲、华文教材编写大纲等,面向华文学校、华文教师、华校学生三大华文教育要素的标准化体系正逐渐拉开帷幕。同时,标准类别、教育门类、标准级别、标准约束力构成了华文教育标准的四大要素。

在标准类别上,华文教育标准包括产品标准、体系标准和社会标准。产品标准涉及"提供服务的人(教师)"和"所提供的服务(教学)",前者是针对广大华文教师的标准,后者是针对课程、教材与教学的标准。体系标准是针对华文教育机构的组织管理及工作运营的标准,它从优化组织绩效入手,为达成华文教育的产品标准构建软环境。社会标准是指华文学校的社会责任标准,包括对家长(学生)的责任、对教师的责任、对所在社区的责任、对其他华校的责任、对社会整体发展的责任。

此外,在教育门类上,包括学前教育、初等教育、中等教育、高等教育四个领域;在标准级别上,由低到高依次包括校本标准、地区标准、国家标准和国际标准四个级别;在标准约束力上,分为推荐性标准和强制性标准。

华文教育标准在实施中应遵循全面系统、重点突出,层次清晰、避免交叉,开放兼容、动态优化,基于现实、适度超前的原则;应采取以下策略:构建阶梯式发展目标,走分层推进式发展道路,建立完善的财政保障体制,建立基于评估的奖惩机制,搭建全面的帮扶体系,打造标准研发的高级智库。

——李欣,严文藩.海外华文教育标准的类别分析及模型建构[J].华侨大学学报,2016(6).

• **华文水平测试的基本理念**

华文水平测试是针对海外华裔的祖语能力而设计的一项标准化考试。海外华裔是一个独特的语言群体,不同于一般汉语二语者,这个群体至少有以下四个特点:一是身份特点,华人既是国籍上的外国人又是族裔上的中国人,华侨则更是客居海外的中国人,但客居久了,特别是他们的后裔,又不同于一般的中国人;二是语言特点,海外华人的祖语情况总体上表现出参差复杂、逐渐衰退的态势;三是文化特点,海外华人就是流着中华文化血液的人,完全意义上的所谓"香蕉人"实不多见;四是考试诉求,他们希望向母语者靠拢,通过比照国内母语者水平来定位自己的中文水平。华文水平测试的直接对象非但不是一般外国人,甚至也不是所有海外华人,而是其中具有较好祖语水平、对海外华语走向具有重要影响的人群(包括有较好华文水平的老辈移民及其后裔,新侨民、移民及其后裔);但它的目标是为了影响和提升所有海外华侨华人的祖语水平,而且逻辑上也不排除影响到一般外国人。

为了服务于这个特殊的考试群体,华文水平测试在总体设计上有以下五个基本理念:一是标准加常模的参照体系;二是认知加语言的等级结构;三是听说和读写尽可能严格区分的试题追求;四是强化对汉字能力的要求;五是强化中华文化背景的存在。

——王汉卫.华文水平测试 HSC 的基本理念[J].语言战略研究,2016(5).

三、华文教材建设

- **东南亚华文教材使用状况**

调查显示,东南亚地区 253 所学校(或单位)共使用 126 种华文教材(指语言类教材,不包括中国文化、历史等其他知识类教材)。可见,教材的选择比较多样,没有相对统一的标准。从使用率看,使用率较高的教材有 32 种,小学的华文教材使用最多,对外汉语方面的教材以综合、速成较多,其他听、读、写等专项技能的教材使用较少。从出版份额看,126 种教材中有 19 种是东南亚各国自编、未公开发行的教材,107 种是公开发行的教材;在 107 种公开发行的教材中,有 69 种是中国出版的,其余 38 种由东南亚各国出版,其中又以马来西亚、新加坡最多。从自编/合编的编写方式看,大学阶段自编的语言教材比较少见,说明选择性较大;合作编写则是近年来的一种新趋势,107 种公开发行的教材中有 8 种是合作编写的。调查未见幼儿园华文教材,一方面说明幼儿园缺乏正规化的教育,另一方面说明学前华文教材在开发和推广方面还有很大空间。

华文教材目前面临的问题比较多,主要包括:不同学龄生使用同一种教材;对外汉语教材或国内中小学语文教材当作华文教材使用;当地化华文教材非当地化使用;学生层次多样、教学情况复杂,教材不适合;语言政策不一,教材无统一体例。

根据调查结果,针对东南亚各国的现实需求,华文教材的编写、出版和发行未来应在以下方面做出努力:第一,加强与印尼、泰国、柬埔寨以外的国家的合作;第二,加强学前华文教材的开发推广;第三,采用合作编写的方式,研发当地化教材;第四,多层次、多类型开发华文教材;第五,推动教材集中化、教学当地化;第六,制定教材选择指引,拓宽教材发行渠道。

——李小凤.东南亚华文教材使用状况调查及当地化探讨[J].海外华文教育,2016(5).

- **新加坡中学华文教科书的本土化建构**

新加坡华文教育经历了三个发展阶段,中学华文教科书的命名也经历了从"国文""中文"到"华文"的演进,显现出其本土化建构的轨迹。由于社会政治、历史文化诸要素的影响,新加坡中学华文教科书的本土化建构注定要经历一个漫长而曲折的过程。当然,华文教科书的本土化不是偏狭的、画地自限式的地域观,也不是单一"去中国化"的政治诉求;相反地,它应该更具包容性,能接纳不同华人地区的文化,并积极转化为本土的一部分,成为培养华族人民具有本土意识、族群意识和文化意识的最好素材。作为华人占据主体的新加坡,只有当华人的年轻一代能正视、接纳或热爱华族的文化,然后在与其他种族文化和谐共处或追求国际化、全球化的同时,才不会迷失自己。

——王兵.从国文、中文到华文:新加坡中学华文教科书的本土化建构[J].文艺理论研究,2016(6).

第五节　海外华语研究与华语生活

从语言规划的角度看,汉语的国际传播除了以语言教育规划为重点,还应当在地位、本体、声望诸领域做好规划。在国家间竞争缺乏自上而下的权威的情况下,汉语要确立与我国综合实力相匹配的全球地位有赖于其全球威望的提升,同时需要在全球视野下做好本体规划,解决好汉语走向世界过程中遇到的一系列语言自身的问题。由此,"大华语"研究应运而生,并受到语言学界越来越多的关注。同时,本体研究离不开应用,对海外华人社区华语生活的观察成为相关研究的重要组成部分。因此,本节主要从两个视角介绍2016年相关研究情况:一是"华语研究",相关研究内容涉及"大华语"发展趋势、《全球华语词典》研制等;二是"华人社区语言生活与语言认同",相关研究内容涉及东南亚华人及其家庭语言使用情况调查、华语与族群认同等。此外,根据2016年的研究热点,另设"华文媒体"专题,介绍关于东南亚华文媒体的文化传播与中文学习版面发展情况的研究。相关研究热点与中国成为世界第二大经济体的背景下华语迅速发展、华人华侨族群认同与语言认同逐步增强有关,但总体而言,全球华侨华裔的母语认同与祖语传承,及其背后的族群认同和中华文化认同仍面临很多问题,局部甚至出现"华人反华"的情况,应当引起高度关注。本节共收文15篇。

一、华语研究

·"大华语"的发展趋势

1949年以后到中国改革开放之前,是汉语的分离年代。中国改革开放之后和各华语区之间的交往频繁,在你来我往之中,现代汉语和华语的相互融合,就是不可避免的。融合的速度随着交流的频繁而加快,其中以词汇的相互吸收最为显著。改革开放初期,现代汉语吸收了相当数量的华语词汇。

从华语走向世界这个新的视角观察,华语的应用与规范问题,不可能也不应该只从中国国内的需要或角度考虑,而应该更注重华语区之间的交流,让华语在交流中融合。要解决"大华语"的社区变体问题,就得了解各华语区的语情,这推动了《全球华语词典》和《全球华语大词典》的编纂,以及关于"全球华语语法"的研究。华人的书面语教育高度一致,应用的语体文也比较统一。高度统一的书面语和正式的标准口语,以及采用汉字记录语言的传统,是汉语融合的坚实基础。再加上中国门户开放,国力不断发展,增加了华语区之间交流的机会。在这样的局面下,华语的逐渐融合是大势所趋。

了解了"大华语"的现状和可能的发展趋势之后,我们现在能做些什么呢?第一,建立一个具有开阔眼光的研究团队,扩大语言的研究范围;第二,组织海外编写小组,为海外提供汉语教材、编写词典;第三,建设学术研究的出版园地。

——周清海."大华语"的研究和发展趋势[J].汉语学报,2016(1).

·汉语国际化视角下的语言教育

从汉语国际化的角度和所居地的特殊需要看,语文的选择与教育问题,必须注意以下四个问题。第一,语言劣势是应该避免的。脱离现实的语言教育,只会制造语言劣势,让自己和自己的下一代被边缘化。第二,华语文的推广与发展,必须在"大华语"的概念下进行,在交流中趋同。各华语区应该尽量向普通话靠拢,避免提倡地区性语言;在数码资讯时代,这样做有助于讯息交流、华人共同语的建立,更有助于华语的国际推广。第三,亚太区都是双语或多语的社会,这要求语文的学习,不可能是"文学语言"的学习。在推广、普及与应用的要求下,语言的"大众化"是必然出现的现象,所以应该重视华语文的"口语化""大众化",而不是"文言化""地方化"或者"方言化"。第四,只有在华语文成为国际语文时,华文的学习才能像英语一样,不带民族情感,语言的"人"和"地"的问题才有望解决。

——周清海.语言与语言教育的战略观察[J].中国语言战略,2016(1).

• 华语词句的文化蕴含

语言与文化关系密切。研究一个民族的语言文字,不应也不能甩开这个民族的文化,反之,研究一个民族的文化,不应也不能甩开这个民族的语言文字,不然,皆无法得到既深且透的认识。"语言是文化的符号"这个判断,大家一直都这么说;"文化是语言的管轨"这个判断,是我们提出来的。意思是,语言受到文化的管控,犹如管道和轨道,水是顺着管道流动的,车是顺着轨道行驶的。

由于历史、地理等方面的原因,华语某个语法单位或语法结构的潜性意思,散布在世界各地的华人可能有不同的理解。因此,从全球的大背景看,强调关注华语词句的文化蕴含,不但有利于外国人了解中国人,而且有利于各地华人的相互沟通,加强大家的亲人意识。

——邢福义.关注华语词句的文化蕴含[J].汉语学报,2016(1).

• 全球华语的共同基础

全球华语有共同的基础和来源,这就是20世纪上半叶的民族共同语——国语。传统国语有两条主要发展线索,即普通话与华语,普通话与华语均是由国语分化发展而来的。普通话与华语在较长时间内的相互隔离状态下,在不同的言语社区各自独立发展,由于社会政治、经济环境及语言生态环境等的不同,而形成了一些较为明显的区别与差异。相较于普通话,各地华语之间有更大的一致性,但是也有一定的差异,虽然这种差异小于它们与普通话的差异,但也是一种客观存在。普通话与各地华语之间不仅有差异,也有因为趋同而形成的一定程度上的融合,与海峡两岸和香港、澳门语言对比研究一样,全球华语的对比研究,也要既注重差异、又注重融合。

——刁晏斌,侯润婕.从餐食类名词看全球华语的共同基础[J].汉语学报,2016(3).

• 海外华人社区的汉语方言

人们从海洋走向世界，其语言和文化也随之走出国门，这是文化扩散最常见的形式之一。中国要实现和平崛起的战略，就不能忽视海洋，不能不重视中国语言文化的海外传播。从历史发展来看，海洋也是中国语言文化扩散的重要渠道之一，其扩散呈辐射状，有三个层次：第一个层次是从内陆到沿海；第二个层次是从沿海到海岛；第三个层次是从沿海（海岛）到海外。汉语的海洋方言并非指某个单一方言，而是一个集合，是由众多方言组成的有机整体。它并非新出现的汉语方言，而是从汉语延伸、传播、扩散的视角重新审视与划分汉语方言的结果。

汉语应该包括中国境内与境外的汉语及汉语方言，汉语的扩散与海洋息息相关。汉语海洋方言并非新出现的，而是从新视角划分汉语方言的结果。汉语海洋方言是汉语方言大板块的一个重要部分。汉语海洋方言由三个层次组成：中国国内沿海的汉语方言，中国的海岛汉语方言，海外各国华人社区的汉语方言。汉语海洋方言三个层次包含的汉语方言惊人的一致，都是官话、吴、闽、粤、客方言。三个层次呈辐射状分布：从中国东南沿海向沿海的海岛、向海外延伸。第一层次是海洋方言的根，在中国大陆上呈块状分布，其背后是汉语和汉文化大本营；第二层次是海洋方言的过渡地带，是沿海方言的延伸，在中国的海岛中呈链状分布，是连接海洋与陆地的中转站；第三层次是海洋方言的再延伸，是海洋方言传播的终极地，呈点状散布于全球。纵观汉语的海外延伸，这三个层次可以充分反映其扩散的路径。

目前海外汉语方言调查研究基本上仍局限于亚洲，研究涉及的主要是闽、粤、客、西北官话等方言，一些海外华人社区方言，如吴方言，仍未见任何报道。可见，海外汉语方言研究与海外华人之多、分布之广，与海外汉语方言种类之多，均不成比例，第三层次研究只是处于破冰期。我们在大力促进世界汉语热的同时，也不应忘记，海外华人社区是世界各国了解中国的一个窗口，不应忘记流行于海外华人社区的汉语方言。在一些国家民众的意念中，通行在该国华人社区的汉语方言就等同于中国话，例如，在美国一般民众心目里，中国话就是mandarin官话、Cantonese粤方言广东话。中国要开发新海上丝绸之路，建设文化强国，就不能不重视汉语海洋方言的调查研究和保护开发。

——陈晓锦，黄高飞.海洋与汉语方言[J].学术研究，2016(1).

- **东南亚特色华语词汇的区域和国别比较**

东南亚特色华语词汇包括两类：一是东南亚特有词汇，即只在东南亚使用，其他地区都不使用的华语词汇；二是除东南亚外，也在世界其他地区使用，但非全球普遍使用的华语词汇。东南亚特色华语词汇集中反映了东南亚华语词汇使用范围的区域性特色。

从词类看，东南亚华人社区主要通过构造具有当地特色的实词（特别是名词）来丰富华语词汇。从词长看，东南亚特色华语词从单音节到八音节不等，在东南亚各国特有华语词汇中多音节词超越双音节词成为多数。从语言接触看，东南亚特色华语词汇受到12种外来语的影响，受英语、马来语、泰语的影响最大。此外，通过划分东南亚华语词汇区，比较东南亚各国使用的华语词汇间的相似程度，验证了向量空间模型在语言区或方言区划分中所能起到的重要作用。

——宋飞.东南亚特色华语词汇的区域和国别比较研究[J].语言文字应用，2016(4).

- **《全球华语词典》的性质和功能**

《全球华语词典》的读者群是全球范围内的华语使用者。华语对他们而言可能是母语（可能为第一母语，可能为第二母语），还可能是外语。使用者语言的多元性决定了词典性质的复杂性，其编纂过程中考虑的因素也就更为复杂。第一个方面，作为语文词典，它具有描写性、引导性。第二个方面，它既有普通语文词典的性质，也有学习型语文词典的性质；它既是内向型的母语学习词典，同时又是外向型的外语学习词典。第三个方面，它具有跨文化的性质。

在宏观思路层面上，一方面，《全球华语词典》的编纂应跳出内向型普通语文词典的编纂思维，借鉴外向型语言学习词典的编纂策略，强化华语学习词典的功能，更好地为华语使用者服务；另一方面，应加强词典历时特征的呈现，以突显词汇融合、统一的进程，从而突出词典的引导作用，并进一步增强其语言研究价值。当然，这一切都要以对华语的系统、深入研究为前提。

在具体操作层面上，《全球华语词典》应强化例句的用法提示作用和可类推性。对于用法有区域差异的词语，强化例句的区域差异和体系性差异，必要时补充搭配限制，或增加独立的用法说明板块。同时，强化例句的历时分布和首见例句，以展示词语及用法的传播过程。

词典的设定应最大化地满足使用者的需求。如果说《全球华语词典》对华语各区词汇面貌的典型差异的静态记录，是华语规划的先导之作，那么《全球华语大词典》就应该是对华语词汇发展与传播的系统的、动态的描摹。从普通民众的词语查考角度看,后者应最大化地满足词形、词义、词用以及交际文化的需求;从华语研究的角度看,后者应提供深度比较、剖析的语言材料。所以,它需要从使用者的需求出发,借鉴外向型语言学习词典的优势,吸收华语研究成果,以期日臻完美。

——刘晓梅.丰富描写视角,强化引导功能——评《全球华语词典》的性质和功能[J].语言战略研究,2016(4).

- **汉语整体研究观**

基于汉语研究的现状和发展趋势,以科学的系统思想为指导,从汉语这一语言系统所具有的整体性和开放性及其历史发展的内在承续性和相对稳定性出发,有必要树立汉语研究的整体观,把汉语看作是一个开放性的整体,把汉语研究看作是一门完整的、有系统的学科,消除汉语史与现代汉语之间人为划出的界限,在汉语研究的各个分支部门之间建立起辩证的整体联系,走出画地为牢、自我封闭的研究空间,从宏观视野对汉语古今演变的内在联系和发展规律进行整体把握。

强调把汉语作为一个开放性的整体,是把现代汉语与汉语史、普通话与方言、内地汉语与港澳台国语和海外华语,以及词汇学、语法学、语音(音韵)学等诸多分支研究,作为整个汉语研究系统中一个必要的组成部分,在它们之间建立辩证的整体联系,对汉语进行整体的综合研究。具体来说,主要包含以下几个层面:

在时间维度上,强调古今汉语历史发展的整体承续性,突破学界将"汉语史"和"现代汉语"进行分立的框架,贯通上古、中古、近代、现代汉语,从宏观层面整体把握现代汉语体系形成的历史过程,整体把握汉语发展演变的特点和规律。

在空间维度上,强调跨越现有的政治、地理界限,以内地的普通话为研究主体,同时,将港澳台的"国语"、海外华人的"华语"等汉语标准语和各地的汉语方言全部纳入汉语研究的范围,港澳台"国语"、海外"华语"、内地的普通话和汉语的各种方言,都是现代汉语的有机组成部分。

在研究内容上,强调语音、词汇和语法作为构成汉语语言系统的三要素在汉语发展过程中相互影响和相互制约的密切关系,将语音(音韵)研究、词汇研究和语法研究置于汉语研究的整体系统中进行综合研究,将汉语本体研究与应用研究相结合。

在研究材料上,强调传统书面文献(古代经史子集及其注疏和现代汉语书面材料)与出土文献、方言口语材料,中土文献与域外汉籍文献、译经资料等都是汉语研究的重要语料,在一如既往地重视中土传世文献资料的基础上,科学利用出土文献、方言材料、域外汉籍文献和译经资料,充分发挥它们在汉语研究中的重要作用。

在研究方法上,强调综合运用传统语言学和现代语言学各种行之有效的研究方法和技术手段,将汉语共时特点的描写与历时演变的考察相结合,将微观语言事实的分析与宏观理论思考相结合。

从宏观层面对汉语进行整体研究是在跨时代(连通上古、中古、近代、现代)、跨地域(内地、港澳台、海外与各地方言),甚至跨学科(汉语史与现代汉语,语音、词汇、语法等汉语研究的二级和三级学科)的前提下展开,树立汉语研究的整体观,有助于拓宽汉语研究者的视野,认清现代汉语的整体面貌,把握汉语古今演变的内在联系和发展规律,完善汉语历史的研究,促进汉语学科发展。

——丁喜霞.理念与视野:汉语研究的整体观[J].河南大学学报,2016(6).

二、华人社区语言生活与语言认同

• 东南亚华人的语言使用特征及其发展趋势

近年来,东南亚的华人华侨比例有所下降,海外华人也正在形成新的分布格局。这种变化对东南亚华人的语言使用产生了一定的影响。东南亚华人语言使用现状及总体特征是,掌握普通话、方言、居住国语言的人数和范围存在正态等级序列关系,使用居住国语言的人最多,其次是方言,再次是普通话。具体包括以下特点:学校教育占据华语习得主要地位,华语习得以儿童时期和青年时期为主,东南亚华人社区中方言的主导地位超过欧美等其他地区,东南亚华人对华语感情深厚,居住国通用语的地位与日俱增,华语使用语域有限。

东南亚华人居住国的民族(对华)政策,是华语发展的风向标;华人社区的聚居局面,是华语得以保留的土壤;中国经济蓬勃发展和国外华人经济地位的提高,成为华语发展的内驱动力;中国政府的支持和宣传,对海外华文的发展起到推动作用;华裔后代对居住国的文化认同和国别身份的认同,是语言使用情况发生变化的潜在因素。海外华人要在其居住国生存下去,就要被动地接受其居住国的语言文化。即便这样,有的华人不会居住国语言,凭其社区交际语(多为方言)即可满足交际需求。但这种生活方式在一些国家已发生变化,华人后代与其居住国的关系越来越密切。再加上其情感及文化认同越来越倾向于居住国,华人尤其是年轻一代的华人,对中国及华语的感情,已与祖辈发生质的变化。对东南亚华人社会语言使用变化的考察,引发了多语环境下民族语言教育问题的思考。

第一,标准语和方言。既要正视方言在华人社会历史进程中的作用,也要看到标准语在海外华人社会中的迅猛发展,应充分认识标准语和方言之间的关系,利用现代媒体,以适宜的方式引导它们健康发展。

第二,华文教育和中文教学。中国政府的支持和宣传,对海外华文教育事业的发展固然起到推动作用,但创设与当地实际情况相适应的教育扶持机制,应建立在所在国的经济发展需要和华人对祖籍国的情感基础上,进行由内而外的学习,不宜过分强调,以避免引起反感;应注意把孔子学院、孔子课堂建设与当地已有的华文教育机构相结合,发挥各自的优势,这样既不会造成资源浪费,也不会挤压传统华文教育的领域和生存空间。

第三,"华二代"的祖语习得。华人移民的后裔,在聚集的状态下,会自然习得父辈语言(或方言);进入学校教育阶段后,如果当地教育不采用甚至消极地排除其母语使用,除非个别家庭特别地坚持,否则就可能会逐步放弃母语的使用,采用居住国通用语。为此,应该特别重视对"华二代"祖语学习的研究。

第四,民族语言和主体语言。海外华人在不同的国家与主体民族和睦相处,在实现居住国国家认同的基础上,继续保持祖语传承教育,为语言的主体多元发展积累经验。这些经验对国内多语环境下的语言教育也有一定的启示。

——郭熙,李春风.东南亚华人的语言使用特征及其发展趋势[J].双语教育研究,2016(2).

• 菲律宾华人家庭语言使用状况

在菲律宾华人家庭中,第一代与第三代、第一代与第二代之间汉语普通话的使用人数居前两位,且第三代和第一代之间汉语方言的使用人数也较多,这表明新时期菲律宾华人家庭中仍有意识地保留使用汉语的习惯。第三代普遍掌握多种语言,公共场合的语言多数以菲律宾语为主,英语的使用情况不如菲律宾语、汉语方言和汉语普通话。

菲律宾新生代华裔青少年所在的家庭在语言使用方面情况复杂。家庭成员间的日常交际用语和家庭成员对外的主要用语略有不同。在家庭成员间,包括方言在内的汉语是首选用语,对外则以菲律宾语为主。新生代华裔具有多语能力,但汉语水平是三代人中最低的,而其菲律宾语水平却是最高的。第一代和第二代同样具备多语能力,除了汉语普通话与方言外,还能较为自如地运用菲律宾语和英语进行交际。

菲律宾华人家庭三代人最常用的媒体从高到低依次均为报纸、杂志、影视、广播和网络,传统媒体比新媒体有着更大的使用空间。华人家庭三代人对媒体的使用情况基本相同。就报纸、杂志纸质媒体而言,菲律宾华人家庭中三代人的选择不同。英文杂志的阅读人数最多,且与代际关系呈负相关,即辈分越高,阅读的人数越少;而英文报纸与代际关系也呈负相关。中文杂志的阅读人数、中文影视的观看人数则与代际关系呈正相关,即辈分越高,阅读的人数也越多。无论是报纸、杂志、影视、广播还是网络,华人家庭三代人都偏向于英文或菲律宾文版。在中文报纸、杂志纸质媒体的使用语言中,菲律宾华人家庭三代人之间有较明显的倾向性,第一代愿意阅读繁体字的比例高于简体字,而第二代和第三代阅读简体字的比例要高于繁体字,这一倾向在第三代中表现得最为明显。

可见,在菲律宾多元文化的背景下,菲律宾华人家庭各成员普遍具备多语种的听说读写能力。无论是第一代、第二代还是第三代,他们中的大多数都能较为熟练地运用菲律宾语和英语进行交际,这表明他们与菲律宾主流社会、与英语社会的语言交流已基本没有障碍,他们在华人社会内部的交流也不存在大的问题,但在与中国社会的交流方面存在着一定的沟通障碍,仍有不少不会说普通话或不会写汉字的华人。从访谈与观察来看,新生代华裔的汉语水平尚未达到自如地表达与交流的程度,这些可能会影响到他们对中华文化的接受。

——沈玲.认同转向之下菲律宾华人家庭民族语言文字使用研究——基于500多名新生代华裔的调查分析[J].华侨华人历史研究,2016(4).

- **印尼棉兰华裔青少年语言使用状况**

第一,华语使用低势走升。从使用频率看,华语使用远不如印尼语和汉语方言的使用。从三代人代际差异看,华语的使用也呈下降的趋势,爷爷奶奶家庭域华语使用约为25%,父母家庭域华语使用约为15%,华裔青少年家庭域华语使用约为14%。从交际场合看,越是正式的场合华语使用越少。但调查同时显示,华语使用的环境在向好的方向发展。一方面印尼当前多元文化政策的实行,为华语使用提供了政治空间;另一方面学习华语是群众的自发行为,并且华语情感对华语使用具有显著性影响,华语期望与华语使用显著性相关,对华语语言态度的积极评价和华语语言期望的强烈要求,为华语使用的发展提供了强劲动力。随着时间的变化,华裔青少年的华语使用将会逐渐增多,并且一代好于一代。这说明棉兰的华语教学已初见成效,预示着华语的使用将低势走升。

第二,汉语方言使用势头强劲。从使用频率看,"经常"和"几乎天天"的占93.9%,作为方言使用主阵地的家庭,爷爷奶奶在家方言使用率约为62%,父亲母亲约为73%,华裔青少年与父母和兄弟姐妹交谈均达到70%,虽然低于父母的方言使用率,但与华人朋友聊天时方言使用率达79%。从交际场合看,虽然正式场合方言使用率只占12%—30%,但在华语学习主场所的学校,方言的使用率达70%,仍保持了家庭中方言的使用率。另一方面,华裔青少年母语(言)为方言的占70.8%,汉语方言期望中"希望保持"和"一定要他们保持"的占72.8%,且在语言能力方面,"同意"和"完全同意"汉语方言"容易"和"方便"的占82%。将来一段时间,华语和汉语方言的使用将会激烈竞争,但当前棉兰并没有出现学者们所担心的汉语方言使用萎缩现象,而且在未来很长时间内,汉语方言仍将是棉兰华人的主要交际语言。

棉兰华裔青少年当前的语言使用状况,与棉兰华人的社会历史和印尼的语言政策密切相关。一方面,棉兰华人是新客华人,重视中华传统文化的继承,把会说华人语言作为传承中华文化的重要标志;即使在印尼实行同化政策的时期,华文教育中断了,但由于华人拥有相对集中的生活圈,汉语方言在家庭域仍得以很好地保留。另一方面,棉兰华人主要从事商业活动,与毗邻的新加坡、马来西亚和泰国华人多有商业往来,华语是其交际语言。印尼多元语言文化政策的实行,虽为棉兰华文教育的再繁荣提供了机遇,但由于同化政策造成了两代人不会说华语,所以形成了当前华裔青少年华语使用低势走升和汉语方言使用仍保持强劲势头的状况。

相关调查同时显示,印尼棉兰华裔青少年华语为母语的情况好于新加坡和泰国;家庭域中华语使用率低于新加坡和泰国,与马来西亚相当,汉语方言使用高于新加坡和泰国;在公共场所,华语使用低于马来西亚、泰国和新加坡,汉语方言的使用高于泰国。此外,随着交际场合正式性的提高,四国华人华语和汉语方言使用逐步降低,而居住国官方语言使用明显提高。

——郑军.印尼棉兰华裔青少年语言使用状况调查[J].海外华文教育,2016(4).

• 印尼华族集聚区的语言景观与族群认同

在海外,华语很难出现在官方标牌上。华人在族群集聚区设计和放置了大量包含华语的民间标牌,体现了"华人意识",即对华人身份的认同。调查显示,印尼峇淡、坤甸、北干巴鲁三地的商业区中能见度及凸显度最高的语码均为印尼语,印尼语优先的标牌数量为1268条,分别占三个商业区标牌总数的49.3%、49.4%、44.6%。其次为英语优先的标牌,共952条。含有华语语码的标牌总数为175条,其中华语优先的标牌数量为95条,分别占三个商业区标牌总数的2.4%、7.5%、1.2%。相比之下,佛院的华语标牌无论在数量还是在语码优先取向方面都远远超过了当地的商业区。华人集聚区内以华语为主的语言环境,对增进族群知觉、构建语言文化及身份认同,进而形成族群认同、增添华语活力,都发挥着积极的作用。

语言景观对于构建少数族群的认同具有不可忽视的作用,判断少数族群的言语社区是否形成,该社区公共空间的语言景观应该成为重要的参照指标。包含少数族群文字的语言景观,对社区成员的语言行为具有"激励效应"。华人公共活动空间随处可见的华语(或"华语优先")标牌,一方面显示了华语的优势,一方面视觉刺激转化为语言行为,有助于华人言语社区的形成。而华人言语社区的形成,吸引了越来越多的华人前来参观交流,阅读其中的华语景观,进一步强化了族群认同。

华人集聚区的语言景观不仅是本族和外族语码的汇集,也是宣传华族文化的媒介、彰显族群意识的主体性行为。借由空间维度上的华人集聚区以及语言维度上的言语社区,华语景观与华人族群认同紧密地联系在一起,并在某种程度上达到了互动性同构。语言景观中的华语语码的能见性和凸显性不断增强,有助于华人族群认同的建构;而华人族群认同的强化,反过来又有利于华文景观的大量出现和华语地位的提升。

——刘慧.印尼华族集聚区语言景观与族群认同——以峇淡、坤甸、北干巴鲁三地为例[J].语言战略研究,2016(1).

• 美国纽约华人社会的语言生活和语言认同

纽约是美国第二大华人聚居地区,华人社区语言复杂多样。美国华人中具备双语(多语)能力的人数很多,绝大多数华人都具有一定的华语和英语学习基础。不同语域中的使用体现出明显的层级性:英语普遍应用于华人对内对外的绝大部分交际领域,在正式的语言交际场合使用频率最高,是社区中的"高层语言";华语的使用范围与英语相当,在相对随意、次要的交际场合中成为华人使用频率最高的语言,是社区中的"中层语言";广东话的使用范围虽然不及英语和标准汉语,但仍为社区中使用人数最多的汉语方言;客家话等方言在社区中维持着有限的使用概率,仅出现在华人共聚性高的场景,并在家庭中开始萎缩,是华人社会内部的"低层语言"。

华人在家里无论是与祖父母、父母还是配偶交谈时,语言使用概率高低均排序如下:华语＞广东话＞福建话＞英语＞客家话。华人在与同事或同学交谈时的语言使用选择可以排序为:英语＞华语＞广东话＞福建话＞客家话。在政府机构办事,语言使用概率高低排序为:英语＞华语＞广东话。在生活场所诸语域,使用频率最高的语言或是华语,除与邻居交谈时使用华语的比例较低(25.4%)外,在唐人街、超市、华人餐馆、华人教会以及华人社团等场所,华语使用的频率都较高(超过60%);其中,在华人社团中华语被使用的机会最多(89.8%),在华人教会次之(81.4%),第三使用率出现在唐人街(60.7%)。

调查表明,中英夹杂现象使用率高且多得到华人的认可,华人对华语和英语的评价普遍较高,对以华语及其代表的华族文化的认同度也较高,但华人对自身族裔身份的认同情况却比较复杂。

——陈颖,蔡炜浩.美国纽约华人社会的语言生活和语言认同[J].海外华文教育,2016(2).

三、华文媒体

• 东南亚华文报纸的中文学习版面

东南亚是世界华侨华人居住最集中的地区。作为海外侨胞传统的聚居地,东南亚地区既是海外华文媒体最早的诞生地,也一直是海外华文报刊的出版中心。20世纪七八十年代,东南亚的印尼、越南、泰国、菲律宾等国都曾发生过大规模的排华、反华、驱华事件,彼时这些国家普遍对华文发展采取压制政策,印尼、越南、菲律宾等国一度取消了华文传媒和华文学校,二战之后华文媒体的良好发展势头戛然而止,并陷入了"最黑暗的时光"。相关统计数据显示,20世纪从二战后到70年代,东南亚11国华文报刊从634家增加到1082家,而之后的20多年时间里,这个数字又锐减到655家。

这种强制性的封锁华文政策,其直接后果就是造成目前上述东南亚国家出现了极为明显的中文断层。具体表现为：当地中青年人大多已经不懂中文，不会讲也不会写；新一代华裔及华人移民后代越来越多地使用当地语言，对学习中文缺少兴趣和热情；华文报纸的从业人员青黄不接、老龄化严重，印尼一份华人报纸甚至出现80岁高龄老人还在担任报纸编辑的尴尬境况。

但与此同时，除了割舍不断的祖籍国情结，随着中国经济实力的增强、中国和东南亚国家合作项目的增多，懂得中文成为当地年轻人一项稀缺且实用的技能。在此情况下，当前富有责任感的东南亚华文媒体将更多的精力投入到以中文学习为主的华文教育中，并使之成为办报的一个有机组成部分，如印尼《讯报》和马来西亚《光华日报》。华文报刊和华文教育之间本身就是一种相辅相成、相互促进、相互提高的关系。从学习效果看，通过媒体进行的教学比课堂教学具有更大的优势，扮演着"校外老师"的角色；而对于青少年来讲，他们通过大量有趣味性的阅读并参与互动，提高读写能力。更为重要的是，通过华文媒体的中文传播，更能让那些从小远离祖籍国的新一代华人后代，发现中国传统文化的精髓，寻找自己思想和文化上的根。从这个角度上说，华文媒体的中文学习版面，具有更为深远的意义。

——朱晓昆.大众传媒助力华文教育——简析东南亚华文报纸的中文学习版面[J].
新闻记者,2016(7).

• 泰国华文媒体的文化传播形式与社会功能

20世纪90年代之前的泰国华文报系刊物，总体上以编辑综合性内容为核心，版面主要以政经新闻为主。90年代后，各类服务型报刊相继问世，内容从传统的政经新闻转向生活、旅游、文学等方面。这些刊物对华文媒体的社会服务功能是一种很好的丰富和补充。

以下方面在中泰合作中具有重要意义。其一，进一步发展中泰之间在国家与地方层面的外交关系、经贸合作关系和人文交流，为当地传媒发展和华泰文化共同繁荣创造良好环境。其二，与泰国涉华媒体、华文传媒展开新闻业务类的专业合作，在相关媒体上形成具有地方特色的信息内容。其三，形成中泰双方专题报道机制，凡涉及双边关系、双边合作、双边交往的生产生活消息，都能通过双方共同报道的机制进行分享和解读，这样可以大大降低新闻的进出口成本，也能够避免因信息不畅所造成的新闻误读，减少观点纠纷可能带来的社会利益损失。其四，了解泰方传媒的专业发展需求，向泰国传媒机构提供主要用以华文报道和华文传媒发展的资金与物资支持,也可以通过捐赠的形式向泰方提供新闻出版和广播制作的基础设备。其五,鉴于部分华文媒体难以融入泰国当地主流媒体的情况,中方可以利用同泰国官方主流媒体间的合作联系,提出第三方建议,为华文媒体同当地主流媒体之间搭建联合报道、新闻合作的渠道。其六,建立中泰传媒之间的多类人员合作机制,包括输送各类新闻专业人士到泰国交流学习,开展业务培训、人才交换,或联合双边力量,在两国境内开设致力于新闻专业华文报道方向的专业讲习班或人才培训基地。其七,帮助当地学校发展华语专业下的新闻方向,或新闻专业下汉语言文化方向的教育事业,满足华文传媒专业人才的培养需求。

——李志凌.大华语视野下泰国华文媒体的文化传播形式与社会功能[J].对外传播,2016(5).

第七章 语言服务

"语言服务"是《国家中长期语言文字事业改革和发展规划纲要(2012—2020年)》和《国家语言文字事业"十三五"发展规划》确立的重要政策理念。《中长期规划纲要》将社会语言文字应用服务、国家语言应急服务、语言援助服务、手语盲文规范等列入了重点工作内容,《"十三五"规划》进一步将"语言文字服务能力显著增强"作为发展目标和主要任务之一,指出要"创新语言文字服务方式",要"增强语言经济意识,启动语言产业调查,大力支持语言产业发展,推动生成新的经济增长点",要"服务特殊人群语言文字需求",并将"语言文字信息化关键技术研究与应用"和"'互联网+'语言文字服务"列为重点工程。本章分五节介绍 2016 年围绕上述内容的研究情况:第一节"语言服务理论",介绍关于语言服务基本理论问题的研究情况,收文 4 篇、著作 1 部;第二节"语言服务产业",介绍关于语言产业理论及语言翻译、语言会展等产业发展方略的研究情况,收文 12 篇;第三节"特殊语言服务",介绍关于手语盲文规范和语言康复的研究情况,收文 9 篇;第四节"语言技术服务",介绍关语言技术研发及产业化发展的研究情况,收文 8 篇;第五节"社会语言服务",介绍关于伴随式行业语言服务和我国国际化进程中语言服务问题的研究情况,收文 6 篇。本章收文共 39 篇,著作 1 部。

第一节 语言服务理论

"语言服务"是近十年新兴的研究领域,学界对其概念内涵、内容框架、学科性质等的理论研究正在不断深入。本节介绍 2016 年的相关研究,包括两个专题:一是语言服务基本理论问题,主要探讨语言服务的理论框架、研究方法及价值效益等问题;二是语言服务研究述评,主要探讨语言服务研究取得的成果和存在的不足。本节共收文 4 篇,著作 1 部。

一、基本理论问题

• 语言服务理论框架

"语言服务"已成为中国语言生活中的重要内容。可用五个子系统来描述语言服务研究与实践可能涉及的领域:

其一,语言服务资源系统。是基于语言本体要素的类型划分,可分为文字、语音、词汇、语法等板块,各板块可独立关联于语言服务从规划到实践的各个层面。

其二,语言服务业态系统。是语言服务事业表现形态,大体可分为:语言服务产业、语言服务职业、语言服务行业、语言服务基业。语言服务产业是指以语言服务作为生产和经营手段的事业,可简称为"语言产业";语言服务职业的重要特征是以语言服务作为获取收益报酬的手段;语言服务行业与语言服务职业的区别在于职业强调个体属性,行业侧重职业集合;语言服务基业主要涉及科学开发与利用语言资源,以坚实的学科研究支撑做好语言规划。

其三,语言服务领域系统。狭义的语言服务指语言翻译服务,广义的语言服务指所有以语言为工具或项目内容开展的服务,具体可以分成语言翻译服务、语言教育服务、语言支持服务、特定行业领域中的语言服务四大类型。

其四,语言服务层次系统。语言服务大体可以分为五个层次:国际层面的语言服务、国家层面的语言服务、族际层面的语言服务、方言社区层面的语言服务、家庭个体层面的语言服务。

其五,语言服务效能系统。由两块构成,一块是语言服务的工具效能,一块是语言服务的经济效能。语言服务的交际工具效能是语言服务得以成立的基础,语言服务的经济效能是指语言的各种要素通过语言服务能够产生何种经济收益。语言服务的工具效能和经济效能,需要构建相应的语言服务效能系统进行测评。

——屈哨兵.语言服务引论[M].北京:商务印书馆,2016.

• 基于语言舆情调查的语言服务研究

语言服务是语言经济的重要组成部分,是语言学的新拓领域,不仅需要理论架构,更需要大量实证研究。语言舆情是显示语言生活状态的写实,是国家语言规划实施状况的即时反馈,反映民众对语言文字政策、现象、事件的意见和态度。

通过语言舆情调查分析,能够客观有效地考察言语社区成员的语言意识、语言态度和语言消费意愿的变化,因此是进行语言服务研究不可或缺的环节。

以网络搜索引擎为工具,通过建立"语言舆情信息库",对语言服务关注度进行纵向考察,可以得出以下结论:第一,语言服务的关注度逐渐提高,行业语言服务逐渐被认知;第二,语言服务发展偏缓,业态分布不够均衡;第三,受重大国际性社会事件影响显著,语言服务内驱力显著不足。

结合对虚拟社区的调查,建议采取三方面措施发展语言服务:其一,提高语言服务意识,扩大语言服务范围;其二,泛化"语言服务"的专业含义,同时避免政策化理解;其三,区分"刚需"和"隐需",借鉴虚拟社区采取"服务先行"策略。

——李海英.从语言舆情看语言服务——兼论语言服务发展策略[J].中国语言战略,2016(2).

• **语言服务的显性价值与隐性价值**

根据语言服务的市场化程度、受关注程度及价值效益可量化程度,语言服务的价值可以分为显性和隐性两种形态。显性价值语言服务,如语言培训服务,具有明确的语言产品供给和语言消费需求,运行符合市场规律。隐性价值语言服务不具备市场化特征,如部分行业语言服务。语言服务的显性价值多指向经济价值,隐性价值多指向社会价值、文化价值等;显性价值多和专业语言服务相关,隐性价值多与行业语言服务有关。

语言服务的显性价值随社会作用和地位凸显,相关语言服务产业随之发展壮大。因此,关注一种语言的社会地位以及在社会生活中的应用状况,关注社会发展与语言的关系,就是关注语言的显性价值。

语言服务的隐性非经济价值主要包括文化价值、社会价值和战略价值等。就其文化价值而言:语言艺术、语言创意等可以形成、发展特定语言产业;借助特定服务行业,可以发展依附性行业语言服务;结合地方旅游业,少数民族语言服务可以发展语言体验、语言展示等特色文化旅游项目。语言服务的社会价值,包括微观层面的行业语言服务和宏观层面的提升国民语言能力、保障公民语言权利、维护社会和谐稳定等。语言服务的战略价值,主要是从国家全局角度考量语言服务价值,这是新国际形势下对语言功能的重新审视。

——李现乐.语言服务的显性价值与隐性价值——兼及语言经济贡献度研究的思考[J].语言文字应用,2016(3).

二、研究述评

• 国内语言服务研究的现状、问题和未来

国内语言服务研究大致可分两派。广义派认为语言服务研究是语言学的分支,属于应用语言学或语用学,具体包括国家语言政策的制定、多民族多语言地区的语言政策、各行业的特定语言服务等。狭义派认为语言服务包括传统翻译、翻译的软硬件开发、语言咨询和培训等,是翻译行业的新定位。学界对语言服务的共识是语言翻译是语言服务的重要部分,但语言服务作为全新产业,涵盖内容比翻译丰富。

语言服务研究缺乏对研究对象和领域的统一认识,其独立学科地位也有待确立。语言服务的研究对象包含翻译研究、语言政策、语言规划、语言技术、语言培训等;影响语言服务业发展的各种主客观因素有国际政治经济形势、国家外交关系和发展战略、经济和技术全球化、服务外包、语言服务企业的规模和资质、语言服务企业的经营策略和理念、语言服务企业的软硬件技术力量、语言服务人员的素质等。

语言服务研究可分为宏观语言服务研究和微观语言服务研究。宏观研究对象是所有与语言相关的服务、产品和衍生品;微观研究对象是多语言转换及相关业务。

推动语言服务研究发展,一要界定研究范畴,从理论高度指导语言服务实践;二要拓宽理论视角,构建多学科研究体系;三要加强政产学研合作;四要加强对国外语言服务业的研究。

——仲伟合,许勉君.国内语言服务研究的现状、问题和未来[J].上海翻译,2016(6).

• 近十年语言服务研究综述

语言服务最初指语言翻译服务。全球化进程让语言需求日益多样化,语言服务领域随之扩大到休闲旅游业、酒店业、广告业等行业,发展前景广阔。国外语言服务研究的特征主要包括:立足不同行业和领域,重视实证,研究方法多样化,定性、定量研究都有,且跨学科特性明显。不足之处是还没有形成一套系统的理论体系和研究框架。国内语言服务研究注重跨学科视角,涉及社会学、经济学、传播学、生态学等。关键问题在于概念不清和分类模糊。建议增加对少数民族语言服务、特殊语言服务和小语种语言服务的研究;深化跨学科研究,从不同

角度深入分析并阐释语言服务存在的问题;增加实证研究和不同行业的语言服务调查,以便真正立足于社会并服务于社会;完善研究方法,充分利用各种方法获取多来源数据,并根据需求综合运用定量和定性方法进行分析。

——张文,沈骑.近十年语言服务研究综述[J].云南师范大学学报,2016(3).

第二节　语言服务产业

已有研究指出,语言服务最初指语言翻译服务,本报告关注的广义的语言服务则至少包括语言翻译、语言出版、语言教育(培训)、语言会展、语言创意等,这些专门提供语言产品或语言服务的行业被称为语言(服务)行业,其中的营利性行业发展到一定程度就形成了语言产业。本节介绍2016年关于语言服务产业的研究情况,设三个专题。第一个专题是"语言产业理论与方略",研究内容涉及产业经济学视角下语言服务产业的相关理论问题,以及广西、河南等地的语言产业发展方略。第二、第三个专题分别介绍关于语言翻译产业、语言会展产业发展现状和方略的研究情况。总体而言,除了语言翻译产业,其他业态的语言服务研究明显不足。本节共收文12篇。

一、语言产业理论与方略

• 产业经济学视角下的语言服务产业研究

作为一种新兴产业,语言服务产业已成为国民经济的重要组成部分,语言服务产业研究也成为应用经济学研究的新领域。现有研究倾向于应用型研究,缺乏产业经济学视角下的语言服务产业研究;研究方法单一,描述性与解释性的定性研究占据主导地位。

从产业经济学研究的角度,可以清晰界定语言服务产业的边界,语言服务产业是提供与语际信息转换有关的服务或技术的企业集合。这些服务或技术具体包括翻译、口译、字幕翻译与配音、软件与网页的本地化、语言技术工具的开发、国际会议的组织、语言培训、多语信息咨询等。在应用现有的经济学分析方法对语言服务产业进行分析时,应考虑到相关经济学理论的分析针对性和适用性,应尝试建立符合语言服务产业自身特征的学科研究范式。

——姚亚芝,司显柱.中国语言服务产业研究综述及评价[J].北京交通大学学报,2016(1).

- **语言产业经济贡献度研究的若干问题**

真正的语言产品不是满足语言的内容需求,而是满足语言的能力需求,这种语言能力可以处理具有任何内容的语言文字而不局限于某种具体的语言内容。语言产业是针对语言本体的产业而不是针对语言内容的产业。

只有提供语言产品或专业语言服务,如语言培训、语言出版、语言翻译、语言技术等的行业才是真正的语言行业。营利性的语言服务发展到一定程度就形成语言产业或语言服务产业;非营利性的语言服务主要是由国家、单位提供的基础性语言资源,即各种公共语言服务,如政策、规划、规范标准、资源整理、通用语言的推广、各种语言数据库、语言研究等。这些公共语言服务不仅服务于人们日常的语言运用,也为语言产业的发展奠定基础。

行业语言服务不属于语言产业,是各行业活动过程中的语言服务,是辅助性、伴随性的,是通过语言进行接待、介绍、说明、告知、宣传、问询、沟通等服务。行业语言服务是广泛存在的语言活动领域,具体行业的语言服务既有一般语言服务的共同特征,也有这个行业的特有属性,是整个社会语言生活中的重要组成部分。

语言产业数据统计面临的主要难题,一个是语言产品的剥离问题;另一个是缺乏语言产业的基本标准。根据多种数据来源,以 2010 年为例,对国内语言产业总体规模的尝试估算是,当年语言产业产值约占全国 GDP 的 0.47%,占第三产业增加值的 1.11%。这种尝试可以作为合理测算整体语言产业规模的一种方法。

——陈鹏.语言产业经济贡献度研究的若干问题[J].语言文字应用,2016(3).

- **语言产业发展中的四种语言能力**

语言能力与语言产业之间存在互动关系。语言能力是语言产业得以发展的基础和保障,而语言产业的发展会推动语言能力的提升。语言资源类产业、语言技术类产业、语言翻译类产业和语言培训类产业分别对应语言资源应用能力、语言技术应用能力、多语种语言应用能力、个体语言应用能力。语言产业的发展体现了这四种能力的作用和功能,并促进这四种语言能力向更高层次和目标发展。

语言资源应用能力主要关乎语言本体资源的应用,语言技术应用能力主要涉及语言要素系统的人工智能化和改进、语言为人所用的技术研发等方面,多语种语言应用能力主要讨论国家、社会和个人在母语以外的其他语言使用能力,个体语言应用能力则主要讨论个体使用国家通用语言文字的能力。

语言资源服务能力是语言产业中最为基础的服务能力,语言技术服务能力是满足时代、社会需要的衍生服务能力,多语种语言应用能力是国家、企业拓展海外市场的跨文化合作与交流能力,个体语言应用能力是国家、社会、个人发展中最为基本的语言能力。这四种语言应用能力并非彼此独立,而多是交叉、重叠体现价值的,使几种能力形成合力,会更有效地推动语言产业的发展。

——惠天罡.略论语言产业发展中的四种语言能力[J].语言文字应用,2016(3).

•广西语言产业发展探索

广西地处西南边境,与东盟相邻,是我国西部唯一一个沿海、沿江、沿边省区。广西民族众多,除汉族、壮族外,还有10个世居少数民族。除回族使用居住地的汉语方言外,其余民族均有自己的语言。广西的汉语方言包括桂柳官话、粤方言、客家话等多种类型。由于地处边境,一些边民会说东盟地区的语言。

广西语言产业具有三个显著特征:一是涉外性和涉少数民族性;二是整体水平不高,但语言环境特殊而复杂,多语种并存,潜力巨大;三是语言资源保护在语言产业发展中占有重要位置,相较于其他省区有更多的需求和更大的业务量。

保护广西语言资源包括两个方面:一是对各少数民族语言和方言本体的保护,任务是尽量防止语种的消失和保存有声资源等;二是对少数民族语言和方言产品的保护,如保护用少数民族语言或方言记录的文献(广西有很多少数民族语言文献,比如用壮字、彝文、水字等记录的文献)和其他用语言文字记录的文化产品(如广西地方民歌、戏剧等)。

——孙瑞,李丽虹.民族地区语言产业发展探索——以广西为例[J].开放导报,2016(1).

•广西民族语言教育产业和效能的状况与发展

广西虽然语言资源十分丰富,但从经济角度看,在民族语言教育产业发展上,还存在不足。一是对产业经济效能缺乏认同,产业化意识薄弱;二是产业发展缓慢且不均衡;三是产业经济尚未融入整体经济产业结构。因此,应提高产业认同感,树立效能意识;应根据广西民族语言的多样性和不平衡性,制定广西民族语言教育产业和效能的发展政策;应注重民族语言的本体传承,重视培养民族语言教育人才。

——樊中元.广西民族语言教育产业和效能的状况与发展[J].广西师范大学学报,2016(4).

- **河南省语言产业发展现状与对策研究**

河南省语言产业发展不均衡,语言培训业和语言翻译业发展相对较快,其他业态则发展缓慢或未起步。总体处于自发、分散状态,有待政府统筹整合,以逐渐形成独立完整的产业体系。语言产业业态市场准入门槛较低,包含服务、产品等多种形式,中小及微小企业比例较高,产业链不成熟,影响整体发展速度与质量。

针对这些问题,建议做好顶层设计,制定发展规划纲要,设立语言产业研究机构和管理机构,为语言产业健康发展提供保障;制定和完善语言产业发展政策,对语言产业进行保护、扶持、引导和规范。同时,应搭建平台,促进语言产业协同发展,规划打造河南语言产业园区,整合区域语言产业资源,促进语言技术产业化。此外,还应加强高校相关学科建设和人才培养。语言产业作为典型的"知识、低碳和绿色经济"产业,有望成为新的经济增长点,应积极培育。

——党兰玲.河南省语言产业发展现状与对策研究[J].华北水利水电大学学报,2016(1).

二、语言翻译产业

- **翻译市场化与市场化翻译**

翻译市场化是翻译机构、公司或译者通过翻译实现了语言的使用价值,并获得经济效益。译者自身所获取的经济利益可称为译内经济效益。而翻译成果是对语言本身价值的实现,并可能带来进一步的经济效益,这可称为译外经济效益。译外经济效益往往大于翻译公司和译者从翻译活动中获得的经济效益。

市场化翻译是由市场机制调控,对客户负责,面向社会、市场的,以翻译服务换取货币商品,实现译内效益最大化的翻译活动。翻译在市场化的过程中,消费群体(客户)的不断扩大,促使翻译市场扩大,利润和效益增加,不仅吸引翻译服务公司,也包括翻译培训、翻译技术及文化产业与信息产业中以纸质、网络或影音等为媒介形式的对外文化交流或对外信息内容传播公司的进入,形成完整的产业链条。

制度化翻译是国家、政权等政治实体以机构或组织的形式,为贯彻某一制度或维护自身利益,在机构内或以外包的形式实施的翻译。制度化翻译与市场化翻译共同构成了翻译社会性的两个层面。

——任东升,高玉霞.翻译市场化与市场化翻译[J].外语教学,2016(6).

• 语言服务行业视域下翻译项目管理研究

在现代语言服务市场中,翻译任务往往呈现为一个大型、复杂的本地化项目,通常包括软件、网站、视频游戏、多媒体文档、数据库等内容。本地化是对客户提供的语言材料、程序、包装方案、用户界面等在另一种语言文化环境下进行翻译和改编设计,以适应特定国家和地域市场需求的过程。大型本地化项目需要工程技术人员(程序员、美工等)、译员(专职译员与自由译者)、编辑、审校、项目经理等多种人员共同协作,不仅涉及各种符号元素(文、图、声、像等)的转换,还需要有效的项目管理,包括质量管理、进度管理、成本管理、人力资源管理、语言资产管理、风险管理等。现阶段各种语言服务企业的核心功能是翻译项目管理。

参与人员,尤其是语言技术人员与工程技术人员应在翻译项目内加强合作,以保证翻译质量。当前许多语言服务企业都面临人才流失、译文质量欠缺、产品延误交付、技术错误、成本失控、违反法规等因素导致的风险,应加强企业语言资产的管理与积累,提高语言服务质量。

——刘剑.语言服务行业视域下翻译项目管理研究[J].大连海事大学学报,2016(5).

• 中国翻译产业发展态势及对策研究

翻译产业是语言产业的下位概念,是语言产业众多业态之一。传统翻译是新技术、新方法的基础,而机器翻译和网络翻译是对传统翻译的补充和升级。翻译产业的发展对产业结构调整和产品升级换代都意义重大,作为语言产业的重要组成部分,对社会文化和经济发展都有推动作用。

促进翻译产业的发展,应加强人才培养和产品开发,开设市场急需的、有特色的翻译产业课程,培养汉译外人才和翻译产业经营管理人才。应进一步推出适合大众消费的通俗翻译产品,以实现翻译行业多领域、多层次的全面发展。应将传统翻译经验和语言文字信息处理产业相结合,依托互联网实现虚实语言生活空间的联通。应建立完善的语言转换服务产业链,加快翻译市场公共信息网络建设,为翻译企业及客户提供翻译产业和需求信息。应规范市场,实现行业指导和行业规划,对语言翻译市场实行职业资格准入制度,同时建立和完善语言翻译行业自我管理机制和评估机制,加强行业自律,以克服行业管理的不规范。

——张士东,彭爽.中国翻译产业发展态势及对策研究[J].东北师大学报,2016(1).

• 翻译众包的崛起和行业影响

翻译众包的初级模式是利用网络平台将特定翻译任务发布给网络社区用户,由用户主动参与,这其中既有公益性也有营利性业务,通常卓有成效。译言网即是此类模式的代表之一。该网站的"古登堡"计划将图书协作翻译的流程和机制产品化、线上化,并推行译者版税制,是成功的实践案例。

翻译众包的新趋势是出现经纪人角色的第三方众包服务商,具体分为四类:直接经营众包、Saas(软件即服务)模式众包服务、众包商务平台、众包综合服务平台。直接经营众包是基于先进的翻译平台技术和人才资源;Saas(软件即服务)模式是基于优势的翻译软件资源和丰富的翻译管理经验;众包商务平台模式是基于先进的电子商务管理系统和技术;众包综合服务商则不同程度上整合了以上多方面优势资源。第三方翻译众包服务商的出现,代表了新的翻译产业理念和生产方式,会推动翻译产业升级,也给职业译者带来新的挑战和机遇。

——朱琳.翻译众包的崛起及其对翻译行业发展的影响[J].上海翻译,2016(2).

• 出版行业介入翻译业务的现状和发展探讨

出版行业介入翻译业务的现状是:出版翻译对象数字化、复杂化;全球视野下本地化翻译出版已经形成包括原始机构、本地化服务商、本地化工具开发商、本地化出版商在内的完整产业链条,其实质是针对不同地域的不同市场提供个性化私人出版服务;众筹众包翻译模式初见端倪;与传统翻译出版相比,译者工作形式与状态在超文本语境下都发生了变化。

数字出版及版权交易仍是出版业介入翻译业务发展的重点,应把握数字化出版与虚拟版权交易的发展重心,不断创新虚拟版权交易管理体制,加大出版翻译作品数字出版的力度,强化按需出版的数字化传播路向,优化出版翻译数字资源的使用方式,探索免费与收费相结合的路向,最大限度降低版权风险,推动融合多媒体出版翻译业态升级,积极打造出版翻译的标准体系。

——杨会勇.出版行业介入翻译业务的现状和发展探讨[J].中国出版,2016(24).

三、语言会展产业

• 语言会展业及其发展策略初探

语言会展业是语言产业的重要组成部分,是为语言产品或服务的流通商洽、促销展示、贸易交流、企业沟通、国际往来而举办的会展活动,是推动语言产业发展的有效平台。

语言文化类主题博览会,是由主办国政府参与或政府委托有关部门、组织举办的,向世界各国展示语言文化、语言科技和语言产业成果的国际性专业会展活动。其本身可产生直接的经济效益,对相关行业的辐射、提升作用明显,是全球化、信息化背景下培育本国语言产业、延展文化影响、拉动地域经济、提升城市品位的重要手段。

语言会展通常定位国际化,选址国际化都市举办。语言会展可依托区域经济特色有序发展,并努力提高专业化程度。作为新的会展业态,语言会展业应增强文化内涵,走创意发展之路。应做好语言会展的顶层设计和创意策划,国际化、市场化、专业化和数字化是会展业发展的方向。在我国,语言会展尚处于萌芽阶段,应利用国内国外两个市场和资源,通过国际合作,在实践中摸索出适合我国语言会展业运营的管理办法,争取后发优势。

——王巍,戈兆一.语言会展业及其发展策略初探[J].语言文字应用,2016(3).

第三节　特殊语言服务

本节分"手语盲文建设与规范"和"语言康复"两个专题,介绍2016年关于特殊语言服务的研究情况,共收文9篇。其中,语言康复是为语言障碍患者提供治疗和训练、帮助其恢复语言功能的服务,专门从事语言康复服务的行业也是语言产业研究关注的九大业态之一。为特殊人群提供语言服务是国家语言服务的重要方面,亟待引起更多研究者的关注。

一、手语盲文建设与规范

• 手语和盲文的研究、规范与推广

残疾人语文权益的实现影响到他们平等参与社会、实现自身价值、创造美好生活。中国有2000多万听障人士和1700多万视障人士。手语、盲文是国家语言文字的重要组成部分。加强盲文、手语的研究、规范和推广是保障视障、听障人士语言文字权益的一件大事。2010年教育部、国家语委发布的首个《国家中长期语言文字事业改革和发展规划纲要(2012—2020年)》第一次将手语盲文工作作为国家语言文字工作的重要组成部分。此外,国家即将颁布《国家盲文、手语规范化行动计划(2015—2020年)》。

——程凯.加强盲文、手语的研究规范和推广,维护视障、听障人士的语文权益[J].语言科学,2016(4).

- **我国汉语盲文的历史演进和发展**

汉语盲文产生是我国盲人教育发展的历史必然。汉语盲文由早期简单采用六点字符排列汉语音节,转型为基于六点字符框架,实现字形、音调、拼音的有机统一。这种转型是对盲人认知、需要的关注与尊重,也是适应我国盲人教育实践发展的迫切需求。我国汉语盲文仍处于初级阶段,盲文改革越来越受重视,发展将呈现本土化、简约化、标准化的特点,其在盲人教育、交流和生活等领域的作用将得到进一步发挥。

——陈立,冯敏.刍议我国汉语盲文的历史演进和发展趋势[J].绥化学院学报,2016(4).

- **中国手语规范化**

手语是健听人与听障人进行正常交流的有效途径,手语设计应从听障人群需求出发,以简单明了为原则予以统一规范。聋人打自然手语时,经常出现语序颠倒,产生各种病句,有关部门的手语研究者应研究手语和汉语之间的转换表达方式,尽快完善手语语法体系,并通过新闻媒体加大规范手语的宣传力度。

基于字典与统计的复合分词技术和三维动画技术集成的中国手语多媒体数据库,是适用于健听人和聋人沟通的有效智能学习方法。手语语料库在手语语言学研究、手语规范化工作以及手语识别和机器翻译领域上具有极大的应用价值。

——李惠中.中国手语规范化工作在新媒体中的应用研究[J].新闻传播,2016(11).

- **通用手语建设与地方手语保护**

地方手语是聋人自然手语在各地的变体。目前尚未开展对中国各个地区聋人手语使用状况的田野调查,尚不清楚中国有多少种手语"方言",大致分为"南方手语"和"北方手语"两种。通用手语不可避免地受到各地方手语影响,必须植根于地方手语才有生命力。两者的关系就像方言与普通话,可视不同场合、不同交际需要而使用,长期并存,和谐共生。

应积极开展地方手语与聋人文化研究,用拍摄视频的方法保存、记录中国各地手语,收集手语新语汇并形成动态规范机制,在此基础上构建中国各地手语语料库,为后续深入研究提供方便。在教育教学中应尊重学生的语言使用权,既鼓励学生使用国家推广的通用手语,也允许学生使用地方手语。应培养既能熟练使用通用手语,又精通地方手语的手语专业人才,重视聋人教师在地方手语与聋人文化保护中的重要作用。应组织全国各地聋人代表,收集各地聋人在日常生活中常用的各类手语,开展各地手语的词典编纂工作。

——张帆.通用手语建设与地方手语保护的思考[J].现代特殊教育,2016(8).

- **汉语新词语在聋人中的认知度**

新词语的认知度与辅助设备以及听力损伤程度没有必然联系,因此既可以在健听人间传播,也可以在聋人间传播。新词语传播缓慢主要因聋人信息渠道单一、手语范围局限性、聋生闭塞性等条件限制导致。

汉语新词语被聋人理解、接受并传播,有利于聋人更好地融入社会,丰富聋人文化,方便聋人和健听人沟通。通过实验可知,汉语新词语在聋人中具有较高的认知度,但所选取的对象为聋大学生,相较而言在聋人中知识水平较高。下一步的工作是着手分析手语的构词规律,构建精细的3D手语模型,通过手语网站形式进行传播,以使汉语新词语被聋人精准理解和传播。

——田林伟,李晗静,李飞,姚茂建.汉语新词语在聋人中认知度的调查研究[J].北京联合大学学报,2016(2).

二、语言康复

- **手语失语症患者的语言康复**

手语失语症是手语加工障碍的一种表现,主要为手语理解和手语产出的障碍。对手语失语症脑机制的研究主要来自脑损伤和脑成像两个方面。手语失语症研究,为我国聋人语言教育带来如下启示:

第一,无论手语失语症是单侧化机制还是双侧化机制,都在一定程度上说明了手语在聋人大脑皮层中的塑造作用。第二,应重视日常生活中通过手语来增强他们大脑功能的发挥,实现语言能力的提高。第三,切实将个别化差异的观念深入到聋人的语言教育中,更加细化对聋人手语失语不同表现的分析和研究,并据此提供更具针对性、更有效的语言干预和康复策略。第四,尽量发挥手语和口语之间的积极影响,实现双语教育的最大作用。第五,转变"聋人天生会手语"的传统观念,注重在日常教育教学中发现手语失语症的案例,注意在吸收借鉴国外研究成果的同时,结合日常教育教学和本土化的语言材料(如中国手语、地方手语等),开展更多有地区特色的、有针对性的本土化实证研究,推动中国手语和聋人语言教育的发展。

——雷江华,陈影,贾玲.手语失语症大脑机制研究进展[J].中国特殊教育,2016(10).

- **韦尼克失语症患者的语言康复**

研究显示,患者记忆力与复述能力具有正相关关系,脑卒中失语症患者不是语义痴呆患者。《语块能力训练图集》涵盖语言概念整合和表达过程,是一种有效的言语治疗方法。应用《语块能力训练图集》进行语言康复训练后,神经网络重塑的机制还需要进一步说明和验证。《波士顿失语检查汉语版》检测仍存在边界划分问题。有些检测项目是听说并行、听读并行、听写并行等,边界分割是难题。语言障碍描述框架的建立旨在将语言学与神经病理学结合,系统全面描述语言障碍现象中的语言事实,但需将每个语言事实分为有障碍和无障碍两种情况加以说明。

——周荣.《语块能力训练图集》对韦尼克失语症患者语言康复的应用研究[J].北华大学学报,2016(4).

- **智力障碍儿童的语言康复**

目前,智力障碍儿童语言康复人员主要为缺乏相关语言训练背景的特殊教育教师,康复方法的系统性、可操作性直接影响其实践效果。基于此,将康复方法由粗糙的经验总结提升为可操作性的实践指南,将评估、计划、实施、再评估等程序科学化、严谨化、模式化是未来康复发展的一大趋势。

教育领域基于丰富的教学经验所提出的训练方法缺乏科学的实证支持,其可靠性无法得到保证,使研究结果缺乏推广依据。为进一步提升相关语言康复方法的实践价值,加强实证研究尤为必要。

应加强特殊教育专业师资的职前培养与职后培训,不断更新学科知识,增强专业技能。应加强高校研究人员与一线教师的交流与合作,促进研究向实践的转化。

——周晓雯,李欢.智力障碍儿童语言康复研究计量与可视化分析[J].现代特殊教育,2016(10).

- **自闭症儿童的语言康复**

自闭症儿童的语言表现分为三种障碍特征：完全无语类、有部分语言类和有语言但无交际意图类。可详细分类为语音、语义词汇、理解性语言、表达性语言、语法、语用、文字书写和阅读八大障碍。

相关评估标准包括：早期自发性语言技能评估、重复仿说、提要求、命名、声音听觉听从指令、表达性语言、集体活动的接受性语言、对话互动性语言交谈、非语言技能、阅读、文字书写、语言结构与视觉反应等。

根据语言特征与语言评估的研究结果，可以围绕自闭症儿童的语音障碍、语义词汇障碍、理解性语言障碍、表达性语言障碍、语法障碍、语用障碍、阅读障碍与文字书写障碍八个方面来研究自闭症儿童语言康复的方法。

——PHAN THI TRAMY 潘氏茶楣（越南来华留学生）.走出孤独：自闭症儿童的语言障碍特征分类、评估及康复研究[D].吉林大学，2016.

第四节 语言技术服务

语言技术是整个语言服务系统的基础保障之一，是加强和改进语言服务、提升语言服务能效的重要手段。同时，专门提供语言技术服务的行业也是语言产业研究关注的九大业态之一。本节介绍的2016年关于语言技术和语言文字信息化产业的宏观性、方略性研究，涉及语言技术与国家语言能力的关系、中文信息处理的现状和发展方略，以及《国家语言文字事业发展"十三五"规划》重点关注的自然语言处理、机器翻译等技术研发及产业化发展等问题。其中，热点是反思学科研究现状，探索未来发展策略，体现了研究者对语言信息化发展浪潮的热切期待、深入观察和冷静思考。共三个专题，收文8篇。这些研究的出现正值人工智能走向产业化浪潮之际。深度学习技术及人工神经网络的应用极大地推进了语音识别、机器翻译等语言信息处理应用的产业化进程，除了改进模型之外，这些研究和建议还广泛地涉及理论、数据、方法等方面，反映出研究者有着更为长远的思考。

一、语言技术现状与发展方略

- **语言技术开发应用现状与展望**

语言技术开发能力是国家语言能力的重要组成部分，反映出一个国家智能化语言信息处理水平。国家语言技术开发能力主要体现在:对语言信息的处理能力,即利用计算机实现语言信息的加工、获取和转换等任务的能力,典型技术包括语音识别、信息检索、机器翻译等;对语言信息的挖掘能力,即从海量信息中快、精、准地提取想要的信息的能力,包括舆情监测、信息抽取、情感分析等方面。

自然语言处理是信息技术的核心组成,主要技术包括语音识别、信息检索、机器翻译等。信息提取是国家语言能力中的标志性技术,是从大量非结构化的文本中提取所需有价值信息,并以结构化的形式存储和索引,供用户查询和使用。能够挖掘语言文字深层含义和规律,是各国对信息抽取技术感兴趣的主要原因。例如,针对 ISIS、基地组织网络恐袭的反恐行动中,各个国家均加大了对语言大数据的研究,通过抽取技术实施对恐怖活动的预防和打击,已经成为国际反恐的通用手段之一。

相比发达国家,我国语言技术服务国家的意识还不够,缺乏综合、有影响力的项目,技术开发的实力和水平也存在差距,对语言信息掌控的范围、挖掘和利用的深度还很不够。提高语言技术开发水平,加强基础数据的积累,大量拓展技术的应用范围,研究融合信息检索、机器翻译、信息抽取等技术,实现应对复杂背景和特殊情形下的大型语言应用系统,对于国家语言能力的提升有着重要的意义。

——秦颖.中外语言技术开发应用现状与展望[J].云南师范大学学报,2016(3).

- **中文信息处理的现状分析**

中文信息处理(Chinese language processing,简称 CLP)是针对中国语言文字的专属研究领域,是自然语言处理的一个具体分支。中文信息处理六十多年来取得的成果可以归纳为:汉字简化与规范化工作基本完成,汉语拼音方案被国际标准化组织(ISO)接纳,汉语拼音正词法规则已成为国家标准;汉字编码、输入/输出、编辑、排版等相关技术已经解决,亚伟中文速录机和汉字激光照排、印刷系统已被大规模产业化应用;面向信息处理的汉语分词规范已经制定,以"综合型语言知识库"和知网(HowNet)为典型代表的一批汉语资源库(包括语料库、词汇知识库、语法信息词典等)相继建成;汉语词语自动切分、命名实体识别、句法分析、词义消歧、语义角色标注和篇章分析等自然语言处理的基础问题得到全面研究和推进;机器翻译、信息检索、舆情监测、语音识别和语音合成等技术得到广泛应用,对推动国民经济发展、提高信息化服务水平和维护国家安全发挥了重要作用。

要解决中文信息处理的问题,使其真正实用化,必须建立适合中文语言特点的理论体系。现有机器学习方法的缺陷包括:模型性能过于依赖训练样本;固化的模型参数导致模型无法处理"陌生"的语言现象;缺乏领域自适应能力;难以通过人机交互自动完成参数更新;常识学习与归纳推理能力亟待提高。如何针对汉语自身的特点和规律建立专用的模型和算法,是最终解决汉语理解问题的正确出路。

——宗成庆.中文信息处理研究现状分析[J].语言战略研究,2016(6).

• **探索具有独创性的中文信息处理研究路线**

自然语言处理技术经历了从"受限的、基于规则的方法"到"大规模的、基于统计的方法",再到"深度学习和多种技术融合"的发展过程。在中文信息处理领域,技术层面的兼收并蓄是主要发展方向。但如果想走得更远,仍需要对语言学的基础研究,尤其是汉语与其他语言对比的个性与共性研究,具有更为深刻的认识。中文信息处理要取得长足的发展,不仅要紧跟最新技术,还要结合汉语的特点,努力探索出具有独创性的中文信息处理研究路线,进一步推动世界范围内的自然语言处理发展。

——王璐璐,袁毓林.走向深度学习和多种技术融合的中文信息处理[J].苏州大学学报,2016(4).

• **关注语言和认知的语言信息处理技术**

文本理解与语音图像的模式识别有着本质区别,语言作为知识的载体,承载了复杂的信息量,具有高度的抽象性,对语言的理解属于认知的范畴,不能仅靠模式匹配的方式完成。以语言为媒介的人与人之间的沟通应是建立在相互理解的基础上,而深度学习采用的层次结构是从大规模数据中自发学习的黑盒模式,虽然知道是什么,但无法解释为什么。

语言信息处理技术不应只聚焦于数据模型能力,更应关注语言和认知本身的问题,例如:如何系统化地表示语言的习得和变化规律;是否存在适用于人类各语种的通用的抽象语义结构;能够对个体类别进行抽象泛化的基本概念的范畴和力度是什么;适于进行推理计算的常识知识应如何表示等。句法分析标准、语义结构规范、知识表示方式,是计算机理解自然语言和实现智能化的基础。这些问题一方面需要对大量真实语言现象进行统计和总结,一方面也需要传统语言学工作者在理论上进行探索,予以引导。

面向智能化的语言信息处理技术的发展,"理解语言,拥有智能,改变世界",是语言信息化技术和产业发展的终极目标,即让计算机理解人类的语言,势必要借助于语言学、计算机科学、数学、脑科学和认知科学等多学科的共同促进,才可能实现计算机与人之间自然高效的交流。

——郭玉箐,徐俊,王海峰.走向智能时代的语言信息化产业[J].语言战略研究,2016(6).

- **自然语言处理未来的研究重点**

关于语言理解领域,应特别关注三方面的问题。一是数据。数据工作包括获得数据、整理数据,从数据中做出一些归类、聚类,发现知识和规律,是这个学科的根本。尤其是对中国学者而言,如果狠抓各类有用数据,包括无标注、有标注的数据,就很有希望实现赶超。二是方法。将"迁移学习"演绎一下,就是将在A领域好用的方法,放到B领域去研究、继承和发展。迁移的概念,推而广之,其实就是跨学科合作或跨领域合作的问题。将领域知识、规则和深度学习相融合的研究,在未来会非常重要。三是应用。自然语言处理是一个应用学科,要由应用来牵动科研的发展。通过应用将研究的长远目标和短期目标结合起来,是学科发展的关键。

自然语言处理未来的研究重点,有两个方面值得关注。一是上下文建模和多轮对话。做机器翻译,做问答系统,做聊天系统,目前面临的最大问题就是对上下文建模的能力不足,而且多轮对话能力不足。二是神经网络机器翻译。将神经网络机器翻译和统计翻译各种形式(模型、特征)相结合,会有很大的发展前途。

——周明.语言理解的数据、方法和应用[J].
"语言与智能技术"多人谈,语言战略研究,2016(6).

二、机器翻译技术

- **从机器翻译历程看自然语言处理的发展策略**

机器翻译近七十年的发展,方法论和核心技术层面上的创新是机器翻译取得重大进步的根本原因,如统计或神经机器翻译模型,而创新的"物质基础"是一类特殊的大数据——双语语料库。在这个发展过程中,互联网大公司居于主导地位,高校在"模型、大数据、计算能力"这三个关键要素上都处于明显的劣势。原因在于神经机器翻译模型作为一种通用计算装置,具有极强的性能优势,高校以往在计算语言学和语言学研究上的经验积累,相对于这个装置,目前基本用不上。另外,神经机器翻译模型的性能部分取决于双语语料库的规模,高校的双语语料库规模和数据获取能力明显弱于互联网大公司。设计并训练出一个神经机器翻译模型需要很强的计算能力,反复试错,高校的计算能力通常会比互联网大公司低1—2个数量级,无法进行高强度试验。互联网大公司能高薪延揽到全世界一流人才,并且全天候投身于研发工作。这一点上也显著优越于高校。

有鉴于此,应当建设国家级的大规模深度学习计算平台,解决计算能力问题;建设国家级的高质量双语语料库,解决训练用高质量大数据问题。对通用神经机器翻译模型要进行创新、改造和完善,在特定条件下具备全新模型设计能力。

——孙茂松,周建设.从机器翻译历程看自然语言处理的发展策略[J].语言战略研究,2016(6).

- **机器翻译时代人工译员与机器译员的共轭相生**

机器翻译技术的进步为语言服务产业带来的变革是颠覆性的。人机渗透、并肩作业的新型职业将会出现。机器译员的弱点在逐渐减少,优点在逐渐增多,总体翻译能力正逼近人工译员,且不断改进。

思维模式目前是人工译员超越机器译员的唯一优势,这一问题很难说机器译员无法克服。当机器译员等同于人工译员的翻译实力时,人工译员的翻译岗位将会分裂为:人工译员岗位、机器译员岗位和人机互助岗位,而人工译员岗位和人机互助岗位将最终消失。由此,人工译员应该调整从培养、发展到工作参与的一系列模式,以求适应与生存。人工译员的培养理念和模式的改变是变革的关键。

传统的人工译员培养只注重语言层面、实践技能和文化层面的教学与实训。在机器翻译时代,只有让人工译员的实际能力超越机器译员,才有可能摆脱被机器译员淘汰的命运。因此,人工译员的未来工作应是开发机器译员、完善机器译员和检验机译结果,成为集双语能力和计算机软件开发能力于一体的综合性实体。人工译员的工作应是为机器译员构建储存的双语语料库,运用计算机应用技术驾驭机器译员的翻译过程,然后在机器译员翻译结束后校验其中的忠实度。

——赵联斌.论机器翻译时代人工译员与机器译员的共轭相生[J].外文研究,2016(3).

三、支持技术研发的语言资源建设

- **众包策略在语言资源建设中的应用**

语言资源建设有两种基本模式:自上而下模式和自下而上模式。自上而下模式一般由政府、机构或企业发起、资助、计划并主导,同时负责组织人员力量,配置资金设备,协调分工协作并监督进度、控制质量。自下而上模式主要依靠社会大众的力量,通过自我组织的方式进行协作,凝结成强大的生产力进行语言资源建设。

众包是在语言资源建设中运用社会大众力量的有效途径,它是将传统上由指定人员承担的工作以公开招募的形式外包到一群不确定的人的行为。众包在语言资源建设中有着广泛的适用性,能发挥一系列重要作用,主要有:语言数据采集;语言数据加工;语言生活舆情调查;为语言资源建设提供资金及设施支持;促进语言资源建设的宣传和推广;促进语言资源建设社会力量的培育。

不同的语言资源建设任务对参与者的语言学专家知识的需求程度不同。"大众型任务"对参与者的专家知识没有要求或要求较低,只需要依靠参与者的常识性的语言知识或直觉,如方言数据采集,是比较容易众包的。"专家型任务"对参与者的专家知识有较高要求,例如词性标注,较难众包,但是通过转化、培训和使用专家平台等策略也能有效众包。众包是将任务外包给人群,它的力量根本上取决于目标人群的能力结构。创建一个专门服务于语言资源建设的汇聚了大量语言学专家的土耳其机器人平台,即便是专家型语言资源建设任务也能很方便地众包。

众包策略用于语言资源建设的研究尚处于起步阶段。首先,数据质量是运用众包策略时的主要关注点,因此要进一步加强数据质量控制方面的研究,确保能够运用众包方法收集到高质量的数据。其次,要进一步加强众包策略和传统策略的对比研究,摸清众包策略的特点和规律,为其设计更好的范式与框架。再次,应开展众包策略运用于各种语言资源建设具体问题的研究,为具体的问题寻找基于众包策略的优化解决方案。最后,应加强众包平台方面的研究,尤其是土耳其机器人平台的研究,进而设计更好的平台,并创建中国本土的平台。

——黄居仁,王世昌.众包策略在语言资源建设中的应用[J].
语言战略研究,2016(6).

第五节 社会语言服务

语言服务存在于社会生活的方方面面。本节第一个专题介绍关于"行业语言服务"的研究情况。已有研究认为,与由语言行业提供的专业语言服务(或产品)不同,行业语言服务是存在于交通、旅游、金融、卫生等非语言行业中,伴随着该行业特定产品或服务供给过程中的语言服务活动。2016年的相关研究涉及交通、金融、旅游等行业。本节第二个专题介绍关于我国"国际化进程中的语言服务"的研究情况,内容涉及在华国际移民的语言服务和自贸区语言环境建设。本节共收文6篇。

一、行业语言服务

• 城市人文形象构建下的行业语言服务能力研究

行业语言服务是指与行业相关联的"语言服务",属于"伴随式"语言服务。此外,部分行业的"语言服务"在发挥"伴随式"语言服务功能的同时,也具有一定的行业特征,如媒体语言、教师语言、导游语言等,其语言本身也是服务的内容。

可以将"行业语言服务能力"界定为行政、法律、教育、医疗、交通、银行、导游等非语言行业的从业者在提供具体行业产品的过程中,辅助性、伴随性地为消费者提供语言服务的能力。行业语言服务是行业活动过程中必不可少的辅助性环节,"行业语言服务能力"是从业者必备的基本素质,会影响人们对一座城市人口素质与人文形象的评价。

行业语言服务要清晰、准确传递产品及服务信息,礼貌得体、符合特定语境并满足消费者情感需求和文化需求。行业主管部门需要制定、落实行业语言服务规范。围绕城市人文形象构建,在行业内部及各行业间就语言服务进行统一设计。

——李艳,齐晓帆.城市人文形象构建下的行业语言服务能力研究——以旅游
行业中导游语言服务为例[J].文化产业研究,2016(1).

- **交通行业语言服务现状调查**

交通行业的语言服务研究总体处于起步阶段,问卷调查显示:交通行业语言服务意识较弱,语言沟通不畅易引发与乘客间的矛盾和冲突;普通话使用不规范,给乘客带来不便或误会;声音要素使用不合理,影响语言服务质量;安全、指引等标识的内容、设置位置存在问题。

各级交通部门需要建立健全管理制度,科学制定服务规范,将语言服务规范细节化、丰富化、类别化,做好语言服务评估。强化监管考核,提高工作人员对行为规范的执行力,建立服务培训体系,加大职前语言服务培训力度。做到服务培训常态化,完善信息反馈制度,积极接受乘客监督,形成良好的交通服务环境。

——闫扬洋,李艳.交通行业语言服务现状调查[N].语言文字报,2016/9/9.

- **银行业语言服务现状调查**

各银行对语言服务的相关规定散见于各类工作规范中。尚未发现有银行制定专门的语言服务手册,在各类规范中,也未有专门的"语言服务"板块。调查显示,消费者对银行语言服务满意度不高,银行从业人员对银行语言服务认知也存在偏差,部分银行从业人员会在服务过程中使用禁忌语。应加强行业语言服务的规范化,遵守并严格执行服务规范语言标准。应加强对行业语言服务能力和行为的考核,建立起一套系统化、可操作的内部考核机制。

——刘敏,李艳.银行业语言服务现状调查[N].语言文字报,2016/7/15.

- **肇庆市风景区语言文字应用现状的调查与研究**

调查显示,游客对景区标志类文本的关注度较高,但景区标志类文本质量不高。肇庆旅游景区里解说类语言文本方面存在错字、别字、表达不通顺、句子成分搭配不当等语病现象,个别英语翻译不规范,谐音词滥用,口吻单调枯燥生硬,缺乏趣味性和观赏性。大多数肇庆景区导游的普通话水平未达国家标准,口语表达夹杂难懂的方言词、粤方言口音和赘余话语,造成外地游客交流困难。景区语言文本设计应信息准确、强化规范性,同时应考虑多种文化差异、增强艺术性。

——李伶俐,梁茵萍,李静雯,蓝永庄.肇庆市风景区语言文字应用现状的调查与研究[J].戏剧之家,2016(9).

二、国际化进程中的语言服务

• **在华国际移民的语言问题及对策**

在语言领域,在华的国际移民有利于丰富汉语作为第二语言的教学形式和内容,有利于国民提高外语水平,进而有利于"双语/双言"社会的构建。目前,在华国际移民面临的语言问题至少包括四个方面:一是公共生活中信息获取方面的语言问题,二是社区融入中的语言问题,三是语言能力与职业及经济收入问题,四是国际移民的目的国语言能力测试(即中文水平测试)问题。

因此,应该对以下问题加强研究:其一,如何使国际移民更好地获取相关公共信息,包括政府层面和社区层面的,使他们更好地参与社会管理,以及遵守我国法律法规和政策规定;其二,如何为国际移民提供更好的语言服务,创造更好的语言环境;其三,如何提高国际移民的中文能力,在这个过程中,移民者、社区、政府、学校/培训机构各自应该发挥何种作用,双方如何各取所需从而实现双赢;其四,中文能力是否应该成为国际移民准入、居留和成为我国公民的必要条件之一,以及相关的政策和测试标准与内容如何制定;其五,在扩展汉语作为第二语言教学的海外空间的同时,在华国际移民应该成为汉语作为第二语言教学的重要教学对象,并制定出相应的宣传和教学等方面的应对策略。

——王春辉.在华国际移民的相关语言问题研究[J].江汉学术,2016(1).

• **自贸区国际语言环境的特点及优化措施**

自贸区战略与国际语言环境密切相关,既互为需求、互为依存、互为促进,又互为影响、互为制约。语言环境在优化投资环境、提高经济效益、促进自贸区建设中发挥着积极作用。自贸区国际语言环境具有七大特点:语言规划的国际性,语言使用的规范性,语言种类的多样性,语言服务的广泛性,语言技术的先进性,语言文化的融合性,语言人才或人员的需求性。自贸区语言环境的优化包括软环境和硬环境。软环境建设措施包括:强化规划,注重统筹,营造统一、严谨的管理环境;增强意识,提高水平,营造便捷、高效的服务环境;了解差异,促进融合,营造开放、多元的语言文化环境。硬环境建设措施包括:健全平台,优化系统,构建高端、先进的技术环境;加强监督,规范标识语,构建准确、地道的语言环境;研发涵盖全面的专门语料库,构建动态、共享的资源环境。

——王小萍.自贸区发展与国际语言环境优化[J].广东行政学院学报,2016(4).

第八章　世界语言政策参考

语言政策国别研究一直是我国语言政策研究的学术热点。在搜索可见的范围内,2016年的国别研究涉及34个国家(地区),本章按照国别区域,列"亚洲国家""欧洲美洲大洋洲国家""非洲国家"三节,分别予以介绍;第四节"其他",介绍同时涉及多国的国别比较研究和综合性研究的相关情况,相关研究明确提到并有较深入分析的至少有13个国家(地区),其中有6个在"国别研究"的34个国家以外。因此,本章介绍的2016年相关研究共至少涉及40个国家(地区),收文共52篇、论著1部。

从内容上看,2016年的研究既有对一国语言政策和语言状况的全面而系统的述评,也有对一国某一项语言政策的重点分析阐释,其中语言教育政策、语言传播政策受关注最多;有的侧重"述介",有的侧重评论和阐发对我国语言政策的启示。从热度指数上看,美国仍是第一热点,亚洲国家最多,非洲国家仍不多见,"一带一路"沿线国家逐渐走热。梳理2016年的国别研究发现,关于文莱和哈萨克斯坦的研究,不同学者得出了截然相反的结论,值得深入思考语言政策国别研究的路径与方法问题。

此外,国别研究方面2016年还有一项重要成果——《"一带一路"沿线国家语言国情手册》(杨益鸣、赵晓群主编,商务印书馆),本报告限于篇幅,不再逐一介绍。该《手册》介绍了64个国家的语言国情,其中43个在本章介绍的40个国家以外,因此,2016年度我国语言政策国别研究共涉及83个国家。

梳理2016年相关研究发现,对国际组织语言政策和语言使用情况的研究亟待引起学界关注。目前全世界有数千个国际组织,其语言使用和语言政策理念关乎全球语言格局,是超国家的语言规划,值得深入探究。

第一节　亚洲国家

本节介绍关于亚洲国家的语言政策国别研究,共涉及17个国家。东亚包括日本、韩国,东南亚包括东帝汶、菲律宾、马来西亚、缅甸、文莱、新加坡、印度尼西亚、越南,南亚包括不丹、尼泊尔、印度,中亚包括哈萨克斯坦、吉尔吉斯斯坦,西亚包括叙利亚、以色列。本节共收文 21 篇。

一、东亚

• 日本

一百多年前,处于幕藩体制下的日本列岛是一个由 68 个藩国组成的语言(口语)不通的列岛。而今,日本的民族、国民和语言的构成相对单一。日本的国语以东京方言为基础定标准语,具体为居住在东京山手地区的武士和知识分子使用的山手方言。从明治后期到二战结束前夕,日本在冲绳掀起扑灭方言运动,以及在殖民地进行奴化日语教育。战后的国语改革围绕是否就国语立法、废除还是限制汉字两方面展开。日本政府将日语的国际化视作日本对外宣传和树立国家形象的重要手段,因此不遗余力地推进日语的国际化,具体包括:加强面向世界的以日语为媒介的信息传播;根据日语学习者的多样性,切实推进日语学习支援;从国际视野评估日本人语言运用的特征和问题点,明确今后日本人需要的语言能力。

——韩涛.日本的语言政策演变路径研究[J].日本问题研究,2016(2).

• 日本(高校外语教育政策)

"国立七大学"指东京大学、京都大学、名古屋大学、大阪大学、东北大学、九州大学、北海道大学,建于 19 世纪末至 20 世纪 30 年代,代表日本高等教育的最高水平。"国立七大学"对"一带一路"沿线国家语言文化的教学研究状况,可以反映出日本对这些国家区域的人才储备和知识储备。根据对"国立七大学"教养学部、涉外学科及专门研究中心提供的语言课程的统计,包括方言、民族语及古语在内,七所大学提供了大约 43 种"一带一路"沿线国家语言的教学与研究。东京大学语种数最多,达 30 种;相关研究开设本科、硕博专业,主要分布在文学院和一些跨学科院系。"国立七大学"通过设立专门的区域国别研究中心,研究"一带一路"沿线国家区域的历史、地理、经济、政治制度及自然环境。上述高校的相关研究,得益于日本高校致力于服务国家战略需求的教育目标、科学的外语教育理念和制度,以及专门组织机构提供的保障。

"国立七大学"的实践对我国高校外语教育服务"一带一路"建设具借鉴意

义。我国应以综合性大学为主要机构,培养掌握"一带一路"国家语言文化的复合型人才。同时,我国应坚持外语的工具价值和人文价值并重的理念,改革高校外语教学机制,实施多语种外语教学。此外,我国重点综合型大学可借鉴日本高校的做法,以"一带一路"倡议为契机,把对国家战略具有重要意义的"一带一路"沿线国家的语言文化纳入课程体系,提升我国高层次人才的国际素养。

——龚献静.日本高校"一带一路"沿线国家语言文化教学与研究现状考察[J].外国语文,2016(5).

• 韩国

国家的语言净化可以分为"无语言净化"、国家统一型语言净化和母语保护型语言净化。面对英语的世界化,母语保护和外语政策变化是大部分国家的共同难题。韩国对语言净化一直持比较敏感的态度,常把语言问题和民族精神连在一起。因此建国后"国语醇化"一直是其语言政策主要部分,语文民族主义对语言政策的影响非常大,并直接影响了现代韩语醇化工作。

韩国的国语醇化应从语文民族主义转到科学化,客观分析现实语言环境,包容文化多元,树立对应的语言政策;应放弃"语言纯洁"的观念,不要强制醇化普遍使用的外来词;在文化体育观光部和国立国语院主导国语醇化工作的同时,应引导民间学会积极参与,以更好反映实际语言生活。同时,韩语醇化工作的宣传活动除了在国立国语院网站和报纸上发表醇化词,至少还要控制公共领域的语言使用,并考虑在中小学教材鉴定时添加醇化词使用项目。此外,韩国语言政策过于注重标准化和醇化,造成国内方言消失严重。

——权妍姬.语言净化理论与韩国国语醇化工作[D].广西大学,2016.

二、东南亚

• 东帝汶

东帝汶民族成分较为复杂,给东帝汶带来丰富的语言资源。东帝汶的语言政策经历了葡萄牙殖民时期、印尼统治时期和独立民主时期。

葡萄牙殖民时期,东帝汶的语言生态相对平衡,葡萄牙语和地方民族语言相互影响、共同发展。印尼统治时期,印尼政府在东帝汶实施"印尼化政策",废除葡萄牙语的官方地位,同时将印度尼西亚语作为唯一的官方语言兼教学语言,这一政策极大地破坏了东帝汶原有的语言生态,德顿语、葡萄牙语等语言遭到严重的忽视甚至打压。东帝汶 1999 年发生暴乱,联合国维和部队进驻东帝汶。英语作为维和部队的日常交际用语,也由此进入东帝汶社会。同时,一大批非政府组织和国际人道主义援助组织也开始进入东帝汶,帮助东帝汶进行重建,这些组织机构基本上使用英语作为通用语。

2002 年独立后,东帝汶政府充分重视语言问题在国家发展中的重要性。2004 年,政府通过了第 1 号法案,全称《德顿语标准正字法》,俗称《2004 年语言法案》。该法案主要涉及德顿语标准化的问题,同时也提到葡萄牙语、印尼语和英语在不同领域的使用,体现出尊重语言多样化的语言权利观。2011 年,东帝汶政府发布《东帝汶发展战略规划(2011—2030)》,就东帝汶未来的发展提出预期。该报告中的教育发展部分,直接涉及东帝汶的语言问题,提倡实行基于母语的多语教育政策,保障儿童拥有平等接受教育的权利。

东帝汶的语言政策现逐渐趋于平稳,基本上形成了德顿语、葡萄牙语、印度尼西亚语和英语四种主要语言并立的局面。其中,德顿语和葡萄牙语是宪法规定的官方语言,印度尼西亚语和英语为其工作语言。

——王亚蓝,王辉.东帝汶的语言政策[N].光明日报,2016/7/10.

- **菲律宾**

菲律宾语言政策经历了西班牙殖民统治时期、美国殖民统治时期、自治政府时期、独立后和 21 世纪语言新政等阶段。菲律宾语言政策的制定顺应了国际形势,通过强化本国语言、增强民族认同感,同时保持对英语的重视,促成多元语言及其文化的和谐发展。

菲律宾语言政策对我国外语教育政策的启示是:外语教育政策应去单一性,要多元化发展,应重视英语教育及语言交际能力的培养;同时,应妥善处理本国语与外来语的关系,实现外来语与本国语的共生共荣。

——邹长虹,尹少君.菲律宾语言政策及其对中国外语教育政策的启示[J].社会科学家,2016(4).

- **马来西亚**

马来西亚独立后的语言教育政策演变大致经历了四个阶段:从英语至上到不同语言源流学校孤立并存,继而到单语同化,再到多语共存。20 世纪 70—80

年代强制推行单一语文政策,华文教育受到压制;90年代以来,在宽松的国际国内大背景下,马来西亚政府采取了一系列文化开放的政策,语言教育政策逐渐趋于开明,华文教育的生存状况有较大的改善,发展空间也明显提升,但单一化教育的思维总体上没有实质改变。马来西亚语言政策的制定是国内民族主义与族群关系、语言自身地位、国内外政治环境等多个因素共同作用的结果。从目前发展态势来看,马来西亚语言政策会继续保持宽松灵活,但宽松背后,仍然存在着一系列尚待解决的问题,这种局面将长期存在。

——钱伟.独立后马来西亚的语言教育政策的演变[J].东南亚南亚研究,2016(3).

- 缅甸

缅甸是多民族多语种国家。缅甸的语言教育政策经历了从殖民语言政策到民族语言政策、再到开放语言政策的发展历程,具有如下特点:第一,国家主权决定语言教育政策的取向,国语问题与民族认同、国家主权紧密联系。第二,国家经济发展制约语言教育发展,经济落后加剧了联邦政府与州政府间在语言政策执行上的不和谐。第三,国际社会环境的开放促使缅甸不断调整语言教育政策,近年来缅甸政府十分重视英语教育。

缅甸国内民族矛盾是影响缅甸语言政策制定的主要挑战,少数民族语言教学不受重视,政府对少数民族学习少数民族语言的合理诉求不作为;学生对学校的英语教学不满意;华文教育在缅甸没有取得合法地位,缺乏发展动力。

我国应重视中缅两国的语言交流,充分利用"中国-东盟教育周"的合作平台,加强与缅甸的合作,扩大招收缅甸来华的留学生,同时在"一带一路"倡议下,应将缅甸的官方语缅语列入我国外语战略规划。

——刘泽海.缅甸语言教育政策的发展特征及趋势[J].学术探索,2016(11).

- 文莱

在文莱,马来语分为文莱马来语和标准马来语。文莱政府主要针对标准马来语和文莱马来语进行本体规划。按功能分:高阶语言是标准马来语和英语;中阶语言是文莱马来语、华语和阿拉伯语;低阶语言是各少数族群语言、华语各种方言以及其他移民或外籍人员的母语,其功能仅限于家庭或社区。这种分布是文莱语言规划的结果。

在语言的书写体系方面,文莱的标准马来语有两种体系,即一种叫爪威文或加威文(Jawi)的改良式阿拉伯字母书写系统,另一种叫鲁米文(Rumi)的拉丁字母书写系统。在语言的发音方面,文莱的标准马来语更接近马来西亚的沙巴和沙捞越两州所使用的标准马来语。在语言的词汇方面,文莱的标准马来语更接近马来西亚的标准马来语。

1984年,文莱政府制定了针对全国中小学的"双语教育体系",并于2009年制定《21世纪国家新教育体系》。文莱语言政策的特点是强调标准马来语,重视英语和扶持文莱马来语,积极推进标准马来语的区域标准化建设,积极保护和推广文莱马来语词汇的发展,开展多语多言教育。

文莱的语言政策值得我国学习借鉴。我国应强调中文和英语的地位,重视汉字使用国家及地区间对汉字本体的研究、合作与规范,还需要保护和挖掘少数民族语言及汉语方言的文化价值与情感价值,并提倡和开展多语多言教育。

——张治国,郭彩霞.文莱语言政策研究及其对我国的启示[J].西安外国语大学学报,2016(3).

- **文莱(语言政策影响下的语言转化)**

文莱推行"马来化、伊斯兰化和君主制",通过一系列政策同化非马来族和非伊斯兰教国民。非马来语在构词和语法上受官方语言马来语同化;第二语言英语在文莱现代化进程中扮演重要角色,语言教育政策进一步加强了它的社会地位。除了马来语和英语,少数民族语言正逐年减少而呈弱化、消亡趋势,而政府对此并不重视。

文莱社会阶层等级分明,语言等同于社会地位,没有公民权的民族受到歧视,社会底层的少数民族地处偏远、与世隔绝,而沿海居民很少涉足少数民族地区。包括华语在内,非马来语在文莱的生存空间很大程度依赖它们在文莱境外的发展状况。"马来化、伊斯兰化和君主制"和"一个民族、一种宗教和一个统治者"的政策,使得语言多样性生存空间较小,多样性语言生态环境受到严重挑战。如果不消除社会等级,语言等级依然存在,处于社会底层的语言终将灭绝。

——袁洁.文莱语言政策影响下的语言转化[J].岭南师范学院学报,2016(5).

- **新加坡**

新加坡是以华人为主的多民族国家,有20多种语言。英语为主、四种官方语言并存,是新加坡宪法确立的多元化语言政策,落实到个人层面则是"英语+

母语"的双语制。马来语、华语和泰米尔语是三大族群的母语,它们被确立为官方语言,保障了各族群的文化、宗教和风俗习惯享有平等地位;英语是各族群交流的通用语,因而被确立为第一官方语言,现广泛用于政府机关、司法部门、商务活动以及现代科技、教学和媒体等领域。多语制的形成与新加坡的国家政治和种族问题息息相关,并先后经历了殖民期、独立前后和当代发展三个时期。

在被英国殖民统治的140多年中,新加坡始终推行"英语至上"的语言政策,1959年自治后,实施了"以马来语为主的多语政策";1965年马来西亚对新加坡筑起关税壁垒,使用人口不足14%的马来语无法满足新加坡要发展成国际金融中心和交通枢纽的目标,由此确立了以英语为主的四种官方语言。

全民普及英语作为第一语文的教育为新加坡赢得了语言优势,推动了国家旅游业、服务业的国际化,提升了国家科技水平和管理水平,还为国际贸易与投资提供了便利条件。英语已成为新加坡经济发展的隐性后盾。英语在新加坡经历了近190年的发展后,不仅为新加坡人带来了有目共睹的利益,本土化特色也更加鲜明。新加坡英语在词汇、句法、音调、节奏等方面受到马来语、泰米尔语和华语的影响,与国际公认的标准英语产生了明显的差异。因此,自2000年开始,新加坡政府在全国开展一年一度的"讲标准英语运动",以规范新加坡人讲英语的习惯,推动新加坡的国际化发展。

从1979年开始的"讲华语运动"推动了华语和华族文化在新加坡的传承和发展。这场运动的第一个十年以"少说方言"为目标;第二个十年以"认识文化"为目标;在第三个十年中,讲华语已成为"紧跟时尚"的象征。政府对华语态度的这种转变,一方面是为了提高华人的文化认同和文化凝聚力,另一方面则要借助中国的改革开放政策促进本国经济发展。

——刘燕,王辉."国家多语,个人双语"的新加坡[N].光明日报,2016/3/20.

• **印度尼西亚**

印度尼西亚是世界上语言和民族最多样的国家之一,各民族使用的语言及方言超过400种。半个多世纪以来,印度尼西亚的语言教育政策经历了荷兰殖民统治时期、独立后的建国时期以及全球化背景下的开放时期。在荷兰殖民统治时期,荷兰语推广并未影响印尼语的国语地位。建国时期主要是推广官方语与保护地方语言以及对华人教育的打压。全球化背景下的开放时期,印尼政府鼓励顶尖公立学校升级为国际标准学校,英语教育在印尼的发展速度与规模达到空前水平。

印尼语言教育政策的成功培育了国民强烈的国家忠诚。印尼语被视为一种代表进步和现代化的语言,以印尼语为第一语言的人数大幅增加,进一步加强了其国语地位。但政府的强制推行以及语言教育同化政策,也在一些地方引发了当地人的不满与反抗,弱势语言处于不利地位。

印尼语言教育政策发展趋势是,继续加强印尼语的国家通用语地位,同时尊重地方语,尤其是重视地方语言的文化内涵和身份认同功能,采取实际措施保护地方语言。以英语为主的外语教育仍是其重点,其他语言如汉语,也成为印尼外语教育政策的重要考量。

——李怀.印度尼西亚语言教育政策探析[J].世界教育信息,2016(21).

- 越南

越南有54个民族,政府很重视少数民族语言教育政策的制定和实施,具体表现为:尊重语言平等;支持少数民族提高自身的语言与文化;鼓励少数民族学习越南语。多年来,越南一直推行双语教育政策,形成了"少数民族语言+越南语"的特色。在过去十年,文化教育也已与语言教育有机结合。越南在开发和保护少数民族语言文化方面的有益探索值得借鉴。

——刘泽海.越南的少数民族语言政策和语言教育[J].民族论坛,2016(4).

三、南亚

- 不丹

不丹有19种本土语言,真正广泛使用的语言只有4种:在西部及西北部使用的宗卡语、南部使用的尼泊尔语、中部使用的布姆唐语和东部使用的沙乔普语。国民语言大会使用宗卡语,宗卡语发展委员会是不丹语言管理的最高机构。

不丹大力发展和推广宗卡语,并着力学习和保护本国丰富的语言文化遗产。在宗卡语的本体规划方面,宗卡语发展委员会主要是开展语法、词汇等方面的规范以及语言软件等的开发,制定正字法,使宗卡语实现标准化。自1961年起,不丹中小学实行双语制,英语为学校的教学媒介语,宗卡语为必修课,后被列为高考必考科目。大学一般用英语教学。不丹语言政策还有一个显著特点,即通过语言管理来加强国家的团结,增强人民的国家认同感,提高国民幸福总值(Gross

National Happiness, GNH）。

——张治国.南亚邻国不丹的语言生态及语言政策研究[J].语言战略研究,2016(3).

- **尼泊尔**

尼泊尔有100多个少数民族、120多种语言,但仅有12种语言的使用人数超过总人口的1%。尼泊尔丰富的语言资源,主要分布在四大语系——达罗毗荼语系、南亚语系、汉藏语系和印欧语系。作为国语和官方语言的尼泊尔语属于印欧语系,使用人口比例约为45%,在尼泊尔占有绝对主导地位。

尼泊尔第一次清晰制定语言政策始于1905年,尼泊尔语被定义为法律和政府的官方通用语言,所有文件只有使用尼泊尔语书写才具有法律效力。1950年后,政府修订宪法,赋予尼泊尔语唯一的国家语言和官方语言地位,但少数民族的语言权利被忽视。尼泊尔政府于1990年再次修订宪法,规定所有尼泊尔人的母语均为尼泊尔国家语言,规定以梵文天城体字母书写的尼泊尔语为国家民族语言和官方语言。宪法还赋予了尼泊尔人以母语获得基本教育的权利,体现出对语言多样性的认可。尼泊尔教育部推行基于母语的多语教育政策,1—3年级以母语教学,4年级以上开始逐渐引入第二语言尼泊尔语。

宪法赋予人民基本的语言权利,推动各民族用地方语言创建了各种期刊、报纸和杂志。尼泊尔国内活跃着很多语言保护和发展组织,语言状况已经呈现多样化发展的趋势。

——田莎,王辉.尼泊尔的语言政策[N].光明日报,2016/8/7.

- **印度**

在全球化时代,教学媒介语政策的制定受政治、经济和语言本身等诸多因素的制约。印度高等教育多以英语为教学媒介语,政策相对简单;但基础教育阶段的教学媒介语政策则复杂得多,一直是印度国内备受关注的问题。

印度教学媒介语政策的核心是保护基础教育阶段的儿童享有用母语接受教育的权利,提倡用学生母语或地方语言作为中小学的教学媒介语。对此,印度各邦的初小实施得最好,高小以后则相对松散。印度中小学使用最广泛的教学媒介语是印地语、英语和附则语言,附则语言也称地区语言,它们是印度宪法第八附则中列出的22种语言。英语的发展趋势强劲,随着教育阶段的升高,选用英语作为教学媒介语的学校也越来越多。

印度强调用学生的母语作为基础教育(尤其是初小阶段的教育)的教学媒介语,以保证教育的公平性;不强制推行统一的教学媒介语政策,以维持基础教育阶段教学媒介语的多样性,最终有助于保护语言的多样性。英语作为国际性语言以及前殖民地宗主国语言,在印度的影响极大,使用范围也极广,印度中央政府和地方政府在制定中小学(尤其是在高小之后)教学媒介语政策时都没有压制英语的使用。尽管政策再三要求基础教育要使用学生的母语或地区语言作为教学媒介语,但在近 400 种语言(折中数字)中只有 30 几种语言用作教学媒介语,常用的也只有 20 几种(即附则语言)。

——张治国,郭彩霞.印度中小学教学媒介语政策研究[J].
语言政策与语言教育,2016(1).

四、中亚

• 哈萨克斯坦

哈萨克斯坦是中亚面积最大的国家,是我国西部边疆的重要邻邦。哈萨克语是其国语,同时,哈萨克语和俄语都是其官方语言。哈萨克语在本国的日常使用渐强于俄语;但俄语是本国的"族际交际语言"及国际性较强的通用语,在国际政治、经济、教育等领域使用较多。如何处理好哈萨克语和俄语的地位关系,是哈萨克斯坦当前语言政策的主要议题,但其语言政策不够稳定,想尽快摆脱俄语,转用哈萨克语。语言政策的制定过快、过多,操之过急,计划落空,影响了政府形象,给本国的政治关系、民族关系、语言关系及语言学习都带来一定负面影响。

此外,哈萨克斯坦对本国少数民族语言规划重视不够。国家独立有利于本土国语的保护与发展,但国家在强化国语的同时容易忽略其他少数民族语言。平衡国语的推广和少数民族语言的保护是任何国家的语言政策必须考虑的,但又难以解决的问题。

——张治国,陈乐.中亚邻国哈萨克斯坦的语言生态及语言政策[J].
语言政策与规划研究,2016(3).

• 哈萨克斯坦(民族结构与语言状况)

在哈萨克斯坦的民族构成中,哈萨克族占 63.6%,俄罗斯族占 23.3%,乌兹别克族为 2.9%,乌克兰族为 2%,维吾尔族为 1.4%,鞑靼族为 1.2%,德意志人为 1.1%,其他民族为 4.5%。哈萨克斯坦这种多民族多语言的复杂情况在一定程度上影响了哈萨克语的发展和其国语的地位。

在哈萨克斯坦,哈萨克语是通用语,俄语是族际交际语,在国际交流尤其是经贸往来中发挥重要作用。双语现象长期稳定,符合哈萨克斯坦国情。从总体看,哈萨克斯坦的语言政策和语言规划符合本国实际,有利于增强社会凝聚力和民族团结,保障了社会安定与和谐。

——李发元.哈萨克斯坦的民族结构与语言状况研究[J].
西南民族大学学报,2016(5).

- **吉尔吉斯斯坦**

吉尔吉斯斯坦是中亚五国之一,独立后致力于国语复兴,逐渐确立了国语在社会各领域的重要地位。其语言政策及语言规划演变主要有三个特点。其一,政府忙于应付各种语言利益群体而采取高压政策,导致语言政策和语言规划不断修改变化,缺乏稳定性,且规划与实施相矛盾。其二,语言冲突导致民族矛盾和社会冲突,北方俄语和吉尔吉斯语竞争,南方乌兹别克语与吉尔吉斯语竞争,政府出台的语言政策加剧了矛盾冲突。其三,建国初期操俄语者多为执政者,不肯也难以在短期内改变语言习惯;规划实施后面临财政困难、政策目标不具体、规划步骤不科学、缺乏监管机制,导致语言规划实施不利。

——萨尔娜.吉尔吉斯斯坦语言政策及语言规划演变研究[D].新疆师范大学,2016.

- **吉尔吉斯斯坦（比什凯克市东干族语言使用情况）**

比什凯克市是吉尔吉斯斯坦最大的东干族散居区。在该市的相关调查显示,被调查者母语为东干语的占 90.5%,母语为俄语的占 8.7%,母语为吉尔吉斯语的占 0.8%。所有被调查者均是双语人或多语人,而双文人或多文人为52.4%;其中熟练双语人为 47.6%,熟练双文人为 20.6%,熟练双语双文人为15.9%。东干族在家庭、本族、宗教等场合使用东干语居多,工作学习及其他生活场合使用俄语居多;广播、电视、电影、网站以及报纸杂志等使用俄语居多。就年龄而言,老年熟练双语双文人占比最高;从职业上看,教师和服务业、商业工作者熟练双语双文人占比较高;在性别上,男性熟练双语人的比例微高于女性。

作为东干族最大的散居区,比什凯克市东干族绝大多数被调查者的母语是东干语,所有被调查者均是双语或多语人,半数以上为双文人或多文人,但能达到熟练程度的比率悬殊。东干语是事实上的东干族家庭、本族、宗教等场合的族内交际语。东干语正日趋衰弱,俄语正相对或绝对取代东干语的工具性,吉尔吉斯语也正成为语言工具的新增长点。东干语工具性弱化与东干语教学政策紧缩有关,依赖学校教育的熟练双文人比率将日趋减少,新生代东干族中能够熟练读写东干文的人也将越来越少,预警人们应及时展开东干语言文字的生态保护工作。

——尹春梅,周庆生.吉尔吉斯斯坦比什凯克市东干族语言使用情况调查研究[J].回族研究,2016(3).

五、西亚

· 叙利亚

叙利亚是人类文明的发祥地之一,悠久的历史和多样的民族赋予了叙利亚多元化的语言资源。叙利亚的语言政策主要经历了法国殖民时期和民族独立两个时期。法国殖民时期,法语是叙利亚社会的主导语言。1946年独立后,叙利亚政府在各个领域大力推行"去法语化"和"阿拉伯化"运动,旨在维护标准阿拉伯语的官方地位。在公共领域公示语中维护标准阿拉伯语的优先地位,在国家各个部门的工作中提倡使用标准阿拉伯语。同时,维护标准阿拉伯语在教育体系中的核心地位,坚持以标准阿拉伯语为教学媒介语言,重视标准阿拉伯语在语言教育中的课程比重。

叙利亚的少数族群语言主要有库尔德语、阿拉姆语、切尔克斯语、亚美尼亚语和土库曼语等。"差别式"待遇是叙利亚政府在少数民族语言政策方面的一个价值取向,由于视库尔德民族为国家统一的威胁,独立后的叙利亚政府对库尔德语一直采取全面压制政策。相比之下,其他少数民族语言则享有一定的权利。2011年,在国内局势迫使下,叙利亚政府取消了对库尔德语半个多世纪的压制政策。

在外语教育方面,叙利亚非常重视在历史与现实相结合的基础上制定语言政策,目前公立基础教育阶段已形成以英语为第一外语(一年级起开设)、法语和俄语并列为第二外语(七年级起开设)的外语课程模式。

——李宁,王辉.叙利亚的语言政策[N].光明日报,2016/11/13.

- 以色列

英语作为一种语言在全球范围内的扩散是非凡的。使用者数量的飞快增长,在社会各个领域的深入渗透,大范围的使用也促使以英语作为第二语言或外语的国家不断调整语言政策,以适应全球化的极速发展和本国经济社会发展的需求。

以色列的英语传播与发展主要经历了三大时期,即奥斯曼帝国统治时期、英国委任统治时期、建国后。英语传播初期始于奥斯曼帝国,此后波及至巴勒斯坦地区;在英国委任统治时期,英语普及达到高峰,是当时的官方语言之一;建国后,英语虽然不再是以色列官方语言,但是在官方和民众中的地位非常高。英语在以色列的传播途径包括移民、旅游、国家教育政策、国际交流以及媒体等。20世纪70年代,以色列国内英语教学改革也随着全球化的进程做出了相应的调整,由原来的注重文学积淀与文化素养培养转向注重英语的实用技能的输出,即听说的交际和交流能力。

以色列提升英语的地位顺应了时代发展的潮流。被认为是以色列第二语言的英语的语言政策在国内教育实践中虽然有令人不满意的方面,但是总体来讲,其在不断改革和完善中达到了语言目标与语言实践的可持续性统一,使得英语在以希伯来语为主要官方语言的政策规定下,与希伯来语并驾齐驱地发展并广泛传播。

——李铁.全球化背景下非英语母语国家英语语言政策连续体的嬗变研究[J].文化传播,2016(3).

第二节 欧洲美洲大洋洲国家

本节介绍的关于欧洲美洲大洋洲国家的语言政策国别研究,共涉及12个国家,包括欧洲的比利时、德国、俄罗斯、法国、荷兰、葡萄牙、西班牙、英国,美洲的巴西、加拿大、美国,以及大洋洲的澳大利亚,共收文17篇、论著1部。关于德国、法国、荷兰、葡萄牙、西班牙的研究显示,语言传播政策是2016年欧美国家语言政策国别研究的关注焦点;而关于美国关键语言战略和国家语言能力建设的研究,在国内学界热度不减。

一、欧洲

• 比利时

比利时自1830年独立以来,其政治进程一直受困于国内凸显的语言问题,其中表现最为强烈的当属北部佛拉芒语群体与南部法语群体之间的冲突,这种冲突不仅体现在文化教育层面,更体现在政治层面,很大程度上影响了国家的政治进程。为缓解这一矛盾,比利时先后划分了不同的语言区,其多语言政策在文化和政体等方面也多有表现,一定程度上推动了国家联邦化进程,然而这一政策的弊端随着国家政治进程的开展也日益凸显。

——郑扬子.试析比利时的多语言政策[D].外交学院,2016.

• 德国

歌德学院从成立之初到后来的发展演变带有鲜明的时代印记。魏玛共和国时期的德意志学会及其下属机构歌德学院,着重德语的推广和教学,率先提出了"跨文化交流"这一设想,充分反映了德国魏玛时期文化语言政策的前瞻性;二战时,歌德学院被纳粹利用,沦为纳粹德国在占领区的语言宣传工具;二战结束后,歌德学院以提供语言课程和传播德国文化作为首要任务,成为当代德国的"形象大使",成功塑造了一个工具理性和价值理性相结合的典范,它在实践中体现出的对政策和文化之间张力的把握,对其他各国的语言外交政策具有重要启示。

二战后,歌德学院所倡导的语言文化外交政策取得成功的原因,首先在于对自身政治属性的合理压缩和有效利用。根据纳粹时期的教训,联邦德国有这样一个禁忌,文化政策绝对不能再一次被政治全盘控制。其次,歌德学院在对外交往中充分彰显了其文化补偿性的作用。这是指歌德学院以其显性的文化属性补偿了隐性政治属性中的合理需求。20世纪60年代末以来,歌德学院开始向世界传播德国友好的、平常的、具有深厚文化底蕴的国家形象,为扭转德国声誉发挥了极其重要的作用。最后,歌德学院的语言文化活动是建立在德国与他国对话和合作的基础之上的。

歌德学院在全世界的分院被看作是德国与其他国家对话的平台。歌德学院的国际文化政策承载着展现文化多样性,加深文化观念的相互交流,建立信任并确保自由的任务。歌德学院虽为民间机构,但它积极配合政府外交步伐,努力推动文化传播,始终践行着联邦德国的外交主张,对德语的普及和德国文化的传播产生了积极而又深远的影响。

——柏悦.歌德学院与德国语言文化外交的演变[J].北京社会科学,2016(2).

- **俄罗斯**

苏联解体后,随着各加盟共和国的独立,俄语失去了在原苏联空间的唯一官方语言地位。独立后的俄罗斯结束了苏联时期不稳定的语言政策。自1991年至今,俄罗斯语言政策可以较为明显地分为两个阶段:第一阶段为叶利钦执政时期,俄罗斯实施了多元化语言政策;第二阶段为2000年至今,俄语化在俄罗斯语言政策中占主导趋势。

1991年至1999年,俄罗斯政府通过在语言生活中的一系列立法和改革,一方面确立实施了多元化语言政策,避免俄语对其他民族语言的同化,充分保障各民族的语言权利,另一方面通过颁布和实施俄罗斯联邦俄语专项纲要(1996—2000)保持俄语的国语地位,并开始以独联体为重要地域空间推广俄语。

自2000年至今,俄语安全与政治安全、经济安全、军事安全一起被列入俄罗斯国家的核心利益之一。俄罗斯国家语言政策的内容包括:颁布了专门的《国语法》保障俄语地位,确定了以基里尔字母为书写基础的民族语言政策,规定了俄语为全俄罗斯境内的教学语言,各共和国不得强制公民学习民族语言。在对外俄语政策方面,积极发展以独联体和波罗的海沿岸地区为重点、辐射全世界的俄语推广政策,恢复俄罗斯作为独联体教育中心的地位,积极保障境外同胞及子女对俄语、俄罗斯文化的传承。在这一阶段,俄罗斯政府通过不间断地颁布和实施联邦俄语专项纲要,投入了越来越多的预算,积极保障俄语作为国语的身份和社会地位,确保实现俄语作为独联体一体化进程的发展基础,促进俄罗斯不断融入世界文化空间,在全世界普及俄语,最终维护俄罗斯地缘政治利益。俄语与俄语教育是当代俄罗斯内政的重中之重,俄语成为俄罗斯国家资源和文化"软实力"的主要输出手段。

展望未来,一方面,俄语优先的语言政策会继续下去,它以维护国家政权和提高国家软实力为基本出发点,会在继承过去经验的基础上,逐步将重心放到俄语的本体规划上来,提升俄语在全球的核心竞争力,以获取更多的国家利益,在全球事务中谋求更大角色;另一方面,在民族语言政策方面,俄罗斯的工作重心将逐步放到各民族语言尤其是极少数土著民族语言的科学保护上来,并正视其境内的濒危语言。

——周朝虹.当代俄罗斯语言政策研究(1991—2015)[D].北京外国语大学,2016.

• 俄罗斯(语言政策调整的新变化)

俄罗斯作为一个典型的多民族、多语言国家,民族、语言状况十分复杂,其语言政策受到历史、民族、文化、政治、宗教信仰等多重因素的影响。苏联解体后,俄罗斯以史为鉴,实行民主化和多元化的语言政策,于1991年颁布了《俄罗斯联邦民族语言法》。独立初期宽松的语言政策满足了联邦境内各民族对民族语言的需求,有效地缓解了民族矛盾,防止了国家分裂,维护了国家安全,促进了国家顺利转型。

但是,自20世纪末期起,一些共和国不断加强共和国国语的地位,扩大民族语言的社会功能,地方分离主义和语言民族主义倾向凸显,出现了民族语言扩张、民族语言文字改革、联邦国语地位不稳定、联邦国语使用受限制等语言政治化问题,造成了民族冲突的隐患,对国家安全也构成威胁。有鉴于此,在构建民族国家认同的背景下,俄罗斯联邦政府先后制定了一系列语言政策,巩固和强化俄语的联邦国语地位,促进俄语的保护、发展和推广,加强俄语在族际交流中的作用,维护民族团结和国家统一。包括巩固"俄语"作为俄联邦国语的法律地位,制定俄联邦国语中长期发展战略,规定以基里尔字母为书写系统,加强"俄语"作为俄联邦教育语言的主导地位。

俄罗斯在境内民族认同趋势强化的冲击和挑战下及时调整民族政策,由苏联时期多元并立的认同模式改为强调国家公民身份的"强国家认同、弱民族认同"的统一俄罗斯民族的新认同模式。我国在新形势新变化下需要从中国国情实际出发,高度警惕"三股势力"对中华民族认同与国家认同体系造成的危害和影响,建构民族认同与国家认同间的和谐关系,在"多元一体"格局理论指导下形成中华民族认同大于但不取代各民族认同的新理念。在此前提下,妥善处理好民族语言与国家语言的关系,在国家通用语言文字发挥主导作用的前提下,科学保护各民族语言文字,鼓励各民族互相学习语言文字,提升民族地区整体语言能力,维护好民族语言的多样性,尊重各民族的文化特性,促进多元文化的融合,推动民族地区的稳定、繁荣和发展。

——李迎迎.评析俄罗斯语言政策调整的新变化[J].民族教育研究,2016(1).

• 法国

法国十分重视法语语言文化的全球推广,推广网络遍布全球。法国在其前殖民地强势推行法语教育和使用,从客观上推动了法语在世界的传播,今天的世界法语语言版图基本形成于法兰西殖民帝国时期。而在殖民扩张的进程中与列强的冲突、战争,加之随后的两次世界大战,使得法国式微,法语的使用率开始下滑,英美的先后强大则使得英语的影响力不断扩大。面对这一局面,法国力求捍卫法语的地位。在政府的支持下于1883年在巴黎建立了法语联盟,以在法国的海外殖民地推广法语,并力图恢复法国因战败而遭受损害的国际声望。同时,法国外交部也一直致力于法国语言文化的传播工作,且十分注重媒体对语言传播的作用。

法国对外推广法语主要依靠其编织的庞大的海外法语文化网络来进行,包括法语联盟和法国文化中心,外交部给予这两大网络支持,并采取整体和局部相结合的建设模式。法语联盟巴黎总部会对分支机构数达到一定标准的国家派驻总代表来负责该国法语联盟机构的管理,并且协调各分支机构理事会、巴黎总部以及法国驻外使领馆之间的关系。同时,通过举办法语联盟年会,加强全球联盟成员的交流。

在拉美地区,法国推广法语的战略既有其全球语言推广战略的统一性也有特殊性。相同的是,政府部委尤其是外交部在资金、政策甚至管理上都会有所支持,但国家直接介入的情况越来越少。法语联盟和法国文化中心这两大网络成为法语推广事业的两大根据地。特殊性在于拉美地区作为西班牙语的传统势力范围,法语远不如其在非洲大陆的影响力那么大,能相对较为方便地开展大规模语言推广工作。因此法国对拉美地区的法语推广高度重视,在拉美许多国家都派驻了法语联盟总代表并结合拉美各国的实际情况设置多元的语言培训项目,注重语言的经济价值,加快数字化网络的建设,并以大量的文化交流加强国家、人民间的了解,取得了重要成果。

——马小彦.法国面向拉美地区的语言文化传播战略[J].语言政策与语言教育,2016(1).

- **法国(法语拼写规则改革)**

为了简化法语拼写、规范拼写法,法国法兰西学术院于1990年起草并通过了《法语拼写规则校正方案》,并强调将通过一系列非强制推行手段,让这套新的拼写规则能依照语言自身的发展演变规律慢慢被社会接受。然而,当法国教育部拟在2016秋季学期的教材中使用这套方案时,却仍遭到了社会各界的反对。反对者认为,法国语言文化一直都有追求繁复、古典的传统,应该给予充足的时间让新旧拼写法共存,让语言自由地演变、发展、选择、淘汰,而不是人为地规定它们；新规则不但没有减少拼写的混乱，反而催生了新的混乱。

此次法语拼写规则改革长达26年的起起伏伏，给语言政策研究与实践带来了诸多启示。其一，语言规划中的本体规划与地位规划、声望规划、习得规划都是密不可分的，会互相影响，制定和实施政策时需要互相考量。其二，语言文字规范的制定必须建立科学民主的运作机制，在科学研究的基础上，严格审定，公布程序，广泛讨论征询，维护公民的语言权利。其三，语言政策的制定与推行，也依赖于语言相关部门对社会语言生活的监测与研究。最后，语言规划应该积极应对语言问题，为国家和人民做好语言服务。

——许静荣.法语拼写规则改革及其启示[J].语言规划学研究，2016(1).

- 荷兰

荷兰语属于印欧语系日耳曼语族下的西日耳曼语支，是荷兰、比利时、苏里南和荷属安的列斯群岛的官方语言，在荷兰全境和比利时北部的佛兰德斯地区通用。随着全球一体化进程和网络技术的飞速发展，作为使用人数相对较少的小语种，近三十年来，世界各地荷兰语区受到英语的影响非常大。在一些重要的社会领域，例如科技、经济、创新和教育等，荷兰语存在一定程度的危机感。

在这种危机下，荷兰语联盟于1980年应运而生。荷兰语联盟的职能主要包括制定荷兰语推广政策，开展荷兰语基础建设，促进荷兰语教育与使用。目前，荷兰语在荷兰、比利时和苏里南的传播主要通过以下几个方面：在高等教育中提升荷兰语地位，提升荷兰语在荷兰语国家的地位，在荷兰语国家推广荷兰文化。为了增进荷兰、比利时和苏里南三个国家内部的交流联系，及时更新语言政策，荷兰语联盟在这三个国家设立了交流论坛和交流委员会，以统筹各对象国的行动和最新动向。

荷兰在拉美地区，尤其是苏里南，采取了许多积极的语言推广和传播行动，并取得了丰硕成果。无论从语言政策的制定还是经济上的投入，荷兰语联盟都在荷兰面向拉美地区的语言文化传播和推广中起着至关重要的核心作用，同时也是语言传播的最主要机构。此外，大批苏里南人去荷兰学习深造后，选择回国，这些人就成了荷兰语言和文化传播的使者，这些苏里南文化使者和各类语言文化推广平台也为荷兰语在拉美地区的传播提供了很好的渠道，在语言传播方面功不可没。

但在多种复杂因素的制约下，荷兰语言政策本身及其执行过程中存在明显的局限。例如,荷兰保护苏里南荷兰语作为官方语言的法规不足,而且缺乏约束力;受法律框架和现实条件双重制约,政策执行困难重重。此外,对移民少数民族语言权利的忽视引起了各民族之间的矛盾,2010年以后,荷兰虽然对移民少数民族语言开始有所重视,但从根本上讲,保护力度还非常有限。

——王奕瑶.荷兰面向拉美地区的语言文化传播战略[J].语言政策与语言教育,2016(1).

- **葡萄牙**

葡萄牙是当代较早实施对外语言推广的欧洲国家,政府历来重视对葡萄牙语言与文化在海外的推广与传播。葡萄牙语是世界上使用人口最多的语言之一,排在世界流行语种的第六位。在葡萄牙对外语言推广的进程中,政府始终保持着对语言推广政策的主导作用。其推广历史可分为三个阶段:第一阶段始于1911年,是当代葡萄牙对外语言推广的初始阶段,这一阶段确立了语言推广的基本目标;第二阶段始于1974年,是当代葡萄牙对外语言推广的发展阶段,这一阶段明确了语言推广的根本任务;第三阶段始于2001年,是当代葡萄牙对外语言推广走向成熟的阶段,语言推广正式被纳入国家战略体系。

葡萄牙政府设有多个与国家语言政策的制定和实施相关联的机构,其中外交部、教育暨科学部、文化部这三大部门的作用最为显著。这三个部门的工作各有侧重,但又相互合作。在政府主管部门的组织下,葡萄牙设立了一批专门的语言及文化推广机构,其中规模最大也是最具影响力的是卡蒙斯学院。欧洲依然是卡蒙斯学院战略布局的重要区域。在对外推广葡萄牙语的过程中,葡萄牙民间机构和组织也起到了相当积极的作用。葡美发展基金(FLAD)、东方基金会(FO)、东方葡萄牙学会(IPOR)等是其中的典型代表。

纵观葡萄牙的对外语言推广政策,意识、合作以及变革是贯穿始终的关键元素。我国应当努力增强全民族对外推广汉语的意识,从政策规划、制定及实施等环节进一步改善汉语的推广现状,努力提升汉语的国际影响力和普及度;应当进一步细化推广体系中的具体负责部门,明确分工,加强配合,努力打造一个更有效率的语言推广工作体系;应当根据国家战略的调整以及社会的发展而做出相应的调整;应当紧跟网络时代的技术变革,借助现代化的语言推广手段,努力使汉语推广与国家发展的步伐相一致;应当注重汉语推广中的文化活动在广度和深度上的发展;应当在重视官方机构作用的同时,注重非官方机构和民间力量的作用,以与官方机构优势互补;应当重视海外侨胞团体的汉语教学,更好地发挥华侨团体在中国和其居住国之间的桥梁和纽带作用。

——刘全.当代葡萄牙对外语言推广政策及启示[J].天津外国语大学学报,2016(5).

- **西班牙**

语言测试是语言传播的重要手段,全球性的语言测试体现了组织者的语言传播策略。西班牙近年来对"泛西班牙语"理念态度积极,主动施行合作共赢的语言政策,联合拉美西语国家共同打造"西班牙语世界大家庭"形象。上述思想体现在西班牙主导的国际语言测试(DELE)上,呈现出语言测试管理泛西班牙语化、证书承认机制从单一变联盟、语言标准制定强调多方合作三大特点。从塞万提斯学院的全球布点看,西班牙对"泛西班牙语"世界以外的国家具有较广阔的国际视野,立足欧洲、联合拉美、聚焦美国、拓展非洲、争取亚洲,有针对性地进行布局。因此,西班牙语的全球传播战略特点为:扎根原生地区,巩固语言在母语地区和一体化地区的地位;重视历史基础,在具有历史基础的国家和地区重点开展文化传播活动;关注人口重镇,重视西语人口集中的非官方语言地区以及具有经济发展潜力的世界人口大国,力争在以上地区大力发展西班牙语作为外语的教育事业。

西班牙近年来奉行"泛西班牙语"理念,大胆改革国际语言测试,展现出与拉丁美洲积极合作、共同开发利用西班牙语资源的态度。在非官方语言地区,西班牙一方面确保西班牙语在欧洲的应有位置,一方面把视线投向拥有西语人口众多的美国,同时在非洲和菲律宾等历史辐射区域加强布点工作,吸引亚洲人口和经济大国的关注,展现出宽阔的国际视野和平和的多极化思维。通过语言传播,可实现文化交流,助力本民族发展,取得共赢。西班牙语世界和汉语世界都拥有悠久文明、数以亿计的语言使用者,以及饱经战争后对和平的珍视。中华文明的世界旅程刚迈开步伐,西语世界的发展思路可为中国文化"走出去"提供借鉴和参考。

——陆经生,陈旦娜.语言测试与语言传播:以西班牙语全球传播战略为例[J].外国语文,2016(5).

- **英国**

英国自古即为多民族多语言的共生地,不同类型的双语教育普遍存在。英国以英语为主要语言,威尔士语、爱尔兰语、苏格兰盖尔语为主要本土少数民族语言和区域性官方语言。针对非英语民族的双语教育政策成为英国教育政策及英国民族政策的重要组成部分。从政策目标上看,二战后英国的移民双语教育政策可以划分为两个阶段:20世纪70年代末以前的同化主义阶段,80年代至今的多元文化主义取向阶段。双语教育政策经历了由笼统到具体、由隔离到全纳、由同化导向到多元导向的阶段性转变,政策覆盖范围主要集中在基础教育和中等教育层次。

英国的双语教育政策散见于英国的教育政策当中,具有明显的分散性和不连贯性。在执政党更迭、权力下放的政治制度环境下,以及地区间迥异的民族成分结构等因素的影响下,移民双语教育政策体系在政策目标、内容、对象及适用范围等方面呈现多样化的特点。目前,英国移民双语教育依然面临着课程设置缺乏弹性、双语师资短缺、教学质量不均、评估模式衔接不足以及社会舆论评价不一等问题。

教育政策作为社会政策的基础,是解决英国民族问题最重要的途径;作为民族政策和教育政策的重要组成部分的双语政策,也必然影响民族关系和社会稳定。同其他国家一样,面对全球化的不断发展,英国的移民双语政策也仍在不断探索、调整与改革中。综观英国移民双语教育政策的发展历程可以看出,对语言多样性所持的态度与观念,决定了英国不同时期双语教育政策的性质和价值取向。随着教育政策制定者对少数民族语言教育的特殊作用的认识不断深入,英国政府开始对语言少数民族实施全纳教育,少数民族语言重返课堂,体现了政府对少数民族语言权利的尊重。双语教育从旨在涵化少数民族文化向保护和发展少数民族语言和文化转变。

——孙东方,王兴军.从同化到多元:英国移民双语教育政策的变迁与启示[J].中南民族大学学报,2016(11).

二、美洲

• 巴西

巴西的语言教育最早可以追溯到16世纪,历来同国家利益有着密不可分的联系。1996年《国家教育方针和基础法》开创了巴西语言教育的新局面,新时代的巴西语言教育模式予以奠定并沿用至今。殖民时期,巴西的语言教育政策主要涉及葡萄牙语和英语教育。当前巴西语言教育政策的特点主要是重视官方语言教育,维护少数民族语言教育的权利,推动现代外语教育。在语言教育格局趋于平衡的背后,巴西的语言教育政策仍然面临着一些现实的问题,如收效不甚理想的外语教育,仍然薄弱的英语教育,前景堪虞的土著语言教育等,这些都将是巴西在未来不断完善语言教育政策的过程中亟待思考与解决的课题。

——古雯鋆.国家利益视角下的巴西语言教育政策研究[J].语言政策与语言教育,2016(2).

• 加拿大

加拿大有100多个民族,50多种宗教信仰,各民族有自己的民族文化,形成了多民族、多语言、多宗教的社会特征。加拿大没有专门的双语教育政策法令,其双语教育政策由与双语教育发展有关的一系列政策法规构成,如《权利与自由宪章》《官方语言法》《多语制法》《魁北克法》等。这些法规与政策规定了公民接受双语教育的权利,为加拿大的双语教育打下了坚实的基础,设立了基本保障,共同构成了加拿大双语教育政策的体系框架,从而使加拿大的双语教育不断前进。

加拿大历史上的社会冲突都与民族矛盾有关,双语教育政策的制定是为了在教育上公平对待所有民族及其语言文化,以缓解民族矛盾和冲突,增强各民族间的凝聚力。加拿大的双语教育政策是多元文化主义政策的具体体现,对于消除种族歧视,实现公民平等,繁荣社会生活等都有积极作用。

——张楠.加拿大双语教育政策述评[J].教育现代化,2016(11).

• 加拿大(克里人语言政策演变及其语言保护)

基于对民族多样性的认识,除了推行英法双语政策,加拿大联邦政府在1971年颁布实施了"多元文化政策",以鼓励和保护所有加拿大的传统语言,并规定原住民子女可以要求用印第安语接受教育。

加拿大克里人(Cree)是讲阿尔冈昆语的印第安人诸民族之一,约占印第安人数量的三分之一,目前在加拿大有二十多万人口。克里语属于阿尔冈昆语族,克里语是加拿大原住民中使用人口最多的语言,但被严重同化。克里人一直积极采取各种措施竭力保护和发展本民族的语言和文化。克里语方案(The Cree Way Project,魁北克)是1973年由中学校长约翰·默多为了应对加拿大政府给克里儿童开设的不合理课程而创立的,目的是把克里语作为学校的教学语言,同时在学校开设反映克里文化及观念的课程,重视阅读及书写,以记录传统的口传文化、传承克里文化并建立克里人的身份认同。在学术上,方案有大学层次的支持,越来越多的本族语者拿到了教师资格证。克里人经过不懈的努力,在政府及相关研究机构的支持下,通过克里语方案不但保存了自己的语言,同时也维护了文化与传统,特别是增进了学生的学习成就,促进了民族进步,进而也强化了民族自信心与认同。

——高霞.加拿大克里人语言政策演变及其语言保护[J].民族高等教育研究,2016(3).

- **美国(关键语言战略实施体系的构建和战略目标)**

美国关键语言战略是冷战的产物,经过发展期(冷战时期)、扩展期(后冷战时期)和重塑期(后"9·11"时期)三个阶段的发展,形成了四位一体、三个层级的实施框架。"四位"是教育部、国防部、国务院和情报共同体四个管理部门。"三层"是指基础管理层、中间实施层和终端项目层:基础管理层最初只有教育部,冷战后国防部加入,2006年后国务院和情报共同体加入;中间实施层是四个管理部门依托高校而建的各类语言培训和研究中心及国际教育中介机构;终端项目层是具体实施内容,包括各类语言教育项目。

美国实施关键语言战略的目的是提升国家语言能力,维护国家核心利益,目标是增加外语人才储备,完善关键语言人才培养一条龙体系。为达到这一目的,体系的四大支柱分别制定不同的战略目标。教育部的目标是提升全民外语能力,以增强国家综合竞争力;国防部的目标是提升国防语言能力,做好国防语言战备;情报共同体的目标是培养情报英才,提升情报分析能力;国务院的目标是通过培养有外语技能的政治家、外交家和留学生,服务国家的公共外交目标。美国关键语言战略实施至今,国家语言能力明显提升。外语教学和研究水平处于世界前列,可教授语言300多种,外语学习者人数呈波段式上升趋势,语言人才库建设进展顺利,语言管理水平逐渐提高。经过半个多世纪的发展,美国关键语言教育的制度化建设日趋完善,为应对未来可能发生的危机做好了人才及管理上的准备。

美国的经验说明,要提升国家语言能力,必须制定一套切实可行的战略规划,有明确的战略目标,将外语人才管理制度化、科学化。在借鉴美国经验的时候,不可忽略的一个不同点是美国的母语是占据国际通用语地位的英语,其对外语的需求应该不如我国迫切。当前,我国正在加紧实施"一带一路"建设,所面临的国际问题复杂棘手,真正"知彼"的智库型人才十分短缺,语言问题更显严峻,将外语规划和外语教育与国家利益和国家安全联系起来,制定新时期外语教育规划,做好语言人才战备,是实现我国经济、安全、科技、文化、外交等战略目标的重要条件和重要保障。

——李艳红.美国关键语言战略实施体系的构建和战略目标[J].外语研究,2016(2).

- **美国(关键语言战略)**

美国的"关键语言"是对美国国家安全有着重要影响的外语,这些语言直接关系着美国的政治稳定、军事强势、外交通畅、信息安全、经济发展、民族团结、文化交流、教育合作。美国教育部公布的"关键语言"有78种,2006年布什总统推出的美国"国家安全语言计划"(NSLI)中列出"关键语言"语种主要有阿拉伯语、汉语、朝鲜语、俄语、印地语、日语、波斯语、土耳其语。

美国海内外安全与利益面临的挑战致使安全语言战略势在必行。文明冲突、霸权主义和民族主义是美国"关键语言"教育战略思想的根源。美国"关键语言"教育战略大致有三个主要发展历程:"美苏争霸""经济竞争"和"反恐防华"。语言规划理论和社会需求理论是"关键语言"教育战略规划的理论依据。在安全语言战略思想指引下,美国从机构保障、资助保障和制度保障三方面展开"关键语言"教育战略的实施。

美国的"关键语言"教育战略以联邦政府为主导,采用顶层设计的战略规划,强调联邦政府各机构间的密切合作,同时保障联邦政府和州两个层面语言战略的同步展开和实施,强调国防和国民"关键语言"教育战略的相辅相成,国防"关键语言"教育是重点,国民"关键语言"教育是储备。在国防关键语言战略体系中,教育部、国务院、国防部、情报部门先后提出法案、出台文件来规划"关键语言"的教育战略,并配有相应的项目集群。在国民教育体系中,教育领域、私人领域、社会公共领域、家族语社区等也都响应联邦政府的号召,推出了相应的"关键语言"教育战略规划和相关的项目。

我国应借鉴美国的经验,构建有中国特色的外语教育战略体系,搭建中国"关键外语"遴选的合理框架。应加强汉语海外推广,挑战现行国际语言秩序,使汉语成为国际语言秩序中的超级语言之一,同时在语言推广的基础上,加强中国文化的海外传播。

——刘美兰.美国关键语言战略研究[M].上海:复旦大学出版社,2016.

- **美国（高校的国家外语能力建设）**

美国是世界上国家外语能力最强的国家，不仅表现在军方对外语资源的规划、培育和掌控等方面，也突出表现在地方高校对外语人才的培养方面。语言教学是哈佛大学的特色之一。哈佛大学语种开设的数量多，覆盖面广，有11个系计95个语种。大部分语种课程为本科生开设，也有部分语种课程倾向为研究生开设。哈佛大学对拟获取学位的学生有一定的外语要求，学生通过哈佛大学所教授语言的笔试或提供某一相对应程度考试的笔试合格成绩才符合要求。对学生的强制语言要求及对未达到语言要求的惩罚措施，是保障哈佛大学语言教学质量的重要手段。

我国的外语教学可借鉴哈佛大学经验，打破现有学科界限和壁垒，将语言教学与区域研究结合起来，在区域研究的院系中开设相关的语言课程；语言学和文学可各自归属自己的学科，如语言学系和文学系等，并开设相应的语言课程。语种建设与国别区域研究紧密结合，拓展语言学科发展内涵，注重交叉学科的培育将是我国高校非通用语种建设的走向。

哈佛大学的外语教学多辅以特色项目形式，多年来培养出了大量的"外语＋专业"的精英人才。我国政府和高校可以借鉴哈佛经验，对已有项目进行梳理，并制定长远规划和严格管理规范，提高项目入选者的门槛。要对学习效果加大考核力度，力图建设有特色、有规模、具有品牌效应的外语教学、学习和研究项目。

哈佛大学将语言教学与为国家服务的意识紧密结合，积极参与各种国家级项目，如每年都有哈佛学子入选NSEP的各类子项目。我国的外语教学要结合国家需要，树立为国家服务的意识，上升到为国家服务的高度。

——张天伟.美国高校国家外语能力建设的经验与启示：哈佛大学案例分析[J].中国外语教育，2016(1).

- **美国（国家语言服务团）**

"9·11"事件后，美国政府意识到关键语言人才的储备与培养对于维护国家安全的重要性，着手建立国家语言服务团。美国国家语言服务团运行方式独特，政府投入小、国家收益大，为维护美国国家安全和国家利益提供了多方位的即时保障。服务团的主要职责是招募语言志愿者，在国家急需时，能够提供即时服务。服务团的目的在于提供并维持一个与国家安全相关的关键语言团队，并能为政府的应急任务提供短期服务。服务团虽然是一个公共民间组织,但其建设却是政府行为,由国防部主导和管理,由政府财政资助。目前服务团拥有7176名成员,能够提供330多种语言的服务。服务领域包括语言分析、口译、笔译、语言训练和语言教学等。服务团的建设以为国家安全服务为主要使命,为相关政府部门提供语言常规和应急需求服务。服务团建设兼顾个人素养的提升,志愿者的作用除了提供语言服务外,还协助联邦、州和地方机构改善跨文化交际。志愿者可以接受额外培训,如赴对象国参加相关语言和文化技能的培训、获得认定证书等。如果被录用为正式团员,根据提供服务的工作量,还能得到相应的经济补偿。

借鉴美国经验,中国语言人才库建设要满足国家安全和经济发展需要,要与国家战略相契合。国家有关部门应综合政治、经济、综合国力、教育、信息安全、地理位置、语言自身特点等因素,尽快确定中国的关键语言种类,并制定关键语言的发展战略。

——张天伟.美国国家语言服务团案例分析[J].语言战略研究,2016(5).

三、大洋洲

• 澳大利亚

澳大利亚是典型的多民族多语言国家,在建设兼容并蓄、多元文化社会方面颇负盛名。澳大利亚语言政策的演变有着深刻的理念基础。20世纪70年代,多元文化主义出现。澳大利亚开始提倡非英语母语教育,提倡多元文化,保护各种语言资源,先后出台了五项语言政策。其中《关于为移民提供迁后计划与服务之评估报告》标志着多元文化在澳大利亚已得到认同。80年代末,澳大利亚着手制定目标清晰的多元文化语言政策,1987年出台具有里程碑意义的《国家语言政策》,在确保英语稳定地位的同时,承认土著语言和社区语言有被使用、接受和尊重的权利。90年代开始,澳大利亚语言政策的多元化倾向更加显著,同时带有明显的经济色彩,优先支持英语读写能力的提高和亚洲语言的学习,《澳大利亚语言和读写能力政策》和《国家亚洲语言策略》集中体现了这一时期语言政策的导向。

总体来看,澳大利亚语言政策有以下特点:实施显性的语言政策,政策的演变过程较为完整;语言政策受语言规划观、政治及民族认同因素的影响较大;重视提供语言服务。但澳大利亚的语言政策也存在诸多问题,一是在政策制定过程中受政治干预过多且缺乏专业化的声音,二是政策实施面临很多困难。澳大利亚语言规划机构不断更替且政策变化过快,政策的分散实施及短暂持续期使不同的教育部门之间缺乏协同性和连续性。同时,对英语、土著语和亚洲语言所采取的不同政策之间存在相互干扰的现象,语言政策的执行效果因此大打折扣。另外,语言的多样化可能会使不同教育部门和教育层次之间难以协调,语言政策难以落到实处。

澳大利亚的语言政策取得了巨大成效,对语言教育的影响尤为明显。在其影响下,澳大利亚的语言教育逐渐拓展到学校以外,将广阔的社会语言环境和社区教育纳入语言教育的范畴,注重社区语言项目的开展。这种多语和多元文化不仅激发了澳大利亚语言教育的活力,维护了语言和文化的多样性,形成了语言教育开放性、多元性和实践性的特色,推动了本国教育的发展,还有效地促进了民族融合和国家认同。

——朱锐萌.澳大利亚语言政策浅析[J].英语广场,2016(9).

第三节 非洲国家

关于非洲国家的语言政策国别研究,仍不多见。非通用语言研究能力的缺位,应是造成这一问题的重要原因之一。2016年相关研究涉及埃及、布隆迪、塞舌尔、南非和毛里求斯5国,共收文5篇。

一、北非

• 埃及

埃及是中东人口最多、非洲人口第二的国家。埃及的官方语言为阿拉伯语,通用阿拉伯语和英语。埃及的语言政策相对宽松,并没有指定和规划系统而具体的语言政策。埃及坚持以阿拉伯语为主体语言,这既体现了宗教的意志,也体现了文化的认同;但从国家层面而言,尚缺乏有约束力的语言政策,缺少专门的语言规划,使得主体语言保护的工作缺乏制度支撑。

埃及的语言政策有三个特点。第一,大力巩固母语地位,提高国民的凝聚力。埃及的语言政策中一再强调阿拉伯语为母语和官方语言,要把阿拉伯语应用到社会的各个行业和领域中去,增强埃及的阿拉伯民族属性,提高阿拉伯民族自豪感。第二,重视英语,致力国际交往。埃及作为非洲和阿拉伯世界中的大国和强国,并且以旅游业为国民经济的支柱产业,对英语接受程度较高,英语使用较为广泛。第三,强调阿拉伯伊斯兰文化的传承性。埃及语言政策的制定与颁布,必须遵循伊斯兰教的经典《古兰经》的指导,必须为伊斯兰教服务。

——金欣.埃及的语言政策与语言状况[J].天津外国语大学学报,2016(5).

二、东非

• 布隆迪

布隆迪是位于非洲中东部的一个内陆国家。国内有五种语言,其中基隆迪语、法语和英语是官方语言。相关问卷调查的结果显示,短时期内布隆迪的官方语言不会发生变化,未来其语言政策会倾向于英语和汉语,倡导民众学习这两种语言,以利于同在布隆迪的国际企业交流;斯瓦希里语在布隆迪近几年内会缓慢发展,汉语在近些年内会快速发展,有更多的人学习汉语。

——江帅.布隆迪语言教育现状调查分析及启示[D].渤海大学,2016.

• 塞舌尔

塞舌尔是位于非洲东部印度洋上的一个岛国,是一个多民族的社会。克里奥尔语是98%当地居民的母语,但其教育主导语言是英语,其次是法语。塞舌尔独立前的克里奥尔语只有口头形式,1979年国家成立了克里奥尔委员会,专门负责克里奥尔语的保护和发展。塞舌尔克里奥尔语以法语为基础,但近来发展受英语影响巨大。塞舌尔人对自己的母语有着矛盾的态度,一方面他们为自己的母语感到自豪,是世界上第一个将克里奥尔语设立为官方语言的国家,这种语言是他们民族身份的象征,背后有着丰富的克里奥尔文化;另一方面在经济社会地位、工作机遇和教育方面,又深感克里奥尔语的局限,更倾向于国际通用语英语和法语。塞舌尔克里奥尔语使用区域局限性很强,全球化趋势造成的语言趋同和语言趋简加剧了对克里奥尔语的威胁。在个人和国家的经济利益方面,克里奥尔语与英语、法语无法抗衡,在英语和法语的阴影下艰难发展。

——高艳梅.全球化背景下小语种语言的发展——以塞舌尔克里奥尔语为例[J].考试周刊,2016(45).

三、南非

• 南非

南非于1994年结束种族隔离以后,在语言政策方面开始由单一转向多元:确立了11种语言为官方语言,官方语言多元化;尊重和保护南非境内的其他语言;赋予地方一定的语言选择的权利。在教育领域,南非采取附加型双语/多语的教育模式,母语教育和外语教育多元化发展。在社会经济领域,政府高度重视多语种的翻译工作,积极发展语言产业,提供多元化的语言服务,方便社会生活。在语言传播和保护时,注重加强国际合作,积极和各国开展官方语言传播推广和濒危语言保护。南非多元化的语言政策,在缓和社会矛盾、促进经济发展、增强民族认同、提升语言能力等方面发挥了积极作用。

南非的语言政策对我国在"一带一路"背景下的语言规划具有一定的启示和借鉴意义。我国可以在语言教育的多元化,尤其是加强更多语种的外语教育、强化政府多元化的语言服务指南、加强区域语言合作等方面积极进行探索,以不断增强我国国民和国家的语言能力。

——李明.南非语言政策及其对我国语言规划的启示[A].语言服务与"一带一路"[C].北京:社会科学文献出版社,2016.

• 毛里求斯

毛里求斯是位于非洲大陆东部的一个岛国,历史上没有原住民,先后被荷兰、法国和英国殖民,于1968年独立。英语是毛里求斯的官方语言,同时也是教育系统的教学语言。鉴于小学低年级的教学实际,政府也鼓励教育工作者使用学生母语,以双语或多语教学形式来促进教学效果。克里奥尔语在毛里求斯具有双重身份:作为这个国家最为流行的通用语,其社会地位日益提高;作为克里奥尔人的祖先语言和身份认同标志,其语言课程连同比哈尔语于2012年被正式引入教育系统。自此,毛里求斯所有的祖先语言都已进入教育系统。多语教育体现了毛里求斯政府维护祖先语言的语言政策。

——杨洋.毛里求斯语言政策研究[D].云南师范大学,2016.

第四节　其他

本节介绍2016年同时涉及多国的国别比较研究和综合性研究情况,共收文9篇。相关研究或将语言政策具有相似性的国家组合比较,或就某一专项政策在国情相似的国家中进行比较,分析共性特点和个性差异,以探究语言政策背后的深层原因,做出科学论断。所收各文明确提到并有较深入分析的至少有13个国家(地区),其中泰国、老挝、捷克、斯洛伐克、匈牙利、波多黎各6个国家(地区)在前三节"国别研究"的34个国家以外。相关研究显示,语言教育、特别是英语教育,以及英语作为教学媒介语的问题,是非英语国家语言规划中的一个中心问题。

一、国别比较

• 从中日韩语言政策看汉英语言的发展

中日韩三个东亚国家处于现代化的不同发展阶段,对西方宗教、制度、文化等的接受程度有较大差异。对比三个国家的英汉语言政策,有助于中国语言政策的反思和未来汉语推广。

中日韩对待英语的政策类似,都主动让英语与本国的母语并驾齐驱。这一方面反映了强势英语的全球化语言趋势,另一方面也反映了三国的语言政策制定者均着眼于经济发展,而自身文化传承与保护的视野有限。相比之下,日本的政策更值得推介,即不把外语需求当成是全民需求,而是根据不同的群体实施不同的政策;既发展经济,又保护自己的语言和文化。但日本外语政策有向中、韩看齐的倾向。

汉语赶超英语成为全球性语言,会是一个比经济发展漫长得多的过程。在中国占据世界的经济、政治主导地位之前,汉语不可能占据语言的世界主导地位。中国教育主管部门的英语教育政策和改革开放以来媒体对英美等发达国家的推崇,导致过度重视英语,而忽视了汉语。

——伍晨辰,王建琦.从中日韩语言政策看汉英语言的发展[J].齐鲁师范学院学报,2016(5).

• 马来西亚、新加坡和泰国英语作为教学媒介语的隐性政策分析

英语作为教学媒介语已经成为非英语国家语言规划中的一个中心问题。通

过将英语作为教学媒介语促进学生英语语言能力的提高,是东南亚国家应对全球化挑战而实施的重要语言政策。马来西亚政府虽然深感英语作为教学媒介语的必要性,却不能公开挑战宪法中马来语的地位,从而导致了官方政策在英语作为教学媒介语问题上的模糊性,但实际上马来西亚的教学实际中普遍实行英语作为教学媒介语。在新加坡,马来语、华语、泰米尔语和英语都是官方语言,其中英语是各种族的通用语,也是国家的行政和工作语言;但是新加坡政府自上而下的英语作为教学媒介语政策与政策的具体实施之间存在差距。泰国的英语作为教学媒介语政策加剧了社会的不平等,造成了它与泰语为教学媒介语的教学项目之间的紧张。

由政府公布的语言政策中,可能隐含其他目标。未曾规划的语言变革往往大于规划的变革,其重要性不容忽视。显性的语言政策与实际的语言实践之间不一定吻合,真正的语言政策存在于语言实践之中。实际的语言政策不一定是书面的,语言意识形态影响语言的实际使用情况。在考量语言政策时,不能忽视草根的语言实践活动。因此,对东南亚国家的语言政策研究不能局限于官方的政策文本,而要探究广泛的社会历史文化背景与政策文本及其行动者的主体性之间复杂的交互关系。

——林晓.英语作为教学媒介语隐性政策分析——以马来西亚、新加坡和泰国为例[J].语言战略研究,2016(2).

- **泰国和老挝语言政策比较**

泰国和老挝都是典型的东南亚多语种、多方言国家,同时主要语言又都是泰老语言,文化底层具有诸多相似之处。但由于历史经历和社会演变的差异,语言政策呈现出明显的不同。泰国和老挝都是民族国家,其主要人口构成都是泰老族群,在第一语言和官方语言的选择上都选择了泰老语系的语言,前者是泰语,后者是老挝语,但是推行的效果却相去甚远。

泰国推行泰语总体上是比较顺利的,效果也比较明显,绝大多数国民都转变了观念,视泰国为祖国,使用和学习泰语,并尊重泰语作为第一语言的地位。在此基础上,也非常重视多语教育,并着力培养双语国民,对方言和少数族群语言也表现出了应有的尊重。

老挝虽然在殖民统治接近尾声时就制定了国家语言的基本原则,但因为内战,语言的标准化建设基本搁浅。1975年以来虽有一定的成效,但官方老语还是得不到全国人民的重视和使用。其原因主要包括：殖民统治和战争的耽误，使其错过了现代民族国家整合国家语言的上佳时期；通信交通系统落后，政府的文件及精神要及时传达到地方并在地方得到贯彻执行非常困难；政府的能力及资金有限，无法确保官方规定的课程在地方上进行；相近而强势的泰文化对老挝影响深刻；政府仍然使用僧侣作为学校教师，不利于官方老语的有效推行；一些族群尤其是苗族对官方老语强烈抵制。

老挝和泰国语言政策推行和语言发展的巨大差异，除了殖民统治、战争和历史时机方面的问题，还由于语言政策态度上的差别。泰国在推行泰语的过程中，虽然也排斥打压过其他语言，但并没有像老挝一样遭到苗族等少数族群的强烈抵制，其原因在于温和而长期的坚持，在避免激烈冲突和矛盾的前提下用长期的坚持赢得泰语作为第一语言的胜利。此外，在文化创造和文化输出上，泰国非常成功，泰国对语言文化态度开放兼容、文化多元，语言和文化的发展也就越丰富；反观老挝，虽有旅游的优势，但文化输出十分薄弱，在泰语和泰文化的深刻影响下，越发显得无力回天。

——林菱.泰国和老挝语言政策比较[J].四川民族学院学报，2016(3).

•菲律宾和波多黎各的教学语言比较

19世纪末至20世纪上半叶，美国分别对菲律宾和波多黎各实施了"美国化"的政策，并规定分别以英语为唯一教学媒介语和主要教学媒介语，从而在教育方面实施"美国化"。二战之后，菲律宾成为独立主权国家，波多黎各成为美国的一个自治邦，其教学媒介语政策也随历史发展而变化。如今，英语依旧是菲律宾的教学媒介语，而且菲律宾已经成为世界上英语使用最多的国家之一；但是波多黎各仍旧有绝大部分人口不会说一口流利的英语。其原因可以从地位规划、习得规划和声誉规划三个方面来分析。

在地位规划方面，通过美国半个世纪的殖民统治，英语已经渗透到社会各个层面，成为菲律宾最早的通用语，并且在当今社会扮演重要角色。英语对菲律宾的人才培养和经济发展都起到推动作用，在菲律宾民众中享有良好的声誉和形象。反观波多黎各，英语虽然是官方语言，却没有实质地位，双官方语言的法令更像是空头文件，当地人民对英语的地位争议不断。英语在两地这种实质上的地位差异，也在很大程度上影响了双方政府对英语的习得规划。

在习得规划方面，英语作为教学媒介语的教育政策，在菲律宾取得了很大的成效,但在波多黎各却遭遇众多抵制。在菲律宾,国语地位的确定促进了他加禄语的教学,双官方语言制度的稳固也推动了双语教育的发展。尽管在后殖民时期,英语在两地都受到民族主义和爱国主义的冲击,但在菲律宾,英语继续扮演着教学媒介语的角色,并和其他当地语言相辅相成,继续促进当今多元教育政策的发展;相反,在波多黎各,英语从殖民期间就开始遭到抵制,到后殖民时期被排除在公立学校的教育媒介语之外。20世纪90年代以来,受到"唯西班牙官方语言"政策的后续影响,英语教育问题演化为政治问题,变成波多黎各人民的众矢之的。

在声誉规划方面,菲律宾在各个时期都注重对英语的声誉规划,使得英语在各个阶段都处于优势地位。独立之后,基于民族团结的需要,菲律宾政府的声誉规划政策兼顾了本土语言和英语,由此促进了双语教育政策的制定和实施。在新世纪全球化和维护民族多元化的时期,英语的经济价值愈发显著,对民族语言的保护意识也逐渐增强,英语在多元化的语言教育政策中占有重要地位。然而在波多黎各,对英语的声誉规划并没有取得很好的效果。

英语教育在菲律宾取得成功得益于美国往该地运送了大量的美籍教师,并对当地教师进行培训;也得益于政府规定不同语言教授不同科目,用英语教授英语、自然和科学,用菲律宾语教授其他学科。从菲律宾和波多黎各的案例中可见,语言政策实施成功与否,和教师、学生的态度紧密相关,因此双语教育的规划应当关注教师和学生在其中所扮演的角色。高校的双语教育规划应当充分考虑微观层面的影响,在进行双语教育规划时,相关决策部门应当鼓励高校教师建言献策,积极听取和科学采纳高校教师的意见和建议,因为高校教师更加了解当前学生学习的具体情况和教学当中存在的各类问题,从而可以从一定程度上保证政策制定的科学性和实施的可行性。此外,在政策实施的过程中,应当充分调研,长期跟踪实施效果,并结合评估结果,针对不足之处对政策内容进行调整和完善。

——阮孝煜.英语作为教学语言之争:来自菲律宾和波多黎各的比较案例[J].语言政策与语言教育,2016(1).

二、多国综合

• 中国周边国家通用语研究

通用语也称共同语、桥梁语、贸易语或辅助语。根据通用语的定义、特点及地理使用范围,我们可以把通用语划分为国家通用语、区域通用语、跨区域通用语和世界通用语四种。鉴于中国周边邻国的数量之多和语种之盛,中国与周边国家的语言互联互通建设应该从通用语开始。中国共有20个周边国家,根据地理区域,这20个邻国分为以下四个部分:东亚邻国、东南亚邻国、南亚邻国和中亚邻国。

中国周边国家的通用语使用情况整理归类后显示:第一,在国家通用语方面,中国周边邻国共有20门国家通用语,阿富汗有两门国语,马来西亚和文莱两国具有相同的国语。第二,在区域通用语方面,东南亚、南亚和中亚邻国都具有两种区域通用语,东亚只有一种区域通用语。第一区域通用语有两门(即英语和俄语),第二区域通用语有三门或五门(即马来语或印尼语、印地语或乌尔都语、英语)。第三,在跨区域通用语方面,中国所有邻国的跨区域通用语只有一门(即英语)。根据各语言的活力和语言所在国的重要性,我们可将中国周边国家通用语从高到低分为四个级别:一级通用语(共一门,即英语,属于世界通用语、跨区域通用语和区域通用语),二级通用语(共一门,即俄语,属于区域通用语),三级通用语(共六门或十门,有些属于区域通用语,有些则属于国家通用语),四级通用语(共九门,全属于国家通用语)。

我国的外语教育管理与规划部门在对未来的外语教育进行顶层设计时,在语种的选择以及外语教育点的布局等方面都可以提供具体的、具有参考价值的数据,以便外语教育与研究更好地服务于社会经济的发展,进而促进我国与周边国家语言互联互通的建设。

——张治国.中国周边国家通用语研究[J].外语教学与研究,2016(2).

• 中亚地区语言文字嬗变

在古代时期,对中亚语言文字影响最大的是波斯化、伊斯兰化、突厥化及蒙古化,其中伊斯兰化对中亚影响深远,阿拉伯语成为中亚地区的通行语言,波斯文、突厥文和察合台文都用阿拉伯字母标注。15到18世纪,中亚各民族多形成了自己的国家,并有了稳定的语言文字系统。19世纪,沙俄入侵中亚,强制推行俄语,各民族语成为民族内部交际语。俄语单一法定的政策一直延续到苏联时期,苏联解体后,各国积极开展文字改革,从文字上去俄罗斯化。其中,土库曼斯坦和乌兹别克斯坦用使用拉丁字母替代基里尔字母;蒙古用回鹘式蒙古文替代基里尔蒙古文;塔吉克斯坦、吉尔吉斯斯坦等国则沿用基里尔字母。中亚主体民族成分复杂,大多是跨界民族,各民族采用何种语言文字反映了不同民族间的亲疏关系变化。

——申镇纲.中亚地区的语言文字嬗变述略[A].语言服务与"一带一路"[C],北京:社会科学文献出版社,2016.

• 中东欧转型国家语言权利与小族语言保护

捷克、斯洛伐克和匈牙利中欧三国当前的语言权利事务管理机制可以分解为人权管理机制、少数人权利管理机制和语言管理机制三个相互支撑的部分,且无一例外都高度依赖国家少数民族权益管理机制。这一整体机制的形成与各国20世纪90年代初以来"弃东向西"的转型过程相一致。国际和国内政治、经济环境的变化导致各国政府调整了与区域超国家组织以及国内小族群体之间的关系,促成了新的语言权利事务管理机制的建立。

中欧三国语言权利事务管理机制的主要特点有六个方面。第一,在语言权利事务管理的价值取向上受区域强权的左右。中欧三国地处欧洲中心的战略要冲之地,然而总体国力较弱,因此国内政策长期受到地区大国的左右,无法做到完全自主。第二,在语言权利事务管理总体机制各区块的分工上有共通之处,但侧重不同。三国的管理机制在整体上都可以分为人权管理机制、少数人权利管理机制和语言管理机制三个部分,且三国的核心都是少数民族权益管理机制。但三国对于不同的分支部分侧重有所不同。第三,在管理理念和管理规范上均宣称维护语言多样性的价值观,但同时仍存在着不同程度的语言单一制的思想。第四,均建立了全国性的民族事务管理机构,是语言权利相关事务的主要管理主体,但级别不同。第五,建立了微观管理和宏观管理之间的互动渠道,各有特色。第六,在外部力求融入欧洲、在内部推动社会转型的大背景,为语言权利事务管理机制的演变提供了动力。

语言权利的实现对于小族语言的生存至关重要,但并非能够确保小族语言长存永续。首先,语言权利的实现无法为小族语言的长存永续提供保障,资源总量的有限决定了不可能所有的语言都能获得生存和发展所需要的所有资源;其次,法律层面的平等权利对于不同的语言意义不同;再次,语言权利无法单独解决语言生存问题,语言权利的实现依赖于有利的族际和人际交际环境,依赖于有利的社会、经济、政治环境;最后,就中欧三国而言,尽管近二十年来语言权利实现状况得到了持续的改善,但似乎并未改变各国小族语言衰落的走向,三国小族语言的使用人数在历次普查中均呈快速减少的趋势。

——何山华.中东欧转型国家语言权利与小族语言保护研究——以捷克、斯洛伐克和匈牙利为例[D].北京外国语大学,2016.

- **欧盟东扩对中东欧国家语言政策的影响**

欧盟是具有超国家性质的联盟。欧盟的语言政策理念是坚持语言平等和语言多样性。欧盟的官方语言已达24种,逐渐成了一体化进程的障碍,翻译花费巨大,工作效率降低;但欧盟的多语言环境普遍提高了成员国民众的多语能力,促进语言学习和语言多样性行动计划、多语言主义新架构策略初见成效。

欧盟东扩对中东欧国家语言政策影响很大。中欧四国波兰、捷克、斯洛伐克和匈牙利实施有限多元外语教育政策;波罗的海三国爱沙尼亚、拉脱维亚和立陶宛俄语地位急剧下降;俄语在乌克兰的半数行政区域都丧失地区官方语言地位,在白俄罗斯则仍为官方语言,保持强势。在推进"一带一路"建设过程中,应加快高校中东欧小语种专业建设,加强对中东欧国家的汉语推广,并实时关注中东欧的语言政策。

——臧岚.试论欧盟东扩对中东欧国家语言政策的影响[A].语言服务与"一带一路"[C],北京:社会科学文献出版社,2016.

- **国外语言政策研究:《剑桥语言政策手册》述评**

2012年由英国剑桥大学出版社出版的《剑桥语言政策手册》对推动我国语言规划与语言政策研究,有重要参考价值。《手册》分为五个部分,共三十章。第一部分"定义与原则"全面讨论了语言政策研究的基本问题;第二部分主要探讨"宏观层面的语言政策",共分为八章;第三部分关注"非政府领域的语言政策"问题,共四章;第四部分分析"全球化与现代化"对语言政策的影响,共五章;第五部分共有六章,探讨了语言政策研究中具体的"地区问题和专题问题"。

《手册》对语言政策研究领域的相关问题进行了较为全面和深入的阐释。总体而言,《手册》具有以下几个特点:第一,几乎涵盖了当前语言政策研究的所有重要问题,且相当权威;第二,既重视对重大理论问题的探讨,又关注现实世界的实际情况,较好地做到了兼顾理论与实际,并促成了两者的融会贯通;第三,拓宽了语言政策研究的内涵和外延,为今后的语言政策研究指出了方向,具有积极的引领作用。

当然,作为语言政策研究领域的第一部手册类专著,《手册》不可避免还存在一些不足,其中最主要的是未能对过去五十多年来语言政策研究的发展进行评判性的回顾,也未能全面、系统地梳理该领域的主要理论、模式、研究方法及其历史演变。此外,由于作者数量众多、每位作者的学术背景和研究特长各异,他们对语言政策研究的认识存在不少分歧,可能会给读者造成一定的困扰。

——朱晔.《剑桥语言政策手册》述评[J].语言政策与语言教育,2016(2).

参 考 文 献

【1】李宇明.语言规范试说[J].当代修辞学,2015(4).
【2】刘延东.在纪念《国家通用语言文字法》实施15周年暨国务院发布《关于推广普通话的指示》60周年座谈会上的讲话[N].中国教育报,2016/9/29.
【3】宁继鸣.中国话语的一种表达——"命运共同体"框架下的孔子学院[C].《孔子学院研究发展报告(2016)》序,北京:商务印书馆,2016.
【4】王晓梅.语言战略研究的产生与发展[J].中国社会语言学,2014(1).
【5】文秋芳.对国家语言能力的再认识[R].国家语言能力发展研究中心"国家语言能力内涵"高层论坛,2016/4/21.
【6】赵世举.2016年中国语情述要[R].国家语言文字政策研究中心"第二届中国语言政策研究热点与趋势学术研讨会",2017/7/10.
【7】赵世举.中国语言文化国际传播的境遇及反思[J].中国语言战略,2016(2).

摘编文献索引

【1】安亚伦,于晓宇,曾燕萍.语言文化推广机构对文化产品贸易的影响——以孔子学院为例[J].国际经济合作,2016(12).‖222

【2】巴达玛敖德斯尔.加强少数民族语言能力建设[J]."语言能力"多人谈,语言战略研究,2016(5).‖169

【3】巴占龙.如何打造双语家庭——裕固族语言文化遗产传承问题研究[J].西南民族大学学报,2016(5).‖160

【4】白志红,刘佳.佤汉双语的习得、使用与文化政治——云南沧源新村双语教育实施个案研究[J].北方民族大学学报,2016(5).‖189

【5】柏悦.歌德学院与德国语言文化外交的演变[J].北京社会科学,2016(2).‖296

【6】毕俊峰.南亚国家语言政策与我国面向南亚的外语教育规划研究[J].外语教学,2016(5).‖200

【7】薄守生.拉丁化:党的语言政治的实现路径[J].云南师范大学学报,2016(2).‖71

【8】薄守生,赖慧玲.呼之欲出的中国语言规划学——读《中国语言规划三论》[J].语文建设,2016(13).‖2

【9】卜祥忠,陈明娥.小学语文教材落实汉语拼音规范标准情况的调查研究[J].语言文字应用,2016(2).‖183

【10】蔡志全,赵红霞."一带一路"背景下新疆外语教育政策面临的挑战与变革[J].中国大学教学,2016(1).‖41

【11】曹德明.语言的意义:全球化背景下的中国外语教育[A].中法语言政策研究(第二辑)[C].北京:商务印书馆,2016.‖198

【12】曹红梅,姚春林.和田地区双语教育现状及英语教育前景分析[J].民族教育,2016(5).‖191

【13】曹志耘.以影视方式进行语言保护[J]."语言保护"多人谈,语言战略研究,2016(3).‖136

【14】陈保亚.语势:汉语国际化的语言条件——语言接触中的通用语形成过程分析[J].语言战略研究,2016(2).‖214

【15】陈放.跨文化交际视角下创新高校外语教育新论[J].东北师范大学学报,

2016(5).‖206

【16】陈光磊,潘佳.通用的语言　共同的家园[N].光明日报,2016/9/18.‖55

【17】陈鸿,苏翠文.闽方言传承现状与保护对策研究之一:闽南方言[J].闽江学院学报,2016(6).‖162

【18】陈会兵,杨晨笛,张悦.最新版《新华字典》和《现代汉语词典》注音调查[J].重庆三峡学院学报,2016(5).‖86

【19】陈锦阳.公示语翻译的"三维"转换——以横店影视城为例[J].上海翻译,2016(1).‖118

【20】陈婧虹.2006—2013年汉语新词语研究[D].淮北师范大学,2016.‖99

【21】陈立,冯敏.刍议我国汉语盲文的历史演进和发展趋势[J].绥化学院学报,2016(4).‖270

【22】陈立鹏.关于推进"民汉"双语教育的战略思考[J].西北民族研究,2016(2).‖186

【23】陈立鹏,李海峰.民汉双语教育:从顶层设计至基层管理[J].双语教育研究,2016(4).‖186

【24】陈丽冰.闽东畲族语言使用现状调查[J].福州大学学报,2016(6).‖158

【25】陈鹏.语言产业经济贡献度研究的若干问题[J].语言文字应用,2016(3).‖264

【26】陈平.尽快培养储备"一带一路"语言文化人才[J]."'一带一路'语言问题"多人谈,语言战略研究,2016(2).‖42

【27】陈瑞端.普通话在香港语言生活中的定位问题[J].语言战略研究,2016(4).‖73

【28】陈双新,董越.当前有关现代汉字研究与应用的几个焦点问题[J].语言教学与研究,2016(5).‖89

【29】陈小琴.当代汉语新词语的构词理据[J].文化学刊,2016(10).‖98

【30】陈晓锦,黄高飞.海洋与汉语方言[J].学术研究,2016(1).‖248

【31】陈艳君,刘德军.基于英语学科核心素养的本土英语教学理论建构研究[J].课程·教材·教法,2016(3).‖203

【32】陈颖,蔡炜浩.美国纽约华人社会的语言生活和语言认同[J].海外华文教育,2016(2).‖256

【33】陈章太a.构建和谐语言生态[J].语言战略研究,2016(2).‖143

【34】陈章太b.语言文字科学保护的主要举措[J]."语言保护"多人谈,语言战略研究,2016(3).‖133

【35】陈子丹,郑宇,武泽森.我国少数民族濒危语言建档的几点思考[J].档案学通讯,2016(4).‖149

【36】程凯.加强盲文、手语的研究规范和推广,维护视障、听障人士的语文权益[J].语言科学,2016(4).‖270

【37】程迈,刘伯成.孔子学院发展推动因素的实证研究[J].教育学术月刊,2016(6).‖221

【38】程名望,王娜,史清华.语言对外来农民工收入的影响[J].经济与管理研究,2016(8).‖173

【39】褚程程.关于普通话水平测试研究现状的几点思考[J].考试研究,2016(3).‖60

【40】崔希亮.语言及其命名影响心理认同[J]."语言与认同"多人谈,语言战略研究,2016(1).‖24

【41】崔永鹏,艾买提.肃北蒙古族自治县汉语-蒙古语双语教育现状调查与思考[J].民族语言教育研究,2016(1).‖189

【42】戴红亮.《标准行书范本》研究——兼与《简化字总表》进行比较[J].语言规划学研究,2016(2).‖124

【43】戴曼纯 a.多语社会需要多样化的语言保护[J]."语言保护"多人谈,语言战略研究,2016(3).‖135

【44】戴曼纯 b.我国外语人才需求抽样调查[J].外语教学与研究,2016(3).‖198

【45】戴庆厦 a.论跨境语言的和谐与冲突——以中缅景颇语个案为例[J].语言战略研究,2016(2).‖18

【46】戴庆厦 b.学好普通话是少数民族的强烈愿望[N].光明日报,2016/9/18.‖58

【47】戴庆厦 c.语言保护的再认识[J].黔南民族师范学院学报,2016(3).‖129

【48】党兰玲.河南省语言产业发展现状与对策研究[J].华北水利水电大学学报,2016(1).‖266

【49】邓纯余,路雪.网络语言流变视阈下社会主义核心价值观的传播[J].广西社会科学,2016(4).‖109

【50】刁晏斌 a.关于进一步深化两岸四地语言对比研究的思考[J].北京师范大学学报,2016(2).‖122

【51】刁晏斌 b.再论海峡两岸语言微观对比研究[J].文化学刊,2016(8).‖122

【52】刁晏斌,侯润婕.从餐食类名词看全球华语的共同基础[J].汉语学报,2016(3).‖247

【53】丁喜霞.理念与视野:汉语研究的整体观[J].河南大学学报,2016(6).‖251

【54】东主才让.藏区双语教育研究[M].北京:社会科学文献出版社,2016.‖188

【55】董洁."城市新移民"的语言身份认同[J].语言战略研究,2016(1).‖23

【56】董希骁 a.高校应成为非通用语人才储备库[J]."语言能力"多人谈,语言战略研究,2016(5).‖198

【57】董希骁 b.我国欧洲非通用语教育存在的问题和建议[J].语言规划学研究,2016(2).‖199

【58】董晓波.语言意识形态下的中国语言战略选择研究[J].外语教学,2016(5).‖6

【59】窦卫霖.如何提高中国时政话语对外传译效果——基于认知心理学角度[J].探索与争鸣,2016(8).‖32

【60】杜晶晶.中小学语文教材落实词汇规范及数字用法标准情况的调查研究[J].语言文字应用,2016(2).‖181

【61】杜宜阳,赵蓉晖.构建融合政治学与语言学的语言政策理论——评《语言政策与政治理论》[J].外语研究,2016(5).‖9

【62】段袁冰.全球化背景下的语言景观研究——多语研究的新路径[J].湖南社会科学,2016(2).‖8

【63】樊中元.广西民族语言教育产业和效能的状况与发展[J].广西师范大学学报,2016(4).‖265

【64】范俊军.中国濒危语言有声语档数据规则[J].西北民族大学学报,2016(3).‖148

【65】方小兵.母语意识视域下的母语安全研究[J].江汉学术,2016(1).‖19

【66】房永青,张爱东."一带一路"战略与人力资源战略:语言文化能力金字塔[J].中国语言战略,2016(2).‖41

【67】费锦昌 a.简化汉字古已有之[N].语言文字周报,2016/6/15.‖62

【68】费锦昌 b.简化汉字也能继承传统文化(上)[N].语言文字周报,2016/8/24.‖63

【69】费锦昌 c.正确评价简化汉字工作[N].语言文字周报,2016/7/20.‖63

【70】冯刚,王晨娜.提升国际语言能力 推动中华文化"走出去"[J].对外传播,2016(12).‖15

【71】冯佳.语言生态学视域下的少数民族母语磨蚀——以云南石林大紫处村为例[J].学术探索,2016(7).‖157

【72】冯江英,庞丽娟,孙钰华.完善新疆学前双语教育基本公共服务体制的政策探讨[J].民族教育研究,2016(5).‖194

【73】冯胜利.汉民族共同语(书面语和口语)的原理和发展方向[J]."汉民族共同语"多人谈,语言战略研究,2016(4).‖77

【74】冯志伟 a.单一罗马化原则与路名标识书写法[J].语言政策与规划研究,2016(1).‖119

【75】冯志伟 b.国际标准 ISO 7098 中文罗马字母拼写法的修订:从 WD 到 DIS[J].北华大学学报(社会科学版),2016(2).‖69

【76】冯志伟 c.汉语拼音国际标准化的新进展[J].语言战略研究,2016(1).‖68

【77】傅永和.提升语言能力,促进社会发展[J].语言科学,2016(4).‖168

【78】傅由.区域型与通用型汉语教学大纲比较——以加拿大阿省中小学汉语课程大纲和汉办通用课程大纲为例[J].海外华文教育,2016(5).‖236

【79】富丽,陈菲,张一清,魏晖.国民语言教育有关问题探讨[J].语言文字应用,2016(4).‖167

【80】高霞.加拿大克里人语言政策演变及其语言保护[J].民族高等教育研究,2016(3).‖304

【81】高艳梅.全球化背景下小语种语言的发展——以塞舌尔克里奥尔语为例[J].考试周刊,2016(45).‖309

【82】高昳君.山西政区地名用字特殊字形字音研究[D].四川外国语大学,2016.‖96

【83】高永安.繁简汉字在汉字学习中的优劣[J].中州大学学报,2016(3).‖65

【84】高永晨.中国大学生跨文化交际能力现状调查与分析[J].外语与外语教学,2016(2).‖206

【85】龚献静.日本高校"一带一路"沿线国家语言文化教学与研究现状考察[J].外国语文,2016(5).‖284

【86】古雯鋆.国家利益视角下的巴西语言教育政策研究[J].语言政策与语言教育,2016(2).‖303

【87】顾晓微.《现代汉语词典》字母词收录与修订情况分析[J].中国科技语,2016(5).‖103

【88】郭龙生 a.从生态与安全角度研究中国的跨境语言[J].语言政策与规划研究,2016(2).‖19

【89】郭龙生 b.构建并存分用的语言生态环境[N].光明日报,2016/9/18.‖145

【90】郭龙生 c.网络语言生态文明建设刍议[J].汉字文化,2016(5).‖108

【91】郭锐.普通话是北京官话和南京官话的混合[J]."汉民族共同语"多人谈,语言战略研究,2016(4).‖56

【92】郭熙 a.借力拼音,让汉语更快走向世界[N].光明日报,2016/6/12.‖70

【93】郭熙 b.语言认同有层次差异,应分别对待[J]."语言与认同"多人谈,语言战略研究,2016(1).‖27

【94】郭熙,李春风.东南亚华人的语言使用特征及其发展趋势[J].双语教育研究,2016(2).‖252

【95】郭玉箐,徐俊,王海峰.走向智能时代的语言信息化产业[J].语言战略研究,2016(6).‖276

【96】郭镇之,张小玲,王珏.用文化的力量影响世界:试论中国文化中心的海外传

播[J].新闻与传播研究,2016(2).‖217

【97】海路.壮汉双语教育模式变迁论[J].广西民族研究,2016(5).‖192

【98】韩建岗.新疆巴州城市蒙古族语言使用现状及发展趋势[J].西部蒙古论坛,2016(1).‖159

【99】韩涛.日本的语言政策演变路径研究[J].日本问题研究,2016(2).‖283

【100】韩玉华.普通话语音研究百年[J].语言战略研究,2016(4).‖88

【101】韩志刚,董杰.中国政府奖学金来华留学生预科教育的定位和定性[J].国际汉语教学研究,2016(3).‖231

【102】何山华.中东欧转型国家语言权利与小族语言保护研究——以捷克、斯洛伐克和匈牙利为例[D].北京外国语大学,2016.‖317

【103】何山华,戴曼纯.语言管理理论:源流与发展[J].语言规划学研究,2016(1).‖7

【104】何伟,陆叶,苏姗.语言地标:互联网语言资源建设新方法[J].语言文字应用,2016(4).‖152

【105】何艳秋,刘江华.提高英语专业学生母语文化认同及"全球公民意识"的对策研究[J].当代教育实践与教学研究,2016(11).‖203

【106】赫琳."一带一路"需要合适的话语体系[N].中国教育报,2015/12/16.‖50

【107】赫琳,申宵.新疆小学生国家通用语学习使用状况调研及建议[A].语言服务与"一带一路"[C],北京:社会科学文献出版社,2016.‖59

【108】洪爱英,张绪忠.近10年来国内语言规划研究述评[J].社会科学战线,2016(9).‖3

【109】洪牡丹.公示语中的地名译写研究——以南京市地名译写为例[J].池州学院学报,2016(2).‖120

【110】侯敏,滕永林.字母词使用六十年[J].语言战略研究,2016(3).‖100

【111】胡家英,刘丹.浅析在"一带一路"战略中俄语语言生态系统的多维平衡性[J].西伯利亚研究,2016(4).‖43

【112】胡建华.语言相通才能民心相通[J]."'一带一路'语言问题"多人谈,语言战略研究,2016(2).‖37

【113】胡旭辉.两岸对外汉语语音教学中标音工具互补可能性探讨[J].云南师范大学学报,2016(5).‖125

【114】黄成龙.当代中国少数民族语言资源调查[J].黔南民族师范学院学报,2016(5).‖147

【115】黄德宽.语言能力与国家现代化建设刍议[J].语言科学,2016(4).‖14

【116】黄健秦.语文教育:纵向切入经典,提升语言能力[J]."语言能力"多人谈,语言战略研究,2016(5).‖180

【117】黄靖莉.网络流行语言和语言文字规范化对比探究[J].语文建设,2016(33).‖108

【118】黄居仁,王世昌.众包策略在语言资源建设中的应用[J].语言战略研究,2016(6).‖279

【119】黄南津,陈菊香."一带一路"战略视野下广西语言资源建设及开发利用[A].语言服务与"一带一路"[C],北京:社会科学文献出版社,2016.‖48

【120】黄日涵.孔子学院在民心相通中的作用[J]."'一带一路'语言问题"多人谈,语言战略研究,2016(2).‖45

【121】黄睿.反映本土文化的汉语字母词解析[J].语文建设,2016(14).‖101

【122】黄少安.交易成本节约与民族语言多样化需求的矛盾及其化解[A].中法语言政策研究(第二辑)[C],北京:商务印书馆,2016.‖130

【123】黄伟,刘海涛.《汉语拼音方案》的计量语言学分析[J].中国语文,2016(2).‖69

【124】黄雯怡.我国大学英语教育困境的生态解析与对策思考[J].外语研究,2016(3).‖208

【125】黄行 a.论中国民族语言认同[J].语言战略研究,2016(1).‖23

【126】黄行 b.文化术语传播与语言相对性[J].文化软实力研究,2016(1).‖30

【127】黄行 c.语言文字保护的原则和方法[J]."语言保护"多人谈,语言战略研究,2016(3).‖136

【128】黄行 d.中国现代汉语规范化的历史和现状[J].语言政策与语言教育,2016(2).‖76

【129】惠天罡.略论语言产业发展中的四种语言能力[J].语言文字应用,2016(3).‖265

【130】江帅.布隆迪语言教育现状调查分析及启示[D].渤海大学,2016.‖309

【131】姜国权.大数据时代商务汉语教材出版的困境与策略[J].出版发行研究,2016(6).‖239

【132】蒋绍愚.汉民族共同语的历史和现状[J]."汉民族共同语"多人谈,语言战略研究,2016(4).‖76

【133】金欣.埃及的语言政策与语言状况[J].天津外国语大学学报,2016(5).‖309

【134】荆青菁.从《通用规范汉字表》看汉字异体字整理工作[D].山东大学,2016.‖94

【135】郎宁.1949—1966年产生的新词语在改革开放以来的演变[D].河北大学,2016.‖99

【136】乐守红.自媒体背景下新闻语言的变化与规范[J].淮海工学院学报,2016(10).‖111

【137】雷江华,陈影,贾玲.手语失语症大脑机制研究进展[J].中国特殊教育,2016(10).‖272

【138】李昂.外交演讲中我国特色政治术语翻译研究[D].信阳师范学院,2016.‖31

【139】李兵.中华文化传播过程中的文化多元性意识[J]."'一带一路'语言问题"多人谈.语言战略研究,2016(2).‖47

【140】李德鹏."一带一路"背景下的区域性语言服务——以云南省为例[A].语言服务与"一带一路"[C].北京:社会科学文献出版社,2016.‖49

【141】李发元.哈萨克斯坦的民族结构与语言状况研究[J].西南民族大学学报,2016(5).‖292

【142】李福莉,杨满仁.微观语言规划研究初探[J].语文学刊(外语教育教学),2016(10).‖7

【143】李海英.从语言舆情看语言服务——兼论语言服务发展策略[J].中国语言战略,2016(2).‖261

【144】李洪政.国内汉语方言资源库建设现状研究——以三个资源库为例[J].曲靖师范学院学报,2016(2).‖154

【145】李怀.印度尼西亚语言教育政策探析[J].世界教育信息,2016(21).‖289

【146】李惠中.中国手语规范化工作在新媒体中的应用研究[J].新闻传播,2016(11).‖270

【147】李佳.从"一带一路"语言需求看非专业外语教育存在的问题[A].语言服务与"一带一路"[C].北京:社会科学文献出版社,2016.‖42

【148】李金阳,黄南津.广西田林客家方言岛的语言传承[J].广西民族师范学院学报,2016(6).‖164

【149】李景端.必须高度重视净化语言生态[J].语言战略研究,2016(6).‖81

【150】李静.我国高中英语课程功能的定位研究[J].课程·教材·教法,2016(6).‖207

【151】李凯声.对外汉语教育出版数字化转型研究[J].出版发行研究,2016(2).‖239

【152】李伶俐,梁茵萍,李静雯,蓝永庄.肇庆市风景区语言文字应用现状的调查与研究[J].戏剧之家,2016(9).‖280

【153】李明.南非语言政策及其对我国语言规划的启示[A].语言服务与"一带一路"[C].北京:社会科学文献出版社,2016.‖310

【154】李宁,王辉.叙利亚的语言政策[N].光明日报,2016/11/13.‖293

【155】李琼,郑安文.论地名英译在非遗保护中的价值——以祁门的英译为例[J].安徽工业大学学报,2016(3).‖121

【156】李秋霞.汉语国际传播视域下新媒体的新闻语言规范分析[J].中国报业，2016(14).‖109

【157】李泉.试论汉语预科教育若干问题[J].国际汉语教学研究,2016(3).‖231

【158】李淑梅,胡晓华.外语教育的文化安全研究[J].教育研究与实验,2016(3).‖205

【159】李铁.全球化背景下非英语母语国家英语语言政策连续体的嬗变研究[J].文化传播,2016(3).‖294

【160】李炜,张润芝,张艳霞,赵雪梅.基于数字布鲁姆的国际汉语在线学习活动设计[J/OL].中国远程教育,2016(4).‖238

【161】李未柠.新网络环境下的流行语特征探析[J].语言战略研究,2016(6).‖106

【162】李汶璟.重庆市濒危语言活力研究——重庆市酉阳土家族苗族自治县个案分析[J].重庆文理学院学报,2016(4).‖156

【163】李现乐.语言服务的显性价值与隐性价值——兼及语言经济贡献度研究的思考[J].语言文字应用,2016(3).‖261

【164】李小凤.东南亚华文教材使用状况调查及当地化探讨[J].海外华文教育,2016(5).‖245

【165】李小萍.从"遗产"到"资源":中国当代语言保护观的形成与完善[J].江西社会科学,2016(7).‖136

【166】李欣,严文藩.海外华文教育标准的类别分析及模型建构[J].华侨大学学报,2016(6).‖243

【167】李行健.探索两岸词汇差异,促进相互交流[J].语言文字应用,2016(3).‖123

【168】李艳,高传智."一带一路"建设中的语言消费问题及其对策研究[J].语言文字应用,2016(3).‖38

【169】李艳,齐晓帆.城市人文形象构建下的行业语言服务能力研究——以旅游行业中导游语言服务为例[J].文化产业研究,2016(1).‖279

【170】李艳红.美国关键语言战略实施体系的构建和战略目标[J].外语研究,2016(2).‖305

【171】李英姿 a.大众媒体应发挥语言引领机制[J]."语言能力"多人谈,语言战略研究,2016(5).‖170

【172】李英姿 b.语言政策研究中的民族志方法及启示[J].民族教育研究,2016(5).‖9

【173】李英姿 c.中国语境中"语言政策与规划"概念的演变及意义[J].外语学刊,2016(3).‖4

【174】李迎迎.评析俄罗斯语言政策调整的新变化[J].民族教育研究,2016(1).

‖297

【175】李宇明 a.本土意识　国际眼光[J]."'一带一路'语言问题"多人谈,语言战略研究,2016(2).‖34

【176】李宇明 b.改善我国的外语服务——序《公共服务领域英文译写指南》[A].公共服务领域英文译写指南[M],北京:外语教学与研究出版社,2016.‖115

【177】李宇明 c.教育是语言竞争的热点领域[N].光明日报,2016/10/16.‖166

【178】李宇明 d.试论全球化与跨文化人才培养问题[J].文化软实力研究,2016(3).‖233

【179】李宇明 e.文化视角下的语言资源保护[N].光明日报,2016/8/7.‖134

【180】李宇明 f.由单语主义走向多语主义[J].语言学研究,2016(1).‖6

【181】李宇明 g.语言保护几乎是超出人类能力之事[J]."语言保护"多人谈,语言战略研究,2016(3).‖134

【182】李宇明 h.语言竞争试说[J].外语教学与研究,2016(2).‖6

【183】李宇明 i.语言生活与语言生活研究[J].语言战略研究,2016(3).‖5

【184】李宇明 j.中华文化迈出国际新步伐——写在中文罗马字母拼写法国际标准(ISO 7098:2015)修订出版之时[N].光明日报,2016/5/1.‖67

【185】李云兵.论苗瑶族群的语言资源及其保存保护问题[J].黔南民族师范学院学报,2016(2).‖150

【186】李韵,胡晓.主体间性理论视域下的汉语国际传播有效性思考[J].中外文化与文论,2016(1).‖215

【187】李志凌.大华语视野下泰国华文媒体的文化传播形式与社会功能[J].对外传播,2016(5).‖258

【188】连真然.中国地名意译的若干原则(上)[J].中国科技翻译,2016(3).‖120

【189】梁永红.建国以来我国语言规范观的演进[J].河北联合大学学报,2016(6).‖80

【190】林玲.卢旺达多语种背景下的汉语推广研究[D].重庆师范大学,2016.‖219

【191】林菱.泰国和老挝语言政策比较[J].四川民族学院学报,2016(3).‖313

【192】林晓.英语作为教学媒介语隐性政策分析——以马来西亚、新加坡和泰国为例[J].语言战略研究,2016(2).‖312

【193】林雪艳.20世纪汉字简化史论略[D].曲阜师范大学,2016.‖64

【194】林扬欢.中国特色时政术语的外宣英译——从"一带一路"的译法谈起[J].东莞理工学院学报,2016(2).‖33

【195】刘昌华.基于传播学的我国通用语言文字传播政策研究[J].辽宁师范大学学报,2016(5).‖214

【196】刘丹青 a."一带一路"倡议下语言学家的使命[J]."'一带一路'语言问题"多

人谈,语言战略研究,2016(2). ‖ 35

【197】刘丹青 b.语言认同应立足于国家统一、社会和谐、权利保障[J]."语言与认同"多人谈,语言战略研究,2016(1). ‖ 28

【198】刘国辉,张卫国.中国城市劳动力市场中的"语言经济学":外语能力的工资效应研究[J].山东大学学报,2016(2). ‖ 171

【199】刘宏伟.《新华字典》注音变化研究[D].安徽大学,2016. ‖ 87

【200】刘慧.印尼华族集聚区语言景观与族群认同——以峇淡、坤甸、北干巴鲁三地为例[J].语言战略研究,2016(1). ‖ 255

【201】刘剑.语言服务行业视域下翻译项目管理研究[J].大连海事大学学报,2016(5). ‖ 267

【202】刘晶晶.语文学科核心素养:内涵及构成[J].教育探索,2016(11). ‖ 176

【203】刘立伟,祝湘辉.新时期缅甸华文教育的变化、形势和问题[J].语文学刊,2016(5). ‖ 241

【204】刘连安.外语地名汉字译写的规范化历程[J].中国民政,2016(22). ‖ 104

【205】刘美兰.美国关键语言战略研究[M].上海:复旦大学出版社,2016. ‖ 305

【206】刘敏,李艳.银行业语言服务现状调查[N].语言文字报,2016/7/15. ‖ 280

【207】刘全.当代葡萄牙对外语言推广政策及启示[J].天津外国语大学学报,2016(5). ‖ 301

【208】刘晓梅.丰富描写视角,强化引导功能——评《全球华语词典》的性质和功能[J].语言战略研究,2016(4). ‖ 250

【209】刘星光.少数民族地区英语教育生态环境建设研究——基于教育生态学视角[J].贵州民族研究,2016(2). ‖ 195

【210】刘省非.关于北方民族地区双语教育发展的创新思考[J].黑龙江民族丛刊,2016(6). ‖ 187

【211】刘秀明,薛玉萍."一带一路"建设与喀什地区语言人才培养构想[J].双语教育研究,2016(2). ‖ 48

【212】刘学蔚.从国际汉语教师的跨文化能力论中华文化走出去[J].江汉论坛,2016(5). ‖ 234

【213】刘学蔚,郭熙煌.我国对外文化传播的现状与困境——以海外孔子学院为视角[J].湖北大学学报,2016(3). ‖ 224

【214】刘燕,王辉."国家多语,个人双语"的新加坡[N].光明日报,2016/3/20. ‖ 288

【215】刘叶红.国内语言政策研究综述:现状与发展趋势[J].外语与翻译,2016(3). ‖ 3

【216】刘依婷.大陆与台湾汉字字形比较研究[D].南京大学,2015. ‖ 124

【217】刘永厚,蔡坚,张欢瑞."一带一路"沿线国家孔子学院现状及发展对策[A].语言服务与"一带一路"[C],北京:社会科学文献出版社,2016.‖44

【218】刘玉杰,刘健.试析我国民族地区双语教育的国家认同功能[J].理论月刊,2016(5).‖184

【219】刘泽海 a.缅甸语言教育政策的发展特征及趋势[J].学术探索,2016(11).‖242,286

【220】刘泽海 b.越南的少数民族语言政策和语言教育[J].民族论坛,2016(4).‖289

【221】刘宗艳.语言资源富集地区语言博物馆建设的模式探索——以贺州学院语言博物馆为例[J].贺州学院学报,2016(1).‖154

【222】卢德平 a.汉语国际传播的理论维度[J].语言战略研究,2016(4).‖212

【223】卢德平 b.汉语国际传播的推拉因素:一个框架性思考[J].新疆师范大学学报,2016(1).‖213

【224】卢刚.论简化字与文化继承的关系[J].黑龙江生态工程职业学院学报,2016(3).‖63

【225】陆俭明 a.汉语国际传播中一些导向性的问题[J].云南师范大学学报,2016(1).‖230

【226】陆俭明 b.要重视语言能力的不断提升——兼说语言教育之创新[J].语言科学,2016(4).‖173

【227】陆俭明 c."一带一路"建设需要语言铺路搭桥[J].文化软实力研究,2016(2).‖34

【228】陆俭明 d."语言能力"内涵之吾见[J].语言政策与规划,2016(2).‖11,168

【229】陆俭明 e.语言能力事关国家综合实力提升[J].海外华文教育动态,2016(1).‖14

【230】陆俭明 f."语言与认同"可能也会成为双刃剑[J]."语言与认同"多人谈,语言战略研究,2016(1).‖25

【231】陆建生,彭建玲."汉堡包"人才培养模式的实践与成效[J].云南师范大学学报,2016(2).‖235

【232】陆经生,陈旦娜.语言测试与语言传播:以西班牙语全球传播战略为例[J].外国语文,2016(5).‖301

【233】罗柳明.汉维公示语翻译问题初探[J].伊犁师范学院学报,2016(2).‖113

【234】马小彦.法国面向拉美地区的语言文化传播战略[J].语言政策与语言教育,2016(1).‖298

【235】毛丽娟.从正字之书的先进思想谈现代汉字规范问题[J].内蒙古电大学刊,2016(4).‖90

【236】孟蓬生."钻(鑚)"字的读音[J].中国语文,2016(4).‖85

【237】穆涌.语体词汇的扩散与共同语的发展[J]."汉民族共同语"多人谈,语言战略研究,2016(4).‖78

【238】宁继鸣.中国话语的一种表达——"命运共同体"框架下的孔子学院[C].《孔子学院研究发展报告(2016)》序,北京:商务印书馆,2016.‖220

【239】潘登,陈艳芳.功能翻译理论视角下的中国时政术语外宣翻译——以"四个全面"为例[J].湖北科技学院学报,2016(11).‖32

【240】潘进头,王炳江.榕江水语地名语言结构及其翻译初探[J].民族翻译,2016(1).‖114

【241】潘昆峰,崔盛.语言能力与大学毕业生的工资溢价[J].北京大学教育评论,2016(2).‖172

【242】潘文国.大变局下的语言与翻译研究[J].外语界,2016(1).‖29

【243】庞亚星.1919—1949年汉语新词语研究[D].河北大学,2016.‖98

【244】裴邦清.基于三语习得理论的四川少数民族聚居区多语言环境下英语教育现状研究[J].山东社会科学,2016(S1).‖196

【245】彭飞,于晓.英国主流媒体报道中的孔子学院形象与话语体系[J].学术探索,2016(11).‖223

【246】彭茹."科学保护各民族语言文字"研究四年综述[J].邵阳学院学报,2016(2).‖132

【247】彭扬帆,葛丽文.论普通话与方言的互构[J].江汉大学学报,2016(2).‖145

【248】普梅笑,李芸.彝汉双语翻译语境下的《云南规范彝文彝汉词典》[J].民族翻译,2016(2).‖112

【249】PHAN THI TRAMY 潘氏茶楣(越南来华留学生).走出孤独:自闭症儿童的语言障碍特征分类、评估及康复研究[D].吉林大学,2016.‖273

【250】钱伟a.独立后马来西亚的语言教育政策的演变[J].东南亚南亚研究,2016(3).‖286

【251】钱伟b.多民族国家的国语、官方语言和通用语言[N].中国社会科学报,2016/8/23.‖56

【252】乔丽华,朱青春.关于计算机辅助普通话水平测试的社会评估报告[J].语言文字应用,2016(1).‖61

【253】秦颖.中外语言技术开发应用现状与展望[J].云南师范大学学报,2016(3).‖274

【254】屈哨兵a.城市化进程中的方言习用与国家认同[J].语言战略研究,2016(2).‖146

【255】屈哨兵b.语言服务引论[M].北京:商务印书馆,2016.‖260

【256】权妍姬.语言净化理论与韩国国语醇化工作[D].广西大学,2016.‖284

【257】全涛.基于民族学生心理语言距离的英语教育策略[J].贵州民族研究,2016(3).‖195

【258】冉启斌.普通话异读词的调查[J].中国语文,2016(4).‖83

【259】饶高琦.基于计算方法的语言规范效力检测初探——以异形词整理工作为例[J].语言战略研究,2016(6).‖82

【260】任东升,高玉霞.翻译市场化与市场化翻译[J].外语教学,2016(6).‖266

【261】阮孝煜.英语作为教学语言之争:来自菲律宾和波多黎各的比较案例[J].语言政策与语言教育,2016(1).‖314

【262】萨尔娜.吉尔吉斯斯坦语言政策及语言规划演变研究[D].新疆师范大学,2016.‖292

【263】单宇,项艳艳.海峡两岸化学工程术语的差异及成因初探[J].中国科技术语,2016(5).‖125

【264】邵朝阳,徐扬."一带一路"下中国语言教育发展战略之思考[J].中国语言战略,2016(1).‖42

【265】邵华.从"嘴"和"咀"谈地名用字的规范化[J].现代语文,2016(6).‖96

【266】申镇纲.中亚地区的语言文字嬗变述略[A].语言服务与"一带一路"[C],北京:社会科学文献出版社,2016.‖316

【267】沈玲.认同转向之下菲律宾华人家庭民族语言文字使用研究——基于500多名新生代华裔的调查分析[J].华侨华人历史研究,2016(4).‖253

【268】沈骑 a.教育语言学的学科创新及对我国外语教育研究的学科意义[J].外语与外语教学,2016(3).‖202

【269】沈骑 b."一带一路"建设中的语言安全战略[J].语言战略研究,2016(2).‖51

【270】沈阳.全社会都应关注语言文字规范问题[J].中国语言战略,2016(1).‖81

【271】盛静.关于语言能力和个体认知的争论[J]."语言能力"多人谈,语言战略研究,2016(5).‖169

【272】石定栩.应该把香港中小学用普通话教中文的逻辑说清楚[J]."语言与认同"多人谈,语言战略研究,2016(1).‖27

【273】石刚.语言观念决定语言政策的走向[J]."语言与认同"多人谈,语言战略研究,2016(1).‖24

【274】史军.试论川西南彝汉杂居区学校的语言教育与教育语言——以盐边县格萨拉中心校为例[J].西南民族大学学报,2016(6).‖190

【275】史有为.语言使用将影响国家或祖国认同[J]."语言与认同"多人谈,语言战略研究,2016(1).‖26

【276】宋飞.东南亚特色华语词汇的区域和国别比较研究[J].语言文字应用,2016(4).‖249

【277】苏德,袁梅.凉山彝族的双语教育:现实及前瞻[J].中南民族大学学报,2016(6).‖189

【278】苏剑,葛加国.经济学视野下的语言趋同研究:假说、验证及预测[J].山东大学学报,2016(2).‖131

【279】苏金智 a.网络语言研究的社会语言学意义[J].汉字文化,2016(5).‖106

【280】苏金智 b.新时期普通话的功能地位及其传播[J].云南师范大学学报,2016(5).‖54

【281】苏琳,吴长安.汉语新词语对汉语言发展的意义和影响[J].东北师大学报,2016(1).‖98

【282】苏新春 a.一带一路需要语言学提供更多的支持和服务——对我国五大科研基金语言规划类课题的思考[A].语言服务与"一带一路"[C],北京:社会科学文献出版社,2016.‖38

【283】苏新春 b.中小学语文教材落实国家语言文字规范标准的意义与思考[J].语言文字应用,2016(2).‖181

【284】孙东方,王兴军.从同化到多元:英国移民双语教育政策的变迁与启示[J].中南民族大学学报,2016(11).‖302

【285】孙浩峰,苏新春.对台湾政权轮替后语言生活动态走向的思考[J].文化软实力研究,2016(2).‖72

【286】孙宏开.保护语言和文化多样性在"用"[J]."语言保护"多人谈,语言战略研究,2016(3).‖135

【287】孙洪凯,孙钰华,张丹丹.对新疆新任双语教师入职教育的思考——来自美国城市教师驻校模式的启示[J].双语教育研究,2016(6).‖193

【288】孙茂松,周建设.从机器翻译历程看自然语言处理的发展策略[J].语言战略研究,2016(6).‖277

【289】孙瑞,李丽虹.民族地区语言产业发展探索——以广西为例[J].开放导报,2016(1).‖265

【290】孙学峰,苗永清.论汉字规范的三个标准[J].中国书法,2016(11).‖90

【291】孙有中.外语教育与跨文化能力培养[J].中国外语,2016(5).‖205

【292】孙园园.小学语文教材落实汉字部首规范情况的调查研究[J].语言文字应用,2016(2).‖182

【293】覃耀龙,卢澄.对《广西公共场所汉英标识英文译法》的若干思考——基于对南宁地铁一号线的调查[J].钦州学院学报,2016(11).‖117

【294】覃业位,徐杰.澳门的语言运用与澳门青年对不同语言的认同差异[J].语言

战略研究,2016(1).‖74

【295】谭淑玲.从泰国孔子学院看汉语文化在东南亚的传播策略——以泰国三所孔子学院为例[J].新闻研究导刊,2016(12).‖224

【296】汤允凤,王阿舒.多元文化背景下新疆学前双语教育之困境与对策[J].中南民族大学学报,2016(6).‖194

【297】滕敏,翟石磊.中日韩三国基础英语教育改革比较[J].教育评论,2016(7).‖208

【298】田林伟,李晗静,李飞,姚茂建.汉语新词语在聋人中认知度的调查研究[J].北京联合大学学报,2016(2).‖271

【299】田莎,王辉.尼泊尔的语言政策[N].光明日报,2016/8/7.‖290

【300】汪磊 a.公民语言能力的属性[J]."语言能力"多人谈,语言战略研究,2016(5).‖168

【301】汪磊 b.网络语言研究十年[J].语言战略研究,2016(3).‖105

【302】汪灵灵."一带一路"战略下如何构建中国文化传播体系[J].人民论坛,2016(28).‖46

【303】汪亚云.中国阿拉伯语教育的历史回顾和现实思考[A].语言服务与"一带一路"[C],北京:社会科学文献出版社,2016.‖43

【304】王兵.从国文、中文到华文:新加坡中学华文教科书的本土化建构[J].文艺理论研究,2016(6).‖245

【305】王超,毕贵红,张寿明,于群修.具有词汇结构的复杂 agent 网络语言竞争模型[J].复杂系统与复杂性科学,2016(2).‖131

【306】王春辉.在华国际移民的相关语言问题研究[J].江汉学术,2016(1).‖281

【307】王冬梅.媒体融合时代新闻语言的创新与规范[J].新闻战线,2016(12).‖110

【308】王锋.新的语言观与科学保护各民族语言文字实践[J].西北民族大学学报,2016(2).‖137

【309】王国旭,胡亮节,雀绍芸.普通话推广的边疆意识与实效考察——以维西县草坝子傈僳族语言使用调查为例[J].遵义师范学院学报,2016(6).‖59

【310】王海兰,宁继鸣.适度干预:孔子学院发展中的政府行为选择[J].云南师范大学学报,2016(1).‖225

【311】王汉卫.华文水平测试 HSC 的基本理念[J].语言战略研究,2016(5).‖244

【312】王洪君 a."梗"字的读音[J].中国语文,2016(4).‖84

【313】王洪君 b.普通话审音的一个难点——中古入声字的异读:历史、现状及思考[J].语言规划学研究,2016(2).‖84

【314】王晖 a.论国家通用语言及其推广的"时度效"[J].语言战略研究,2016(4).

‖54

【315】王晖 b.普通话水平测试依据研究[D].中国社会科学院研究生院,2016.‖60

【316】王辉 a.为"一带一路"铺设"语言之路"[N].社会科学报,2016/8/25.‖37

【317】王辉 b.语言助推"一带一路"上的中国文化传播[N].光明日报,2016/12/25.‖46

【318】王建勤."一带一路"与汉语传播:历史思考、现实机遇与战略规划[J].语言战略研究,2016(2).‖44

【319】王静.少数民族地区英语教育的调查与思考——以四川凉山彝区英语教育为例[J].中南民族大学学报,2016(3).‖197

【320】王立军,白如.海峡两岸异体字整理现状及其启示——以大陆《新订异体字表》异体字在台湾留存情况考察为视角[J].云南师范大学学报,2016(5).‖123

【321】王莉宁.濒危汉语方言的类型及科学保护[J]."语言保护"多人谈,语言战略研究,2016(3).‖138

【322】王玲.语言意识与家庭语言规划[J].语言研究,2016(1).‖8

【323】王璐璐,袁毓林.走向深度学习和多种技术融合的中文信息处理[J].苏州大学学报,2016(4).‖275

【324】王茂林.生态语言学视角下的跨境语言问题[J].暨南学报,2016(6).‖141

【325】王敏,陈双新 a.字表与汉字编码字符集是什么关系?[N].语言文字周报,2016/1/13.‖91

【326】王敏,陈双新 b.字表与《现代汉语通用字表》有什么差异?[N].语言文字周报,2016/3/2.‖91

【327】王敏,刘海琴.现代汉字部首的名称与命名规则[J].辞书研究,2016(5).‖94

【328】王宁.语文核心素养与语文课程的特质[J].中学语文教学,2016(11).‖175

【329】王琪.浅谈科技异读词的规范问题[J].中国科技术语,2016(4).‖86

【330】王琴,肖金芳.方言资源保护与语言文化传承——以阜阳方言为例[J].铜陵学院学报,2016(3).‖161

【331】王秋萍 a.汉语书面语中字母词使用的稳态与动态跟踪[J].沈阳大学学报,2016(2).‖101

【332】王秋萍 b.《现代汉语词典》收录的字母词使用情况调查与分析[J].沈阳师范大学学报,2016(2).‖102

【333】王秋萍,崔海东.中韩常用字母词使用情况调查[J].辽宁工程技术大学学报,2016(2).‖103

【334】王润泽.孔子学院功能定位与安全发展的战略思考[J].新闻春秋,2016(2).‖221

【335】王守仁.谈中国英语教育的转型[J].外国语,2016(3).‖201

【336】王添淼,林楠.关于建立国际汉语教师档案袋评价体系的思考——基于美国的经验[J].东北师大学报,2016(1).‖236

【337】王巍,戈兆一.语言会展业及其发展策略初探[J].语言文字应用,2016(3).‖269

【338】王小萍.自贸区发展与国际语言环境优化[J].广东行政学院学报,2016(4).‖281

【339】王晓明.论《通用规范汉字表》的社会性[J].语言文字应用,2016(3).‖93

【340】王亚蓝,王辉.东帝汶的语言政策[N].光明日报,2016/7/10.‖285

【341】王洋,李莉.新疆双语教师教学执行能力实证分析[J].双语教育研究,2016(1).‖193

【342】王尧美,张学广.谈预科的教学性质以及专业汉语的教学目标和教学内容——以医学本科来华预科生为例[J].国际汉语教学研究,2016(3).‖232

【343】王奕瑶.荷兰面向拉美地区的语言文化传播战略[J].语言政策与语言教育,2016(1).‖300

【344】王迎春,周华.汉语国际传播与中国国家形象提升[J].世界教育信息,2016(23).‖216

【345】王瑜,刘妍.论双语教育的功能内涵[J].教育评论,2016(1).‖184

【346】王宇波.构建"一带一路"的"互联网+语言服务"[A].语言服务与"一带一路"[C],北京:社会科学文献出版社,2016.‖39

【347】王远新.新疆少数民族语言文化的价值[J].中央民族大学学报,2016(2).‖21

【348】王云峰.语文素养及其培养[J].中学语文教学,2016(11).‖176

【349】魏晖 a.文化强国视角的国家语言战略探讨[J].文化软实力研究,2016(3).‖17

【350】魏晖 b.语言规划服务方兴未艾[N].中国社会科学报,2016/1/5.‖36

【351】魏励.对《通用规范汉字表》的点滴意见[J].辞书研究,2016(6).‖92

【352】温儒敏."部编本"语文教材的编写理念、特色与使用建议[J].课程·教材·教法,2016(11).‖178

【353】温小军.语文课程传承中华优秀传统文化的困境与突破[J].教学与管理,2016(1).‖180

【354】文兰芳.语言多样性的生态学意义[J].外语学刊,2016(1).‖139

【355】文秋芳 a.国家语言能力的内涵及其评价指标[J].云南师范大学学报,2016(2).‖11

【356】文秋芳 b.建设语言人才资源库,提升国家语言能力[A].中法语言政策研究(第二辑)[C],北京:商务印书馆,2016.‖12

【357】文秋芳 c."一带一路"语言人才的培养[J].语言战略研究,2016(2).‖40

【358】文秋芳 d.在英语通用语背景下重新认识语言与文化的关系[J].外语教学理论与实践,2016(2).‖206

【359】邬文清.赫哲语的传承与保护探讨[J].齐齐哈尔大学学报,2016(10).‖159

【360】吴晓芳.从台湾青年语言能力、母语认同看台湾乡土语言政策的成效[J].福州大学学报,2016(5).‖73

【361】吴应辉 a.东南亚华文教育发展问题的表象、本质、措施与机遇[J].浙江师范大学学报,2016(1).‖241

【362】吴应辉 b.国际汉语师资需求的动态发展与国别差异[J].教育研究,2016(11).‖234

【363】吴应辉 c.汉语国际教育面临的若干理论与实践问题[J].云南师范大学学报,2016(1).‖229

【364】吴应辉,何洪霞.东南亚各国政策对汉语传播影响的历时国别比较研究[J].语言文字应用,2016(4).‖218

【365】吴月刚,李辉.跨界民族:"一带一路"建设中的人才需求与供给[N].中国民族报,2016/2/26.‖43

【366】伍晨辰,王建琦.从中日韩语言政策看汉英语言的发展[J].齐鲁师范学院学报,2016(5).‖311

【367】武春野.语言、国家、现代性:重审"国语运动"[J].语言战略研究,2016(6).‖57

【368】肖顺良.美国汉语传播研究[J].语言文字应用,2016(2).‖218

【369】肖伟志."规范汉字"的法律意义——从"赵 C"姓名权案到《现代汉语词典》第 6 版事件的法学联想[J].法学论坛,2016(4).‖66

【370】肖自辉,彭婧.论濒危语言语档的大众化、现代化和产品化[J].西北民族大学学报,2016(3).‖152

【371】谢孟军.文化能否引致出口:"一带一路"的经验数据[J].国际贸易问题,2016(1).‖222

【372】邢福义.关注华语词句的文化蕴含[J].汉语学报,2016(1).‖247

【373】邢红兵.学生母语能力的构成及其发展研究[J].语言战略研究,2016(5).‖170

【374】邢欣,邓新."一带一路"核心区语言战略构建[J].双语教育研究,2016(1).‖47

【375】邢欣,李琰,郭安."丝绸之路经济带"核心区汉语国际化人才培养探讨[J].国际汉语教学研究,2016(1).‖45

【376】邢欣,梁云."一带一路"背景下的中亚国家语言需求[J].语言战略研究,

2016(2).‖40

【377】徐彩华,刘璟之.略论汉语拼音与海外儿童汉语教学[J].云南师范大学学报,2016(5).‖70

【378】徐大明.语言实践、语言习得决定人的语言认同[J]."语言与认同"多人谈,语言战略研究,2016(1).‖26

【379】徐丹.认同感是一种主观的、政治因素很强的概念[J]."语言与认同"多人谈,语言战略研究,2016(1).‖26

【380】徐晖明,周喆.广州青少年语言使用与语言态度调查与分析[J].语言文字应用,2016(3).‖162

【381】徐杰.语言标准应适度多元,具有包容性[J]."语言与认同"多人谈,语言战略研究,2016(1).‖25

【382】徐晶凝.关于汉语国际教育硕士专业学位培养方案的思考——教师教育的国际化视野[J].海外华文教育,2016(1).‖232

【383】徐林祥,郑昀.基于语文核心素养的"语用热"再认识[J].全球教育展望,2016(8).‖177

【384】徐欣路a.谈语体规划和我国的言文一致运动[J].语言规划学研究,2016(2).‖79

【385】徐欣路b.网络使人的语言能力面临巨大考验[J]."语言能力"多人谈,语言战略研究,2016(5).‖170

【386】徐朝晖.香港与内地新词语的差异和互动研究[J].北华大学学报,2016(3).‖126

【387】徐志强.苏州评弹与苏州方言保护[J].江南论坛,2016(9).‖155

【388】许静荣.法语拼写规则改革及其启示[J].语言规划学研究,2016(1).‖299

【389】许敏,王军平.中国非物质文化遗产文化概念的英译研究[J].西安外国语大学学报,2016(2).‖31

【390】许婉红.饶平县疍家人语言生活状况调查报告[J].韩山师范学院学报,2016(2).‖163

【391】许艳平."一带一路"背景下汉语国际教育本科人才培养模式探索——以地方本科院校为例[A].语言服务与"一带一路"[C],北京:社会科学文献出版社,2016.‖45

【392】闫静.乡音的守望:地域方言的数字化保护[J].中国档案,2016(8).‖153

【393】闫丽俐.论"一带一路"沿线中心城市国际语言环境建设[J].河南工业大学学报,2016(3).‖51

【394】闫扬洋,李艳.交通行业语言服务现状调查[N].语言文字报,2016/9/9.‖280

【395】杨会勇.出版行业介入翻译业务的现状和发展探讨[J].中国出版,2016(24).‖268

【396】杨金龙,梅德明.新疆双语教育模式的理性选择与过渡——一项基于语言景观的实证研究[J].语言文字应用,2016(4).‖191

【397】杨璐.山东省地名用字探究[D].四川外国语大学,2016.‖96

【398】杨露,余金枝.地理环境对语言功能演变的影响——以九河乡普米语小语种的生态保护为例[J].青海民族研究,2016(4).‖157

【399】杨宁.华文教育如何实现更好发展[N].人民日报海外版,2016/3/17.‖240

【400】杨艳.新平县窝尼话的濒危特征定性分析[J].贵州民族研究,2016(2).‖158

【401】杨洋.毛里求斯语言政策研究[D].云南师范大学,2016.‖310

【402】杨翼.国际汉语教学综合课与信息技术的整合设计[J].中国教育信息化,2016(6).‖238

【403】杨亦鸣.语言能力新视野与社会发展[J].语言科学,2016(4).‖13

【404】杨迎华.贵州省少数民族地区儿童双语应用及教育问题研究[J].民族教育研究,2016(5).‖186

【405】姚春林,贾海霞.从语言功能看语言文化保护的复杂性[J].西南民族大学学报,2016(5).‖132

【406】姚琼姿,庄初升.关于东莞方言的调查和建档工作[J].文化遗产,2016(2).‖151

【407】姚喜双.推广普通话任重道远[N].光明日报,2016/9/18.‖53

【408】姚亚芝,司显柱.中国语言服务产业研究综述及评价[J].北京交通大学学报,2016(1).‖263

【409】易红,杨勇.土家语言资源与非物质文化遗产[J].贵州民族研究,2016(7).‖155

【410】尹春梅,周庆生.吉尔吉斯斯坦比什凯克市东干族语言使用情况调查研究[J].回族研究,2016(3).‖293

【411】尹桂丽."一带一路"背景下新疆提升语言服务能力的主要途径[A].语言服务与"一带一路"[C],北京:社会科学文献出版社,2016.‖47

【412】尹小荣.语言与民族认同国外研究综述[J].语言战略研究,2016(1).‖22

【413】于锦恩,吴建兰.民国时期殖民地政府华文教育政策研究——以华文教科书被查禁为视角[J].河北师范大学学报,2016(1).‖242

【414】于洋.中小学生语文核心素养培育的困境与路径探析[J].教育探索,2016(12).‖177

【415】余光武.多角度研究语言能力[J]."语言能力"多人谈,语言战略研究,2016(5).‖13

【416】余桂林.抵制网络詈语俗词　净化网络语言环境[N].光明日报,2016/6/18. ‖108

【417】余江英.试论"一带一路"背景下的云南关键语言选择[J].吉首大学学报,2016(A2). ‖49

【418】俞玮奇,杨璟琰.近十五年来上海青少年方言使用与能力的变化态势及影响因素[J].语言文字应用,2016(4). ‖161

【419】袁慧玲.孔子学院办学模式的第三方介入研究:基于美国的分析[J].教书育人,2016(12). ‖227

【420】袁洁.文莱语言政策影响下的语言转化[J].岭南师范学院学报,2016(5). ‖287

【421】袁进.西方传教士对现代汉语形成的影响[J].语言战略研究,2016(4). ‖80

【422】岳雄.滇西边境口岸地区规范汉字普及度抽样调查研究[D].云南师范大学,2016. ‖66

【423】臧岚.试论欧盟东扩对中东欧国家语言政策的影响[A].语言服务与"一带一路"[C],北京:社会科学文献出版社,2016. ‖317

【424】占升平.布依族古歌有声语档建设初探[J].黔南民族师范学院学报,2016(3). ‖150

【425】张彪,彭庆华.我国少数民族边境口岸地区外语需求调查研究[J].民族教育研究,2016(2). ‖199

【426】张春泉."一带一路"语境下的宏观语言博弈[A].语言服务与"一带一路"[C],北京:社会科学文献出版社,2016. ‖50

【427】张德瑞.对孔子学院国际传播战略的思考[J].人民论坛·学术前沿,2016(4). ‖222

【428】张帆.通用手语建设与地方手语保护的思考[J].现代特殊教育,2016(8). ‖271

【429】张国功.试论编校群体的语言文字规范之惑及其应对策略[J].中国编辑,2016(6). ‖82

【430】张海云,祁进玉.青海藏蒙地区双语教育政策与实践的理论思考[J].民族教育研究,2016(2). ‖187

【431】张洪明.要从学理上分清"语言认同"的不同层次[J]."语言与认同"多人谈,语言战略研究,2016(1). ‖24

【432】张建伟.中国与德语国家外语教育政策比较及启示[J].学习与实践,2016(10). ‖200

【433】张菁.改革开放以来初中语文教科书选文作者变化的研究[J].教育学报,2016(5). ‖179

【434】张菁,贡巧丽.悖论烛照中的顺应与规范——论新媒体思维与语言规范之关系[J].出版广角,2016(6).‖110

【435】张军.语言生活研究范式的新探索——读《语言生活与语言政策:中国少数民族研究》[J].语言战略研究,2016(3).‖5

【436】张亮,孙秋香."一带一路""互联网+"与语言服务——由《汉语资源及其管理与开发》所想[J].渤海大学学报,2016(1).‖39

【437】张梅.多元文化背景下的新疆双语教育理论研究[M].北京:北京语言大学出版社,2016.‖185

【438】张美兰.言文合一与大众通俗白话语体的形成[J]."汉民族共同语"多人谈,语言战略研究,2016(4).‖77

【439】张楠.加拿大双语教育政策述评[J].教育现代化,2016(11).‖303

【440】张鹏.中国教育援外进程中的孔子学院:历史缘起、参与模式与国际特性[J].世界教育信息,2016(11).‖228

【441】张强,杨亦鸣.语言能力:从理论探讨到重大需求[J].语言战略研究,2016(6).‖14

【442】张日培 a.面向语言文字智库建设的语言政策研究[J].语言政策与语言教育,2016(2).‖4

【443】张日培 b.我国外语使用政策的重要探索与实践——《公共服务领域英文译写规范》介评[J].语言规划学研究,2016(1).‖117

【444】张士东,彭爽.中国翻译产业发展态势及对策研究[J].东北师大学报,2016(1).‖267

【445】张世平.网络语言唯文明方行远[N].光明日报,2016/8/7.‖107

【446】张世渊.推广普通话与保护少数民族语言的关系研究[J].东南大学学报,2016 增刊.‖144

【447】张天伟 a.美国高校国家外语能力建设的经验与启示:哈佛大学案例分析[J].中国外语教育,2016(1).‖306

【448】张天伟 b.美国国家语言服务团案例分析[J].语言战略研究,2016(5).‖307

【449】张天伟 c.语言政策与规划研究:路径与方法[J].外语电化教学,2016(2).‖10

【450】张卫国,孙涛.语言的经济力量:国民英语能力对中国对外服务贸易的影响[J].国际贸易问题,2016(8).‖171

【451】张蔚磊 a.发达国家外语能力标准比较研究与我国外语能力标准构建[J].外语界,2016(6).‖202

【452】张蔚磊 b.微观语言规划理论在我国外语课程政策实施中的探究[J].解放军外国语学院学报,2016(6).‖201

【453】张文.实现语言交际的功能是民族共同语发展的方向[J]."汉民族共同语"多人谈,语言战略研究,2016(4).‖79

【454】张文,沈骑.近十年语言服务研究综述[J].云南师范大学学报,2016(3).‖263

【455】张晓华,贾洪伟,尹丹丹.内蒙古自治区牧区小学英语教育改进策略探究[J].内蒙古农业大学学报,2016(5).‖196

【456】张晓曼,谢叔咏.传播学视域下汉语国际教育受众分析[J].山东大学学报,2016(2).‖229

【457】张心科.关于语文教科书中"时文"编选问题的讨论[J].全球教育展望,2016(8).‖178

【458】张新生.欧洲汉语能力标准再探[J].国际汉语教学研究,2016(3).‖237

【459】张延成.提高和培养公民语言技术应用能力[J]."语言能力"多人谈,语言战略研究,2016(5).‖169

【460】张媛媛.语言景观研究的几个理论和方法问题——以澳门官也街为例[J].中国语言战略,2016(1).‖8

【461】张媛媛,张斌华.语言景观中的澳门多语状况[J].语言文字应用,2016(1).‖74

【462】张治国 a.南亚邻国不丹的语言生态及语言政策研究[J].语言战略研究,2016(3).‖290

【463】张治国 b."一带一路"建设中的语言问题[J].语言文字应用,2016(4).‖36

【464】张治国 c.中国周边国家通用语研究[J].外语教学与研究,2016(2).‖315

【465】张治国,陈乐.中亚邻国哈萨克斯坦的语言生态及语言政策[J].语言政策与规划研究,2016(3).‖291

【466】张治国,郭彩霞 a.文莱语言政策研究及其对我国的启示[J].西安外国语大学学报,2016(3).‖287

【467】张治国,郭彩霞 b.印度中小学教学媒介语政策研究[J].语言政策与语言教育,2016(1).‖291

【468】章思英.中华思想文化术语的英译原则及应用[J].语言战略研究,2016(3).‖29

【469】赵海燕.中国英语教育与民族文化复兴[J].山东大学学报,2016(1).‖204

【470】赵磊.语言和文化是"一带一路"的通心工程[J]."'一带一路'语言问题"多人谈,语言战略研究,2016(2).‖35

【471】赵丽春.西安旅游公示语译写规范应用研究[J].兰州教育学院学报,2016(4).‖117

【472】赵联斌.论机器翻译时代人工译员与机器译员的共轭相生[J].外文研究,

2016(3).‖278

【473】赵孟超.浅析汉字繁简在对外汉语教学中差异的影响[J].新闻研究导刊,2016(23).‖65

【474】赵明.对国际汉语教育中"文化"的再认识——由《全球外语学习标准》引发的思考[J].云南师范大学学报,2016(4).‖230

【475】赵蓉晖 a.论语言规划研究的中国学派——评《语言规划概论》[J].语言战略研究,2016(1).‖3

【476】赵蓉晖 b.新时期"多元一体"语言政策的变化与发展——基于国家语言文字工作规划的文本研究[J].语言文字应用,2016(1).‖144

【477】赵蓉晖,王寰.全球竞争中的语言能力和语言教育——基于《美国联邦教育部国际战略(2012—2016)》的分析[J].云南师范大学学报,2016(3).‖174

【478】赵世举 a.城镇化务须呵护乡音[J].武汉大学学报,2016(2).‖138

【479】赵世举 b.国家软实力建设亟待研究和应对的重要语言问题[J].文化软实力研究,2016(2).‖16

【480】赵世举 c.切实推进国家语言能力发展战略[N].光明日报,2016/5/11.‖15

【481】赵世举 d.语言服务是"一带一路"的基础保障[N].中国社会科学报,2016/1/5.‖37

【482】赵世举 e.语言教育规划面临的新问题[A].中法语言政策研究(第二辑)[C],北京:商务印书馆,2016.‖167

【483】赵世举 f.中国语言文化国际传播的境遇及反思[J].中国语言战略,2016(2).‖215

【484】赵守辉.语言认同是可以构建的[J]."语言与认同"多人谈,语言战略研究,2016(1).‖25

【485】赵妍,丁耀武.现代汉字笔顺规范研究述评[J].文化学刊,2016(2).‖95

【486】赵颖.语言能力对劳动者收入贡献的测度分析[J].经济学动态,2016(1).‖172

【487】甄婧含,朱爱敏.网络流行语在新闻语言中的使用与规范[J].今传媒,2016(4).‖110

【488】郑军.印尼棉兰华裔青少年语言使用状况调查[J].海外华文教育,2016(4).‖254

【489】郑崧,郑薇.孔子学院发展中的院企合作:模式,动机与基础[J].浙江师范大学学报,2016(2).‖226

【490】郑扬子.试析比利时的多语言政策[D].外交学院,2016.‖295

【491】郑奕,邹太龙.高考英语改革亟须处理好五对关系[J].教育理论与实践,2016(1).‖207

【492】中国教育政策研究院课题组.国家通用语言文字表述应规范——"汉语"不能等同于"普通话"[J].民主,2016(2).‖55

【493】钟英华,张洪明."荨"的审音理据平议[J].中国语文,2016(5).‖86

【494】仲伟合,许勉君.国内语言服务研究的现状、问题和未来[J].上海翻译,2016(6).‖262

【495】周朝虹.当代俄罗斯语言政策研究(1991—2015)[D].北京外国语大学,2016.‖296

【496】周殿生,江敏.文化安全视角下的新疆区域性语言战略构拟[J].中国语言战略,2016(1).‖20

【497】周荐,严世焕.两岸语言规划问题阐微[J].语言战略研究,2016(5).‖72

【498】周梅.以语言能力发展为导向的高校汉语课程体系构建[J].安徽农业大学学报,2016(5).‖174

【499】周美玲.中小学语文教材落实汉字结构规范标准情况的调查研究[J].语言文字应用,2016(2).‖182

【500】周明.语言理解的数据、方法和应用[J]."语言与智能技术"多人谈,语言战略研究,2016(6).‖276

【501】周清海 a."大华语"的研究和发展趋势[J].汉语学报,2016(1).‖246

【502】周清海 b.语言与语言教育的战略观察[J].中国语言战略,2016(1).‖247

【503】周庆生 a.国家语言能力的结构层次问题[J].语言政策与规划研究,2016(1).‖12

【504】周庆生 b."一带一路"建设呼唤"双通"人才[J]."'一带一路'语言问题"多人谈,语言战略研究,2016(2).‖41

【505】周庆生 c.语言保护论纲[J].新疆师范大学学报,2016(2).‖129

【506】周庆生 d.语言生态保护[J]."语言保护"多人谈,语言战略研究,2016(3).‖135

【507】周庆生 e.语言与认同国内研究综述[J].语言战略研究,2016(1).‖21

【508】周荣.《语块能力训练图集》对韦尼克失语症患者语言康复的应用研究[J].北华大学学报,2016(4).‖272

【509】周炜.西藏藏语新词术语规范工作初创时期的五个重要节点[J].中国藏学,2016(S1).‖112

【510】周晓雯,李欢.智力障碍儿童语言康复研究计量与可视化分析[J].现代特殊教育,2016(10).‖272

【511】周莹,王雪凝.西藏地区国家通用语言推广和普及的现状与对策[J].大众文艺,2016(16).‖58

【512】周郁蓓.文学:研究型大学英语学科转型之要[J].外语教学理论与实践,

2016(2).‖209

【513】周质平.汉字繁简的再审思[J].读书,2016(9).‖64

【514】周祖亮.古今丝绸之路与中医药的对外传译[A].语言服务与"一带一路"[C],北京:社会科学文献出版社,2016.‖31

【515】朱丽红.中小学生普通话水平测试研究[J].现代中小学教育,2016(3).‖61

【516】朱琳.翻译众包的崛起及其对翻译行业发展的影响[J].上海翻译,2016(2).‖268

【517】朱庆之.要重视语言与国家认同的复杂性[J]."语言与认同"多人谈,语言战略研究,2016(1).‖27

【518】朱锐萌.澳大利亚语言政策浅析[J].英语广场,2016(9).‖308

【519】朱瑞平,张春燕.汉语国际教育背景下文化传播内容选择的原则[J].云南师范大学学报,2016(1).‖216

【520】朱文旭.漫谈全国彝文规范问题[J].百色学院学报,2016(1).‖113

【521】朱晓昆.大众传媒助力华文教育——简析东南亚华文报纸的中文学习版面[J].新闻记者,2016(7).‖257

【522】朱艳华 a.论跨境语言资源保护[J].贵州民族研究,2016(3).‖141

【523】朱艳华 b.少数民族语言文字使用及保护[J]."语言保护"多人谈,语言战略研究,2016(3).‖137

【524】朱雁.地名音译与国家主权形象——以"涉南海问题立场文件"为例[J].广东职业技术教育与研究,2016(6).‖119

【525】朱晔.《剑桥语言政策手册》述评[J].语言政策与语言教育,2016(2).‖318

【526】朱子辉.蒙学传统与百年中国语文教育的反思[J].文艺理论研究,2016(6).‖179

【527】宗成庆.中文信息处理研究现状分析[J].语言战略研究,2016(6).‖275

【528】邹长虹,尹少君.菲律宾语言政策及其对中国外语教育政策的启示[J].社会科学家,2016(4).‖285

【529】左秀兰,吕雯钰.关于方言使用及态度的调查研究——以威海地区胶东方言为例[J].北京第二外国语学院学报,2016(1).‖160

图书在版编目(CIP)数据

中国语言政策研究报告.2017/国家语言文字工作委员会组编.—北京:商务印书馆,2018
(语言生活蓝皮书)
ISBN 978-7-100-15730-8

Ⅰ.①中… Ⅱ.①国… Ⅲ.①汉语—语言政策—研究报告—中国—2017 Ⅳ.①H102

中国版本图书馆 CIP 数据核字(2018)第 007847 号

权利保留,侵权必究。

中国语言政策研究报告（2017）
国家语言文字工作委员会 组编

商 务 印 书 馆 出 版
(北京王府井大街 36 号 邮政编码 100710)
商 务 印 书 馆 发 行
北京市十月印刷有限公司印刷
ISBN 978 - 7 - 100 - 15730 - 8

2018 年 1 月第 1 版　　开本 787×1092　1/16
2018 年 1 月北京第 1 次印刷　印张 23¼

定价:58.00 元